Dʳ Wladimir GUETTÉE

SOUVENIRS

D'UN

PRÊTRE ROMAIN

DEVENU PRÊTRE ORTHODOXE

PARIS
FISCHBACHER, ÉDITEUR
RUE DE SEINE, 33

1889

Bruxelles. — Imp. V⁰ Monnom, 26, rue de l'Industrie.

SOUVENIRS

D'UN

PRÊTRE ROMAIN DEVENU PRÊTRE ORTHODOXE

Bruxelles. — Imp. V• Monnom, 26, rue de l'Industrie.

SOUVENIRS

D'UN

PRÊTRE ROMAIN DEVENU PRÊTRE ORTHODOXE

Dʳ Wladimir GUETTÉE

SOUVENIRS

D'UN

PRÊTRE ROMAIN

DEVENU PRÊTRE ORTHODOXE

Paris
FISCHBACHER
éditeur
RUE DE SEINE, 33

Bruxelles
VEUVE MONNOM
imprimeur-éditeur
RUE DE L'INDUSTRIE, 26

1889

A MES AMIS

Je ne prétends pas être un de ces hommes extraordinaires dont la renommée grandit avec les siècles.

Cependant, on a parlé et on parle encore beaucoup de moi. Je ne puis donc croire que l'on gardera le silence après ma mort.

Plusieurs de mes ouvrages me survivront.

Les hommes instruits en diront du bien; les autres, du mal; l'auteur partagera leur sort.

Si, pendant ma vie, mes ennemis ont cherché à me flétrir, que n'oseront-ils pas lorsque je ne serai plus là pour répondre?

N'appartiennent-ils pas à un parti qui ne sait rien respecter?

C'est pour cela que je publie ces Souvenirs.

Je les publie pour célébrer le cinquantième anniversaire de mon ordination sacerdotale.

Je les dédie à mes amis. J'ai voulu mettre entre leurs mains des documents dont ils pourront se servir pour défendre ma mémoire.

Dans l'humble sphère où j'ai vécu, sans ambition et sans orgueil, j'ai beaucoup vu, beaucoup observé. Je me suis trouvé en rapport avec ce qu'on est convenu d'appeler de grands personnages. Je dirai sur eux ce que j'ai vu ou su d'une manière certaine. Je ne trahirai pas la vérité pour plaire à leurs amis.

Je n'ai rien à ménager à leur égard. Cependant, je ne ferai pas de scandale. A quoi bon? J'en dirai assez pour que la vérité soit connue.

Je m'attacherai scrupuleusement à ce qui me concerne et je le raconterai consciencieusement.

Ces Souvenirs seront utiles à ceux qui voudront se former des idées justes, non seulement sur moi, mais sur les hommes avec lesquels j'ai été en rapport, et sur des événements qui appartiennent à l'histoire de l'Eglise de France au dix-neuvième siècle.

Ils seront utiles aussi à mes frères orthodoxes, qui y trouveront un tableau fidèle de la vie intérieure de cette Église romaine dont les hautes prétentions sont si mal justifiées. Ils y verront comment, en combattant les fausses doctrines de cette Église, j'ai été amené à l'Église orthodoxe, seule vraie Église de Jésus-Christ.

Dr W. GUETTÉE.

Souvenirs d'un Prêtre romain

DEVENU PRÊTRE ORTHODOXE

I

Mon éducation ecclésiastique. — Chez M. l'abbé Léon Garapin. — Au petit séminaire. — Un supérieur éteignoir. — L'abbé Meunier. — Les professeurs — Mes lectures. — Au grand séminaire. — La philosophie sous l'abbé Venot. — La théologie sous les abbés Laurent et Richaudeau. — Une petite lettre de M. Richaudeau et réponse. — L'abbé de Belot et l'abbé Duc, supérieurs du séminaire. — La congrégation jésuitique de l'abbé Duc. — Une émeute. — Les *noirs* et les *blancs*. — Intervention de l'évêque M. de Sauzin. — La paix rétablie. — Mauvais sentiments de l'abbé Duc à mon égard. — Mes relations avec le père Fantin, jésuite. — Je quitte le séminaire avec bonheur.

e suis né à Blois le 1ᵉʳ décembre 1816. Mes parents n'étaient ni nobles ni riches; mon père était un honnête homme, ma mère une femme pieuse et intelligente.

Dans une plus haute sphère, ma mère fut devenue une femme de rare distinction. Ses mœurs étaient graves, ses sentiments vraiment chrétiens; elle détestait la bigoterie et les bigotes. Elle ne savait pas ce que c'était que le jansénisme, mais les dévots actuels l'appelleraient janséniste parce qu'elle détestait les préjugés et les superstitions.

Comme elle, je fus toujours sincèrement religieux, mais ennemi des bigots et de leurs hypocrisies.

Comme elle, je fus donc, dès mon enfance, *janséniste* sans le savoir. Je prie de croire qu'il n'y avait, dans ce jansénisme, rien des *cinq propositions*, ni du *silence respectueux*, ni de la bulle *Unigenitus*. On ne pourrait y trouver qu'un instinct chrétien, une opposition innée à tout ce qu'on appelle aujourd'hui jésuitisme.

A force de travail et d'économie, mes parents étaient parvenus à une modeste aisance; en 1832, j'eus le malheur de perdre mon excellente mère. Elle mourut à notre maison de campagne des Rénardières, près Blois.

J'étais âgé de douze ans lorsqu'on me confia à M. Léon Garapin pour commencer mon éducation ecclésiastique.

M. Léon Garapin était un bon prêtre pour lequel ma mère professait une espèce de culte. Il était pieux, charitable, studieux, ne s'occupait que de son ministère et ne se mêlait jamais, sous prétexte de zèle, des choses qui ne le regardaient pas. Je me suis toujours souvenu avec respect de cet excellent homme qui ne me donna jamais que de bons exemples. Sa vie était irréprochable. Quoique d'une santé très délicate il conservait une égalité de caractère qui attestait en lui une grande vertu. Son intelligence était remarquable, son instruction variée. Je restai chez lui pendant deux ans à Neung-sur-Beuvron. Il me fit faire des progrès remarquables sans m'obliger à un travail fatigant. Il profitait même de nos promenades quotidiennes pour m'initier à une foule de connaissances qui m'ont été fort utiles depuis. J'étais curieux; je l'interrogeais sur tout ce que je voyais, dans nos promenades, depuis les astres jusqu'aux fleurs et aux insectes que j'apercevais à mes pieds. Il avait ainsi occasion de me donner des notions d'histoire naturelle. Il emportait souvent en promenade une *Flore* à l'aide de laquelle je pouvais analyser les fleurs, en apprendre le nom et les propriétés. Quelques petits ouvrages d'entomologie m'initiaient à la connaissance de ces gracieux insectes qui sont les compagnons habituels des promenades champêtres.

Ces promenades devenaient ainsi des moyens de me donner des connaissances aussi utiles qu'agréables.

Je revis depuis M. Léon Garapin à Montdoubleau dont il était devenu curé ; puis à Blois, lorsqu'il fut nommé chanoine et vicaire général honoraire. Je retrouvai toujours chez lui le même homme, aussi pieux, aussi studieux, aussi intelligent, aussi modeste.

Je citerai, dans ces Souvenirs, quelques-unes des lettres qu'il m'adressa au sujet de mes ouvrages. Elles prouveront que je n'ai pas été exagéré dans l'éloge que j'ai fait de ce bon prêtre.

En sortant de la maison de M. Léon Garapin, j'entrai au petit séminaire de Blois, dirigé par l'abbé Doré.

C'était un honnête prêtre, mais peu instruit et peu ami de l'instruction. Il se montrait hostile à tout enfant qui manifestait des tendances à sortir des sentiers battus. Pour lui, le prêtre était un homme disant régulièrement sa messe et son bréviaire. Il ne comprenait rien à la haute mission sociale et scientifique que le prêtre devrait remplir.

Il y avait dans sa chambre une bibliothèque à l'usage des élèves. Cette bibliothèque était composée de petits romans *pieux* et de quelques histoires comme celles de Rollin et du père Daniel.

J'étais un lecteur intrépide. Les devoirs classiques et les leçons ne me demandaient que peu de temps. Je lisais pendant la plus grande partie des études. Je lisais sérieusement, je faisais des analyses de mes lectures et même des tableaux synoptiques des événements et des dates que me fournissaient les livres que je lisais. J'eus la patience de faire ce travail pour les histoires de Rollin et du père Daniel.

Je ne lisais pas les petits romans *pieux* pour lesquels j'éprouvais un dégoût insurmontable.

M. le supérieur trouvait que j'allais beaucoup trop souvent lui demander des livres. Je le vois encore me faisant à ce sujet des observations. C'était un homme long comme une perche; au bout de cette perche une toute petite tête agrémentée d'un nez immense. Il me faisait l'effet d'un éteignoir de sacristie.

C'était bien, en effet, un éteignoir.

Pour me dégoûter de la lecture il eut une idée qu'il crut sans doute excellente. Il m'imposa des livres dont la lecture lui semblait ennuyeuse au suprême degré. Il commença par l'*Histoire véritable des temps fabuleux* de Guérin du Rocher. Cet ouvrage, en effet, n'est pas amusant; il est orné de nombreuses notes en langue hébraïque, et l'on trouve l'alphabet de cette langue en tête du premier volume.

Je commençai par là. J'appris à lire l'hébreu à l'aide des notes de l'ouvrage, puis je lus l'ouvrage lui-même. Au bout d'une semaine je reportai le premier volume à M. le supérieur qui me dit en riant : « Vous ne demandez pas le second volume, n'est-ce pas? — Pardon, Monsieur le supérieur, je vous le demande. — Mais vous n'avez pas lu le premier? — Je l'ai lu. — Tout entier? — Tout entier. — Même les notes! — Même les notes. — Vous savez donc lire l'hébreu? — J'ai appris à le lire dans ce volume. — Voyons, lisez-moi cette note. — Je la lus et M. le supérieur fut obligé d'avouer qu'il ne l'aurait pas lue aussi couramment que moi.

Un homme intelligent, en voyant un enfant montrer tant de dispositions pour les études les plus arides, aurait dû seconder de telles dispositions.

M. Doré n'était pas capable de concevoir une telle idée. Il m'engagea à donner plus de temps à mes leçons et à mes devoirs classiques, et à lire moins. Il consentit cependant à me prêter les volumes de l'*Histoire véritable des temps fabuleux;* puis d'autres qu'il choisissait parmi ceux qui devaient m'offrir le moins d'attrait; par exemple le *Spectacle de la nature* de l'abbé Pluche, les *Leçons de la nature* de Cousin Despréaux; l'*Histoire d'Angleterre* du père Dorléans, etc., etc.

Je lisais tout, j'analysais tout, et je sortis du petit séminaire avec un bagage scientifique et littéraire que mes condisciples n'avaient pas, et avec autant de grec et de latin qu'ils pouvaient en avoir.

La mauvaise volonté de M. le supérieur tourna à mon avantage. Les ouvrages qu'il me prêtait pour me dégoûter de la lecture, m'habituèrent dès mon enfance, aux fortes études. Si M. Doré, avec ses bouquins, a contribué à me donner cette disposition, je l'en remercie.

Le seul homme intelligent et capable parmi les directeurs du petit séminaire était l'abbé Meunier. Studieux, instruit, doué d'une élocution brillante et facile, il aurait dû être chargé du cours de rhétorique, même d'un cours d'éloquence sacrée, si l'on avait songé à en établir un. Il avait le titre d'économe et on l'avait chargé de la surveillance de la cuisine. La cour épiscopale avait, comme on voit, un discernement remarquable. L'abbé Meunier quitta la cuisine du séminaire pour la cure de Romorantin. C'est de là qu'il m'écrivit une lettre que je donnerai plus loin et qui atteste l'estime et l'affection qu'il avait pour moi.

Le professeur de rhétorique était l'abbé Alexandre Garapin frère de celui qui m'initia aux premières études ecclésiastiques. Il avait beaucoup de goût pour le travail de la menuiserie. Il faisait ses délices du Virgile travesti de Scarron et ne manquait jamais de nous lire en classe, dans le Virgile travesti, les passages qu'on nous avait donnés à traduire. C'était un modèle comme un autre et qui nous initiait bien aux délicatesses du poète latin. A. Garapin, après avoir fait de la menuiserie dans une cure de village, devint jésuite. Je ne sais ce que la sainte Compagnie a pu faire d'un tel menuisier.

Les autres professeurs du séminaire étaient à la hauteur du professeur de rhétorique. Sous leur haute direction, on faisait du latin *de cuisine*, un peu de grec *de cuisine*; on apprenait par cœur le cours d'histoire du père Loriquet et quelques bribes d'écrivains de même valeur. C'était tout l'enseignement.

Etonnez-vous après cela que le clergé soit si ignorant!

Je passai quatre ans dans ce petit séminaire modèle. Oh! le bon souvenir que j'en ai conservé! Heureusement que j'avais été un peu récalcitrant pour la direction que l'on voulait m'imposer. Je lus beaucoup, beaucoup. Les livres que l'on m'accordait contenaient toujours quelque chose de bon. J'en ai profité; mais je ne dois aucune reconnaissance à ceux qui s'appliquèrent à mettre obstacle à mes bonnes dispositions, au lieu de les seconder.

En sortant du petit séminaire j'entrai au grand séminaire pour y faire ma philosophie et ma théologie.

Le cours de philosophie durait une année ; le cours de théologie, trois années.

J'avais dix-neuf ans quand j'étudiai en philosophie. On me mit entre les mains un ouvrage stupide écrit en mauvais latin, et je trouvai pour professeur l'abbé Venot, mon condisciple, qui en était à sa deuxième année en théologie. J'avais peu de confiance en sa capacité. A vrai dire, on n'avait pas examiné, avant de lui confier la *chaire* de philosophie, s'il savait quelque chose en cette science. On avait vu en lui un petit jeune homme, pas plus bête qu'un autre, très pieux, très soumis aux supérieurs, et l'on avait pensé que c'en était assez pour en faire un professeur de philosophie. Vraiment il pouvait aussi bien qu'un autre enseigner la philosophie telle qu'on la comprenait dans le clergé. Il suffisait d'apprendre une thèse; on la récitait; on donnait aux objections les réponses bénignes indiquées dans le livre et l'on était parfait élève en philosophie.

J'ose dire que cela ne me satisfaisait pas du tout. Je lisais deux ou trois fois la thèse et j'étais assez fort pour me tirer d'affaire avec honneur si j'étais interrogé en classe. Que faire le reste du temps?

Je repris mes lectures, comme au petit séminaire. On voulait bien me prêter à la bibliothèque les œuvres de Descartes, de Mallebranche, du père Buffier, de M. de Bonald; quelques volumes de Lamennais, et d'autres ouvrages de philosophie scolastique.

Je lus tout cela.

Le système de Lamennais était alors en vogue. Les cartésiens et les lamennaisiens brisaient des lances avec une intrépidité toute juvénile. Je ne me mêlai pas à ces discussions. J'étais *éclectique*, et j'admettais ce qui me convenait dans les divers systèmes.

Je commis alors un gros crime. On ne m'en aurait pas donné l'absolution si je l'eusse confessé. Je sus me procurer quelques ouvrages de Herder, de Kant, de Cousin, de Damiron. Je lus même quelques ouvrages de Voltaire, de Diderot, de Jean-Jacques Rousseau. J'invoque une circonstance atténuante : je lisais en même temps les ouvrages de Guenée, de Bergier, de Barruel et quelques autres dans le même genre. Je m'essayai même à la polémique contre les adversaires du christianisme. Dans un âge déjà avancé, j'ai retrouvé, dans mes papiers, quelques-uns de mes opuscules d'élève en philosophie. Je ne les trouvai pas trop mauvais. Ils m'ont prouvé qu'à dix-neuf ans, j'avais du bon sens, pas mal de style et un *tantinet* de malice.

Il ne m'appartient pas de dire si j'ai persévéré dans mes dispositions premières.

Je fis donc ma philosophie sans m'occuper ni du livre classique, ni de mon jeune professeur. J'ignore si mes condisciples ont profité beaucoup de l'un et de l'autre. Je ne me suis jamais aperçu de leurs connaissances en philosophie.

Au bout d'une année de grand séminaire, j'entrai dans le sanctuaire théologique.

Un mot d'abord du supérieur du grand séminaire. C'était l'abbé de Belot, un homme respectable qui avait puisé, dans sa famille fort honorable, des manières distinguées. J'insiste sur ce point, car tous les autres, supérieurs ou directeurs des deux séminaires, à part l'abbé Meunier, étaient de vrais paysans ensoutanés. M. de Belot était très pieux; on l'aimait. Je ne sais pourquoi il quitta le séminaire. Il fut nommé curé de la cathédrale, et j'aurai occasion de parler des relations que j'eus plus tard avec lui.

Il fut remplacé par un certain abbé Duc qui n'appartenait pas au diocèse. On le surnomma le *Grand-Duc*, parce qu'il avait la figure plate comme le hibou honoré de ce titre par les naturalistes, et que, pas plus que son homonyme, il n'aimait la lumière.

Il y avait alors au séminaire de Blois deux professeurs de théologie. L'un, M. l'abbé Laurent, enseignait la théologie morale; l'autre, M. l'abbé Richaudeau, enseignait la théologie dogmatique.

M. Laurent, maladif et nerveux, dictait, dans chaque classe, avec une extrême rapidité, des suppléments au *Cours de Théologie* de Bailly qui était l'ouvrage classique. Les suppléments étaient plus considérables que l'ouvrage classique lui-même. Ils étaient composés d'extraits de divers théologiens. Comme le temps manquait, dans l'heure consacrée à la classe, pour copier et expliquer, il en résultait un cours indigeste, confus ; la plupart des élèves le comprenaient d'autant moins qu'ils n'avaient pu prendre que des copies tronquées des suppléments dictés trop rapidement.

M. l'abbé Richaudeau dictait ses traités tout en renvoyant, de temps à autre, à Bailly, l'auteur classique pour le dogme comme pour la morale. Les deux professeurs étaient deux types parfaits du prêtre instruit tel qu'on le forme dans les séminaires. Hélas ! quelle instruction !

Je dois dire que j'abordais la théologie avec une haute idée de cette science. Je m'étais formé à moi-même cette idée, car personne jusqu'alors n'avait songé à me l'inspirer. L'enseignement qu'on avait prétendu me donner était détestable et ne m'aurait, certes, pas préparé à la théologie, but suprême cependant de la science ecclésiastique. Mes études particulières m'avaient mieux servi ; mais, lorsque j'abordai l'enseignement théologique, quelle déception !

Je commençais à être un vrai jeune homme, et la réflexion avait poussé avec la barbe. Je compris donc tout de suite que les cours, dans les deux séminaires, se valaient, et que plus ça changeait, plus c'était la même chose.

Le cours de M. Laurent était un fouillis où l'on ne pouvait même pas attraper à la course, l'idée de morale. Les traités de M. Richaudeau étaient petits, secs, étriqués comme le professeur lui-même. Il dictait pendant une demi-heure. Pendant l'autre demi-heure, deux ou trois élèves récitaient quelques lignes de la leçon. L'heure sonnant, on levait la séance.

Dans les deux cours, on suivait la méthode strictement scolastique, et l'on y parlait un latin qui aurait bien fait rire Ciceron, s'il l'eut compris.

Bailly enseignait, dans son ouvrage, la doctrine des quatre articles du clergé de France. Il les enseignait paisiblement depuis un demi-siècle environ lorsqu'il fut mis à l'index, à peu près à la même époque que son humble disciple qui écrit ces *Souvenirs*. Nous en dirons un mot plus tard. M. Richaudeau enseignait les quatre articles, comme *son auteur*, et se montrait très gallican.

Depuis, il est devenu très fanatique ultramontain, et il écrivit quelques volumes ou articles parfaitement illisibles. J'eus occasion de lui donner une petite leçon à propos de son changement. Je dis bien vite que j'étais déjà orthodoxe alors. J'anticipe un peu sur les événements, mais je consens à ce que l'on me reproche de ne pas suivre une exacte chronologie.

M. Richaudeau, devenu aumônier des Ursulines de Blois, lorsque les jésuites furent chargés du séminaire, faisait tranquillement de l'ultramontanisme inoffensif lorsqu'une de mes brochures lui tomba sous la main. Il prit aussitôt son plus beau papier à lettres, saisit sa meilleure plume, et m'écrivit cette petite missive :

> ☩
> De Sainte-Ursule de Blois.
>
> J. M. J.
> Arrière ! Les cœurs de Jésus et de Marie sont là.
>
> « Intonas super me judicia tua, Domine, et timore ac tremore concutis omnia ossa mea. (Imit., 3. 14.)
>
> « Humiliamini igitur sub potenti manu Dei, ut vos exaltet in tempore visitationis. (1, Petr., 5. 6.)
>
> « Respice stellam, invoca Mariam. (S. Bernard.)
>
> « Votre sincèrement et affectueusement dévoué
>
> « RICHAUDEAU. »

Le petit papa Richaudeau me menaçait d'abord de la colère divine.

« Seigneur, tu fais retentir tes jugements comme un tonnerre sur moi, et tous mes os en ont été ébranlés par la crainte et la terreur. »

Puis il indique le moyen d'échapper à cette fâcheuse situation :

« Humiliez-vous donc sous la puissante main de Dieu afin qu'il vous élève au moment où il vous visitera. »

Enfin, il indique quel sera mon sauveur :

« Regarde l'étoile, invoque Marie. »

Je suis sûr que le petit papa Richaudeau avait bien travaillé pour combiner et élaborer sa missive, illustrée de deux jolis timbres. Il n'y avait qu'un hérétique pour ne pas se rendre. Je répondis aussi en latin, aux trois points de la lettre.

D'abord, j'appris au petit papa que je devais être étonné de sa transmigration du camp gallican au camp ultramontain et je lui dis :

« Fratres, state et tenete traditiones quas didicistis. (2, ad Thessalon, 2. 14.)

« Miror quod sic tam cito transferimini ab eo qui vos vocavit in gratiam Christi, in aliud evangelium... sed licet nos aut angelus de cœlo evangelizet vobis præterquam quod evangelizavimus vobis, anathema sit (1)! (Ad Galat., I. 6. 8.) »

J'appris ensuite au petit papa que ce n'était pas la sainte Vierge à laquelle il me renvoyait qui était la rédemptrice de l'humanité.

« Hic (Jesus-Christus) est lapis qui reprobatus est a vobis ædificatibus, et non est in alio aliquo salus. Nec enim aliud

---

(1) « Frères ! tenez bon et conservez les traditions que vous avez apprises.

« Je suis étonné que si vite vous ayez passé de l'Evangile, qui vous a appelé dans la grâce du Christ, à un autre Evangile... Mais alors même que nous-mêmes ou un ange du ciel vous enseignerait un autre Evangile, qu'il soit anatème ! »

nomen est sub cœlo datum hominibus in quo aporteat nos salvos fieri (1). (Act., IV. 11. 12.)

Enfin, comme le petit papa voulait m'effrayer en me parlant du jugement de Dieu, je lui ai rappelé ces passages de l'Ecriture ;

« Domine, in viâ testimoniorum tuorum delectatus sum. (Ps. 118. 14.)

« Viam veritatis elegi; judicia tua non sum oblitus. (*Ibid.*, 20.)

« Et loquebar in testimonis tuis in conspectu regum, et non confundebar. (*Ibid.*, 46.)

« Superbi iniquè agebant usquequâque; a lege autêm tuâ non declinavi. Memor fui judiciorum tuorum a sœculo, Domine, et consolatus sum (2). (*Ibid.*, 51. 52.)

J'ai lieu de croire que M. Richaudeau aura compris. Le gallican devenu ultramontain et partisan des nouveaux dogmes trouva sans doute une dure leçon dans mes extraits. Il dut comprendre qu'on se mettait mieux à l'abri des jugements de Dieu, en suivant les vieilles traditions chrétiennes, qu'en imitant les girouettes et en tournant à tout vent de doctrines.

Il ne jugea pas à propos de riposter.

Quand je me rappelle ce qu'étaient les cours de MM. Lau-

---

(1) « Jésus-Christ est la pierre qui a été rejetée par vous qui bâtissez... Cependant il n'y a pas de salut en dehors de lui. Et il n'a été donné, sous le ciel, aux hommes, aucun autre nom qui puisse les sauver. »

(2) « Seigneur, dans la voie de tes témoignages, j'ai éprouvé une grande joie.

« J'ai choisi la voie de la vérité ; je n'ai pas oublié tes jugements.

« Et je parlais conformément à tes témoignages en présence des puissants, et je n'étais pas confondu.

« Les orgueilleux faisaient le mal de toutes les manières ; mais je n'ai pas failli à ta loi. Je me suis souvenu des jugements que tu as prononcés depuis longtemps, ô Seigneur, et j'ai été consolé. »

rent, Richaudeau et Venot, je ne suis point étonné de la crasse ignorance de la plupart des membres du clergé. Par mes relations avec des prêtres de divers diocèses, j'ai appris que les professeurs de Blois n'étaient pas plus mauvais que ceux des autres évêchés. Si, dans le clergé, il y a quelques exceptions, on ne peut les trouver que parmi ceux qui savaient suppléer à l'insipide enseignement qui leur était donné.

J'ose dire que je fus du nombre de ceux-là.

Il me suffisait d'un quart d'heure pour préparer les devoirs de classe. J'employais le reste du temps à la lecture de quelques théologiens en réputation, particulièrement de Bossuet, de Fénélon, d'Arnauld dont la *Perpétuité de la foi* était tolérée. Mais je m'appliquai surtout à l'étude de l'histoire ecclésiastique. Je lus deux fois les trente-six volumes de Fleury et de son continuateur; j'en fis l'analyse et je composai des tableaux synoptiques pour me fixer dans la mémoire les dates et les principaux faits.

J'avais acquis une connaissance assez approfondie de l'histoire de l'Eglise, lorsque M. Richaudeau eut l'excellente idée d'en faire un cours. Mais, grand Dieu ! quel cours ! Le professeur ne donnait qu'une courte leçon par semaine, et cette leçon se résumait dans un petit chapitre qu'il faisait réciter à quelques élèves.

Ce chapitre était donné à un élève qui devait le copier et le passer à d'autres, de manière qu'au bout de la semaine chacun eut copié le fameux chapitre.

M. Richaudeau avait une haute idée de ses petits chapitres. Pour moi, qui possédais une analyse complète de l'ouvrage de Fleury, je les trouvais insuffisants et détestables. Je ne pus m'astreindre à copier le petit cahier ; je le rendais à un autre élève lorsqu'il m'avait été remis, et je n'en copiai jamais un mot.

Un jour le professeur m'interrogea sur la leçon de la

semaine précédente. Je dis tout ce que je savais sur le sujet ; le professeur n'eut pas d'autre observation à me faire que celle-ci : « Vous savez très bien votre histoire ecclésiastique, me dit-il, mais vous entrez en trop de détails et je vois bien que vous n'avez ni lu, ni copié mon cahier. J'exige que vous le copiez tout entier et que vos réponses ne soient pas plus étendues que celles qu'il contient. »

Il me fit remettre le dit cahier.

Je gardai le silence, ne sachant encore ce que je ferais. Arrivé dans ma cellule, je le lus et j'y découvris de nombreuses fautes d'orthographe. Mon parti fut bientôt pris. Je corrigeai, avec des lettres majuscules, toutes les fautes. Le docte professseur ayant écrit *maux* en y ajoutant un *e* comme s'il avait parlé de la ville de Meaux, je mis sur l'*e* un superbe accent circonflexe très apparent. Je corrigeai toutes les fautes d'une manière aussi visible, et je remis le cahier à l'élève qui devait le recevoir de moi.

Quand le cahier retourna à son auteur, il ne fut certainement pas flatté d'y trouver ce que j'y avais mis. Il ne me parla plus du cahier, mais quelle triste opinion il conçut de moi ! quelle insubordination !!! Quelques malices analogues me donnèrent une bien mauvaise réputation dans notre état-major ; mais j'y étais fort indifférent ; comme j'étais un des rares élèves qui payaient pension, je savais bien qu'on ne me mettrait pas à la porte.

M. l'abbé Duc, supérieur du séminaire, faisait une fois par semaine ce qu'on appelait le cours d'Ecriture sainte. Ce cours consistait dans l'explication mystique de quelques versets d'un livre de l'Ecriture. La leçon durait une heure. Il serait bien impossible d'être plus nul et plus insignifiant que ce pauvre supérieur-professeur.

L'abbé Duc était, incontestablement, l'homme le moins propre à gouverner un séminaire et à former des jeunes gens pour le sacerdoce. Imbu de la doctrine des jésuites sur l'obéissance passive, il ne prêchait que cela. L'élève le plus estimable, à ses yeux, était celui qui obéissait le plus aveuglément.

Sans être insubordonné, je haïssais l'obéissance passive; aussi l'abbé Duc me détestait-il cordialement; je le lui rendais avec usure et mon bonheur était de me moquer de lui, en singeant ses manières ridicules et son langage méridional qu'il voulait nous imposer. Un jour, pendant ce qu'on appelait *la récréation*, M. Duc racontait qu'il venait de lire une chose fort intéressante. On vient, dit-il, de découvrir en Chine une église chrétienne très ancienne; ce qui prouve que l'Evangile y fut prêché dès les premiers siècles. — Vraiment, lui dis-je, cela vient d'être découvert? — Mais oui, dit-il. — Comment se fait-il alors que j'aie lu la même chose dans les *Lettres édifiantes*, écrites par les jésuites, dans une lettre qui date du dix-septième siècle et qui est, je crois, du père Parennin? Le grand Duc rougit et balbutia quelques mots qui n'avaient pas de sens. Ce petit fait ne contribua pas à me mettre dans ses bonnes grâces. Je n'étais pas le seul qui s'amusât aux dépens de M. le supérieur. Il voulut se venger un jour dans un examen public et releva, en souriant, une prétendue erreur que j'aurais commise en répondant à une question d'histoire ecclésiastique. Il voulut sans doute venger le petit cahier Richaudeau. Malheureusement pour lui, il se trompait, et je profitai si largement de mon avantage qu'il ne me le pardonna jamais.

J'encourus encore son indignation en découvrant une société d'espionnage qu'il avait organisée, à l'instar de celles que les bons pères jésuites organisent dans leurs établissements. Il avait partagé le séminaire en deux groupes : Les élèves selon son cœur et ceux qui n'étaient pas aveuglément obéissants. Les premiers devaient surveiller les autres, leur donner de bons conseils et les amener dans la bonne voie. Le moniteur chargé de m'espionner n'était pas fin. Il était le chef des moniteurs, et, depuis, il a bien fait son chemin. Dès la première monition qu'il me fit, je soupçonnai l'existence de la congrégation. Je fus assez diplomate pour gagner la confiance de mon moniteur qui, dans sa candeur, m'exposa tout le plan de la congrégation. Je racontai la chose à mes amis qui avaient été, eux-mêmes, fort intrigués des monitions qu'ils avaient reçues.

Alors on parla tout haut de la congrégation et l'on interpella assez vivement les zélés qui avaient fait des monitions. Une lutte s'ensuivit dans laquelle un des zélés, un Auvergnat, frappa celui qui l'interpellait. Une vraie bataille s'ensuivit. Supérieur et professeurs s'esquivèrent et se réunirent chez l'économe afin d'aviser aux moyens à prendre pour arrêter l'émeute.

C'était un vendredi. Il fut convenu que le lendemain les confesseurs refuseraient l'absolution à tous ceux qui ne feraient pas amende honorable. Ceux qui avaient reçu l'absolution le samedi, descendaient, le dimanche matin, pour la prière et la première messe, où ils devaient communier, avec leur surplis. Les autres descendaient simplement en soutane.

Le samedi soir tous les révoltés s'étaient vus refuser l'absolution, et étaient descendus, le dimanche matin, *in nigris*, c'est-à-dire, sans surplis. Les *blancs* n'étaient pas nombreux et semblaient honteux du rôle qu'on leur faisait jouer. Une fois réunis pour la prière, les *noirs* partirent d'un tel éclat de rire que *blancs* et directeurs en étaient confus. On rit encore pendant la messe et M. le supérieur dut comprendre qu'il s'était fourvoyé.

Il se rendit à l'évêché pour aviser l'évêque de ce qui se passait. L'évêque, Mgr de Sauzin, était un bon vieillard, vétéran de l'ancien clergé gallican. Il avait joué un rôle important dans les dernières assemblées du clergé de France avant 1789. C'était un homme vraiment saint et qui distribuait ses grands revenus, aussi bien que son traitement, aux pauvres. Il se rendit au séminaire et nous adressa quelques paroles paternelles, nous accorda une amnistie complète, nous engagea à faire la paix et nous annonça que la congrégation n'existait plus.

La paix fut faite ainsi ; mais le supérieur n'oublia jamais que j'avais été à la tête de l'opposition ; il me voua une haine profonde.

Au grand comme au petit séminaire on me reprochait de ne pas donner assez de temps à l'étude du livre officiel. Au fond, on ne savait pas, au grand séminaire, le temps que j'y donnais puisque j'étais seul dans ma cellule pendant les études, et qu'en classe je répondais toujours bien lorsque j'étais interrogé. Mais c'était une manière facile de me reprocher quelque chose. C'est tout ce qu'on voulait.

Un jour de promenade, Richaudeau me surprit seul, couché sous un arbre, un livre à la main. L'occasion était bonne pour savoir ce que je lisais. Il s'approcha de moi et me demanda pourquoi je ne prenais jamais part aux jeux comme les autres. « Cela ne me plaît pas, répondis-je ; j'aime mieux lire. — Mais que lisez-vous? — Voilà, monsieur, le livre que je lis. » Il le prit et vit que c'était un traité de mathématiques publié par l'abbé Pinaud, professeur au séminaire de Saint-Sulpice. « Pourquoi étudiez-vous les mathématiques? — Parce que cela me plaît ; je suis libre, pendant les promenades, de préférer l'étude au jeu. — Vous pourriez étudier autre chose. — On étudie les mathématiques au séminaire de Saint-Sulpice, puisque M. l'abbé Pinaud les enseigne et a fait un livre pour diriger ses élèves dans cette étude. Pourquoi ne ferait-on pas au séminaire de Blois ce qu'on fait à Saint-Sulpice? — Vous êtes une mauvaise tête. — Merci, monsieur, » répondis-je ; et je repris mon livre en souriant.

On m'avait vu avec un traité de mathématiques, un jour de promenade ! on en conclut que tous les jours j'étudiais les mathématiques au lieu d'étudier la théologie.

Ces logiciens se trompaient ; je n'étudiais les mathématiques que les jours de promenade. Je voulais avoir une idée de cette science, mais je ne me sentais aucune vocation pour devenir mathématicien.

Pendant mon séjour au grand séminaire, je faillis devenir jésuite. Chaque année, à la rentrée des classes on faisait *une retraite*. C'est bien la chose la plus abrutissante que l'on ait pu inventer. On devait passer huit jours entiers en prière, en examen de conscience, en méditation. On n'en sortait que pour aller entendre des entretiens *dits* spirituels et des prédications solennelles. Le prédicateur de la retraite était presque toujours un jésuite. Les confesseurs ordinaires engageaient leurs clients à s'adresser au bon père, à lui faire une confession générale et à lui demander des conseils.

Lorsque j'étais diacre, c'est-à-dire lorsque j'avais 21 ans, la retraite fut prêchée par le père Fantin, supérieur de la maison des jésuites de Bourges. J'allai me confesser au bon père, qui me fit beaucoup de mamours, m'embrassa avec de vrais transports d'amour paternel, me fit promettre d'aller le voir chaque jour à une heure qu'il me fixa. Je fus exact au rendez-vous. Le bon père me recevait toujours avec le même amour paternel, me pressait sur son cœur et me disait combien il serait heureux de me gagner au *petit troupeau choisi*, c'est-à-dire, à la Compagnie de Jésus. Je ne connaissais la Compagnie que par les éloges qu'en faisaient souvent les supérieurs du séminaire. Je voyais que les jésuites étaient toujours reçus par eux avec des témoignages du plus profond respect. On disait souvent que, dans la Compagnie, chacun des membres recevait toujours la destination la mieux appropriée à ses goûts. Mon amour de l'étude me prédisposait plutôt à la carrière de professeur qu'à celle de curé. Je m'imaginai que mes goûts seraient satisfaits si j'entrais chez les jésuites. Le père Fantin m'avait deviné, ce qui n'était pas difficile, car je fus toujours d'une candeur et d'une franchise d'enfant. Il me parla donc de tous les moyens que me fournirait la sainte Compagnie pour satisfaire mon goût pour l'étude. Je fus bientôt gagné. Le bon père s'en aperçut et ne se gêna plus avec moi. « Mon cher enfant, me dit-il, je vous aime comme un père. Nous ne pouvons pas, malheureusement, prendre une décision, après ces quelques jours que nous avons passés ensemble ; mais, l'année prochaine, *à cause de vous, et à cause de vous seul*, je reviendrai prêcher la retraite, malgré les engagements que j'ai pris d'aller ailleurs. Alors nous prendrons une détermination définitive. » Il me serra bien fort sur son cœur, et je retournai bien triste à ma cellule.

A la fin de la retraite, M. le supérieur annonça avec émotion que le révérend père Fantin avait été si édifié de la piété des élèves, qu'il reviendrait de nouveau l'année suivante s'édifier au milieu d'eux.

Je savais mieux à quoi m'en tenir.

Le père Fantin tint parole. Je le vis dès son arrivée au séminaire et nos relations intimes recommencèrent. Il me parlait à cœur ouvert, tant il avait confiance en moi. Un jour il me dit : « Que seriez-vous devenu, mon cher enfant, si vous aviez suivi la carrière ordinaire ? vicaire, curé, hélas ! avez-vous remarqué ce que sont ces ecclésiastiques ? » Il me fit un portrait peu flatté du vicaire de ville et du curé de campagne. Passant aux chanoines, aux vicaires généraux, aux évêques, il m'en fit un portrait dont ils n'auraient pas sujet d'être fiers. Résumé de son entretien : en dehors de la Compagnie de Jésus, il n'y avait ni mœurs, ni piété, ni science, ni intelligence.

J'étais stupéfait et je me permis de faire quelques observations. « Si j'entre dans la Compagnie, dis-je, ce n'est pas parce que je méprise le clergé séculier, mais à cause de l'espoir que j'ai d'y suivre plus facilement mon goût pour l'étude. Il y a sans doute des hommes de mauvaises mœurs dans le clergé et des ignorants ; mais je connais aussi des prêtres instruits et pieux. » Le bon père comprit qu'il avait fait fausse route ; il atténua ce qu'il avait dit ; mais le coup était porté. Il fut convenu cependant qu'à la fin de l'année scolaire je partirais pour Saint-Acheul, où je devrais me trouver le 31 juillet, jour de la fête de saint Ignace de Loyola.

Je demandai à mon père un peu d'argent pour faire le voyage. Il me refusa, ne voulant pas me voir entrer chez les jésuites. D'après les conseils du bon père Fantin, je dis à mon père que ma mère étant morte, j'avais droit à un héritage : « C'est vrai, répondit mon père, mais tu ne l'auras pas. Tu peux m'appeler en justice et me forcer à te le donner. » J'écrivis au père Fantin que je n'oserais jamais appeler mon père par devant les tribunaux. Il me répondit que je devais partir à pied et demander l'aumône le long du chemin, à l'exemple de plusieurs saints. Je n'étais jamais sorti de mon pays. Le trajet de Blois à Saint-Acheul me paraissait immense. Je n'avais pas un caractère chevaleresque comme les saints dont le père Fantin me parlait, et je ne me sentais pas porté aux aventures. Je n'entrepris donc pas le voyage et, à la fin des vacances, je rentrai au séminaire.

Au fond je commençais à perdre de mon admiration pour les jésuites ; le père Fantin, sans le vouloir, me les avait fait voir de trop près dans ses entretiens intimes. Je compris qu'ils avaient d'eux-mêmes une trop haute opinion, et je me rappelai, en l'écoutant, la parabole du Pharisien, qui avait de lui-même une si haute estime, et qui méprisait les autres.

Je continuai au séminaire ma vie d'étude, et j'acquis une somme de connaissances assez variées. Je lus les meilleurs ouvrages de philosophie, de théologie et d'histoire. Il m'était difficile de me procurer d'autres ouvrages que ceux que l'on me prêtait à la bibliothèque, mais pendant mes dernières vacances, je m'émancipai un peu. Je passais la plus grande partie de mon temps à la bibliothèque de la ville ; c'était celle de M. de Thémines, ancien évêque de Blois ; elle était fort riche. J'y étudiai l'hébreu ; j'y lus les ouvrages de géologie les plus renommés à cette époque ; je lus même des ouvrages de Dupuy, de Volney, de Laplace. Je ne négligeai aucune branche de connaissances humaines, persuadé que tout ce que je pourrais apprendre me servirait plus tard.

Je fus ordonné prêtre le 21 décembre 1839. J'avais 23 ans et 20 jours.

Je quittai sans regret la *sainte* maison ; j'en emportais une somme de connaissances relativement considérable. Je n'en devais rien à mes professeurs et c'était même malgré eux que je les avais acquises. Ma conduite y avait toujours été régulière ; mais je n'avais pu me courber aux exigences de l'obéissance idiote et passive. Je partis donc avec la conviction que mes supérieurs ne m'aimaient pas, malgré les belles paroles qu'ils m'adressèrent à mon départ.

Pour dire la vérité, je les aimais peut-être encore moins qu'ils ne m'aimaient, et je me sentis heureux lorsque je les eus quittés.

II

Débuts de la vie ecclésiastique. — Vicaire à Saint-Aignan-sur-Cher. — Un joli curé et son joli *régiment du ruban rouge*. — Pourquoi M. le curé fit grand éloge de moi pour me faire nommer curé. — Vicaire à Montrichard. — Un bon curé qui apprit à connaître Duc et Cie. — — Curé à Fresnes. — Méthode pour apprendre le catéchisme à des crétins. — Mes écoles. — Joli rôle de M. l'inspecteur et de M. le préfet. — Mes premières relations avec M. Fabre des Essarts, vicaire-général. — Mes premiers travaux littéraires. — M. Fabre des Essarts veut m'encourager et me nomme curé de Saint-Denis-sur-Loire. — Intrigues de Duc et Cie pour m'empêcher d'avoir cette place. — Mort de Mgr de Sauzin. — M. Fabre des Essarts lui succède. — Il s'intéresse à mes travaux. — Il veut voir le manuscrit de mon premier volume et le fait examiner par M. Guillois, le prêtre le plus savant du diocèse. — Rapport de M. Guillois. — M. Fabre des Essarts remet mon premier volume à son imprimeur. — Ecrivain ecclésiastique par autorité épiscopale. — Nuée de jaloux. — Les cinq propositions de l'abbé Morisset. — Intrigues pour empêcher l'approbation officielle de mon premier volume. — Mes relations avec M. de Belot. — Conférences ecclésiastiques. — Je suis élu secrétaire à l'unanimité. — Succès de mes Rapports. — Projet de confier la direction du grand séminaire à M. Léon Garapin. — Il accepte à condition que je serai au séminaire pour le seconder. — Les oies de la cour épiscopale font un tel bruit que le pauvre évêque est obligé d'abandonner son projet. — Les jésuites remplacent Duc et Cie au séminaire. — Ma réputation comme écrivain en dehors du diocèse de Blois. — Souscriptions et lettres épiscopales — Éloges de M. l'abbé Darboy ; du père Prat, jésuite; des trappistes de Staouéli; de M. Laurentie. — Révolution de 1848. — Les républicains de Blois m'offrent la rédaction de leur journal. — Mgr Fabre des Essarts m'engage à accepter. — Je viens me fixer à Blois. — Mgr des Essarts me fait préparer un logement à l'évêché. — Il tombe malade. — M. Léon Garapin me conseille de différer mon installation à l'évêché. — Mgr des Essarts atteint mortellement. — Je demande l'autorisation de quitter le diocèse. — Gracieuse autorisation qui m'est accordée. — Tout le monde content.

n pense bien que je n'obtins pas une place brillante en quittant le séminaire. Les supérieurs avaient fait passer leur antipathie aux vicaires-généraux ; je n'étais donc pas bien noté.

On me nomma vicaire dans la petite ville de Saint-Aignan-sur-Cher. Il y avait là deux ecclésiastiques bretons qui étaient frères et s'appelaient Lechevallier. L'aîné était curé ; le second n'avait pas de titre officiel ; il posait en prêtre amateur ; il était mielleux, très mielleux, surtout envers les dames qui l'avaient choisi pour confesseur. Il avait de bonnes mœurs et paraissait pieux sincèrement. Le curé était un grand écervelé, fort peu réglé dans ses mœurs, mais assez hypocrite pour avoir pu capter l'estime de la cour épiscopale. Il m'obligea à loger au presbytère et m'assigna une chambre délabrée, habitée depuis longtemps par une légion de rats et de souris. Les araignées avaient élu domicile sous un papier décollé, qui datait bien d'une cinquantaine d'années. Je dus partager la table de M. le curé ; mais il était assez délicat pour servir les meilleurs morceaux à lui et à son frère. Ils s'accordaient l'un et l'autre des douceurs dont ils me croyaient sans doute indigne.

Je payais cependant une pension qui absorbait mon petit traitement. Je payais sans faire la moindre observation, mais je vis tout de suite à qui j'avais à faire.

Le curé avait peur surtout de l'influence que je pourrais avoir dans la paroisse. Il m'annulait le plus possible. Je supportais ses mauvais procédés sans me plaindre. Je sortais peu ; je ne faisais pas de visites, et je donnais tout mon temps aux devoirs de mon ministère et à l'étude.

Malgré ma réserve, on commença à parler de moi avec estime ; plusieurs pénitentes du curé prirent le chemin de mon confessionnal, et il eut la douleur de remarquer parmi elles quelques déserteurs de son joli *Régiment du ruban rouge*. On appelait ainsi la congrégation de la sainte Vierge, dont les membres avaient dû, sur l'invitation du curé, orner leur bonnet ou leur chapeau d'un ruban rouge, comme signe distinctif. On en jasait en ville. Il faut dire que le curé prêtait aux cancans. Il avait fait placer son régiment dans un hémicycle qui entourait l'autel; pendant la messe, il ne se gênait pas pour envoyer de gracieux sourires à ses privilégiées; lorsqu'il faisait l'aspersion de l'eau bénite, il leur en envoyait en plein visage, en riant comme un bienheureux. Il donnait à plusieurs des congréganistes des rendez-vous dans la sacristie; il s'enfermait avec elles; plusieurs fois, en entrant dans sa chambre, je le surpris avec une jeune congréganiste sur ses genoux.

Le *Régiment du ruban rouge* ne jouissait pas de l'estime universelle, tout joli qu'il était, et malgré les beaux cantiques qu'il chantait, et les dévotionnettes dans lesquelles il se donnait en spectacle.

On conçoit que M. le curé ne fut pas très content, en voyant des déserteurs me former un petit régiment. Mais depuis que je l'avais surpris avec une demoiselle sur ses genoux, il était fort embarrassé vis-à-vis de moi.

Pour obvier aux conséquences que la chronique scandaleuse pourrait avoir pour lui, il faisait le dévot. En sa qualité de curé-doyen, il se rendait assez souvent à la cour épiscopale; il y portait pas mal de calomnies ou de médisances contre les prêtres de son canton, et il y laissait la réputation d'un prêtre fort zélé pour la pureté des mœurs sacerdotales. Il avait soin de dire qu'il allait chez les jésuites de Bourges pour se retremper dans la piété et raviver son zèle. C'est ainsi qu'un jour il trouva à Bourges mon cher père Fantin. Le bon père ne m'avait pas oublié. Apprenant que j'étais vicaire de Saint-Aignan, il m'envoya par le curé ses compliments les plus affectueux. Il m'écrivit plusieurs lettres auxquelles je répondis très poliment. Mais il dut s'apercevoir que je ne voulais plus être jésuite.

Pendant mon séjour à Saint-Aignan, j'eus nécessairement des relations avec les curés du canton. Je les vis de près; je fus stupéfait de leurs mœurs dissolues, et des vices dont ils ne prenaient pas même la peine de se cacher. Ils m'invitaient à leurs réunions hebdomadaires et ne se défiaient pas de moi. Ils m'avaient apprécié comme un jeune homme innocent, qui se formerait plus tard; mais ils étaient persuadés que je n'étais ni espion ni délateur. Aussi, *j'en vis et en appris de belles* pendant les déjeuners auxquels j'étais obligé d'assister. Je ne pourrais le raconter sans tomber dans la *pornographie*, ce qui n'est pas mon intention. Aussitôt après le déjeuner, les curés faisaient apporter les cartes et se livraient à un jeu effréné, émaillé de conversations ordurières, et en compagnie de femmes, avec lesquelles ils ne se gênaient pas le moins du monde. Pendant qu'ils jouaient, je m'esquivais. Lorsqu'ils s'en apercevaient, ils disaient simplement : « Mallebranche est allé retrouver ses bouquins. » Ils me donnaient le surnom de Mallebranche parce que l'un d'eux m'avait un jour trouvé lisant les œuvres de ce philosophe; il en rit beaucoup, et ceux auxquels il raconta l'événement firent de même. Ils savaient que je préférais la société de mes livres à la leur; mais ils ne m'en voulaient pas, parce que je n'étais pas *espion* et que je gardais pour moi ce que je voyais et entendais.

Le curé-doyen n'était pas meilleur que les autres, sous le rapport des mœurs; il était plus détestable parce qu'il était plus hypocrite.

Blessé de se voir abandonné de quelques-unes de ses jolies clientes, ce bon curé ne songea plus qu'à se débarrasser de moi. Il n'osa pas dire de mal de moi; pour cela, il avait plus d'une raison. D'abord, ma conduite était irréprochable ; je vivais en vrai séminariste ; puis il pouvait penser que je le dévoilerais, si la cour épiscopale me faisait, sous son instigation, quelque reproche. Au lieu de dire du mal de moi, il en dit beaucoup de bien, pour arriver à son but. Il y avait environ un an que j'étais à Saint-Aignan lorsque le curé m'apporta de Blois une lettre par laquelle on me mandait à l'évêché. Le curé, en me la remettant me dit : « J'ai fait de vous le plus grand éloge, et j'ai demandé une cure pour vous. Vous êtes un jeune homme trop distingué pour être plus longtemps vicaire ».

L'évêque, Mgr de Sauzin, me reçut avec bonté, ne me fit aucun reproche et me dit seulement qu'avant de me nommer curé, comme il en avait l'intention, j'irais, à titre provisoire, aider le curé de Montrichard, qui était seul et surchargé d'occupations.

Je quittai Saint-Aignan, en emportant les regrets d'un grand nombre d'habitants qui avaient su m'apprécier, et m'avaient jugé digne de leur confiance, malgré ma jeunesse.

A Montrichard je trouvai un prêtre très pieux et très intelligent, M. l'abbé Olivereau, ancien vicaire de la cathédrale de Blois. Mes bons amis du grand séminaire l'avaient prévenu contre moi ; mais après avoir vécu avec moi dans l'intimité pendant quelques mois, il me dit un jour : « Vous avez des ennemis bien méchants ; tout ce qu'ils m'ont dit de votre mauvaise tête est faux. Je regrette beaucoup que vous ne soyez avec moi qu'à titre provisoire ; je voudrais passer ma vie avec vous. J'espère que nous resterons toujours bons amis ».

Il s'était engagé à prendre pour vicaire un jeune homme de Montrichard, qui était parent des plus riches familles de la ville. Il pensa qu'il ne serait pas aussi heureux avec ce jeune prêtre qu'avec moi. C'est, en effet, ce qui arriva.

L'abbé Olivereau était un des prêtres les plus distingués du diocèse ; sa piété sans affectation, était sincère ; ses mœurs étaient pures. Son instruction était plus étendue que celle de la plupart des autres ecclésiastiques. Ce n'est pas lui qui m'aurait fait un reproche de mon amour pour l'étude. Je le quittai au bout d'un an, lorsque celui qui lui était destiné pour vicaire eut été ordonné prêtre.

L'année que je passai à Montrichard, et où je partageai avec le curé toutes les fonctions du ministère, fut une des années les plus heureuses de ma vie.

Je fus envoyé, en qualité de curé, dans la petite paroisse de Fresnes. Cette nomination fut faite sous l'influence de mes ennemis, tout-puissants sur le bon vieil évêque de Sauzin qui, à cause de son grand âge, ne pouvait plus diriger par lui-même l'administration de son diocèse. Le premier vicaire-général, Fabre des Essarts, ne me connaissait pas encore et n'avait attaché aucune importance à ma nomination. Mes ennemis savaient bien ce qu'ils faisaient.

Fresnes n'avait pas de curé résident depuis la Révolution. A l'époque du Concordat, cette paroisse avait trop peu d'importance pour être pourvue d'un curé. Le vicaire d'une paroisse voisine y disait une messe basse le dimanche et se rendait auprès des malades lorsqu'il était appelé.

Quand mes ennemis me désignèrent pour cette pauvre paroisse, ils savaient bien que je n'y trouverais pas un local tant soit peu convenable pour me loger et que l'Eglise, dénuée à peu près de tout mobilier, était délabrée. La commune avait acheté depuis peu une masure et un petit morceau de terre pour faire un presbytère et un jardin ; mais elle manquait de fonds pour les travaux de première nécessité. Mes ennemis le savaient et s'en réjouissaient.

J'arrivai à Fresnes avec un modeste mobilier que je ne sus où placer. Ce qu'on avait acheté pour en faire un presbytère était une masure composée de trois pièces et une cuisine au rez-de-chaussée. Les murs en étaient sales et humides. La pluie tombait à travers le plancher; une seule pièce était carrelée. Le maire fut très étonné d'une nomination aussi précipitée et dont il n'avait pas été averti. On me logea dans un galetas appartenant à un voisin jusqu'à ce qu'on eut fait au prétendu presbytère les réparations urgentes.

Voilà ce qu'avait choisi le Conseil épiscopal pour un jeune homme de vingt-cinq ans dont l'intelligence n'avait pu leur échapper. On voulait m'enterrer avant ma mort.

Le *grand-duc* était vengé. Je me vengeai de lui et des siens d'une manière plus honorable. Je n'écrivis pas un seul mot à l'évêché pour me plaindre; j'acceptai avec résignation la triste position que l'on m'avait donnée et je résolus d'accomplir mes devoirs avec une régularité qui forcerait l'estime, même de mes ennemis les plus acharnés.

Quand j'arrivai à Fresnes, aucun enfant, aucun jeune homme ne savait lire, excepté la fille du maire. Cette enfant, très intelligente, me fut d'un grand secours. Elle se trouva à l'Eglise avec tous les petits crétins pour le catéchisme. On comprend mon embarras pour instruire ce pauvre troupeau ; mon parti fut bientôt pris. Je fondai une école. Tous les enfants y accoururent. Les garçons venaient le matin; les filles l'après-midi. Je composai un petit catéchisme dans lequel je ne mis que ce qui était absolument nécessaire.

Trois fois par semaine je réunis tous les enfants à l'Eglise. La fille du maire était à la tête de la bande. Je posais une question et la fille du maire lisait la réponse. La seconde fille répétait cette réponse, puis la troisième et ainsi de suite jusqu'au dernier des garçons. Lorsque la réponse avait été ainsi répétée, tous la savaient. Je passais à une deuxième question et on l'apprenait par le même procédé.

Au commencement de chaque séance, je faisais répéter ce

qui avait été appris précédemment. J'y ajoutais une ou deux questions nouvelles. Au bout de quelques mois, tous mes petits idiots savaient parfaitement mon catéchisme tout entier, et même un cantique pour le jour de la première communion. Le curé-doyen de Contres, mon voisin, vint, sur ma demande, les examiner. Il trouva mon petit catéchisme parfait, ma méthode aussi bonne qu'originale, et il m'avoua que mes crétins étaient, en réalité, plus instruits que les siens qui, cependant, savaient tous lire.

Ce curé-doyen était l'abbé Rousseau, un bon prêtre, dont l'estime et l'amitié me dédommageaient des injustices de la cour épiscopale.

Le catéchisme n'empêchait pas les leçons de l'école. Aux classes du jour pour les enfants de dix à douze ans, j'ajoutai des classes du soir pour les garçons adultes. Les convenances me défendaient de recevoir chez moi les jeunes filles au dessus de douze ans.

Mes cours furent très suivis. Tous les enfants et les jeunes gens savaient, au bout de l'année, lire, écrire et faire les deux premières règles de l'arithmétique. Plusieurs jeunes gens apprirent le chant ecclésiastique et bientôt on chanta des messes solennelles dans cette pauvre église où, depuis près d'un siècle, on n'avait dit que quelques messes basses.

Mon enseignement n'était ni obligatoire, ni laïc, mais il était absolument gratuit. Quoiqu'il fût très peu compliqué, mes paroissiens l'appréciaient et me payaient en remerciements, en affection, en dons en nature qui me rendaient service. Bientôt ma basse-cour fut très bien montée et on m'apportait tout ce qui était nécessaire pour la nourrir. J'avais plus qu'il ne me fallait pour vivre très largement. J'avais plusieurs paroissiens riches qui m'apportaient tout ce qu'ils pensaient devoir m'être agréable : des volailles grasses, des œufs, du lait, des fruits. Le château seul ne donnait rien. On m'y invitait parfois à dîner ; j'y allais, mais je préférais faire visite à de bons paysans qui ne faisaient pas de manières, mais me témoignaient, comme ils le pouvaient, leur franche et sincère affection.

On pense bien que je n'avais pas songé à me mettre en règle, pour l'ouverture de mon école, avec l'autorité qui avait pour mission de diriger l'enseignement public. Je fus donc peu surpris de voir un jour arriver chez moi M. l'inspecteur qui s'appelait Prat. Je le connaissais de réputation. Il aimait le bon vin et il en buvait volontiers plus que de raison. Un prêtre très littéraire et qui connaissait son Virgile lui avait appliqué, dans un repas, ce passage du poète des Géorgiques :

Jam satis Prata biberunt.

Le mot avait fait fortune.

Je n'avais pas de bon vin à offrir à M. l'inspecteur ; aussi prit-il, à mon égard, des airs hautains et me menaça-t-il d'un rapport foudroyant contre mon école et contre moi. Je lui répondis très simplement en le conduisant poliment vers la porte de ma demeure.

Quelque temps après je reçus de la préfecture l'ordre de me mettre en règle, de demander l'autorisation d'ouvrir une école, sous peine de voir *mon établissement* fermé. Je répondis à M. le préfet que je n'étais pas maître d'école et ne voulais pas l'être ; que ma seule ambition était de rendre service à de pauvres gens ; que l'on pouvait fermer *mon établissement* si cela était agréable à M. le préfet. On eut la pudeur de ne pas insister, et on me laissa tranquille.

Je dus aviser l'évêché de ce qui s'était passé. J'éprouvais une invincible répulsion pour le *grand-duc* et les autres membres du conseil épiscopal que je connaissais. Il y en avait un dans ce conseil que je ne connaissais pas, dont tous les prêtres avaient peur, et auquel je n'avais jamais adressé la parole ; c'était M. Fabre des Essarts, qui succéda, quelque temps après, à Mgr de Sauzin sur le siège épiscopal de Blois.

Je m'adressai à lui. Il ne me connaissait pas, mais ma lettre lui plut. Il me répondit, en me félicitant de mon zèle pour l'instruction de mes paroissiens, et m'engagea à lui écrire personnellement pour toutes les affaires dans lesquelles j'aurais besoin du conseil de l'évêché. Je lui écrivis quelques fois, et d'excellentes relations s'établirent entre nous, à l'insu du parti du *grand-duc*.

Au bout d'un an, mon ministère vis-à-vis de l'enfance était très simplifié. Tous les enfants savaient lire et pouvaient apprendre par cœur le catéchisme diocésain. Pour continuer mon œuvre scolaire, je donnai aux enfants huit heures de mon temps par semaine, et les soirées d'hiver. Les résultats dépassaient mes espérances.

Je consacrais le reste de mon temps à mes chères études.

Tous les avant-midi, je me préparais à subir les examens du baccalauréat ès lettres, car le professorat avait toujours de l'attrait pour moi. Les après-midi étaient consacrés aux études ecclésiastiques. Je conçus alors le projet de travailler à une histoire de l'Eglise de France, et je me mis aussitôt à l'œuvre. Je prenais des notes, je faisais des plans. Je n'avais pas l'intention de publier plus tard le résultat de mes études ; je ne me serais jamais flatté alors de pouvoir devenir *un auteur* ! Je ne travaillais que pour ma satisfaction personnelle.

Deux fois par semaine je disais la messe de grand matin, et je partais pour Blois, qui était distant de vingt kilomètres. En arrivant, j'allais déjeuner chez mon père, puis, je me rendais à la bibliothèque de la ville, où je restais jusqu'à quatre heures. Je m'étais muni de mes notes, j'étudiais les ouvrages qui pouvaient me fournir des renseignements, je me familiarisais avec les grandes collections bénédictines, où je pouvais trouver les documents dont j'avais besoin. La bibliothèque était très riche en ouvrages de ce genre. Après avoir travaillé six heures, je reprenais le chemin de ma paroisse. Je faisais ainsi quarante kilomètres dans ma journée. J'étais si heureux des recherches que j'avais faites, que je ne songeais même pas à la fatigue.

Je ne sais comment M. Fabre des Essarts apprit que j'allais souvent à Blois étudier à la bibliothèque. Il m'invita à aller le voir et il me fit causer sur l'emploi de mon temps. Je n'avais aucune raison de dissimuler ce que je faisais. Il m'encouragea dans l'étude de l'histoire de l'Eglise de France, mais il me défendit de songer au baccalauréat. « Vous voulez nous quitter, me dit-il, et entrer dans l'Université ; je ne le souffrirais pas. Je veux vous conserver pour le diocèse ; afin de vous donner une preuve de sympathie et un encouragement, je vous nomme à la cure de Saint-Denis-sur-Loire. Vous serez tout près de la bibliothèque et de votre famille ; vous aurez presque tout votre temps pour vos études, et vous viendrez me voir quelquefois ».

M. Fabre des Essarts ne subissait pas l'influence du reste de la cour épiscopale ; il était tout puissant auprès de Mgr de Sauzin, qui l'avait amené avec lui à Blois ; il était doué d'un caractère ferme ; il était même un peu despote et agissait en maître. La cure de Saint-Denis-sur-Loire à laquelle il me nommait, était une bonne petite paroisse, très rapprochée de Blois, et où je pouvais, tout en remplissant mes fonctions avec régularité, poursuivre mes études tout à mon aise.

Après m'avoir nommé à cette cure, il fit un voyage dans son pays. A son retour, on dut lui rendre compte de tout ce qui avait été fait en son absence ; il remarqua que ma nomination à la cure de Saint-Denis-sur-Loire avait été annulée et qu'un autre avait été nommé à ma place. Mes bons amis Duc,

Doré et autres cuistres ne jugeaient pas suffisant un séjour de près de trois ans dans la pauvre paroisse de Fresnes. Ma fierté et mon indépendance les avaient choqués ; je les saluais froidement lorsque je les rencontrais dans la ville. Ils ne comprenaient pas comment j'avais pu obtenir la sympathie d'un homme que tout le clergé redoutait. Ils s'imaginèrent qu'à son retour M. Fabre des Essarts aurait oublié son protégé et que je resterais encore longtemps dans mon pauvre taudis de Fresnes. Ils se trompèrent. M. Fabre des Essarts comprit leurs mauvais sentiments. Il leur dit froidement qu'il maintenait ma nomination et qu'il s'occuperait personnellement de cette affaire. Il écrivit immédiatement au prêtre qui m'avait remplacé pour lui donner une autre destination et lui enjoindre de quitter Saint-Denis-sur-Loire dans le courant de la semaine. Il m'écrivit en même temps de m'arranger de manière à chanter la grande messe à Saint-Denis-sur-Loire le dimanche le plus prochain.

J'obéis avec joie, tout en regrettant les bons habitants de Fresnes, qui pleurèrent presque tous à mon départ.

Mgr de Sauzin mourut bientôt après et fut remplacé par M. Fabre des Essarts. M. Doré, l'*éteignoir*, devint premier vicaire général, et tous mes ennemis restèrent à la cour épiscopale, mais je ne les craignais pas. L'évêque était pour moi, j'en étais certain, et je n'aurais jamais affaire qu'à lui. Je lui rendis quelques visites, et il m'invita plusieurs fois à sa table. Je m'y trouvais avec mes ennemis, qui se croyaient obligés de grimacer quelques mots aimables. L'évêque me plaçait à côté de lui, afin de s'entretenir plus facilement avec moi. Il s'informait avec intérêt de mes études et m'encourageait.

Un jour il me demanda si j'avais quelque chose de rédigé définitivement. Je venais de copier pour la deuxième fois le manuscrit du premier volume. Il voulut le voir. Je le lui portai, et il le garda.

Ses occupations ne lui permettaient pas de lire un si gros manuscrit ; il chargea de son examen un vénérable vieillard, M. Guillois, ancien vicaire général, qui passait pour le meilleur théologien du diocèse. Un jeune ecclésiastique du secrétariat de l'évêché se rendait chaque soir chez M. Guillois, lui lisait une partie du manuscrit et écrivait ce que le bon vieillard lui dictait touchant la lecture qu'il venait d'entendre. Quand la lecture du manuscrit fut terminée, M. Guillois rédigea un rapport tellement élogieux que Bossuet aurait été flatté d'en entendre un pareil, sur un de ses plus beaux ouvrages.

Mgr Fabre des Essarts ayant reçu et lu le rapport, m'écrivit pour m'inviter à déjeuner. Il me communiqua le rapport en présence de mes ennemis stupéfaits, et me dit de la manière la plus gracieuse : « Mon cher ami, je ne vous rendrai pas votre manuscrit, je l'ai déjà remis à mon imprimeur ; vous pourrez voir cet imprimeur et vous entendre avec lui. Je prends à ma charge les frais d'impression, s'il le faut ».

Je croyais rêver en entendant la lecture du rapport et les paroles de l'évêque. Je le dis en toute sincérité : j'avais de l'écrivain qui fait imprimer une si haute idée que je me serais cru ridicule, si j'avais aspiré au titre d'*auteur* ; c'était candide, ingénu, *bête*, si on veut, mais c'était comme cela. Je priai l'évêque de ne pas faire imprimer mon volume : « Je ne suis pas assez avancé dans mon travail, lui dis-je, et il me sera presque impossible de fournir assez vite le manuscrit des autres volumes pour que l'ouvrage paraisse régulièrement. — Vous travaillerez encore davantage, me dit l'évêque en riant. On vous remettra une clé de la bibliothèque de l'évêché ; quand vous ne pourrez pas travailler à la bibliothèque de la ville, vous viendrez travailler chez nous. »

Je dus en prendre mon parti. Je devenais auteur malgré moi et par autorité épiscopale.

On m'en tint bien compte plus tard.

En sortant de l'évêché, j'allai faire visite à M. Guillois. Il m'embrassa avec une affection vraiment sincère et me dit : « Mon cher enfant, n'êtes-vous pas le fils de cette respectable dame Guettée que j'ai comptée parmi mes filles spirituelles ? » Sur ma réponse affirmative, il m'embrassa de nouveau et me parla des vertus de ma bonne mère avec tant de respect que je fondis en larmes.

Le bon et docte Guillois mourut peu de temps après, avec la réputation d'un prêtre aussi saint que savant. Les éloges qu'il fit de mon ouvrage me dédommagent amplement des critiques de tant d'imbéciles et d'ignorants.

J'avais à l'évêché un autre savant et docte prêtre qui était heureux de ce qui m'arrivait. C'était mon ancien précepteur, M. l'abbé Léon Garapin, qui venait de quitter la cure de Mondoubleau pour occuper une stalle de chanoine à la cathédrale. Il avait le titre de vicaire général honoraire. Il était encore à Mondoubleau lorsque parut le prospectus qui annonçait la mise sous presse de mon premier volume. Il m'écrivit aussitôt après l'avoir reçu, une lettre charmante. Ayant reçu le premier volume dont je lui fis hommage, il m'écrivit :

« MON CHER AMI,

« Mille et mille remerciements de votre aimable offrande. Je n'avais pas besoin d'un *souvenir* pour me rappeler le bibliophile du presbytère de Saint-Denis-sur-Loire ; pourtant cela ne nuit point ; et si cette circonstance n'ajoute rien à l'amitié que je vous portais, parce qu'elle a atteint depuis longtemps son apogée, elle la rajeunira. Elle vous rendra plus souvent présent à mon esprit. Quand je serai fatigué, accablé des rapports si nuls qu'on est obligé d'avoir avec le monde, j'irai vous trouver dans ma bibliothèque ; nous causerons science ecclésiastique ; vous deviendrez mon précepteur à votre tour. Nous jaserons à l'aise, à cœur ouvert, sur cette Eglise gallicane tant maltraitée par ceux qui ne la connaissent pas... »

J'eus donc un bon ami de plus à l'évêché, lorsque M. Léon Garapin fut nommé chanoine et admis au conseil épiscopal.

Plusieurs autres prêtres du diocèse me félicitèrent vivement de mon premier volume. D'autres, au contraire, qui avaient été mes amis jusqu'alors, me tournèrent le dos et ne purent dissimuler leur jalousie.

M. Doré, me rencontrant un jour, m'aborda et me dit : « Eh bien, vous voilà donc auteur ? Il n'était pas nécessaire de faire encore un livre, il y en a déjà trop, et beaucoup plus qu'on n'en peut lire. » Je répondis : Ce n'est pas à moi qu'il fallait dire cela, monsieur le vicaire général, mais à Monseigneur, lorsqu'il fit la sottise d'envoyer mon manuscrit à son imprimeur. » Le grand nez de l'éteignoir s'allongea encore et je lui tournai le dos.

Il y avait parmi les chanoines un abbé Morisset, qui posait en grand savant et en grand orateur. C'était l'oracle de la cour épiscopale ; aussi se redressait-il outre mesure, et prenait-il des airs impertinents vis-à-vis du pauvre peuple ecclésiastique. Mgr des Essarts ne l'avait pas consulté sur mon ouvrage. C'était un péché grave, et c'était moi qui devais en faire pénitence. Morisset lut mon volume et formula ainsi ses impressions : « On ne peut pas y relever d'opinions hérétiques ; mais on pourrait résumer la doctrine en cinq propositions hérétiques, comme on l'a fait pour le livre de Jansenius, et le condamner de la même manière ».

C'était superbe, aussi toutes les oies de la cour épiscopale se mirent-elles à piailler et à exalter la profondeur du puits scientifique qui s'appelait Morisset.

On eut donc à Blois l'idée d'une condamnation de mon

l'ouvrage dès que parut le premier volume. L'idée ne fit pas son chemin pendant la vie de Mgr des Essarts; mais s'il était remplacé par un évêque obtus et ultramontain, la chose devait aller de soi.

C'est ce qui arriva, comme on le verra dans la suite.

Mgr des Essarts voulait placer son approbation officielle en tête du premier volume. Morisset, Doré dit l'Eteignoir et le *Grand-Duc* l'effrayèrent tellement en lui parlant des erreurs possibles des volumes suivants, qu'il consentit à l'ajourner. Le deuxième volume parut encore sans approbation. Enfin le troisième s'imprimait assez rapidement. Mes ennemis ne pouvaient plus empêcher l'évêque de faire quelque chose; ils obtinrent que l'approbation n'aurait pas la forme solennelle des actes de ce genre, mais serait une simple lettre que je pourrais faire imprimer en tête du troisième volume.

C'est ce qui eut lieu.

Les études approfondies auxquelles je me livrais pour continuer mon *Histoire de l'Eglise de France* ne me faisaient pas négliger les devoirs de mon ministère. Tous les habitants de Saint-Denis-sur-Loire étaient pour moi des amis comme l'avaient été ceux de Fresnes.

Jamais ni la préfecture ni l'évêché ne recevaient de plaintes ni du curé, ni du maire, ni de l'instituteur. Saint-Denis-sur-Loire était la paroisse modèle et ne donnait aucun souci aux administrations. Je ne me mêlais que des fonctions de mon ministère, et mes études ne me les faisaient pas négliger. Je dois dire cependant que le ministère paroissial n'était pas dans mes goûts. Le confessionnal était pour moi un objet d'horreur, et j'étais malade lorsque je devais y passer plusieurs heures de suite, à l'occasion des grandes fêtes.

Personne, cependant, ne se serait douté de mon antipathie pour des fonctions que je n'accomplissais que par devoir.

Lorsque j'étais à Saint-Denis-sur-Loire Mgr Des Essarts

établit les conférences ecclésiastiques. Chaque mois, les curés étaient obligés de se réunir par canton chez un d'entre eux, et d'y apporter un travail sur des questions dont le programme avait été dressé d'avance par l'autorité épiscopale.

La première conférence du canton Est de Blois eut lieu chez M. l'abbé de Belot, curé de la cathédrale et doyen du canton dont Saint-Denis-sur-Loire faisait partie. Je fus nommé secrétaire à l'unanimité. C'était donc à moi qu'incombait le devoir de résumer les discussions qui avaient lieu dans les conférences et d'en présenter une exacte analyse.

Mes fonctions de secrétaire me mirent en relations plus fréquentes avec mon doyen l'abbé de Belot. Ce bon prêtre me voua dès lors une amitié et une estime dont il me donna des preuves à plusieurs reprises. Il faisait le plus grand cas de *l'Histoire de l'Eglise de France*, et il était très fier d'avoir à remettre à l'évêché les procès-verbaux des conférences qu'il présidait. A vrai dire, ces procès-verbaux n'étaient pas le résumé de ce qui avait été dit, mais des travaux théologiques auxquels je m'appliquais réellement. Mes confrères, en les entendant, me prodiguaient leurs éloges, mais convenaient qu'ils n'avaient pas été aussi savants qu'on pouvait le croire d'après les procès-verbaux que je rédigeais.

M. l'abbé de Belot le savait bien. Aussi, à la fin de l'année, me dit-il de la manière la plus gracieuse, en présence de mes confrères : « M. le secrétaire, d'après le compte-rendu fait à Mgr l'évêque des conférences du diocèse, nous avons, grâce à vous, obtenu la première place. Le premier canton du diocèse, sous le rapport géographique, est resté le premier sous le rapport théologique, grâce à vous. »

Tous mes confrères adhérèrent unanimement aux éloges que me donnait le président. J'étais devenu le premier théologien du diocèse. Cette science m'était sans doute tombée du ciel, puisque les Duc et Richaudeau prétendaient que je n'avais pas étudié la théologie, pendant que j'étais au séminaire.

Je retournais de temps à autre au séminaire voir mes anciens supérieurs. J'y avais retrouvé l'économe qui m'aimait beaucoup, et qui avait été mon confesseur. Il était très heureux de me revoir et riait de bon cœur lorsque je faisais payer au *grand-duc* et au petit papa Richaudeau leurs mauvais procédés. J'y mettais un peu de malice, mais pas assez pour leur faire croire que j'en gardais rancune..

Je n'avais pas de rancune; mais je les méprisais et m'amusais d'eux. J'eus surtout l'occasion de m'amuser du petit papa Richaudeau lorsque la *France centrale*, journal des légitimistes, l'eut chargé de répondre à un ministre protestant, M. Cadier, qui faisait beaucoup de bruit dans le diocèse par ses prédications et les petites brochures qu'il répandait. La *France centrale*, journal religieux, voulait entrer en guerre contre M. Cadier et elle s'adressa naturellement au professeur de théologie dogmatique pour avoir raison de ce monsieur.

L'abbé Richaudeau accepta; mais il fit des articles si pitoyables, si illisibles, que tout le monde en rit. M. Cadier triomphait. Alors la *France centrale* s'adressa à moi. J'eus bien vite raison de M. le pasteur, et je sus mettre les rieurs de mon côté. Dès lors M. Cadier se renferma dans son temple et modéra son zèle. Quand j'allais au séminaire, on parlait de mes articles contre M. Cadier; on m'en félicitait. L'abbé Richaudeau était fort embarrassé, et pensait sans doute, que son élève, qu'il avait accusé de négliger la théologie, était meilleur théologien que lui. C'était l'avis de tous les ecclésiastiques sérieux.

J'étais dans tout l'éclat de ma renommée comme écrivain, lorsque Mgr Des Essarts conçut le projet de changer le personnel du séminaire. Le *grand-duc* et ses hiboux ne pouvaient plus tenir la place, et le grand séminaire était complètement désorganisé. Mgr Des Essarts s'adressa alors à M. l'abbé Léon Garapin, seul capable de réformer l'établissement. Après quelque temps d'hésitation, M. l'abbé Léon Garapin accepta, mais à condition qu'on lui donnerait des collaborateurs de son choix. Monseigneur le lui promit. M. Léon Garapin connaissait bien le clergé du diocèse. Il choisit les plus capables, et me mit sur sa liste avec le titre de professeur de philosophie et d'histoire ecclésiastique. Mgr Des Essarts accepta la liste, mais les oies de la cour épiscopale piaillèrent de plus belle, et l'abbé Morisset ajouta son mirliton à ce concert. Le bon évêque en fut assourdi. C'était principalement à cause de moi que l'on faisait tout ce tapage. Qu'avais-je donc fait à tous ces hiboux ? Rien, absolument rien. J'avais vraiment bien le temps de m'occuper d'eux ! Mgr Des Essarts ne sachant à quoi s'arrêter au milieu de toutes ces criailleries, laissa M. Léon Garapin juge de ce qu'il y avait à faire. « Je comprends, dit-il à l'évêque, que tous ces gens nous feront une opposition incessante si l'abbé Guettée fait partie de mes collaborateurs ; d'un autre côté, je ne puis céder sur ce point. Je tiens absolument à M. l'abbé Guettée qui aura sur les élèves une très grande influence, et qui me secondera le mieux. Je comprends, Monseigneur, que vous ménagiez les prêtres qui forment votre conseil ; alors renonçons au projet, et adressez-vous à une congrégation ecclésiastique à laquelle vous confierez la direction de votre séminaire ».

Mgr Des Essarts renonça avec regret à son projet. Il s'adressa à plusieurs congrégations qui ne purent accepter. Alors il s'adressa aux jésuites qui accoururent bien vite et se jetèrent comme des oiseaux de proie sur le pauvre diocèse de Blois. A leur tête était le père Fessard, un nom prédestiné pour un jésuite chargé de l'enseignement. Le père Fessard devint un des gros bonnets de la Compagnie.

Quand il arriva à Blois, la révolution de 1848 avait renversé le trône des d'Orléans et proclamé la République.

Avant de parler du changement que cet événement apporta dans ma situation, je dois dire que ma réputation comme écrivain dépassait les bornes du diocèse de Blois. Je recevais des lettres épiscopales très flatteuses ; l'abbé Chavin de Malan (il n'avait pas encore fait son testament) me demandait ma collaboration pour une grande Revue religieuse qu'il voulait fonder à Paris ; l'abbé Darboy, depuis archevêque de Paris, rendait compte de mon ouvrage dans le *Correspondant ;* le père Prat, jésuite de Lyon, m'écrivait pour me demander de m'associer à lui pour continuer l'*Histoire de l'Eglise gallicane* de ses confrères Longueval et autres.

Décidément, les jésuites me voulaient ; la proposition du père Prat était un excellent moyen d'arrêter la publication de mon ouvrage. En m'associant à une œuvre nouvelle qui devait le remplacer, j'aurais peut-être gagné de l'argent et des honneurs, mais j'étais trop ingénu pour avoir de pareilles idées. Je répondis au bon père qu'il pouvait faire son ouvrage sans ma collaboration ; que je ferais le mien, et qu'ainsi le monde religieux aurait deux bons ouvrages au lieu d'un. Cette réponse flatta en apparence le bon père Prat, d'autant plus que je protestais, dans ma lettre, contre une réclame dans laquelle les frères Guyot, *vendeurs* de mon ouvrage à Paris et à Lyon, dépréciaient un volume publié déjà par le père Prat. Je ne les avais pas chargés de cette vilaine besogne. Le père Prat m'écrivit une seconde lettre pour me remercier de mes bons sentiments ; il m'y disait en *post-scriptum* : « Quand l'*Histoire de l'Eglise de France* sera un peu plus avancée, en ma qualité de bibliothécaire, je la ferai lire à notre réfectoire ».

A cette époque, on la lisait au réfectoire de l'abbaye des Trappistes de Staouéli, en Algérie.

Ni les jésuites, ni les trappistes, ni les évêques ne trouvaient alors mon ouvrage entaché d'erreurs.

Le *grand-duc* apprit que le père Prat m'avait écrit et que j'avais refusé d'accepter ses propositions. Il en conclut que j'étais doué d'une outrecuidance impardonnable.

Un autre historien religieux plus connu que le père Prat, M. Laurentie, qui avait une maison de campagne dans le diocèse de Blois, attachait la plus haute importance à mon ouvrage. Il était désolé des notes dans lesquelles j'avais relevé quelques erreurs de son *Histoire de France* au sujet de Sidonius Apollinaris et de Salvien. Il avait fait part de son chagrin à mon imprimeur. Je n'avais aucune raison de contrarier un homme fort estimable qui, simple fils de paysan, avait su, par son talent, devenir le chef du parti légitimiste et rédacteur en chef de *l'Union*. Comme on fit alors un second tirage de mon premier volume, je sacrifiai les notes qui lui avaient fait de la peine. L'ayant appris, M. Laurentie m'écrivit aussitôt : « Je ne regrette pas l'indiscrétion de M. Jahyer (1), puisqu'elle m'a valu de votre part un témoignage, dont je m'honore. Croyez bien, Monsieur, que mon jugement sur votre travail ne pouvait, en aucun cas, être altéré par un retour personnel. Il m'a été facile de voir que votre ouvrage honorerait les Lettres chrétiennes. Pour cela même votre langage a dû m'être plus sensible... J'ai éprouvé bien des chagrins dans votre diocèse, et je me félicite que la petite contrariété qui m'est venue de votre livre ne soit qu'un accident littéraire déjà effacé par votre bonne grâce ».

M. Laurentie n'était plus rédacteur de *l'Union* lorsque ce journal m'insulta, comme je le dirai plus tard. Les gentilshommes qui le rédigeaient alors n'avaient ni le talent ni la politesse du fils du paysan, qui avait été leur maître à tous.

J'étais à Saint-Denis-sur-Loire, m'occupant tranquillement

---

(1) C'était mon imprimeur.

de mes fonctions pastorales et de mon *Histoire de l'Eglise de France* lorsqu'un coup de foudre renversa le trône usurpé de Louis-Philippe d'Orléans. Cet événement ne put me tirer de ma quiétude. Je n'avais pas peur de la République. Le bruit se répandit dans les campagnes qu'on allait supprimer le budget des cultes. Le conseil municipal de Saint-Denis, le maire à sa tête, se rendit au presbytère pour me dire que si le gouvernement ne me payait plus, la commune me paierait, et que tous les habitants me priaient de rester au milieu d'eux. Je remerciai ces braves gens du fond du cœur, les assurant que je n'avais pas peur et que je resterais tranquillement à mon poste.

Mes confrères, qui n'étaient pas du tout républicains, se crurent obligés d'acclamer la République avec enthousiasme.

Je n'avais pas besoin de faire tant de zèle. Dans aucune paroisse l'arbre de la liberté ne fut béni plus simplement. Je ne voulais même pas me rendre à Blois avec mes paroissiens pour les premières élections. Je cédai aux instances du maire et je me mis avec lui à la tête des électeurs.

On conçut à Blois le projet de fonder un journal républicain. Les fondateurs, qui étaient les hommes les plus considérables de la ville, me choisirent pour être rédacteur en chef de la nouvelle feuille. Je fis part à l'évêque de leurs intentions. Il m'engagea à accepter et à venir me fixer à Blois. Le pauvre évêque avait bien peur de la République ; il trouva que la Providence se manifestait dans le choix que l'on avait fait de moi pour rédiger un journal républicain.

C'est ainsi que, avec approbation épiscopale, je devins rédacteur du *Républicain de Loir-et-Cher*.

Mes bons ennemis de l'évêché ne jugèrent pas à propos de s'occuper de ma nouvelle position. Tous avaient peur et se crurent obligés de me faire des visites et des compliments.

C'était de l'hypocrisie. J'en étais persuadé et la suite me fit voir que je ne me trompais pas.

Doré, *dit* l'Eteignoir, m'en donna bien vite une preuve. Je m'étais logé auprès de la cathédrale ; mon intention était d'y dire la messe et d'y assister aux offices. Doré, doyen du chapitre, me désigna pour me placer une stalle moins convenable que celle occupée par le prêtre sacristain, un idiot qui n'avait pas fait d'études, et que l'on avait ordonné prêtre parce qu'il avait une certaine fortune et ne coûtait rien à l'église pour ses fonctions de sacristain.

Je compris que j'allais avoir à supporter les tracasseries de tous les cuistres. Je ne parus donc plus à la cathédrale ; j'allai dire la messe et assister aux offices publics dans l'église du faubourg où j'étais né. Le curé en fut enchanté, me pria souvent d'officier aux grandes fêtes et me fit mille politesses. L'évêque crut que je suivais mon goût en allant officier dans l'église où j'avais été baptisé, où j'avais dit ma première messe. Je ne me plaignis pas à lui de l'insulte de Doré. A quoi bon? Je méprisais l'individu, c'était assez.

J'allais voir l'évêque assez souvent. Si je l'oubliais, il me faisait demander. Il vint même chez moi, honneur qu'il n'avait fait à aucun autre prêtre. Un jour il me dit : « J'ai l'intention, mon cher ami, de vous faire préparer un logement à l'évêché, tout près de la bibliothèque. Vous serez mon ami ; nous réciterons ensemble notre bréviaire, et vous aurez beaucoup de temps pour travailler. Après avoir terminé votre *Histoire de l'Eglise de France*, vous ferez une *Histoire de France*. Toutes celles que nous avons ne valent pas grand'chose. Si votre journal ne réussit pas, vous resterez auprès de moi ; je vous ferai chanoine ; vous prendrez vos repas à ma table. Ne vous préoccupez pas du côté matériel de votre existence ».

Tout cela se serait certainement réalisé si Mgr Fabre des Essarts eut vécu. Il parla de son projet à mon ami l'abbé Léon Garapin, qui me dit un jour : « Je connais les bonnes intentions de monseigneur à votre égard ; il est sincère, mais il ne pourra réaliser ses projets. Il est atteint d'une maladie très grave, il mourra bientôt. Je sais qu'il a déjà donné des ordres pour vous préparer un logement. N'acceptez pas ; trouvez des prétextes pour ajourner votre emménagement. Vous n'avez que des ennemis à l'évêché. A la mort de l'évêque, leur premier acte sera de vous mettre à la porte ; il vaut mieux pour vous n'y pas entrer ».

Le conseil était sage ; j'étais bien décidé à le suivre.

Le Républicain de Loir-et-Cher occupa bientôt le premier rang dans la presse du département. Je brisai des lances avec un mauvais journal radical et impie, *le Courrier de Loir-et-Cher*, avec le *Journal de Loir-et-Cher*, organe des orléanistes, avec *la France centrale*, journal des légitimistes. Cette dernière feuille ne pouvait se consoler de mon abandon. Elle m'attaqua, mais je ripostai de telle façon que son rédacteur, M. de Saint-Martial, vint me faire visite pour me demander la paix. Je la lui octroyai bien volontiers, car je comptais beaucoup d'amis parmi les fondateurs de son journal.

M. de Saint Martial mourut du choléra quelque temps après. Je fis son éloge dans mon journal. Je mentionne ce petit fait pour prouver à mes adversaires que, dans mes luttes, je n'ai jamais été le provocateur ; qu'en réfutant les opinions, je n'ai jamais nourri de mauvais sentiments contre les personnes.

Je dois aussi mentionner mes articles contre le père Fessard qui, dans ses conférences de l'église Saint-Nicolas, ne se gênait pas pour attaquer la république. Mes flèches atteignirent leur but, paraît-il ; en effet, un bon père jésuite étant venu pour prêcher le carême, il me fit une visite solennelle, accompagné de l'abbé Doré. Le bon père s'étant contenté de traiter des sujets religieux, je le laissai bien tranquille et ne m'en occupai pas.

Le clergé bloisois accueillit avec enthousiasme le *Républicain de Loir-et-Cher*. Un grand nombre de curés s'y abonnèrent ; presque tous m'adressaient des éloges exagérés dans leurs lettres d'abonnement, et terminaient ces lettres par le cri de : *Vive la République!*

Les choses changèrent dès que le bâtard de la reine Hortense, fils de l'amiral hollandais Verhuel, fut élu président de la république sous le nom de Napoléon Bonaparte.

J'avais combattu de mon mieux cette élection. Je compris bientôt qu'il fallait cesser la lutte, sous peine d'être déporté. J'étais républicain sincère, mais j'étais peu disposé à souffrir le martyre pour mon opinion. Mon journal cessa donc de paraître après un an et quelques mois d'existence.

Mgr des Essarts était alors sur son lit de mort. Avec lui s'évanouissaient toutes les espérances que j'avais pu concevoir. J'écrivis à Paris pour demander une place que je savais vacante dans l'Institution de Vaugirard, dirigée par M. l'abbé Poiloup. J'obtins cette place, qui était celle de professeur de philosophie. Mes bons amis de Blois l'ayant appris, se hâtèrent de me déservir. Ils effrayèrent l'abbé Poiloup en lui parlant de mes opinions républicaines. Ce brave homme crut sans doute voir arriver Marat tout sanglant dans sa paisible institution ; il m'écrivit qu'il avait cédé à la douleur de son vieux professeur et qu'il le conservait.

Un abbé Leboucher, que je ne connaissais pas du tout, ayant appris le refus de l'abbé Poiloup, me proposa la chaire de philosophie dans son collège des Ternes. J'acceptai et je me rendis dans les bureaux de l'évêché pour prier les vicaires généraux titulaires de m'autoriser à quitter le diocèse.

Mgr des Essarts était expirant, et je ne pus le voir sur son lit de mort. Ce fut à son insu que je quittai Blois. M. Doré sembla désolé de mon départ. « Je vous autoriserai, dit-il, à quitter le diocèse pour continuer à Paris vos travaux littéraires; mais je ne vous donnerai pas *d'exeat;* nous ne pouvons consentir à votre départ qu'à titre provisoire. Vous nous reviendrez. »

Dans l'esprit du bon apôtre comme dans le mien, le provisoire serait certainement définitif; mais on ne pouvait pas le dire. Voici donc le beau papier que l'on me délivra :

Armes de l'évêque.

ÉVÊCHÉ
de
BLOIS

« Marie-Auguste Fabre des Essarts par la Providence divine et l'autorité du Saint-Siège apostolique, évêque de Blois.

« Sur la demande qui nous a été adressée par M. l'abbé Guettée (René-François), prêtre de notre diocèse; appréciant les motifs qu'il nous a exposés, nous l'autorisons par les présentes à se fixer dans le diocèse de Paris, pour y remplir les fonctions qui viennent de lui être confiées dans l'enseignement. Nous certifions en outre que M. l'abbé Guettée, pendant tout le temps qu'il a exercé le saint ministère, et qu'il a résidé dans notre diocèse, s'est toujours rendu recommandable par sa science et ses mœurs ecclésiastiques.

« Donné à Blois, le 11 octobre 1850.

« DORÉ.
« Vic. Gén. »

L'écriture de cette pièce, à part la signature, était de l'abbé Venot, qui avait quitté la chaire de philosophie où il avait jeté tant d'éclat, pour le rond de cuir du secrétariat de l'évêché.

Les motifs que l'on avait appréciés à l'évêché se réduisaient à un seul : Je désirais aller à Paris pour me rapprocher des grandes bibliothèques, et continuer plus facilement l'*Histoire de l'Eglise de France;* on ne pouvait dire cela sans parler de mon ouvrage, ce qu'on ne voulait faire à aucun prix. C'était déjà très beau de déclarer que j'allais à Paris *sur ma demande* et de mentionner ma *science*. M. Doré et consorts étaient si heureux de mon départ qu'ils risquèrent des éloges, quoique à contre-cœur.

S'ils étaient heureux de me voir partir, j'étais plus heureux encore de les quitter. Tout le monde était donc satisfait.

III

A Paris. — Mon professorat. — Ordures et bigoterie. — Une soirée à l'archevêché. — L'archevêque Sibour veut que j'accepte un ministère ecclésiastique. — L'hôpital Saint-Louis. — Invitation de Mgr le cardinal Gousset, archevêque de Reims. — Visite à Son Eminence. — Elle court après sa pantoufle. — L'abbé Gerbet. — M. Pallu-Duparc nommé évêque de Blois. — Je lui fais visite et lui envoie mon ouvrage. — Drôle de remerciement de Sa Grandeur. — Sa lettre à l'*Ami de la Religion*. — Ma réponse. — Lettre que M. Pallu m'adresse. — Ses critiques de l'*Histoire de l'Eglise de France*. — Double réponse. — Intrigues secrètes contre mon ouvrage à l'évêché de Blois. — M. Gousset et les amis de M. Pallu dans les diocèses d'Angoulême, de La Rochelle et de Poitiers. — Ils prennent au sérieux les observations de M. Pallu. — Ce qu'elles valent. — Elles sont l'écho des sottises de mes anciens ennemis de Blois. — Je veux bien en tenir compte par amour de la paix. — Je consens à faire des corrections. — Pendant mes démarches pacifiques, les amis de M. Pallu me dénoncent à Rome par l'entremise d'un certain Gauthier. — La Congrégation de l'Index condamne mon ouvrage. — Cette besogne est si malpropre que MM. Pallu, Gousset et Pie se défendent d'y avoir pris part.

Quand j'arrivai à Paris, dans l'établissement de l'abbé Leboucher, M. le supérieur me sembla beaucoup trop mielleux pour être honnête. Je logeai en dehors du collège et je ne m'y rendais qu'aux heures de classe. Le cours de philosophie que je devais faire se changea en cours de grec et de latin. J'avais quatre élèves à préparer au baccalauréat. Je compris tout de suite que je n'étais là que pour un an, et qu'il me faudrait chercher une autre position.

Je m'aperçus que dans ce collège ecclésiastique, dont le supérieur était un prêtre, dont le directeur des études, M. Lalanne, était un prêtre, où trois classes avaient des prêtres pour professeurs, il n'y avait pas de cours d'instruction religieuse, même pour les enfants qui n'avaient pas fait leur première communion.

J'en fis l'observation à M. le supérieur, et, tout de suite, on organisa les cours. M. Lalanne se chargea des petits ; je fus chargé des grands ; les moyens furent confiés à un autre prêtre. L'abbé Leboucher demeurait dans sa pension de la rue du Pot-de-Fer-Saint-Sulpice. Les autres prêtres demeuraient au collège, excepté moi. J'avais loué un appartement dans les environs, et j'allais dire la messe à l'église des Ternes dont le curé était un fort brave homme nommé De Gonet.

En arrivant à Paris, je m'étais présenté à l'archevêché pour y recevoir l'autorisation de dire la messe dans le diocèse. On me l'accorda sans difficulté ; on me fit même quelques compliments relativement à l'*Histoire de l'Eglise de France.*

M. Sibour, archevêque de Paris depuis peu, avait conçu la pensée de grouper autour de lui les hommes les plus distingués des divers diocèses. Il avait admis dans son conseil, avec les anciens membres diocésains, quelques étrangers : l'abbé Lequeux, dont l'ouvrage sur le droit canonique jouissait d'une bonne réputation ; l'abbé Maret, qui fut depuis évêque *in partibus*, doyen du chapitre de Saint-Denis, et qui alors était simplement professeur à la faculté de théologie ; l'abbé Bautain, connu par ses ouvrages de philosophie. Ce fut ce dernier qui signa mon autorisation de dire la messe ; il fit un effort pour être aimable, ce qui lui arrivait rarement, lorsqu'il avait affaire à ses confrères. Il était si gonflé dans son importance qu'il posait d'ordinaire vis-à-vis de prêtres qui valaient mieux que lui. Il ne se souvenait plus des admonestations de son évêque de Strasbourg et des foudres épiscopales dont il avait été frappé.

Je n'avais pas cherché à voir M. Sibour. Je ne me croyais pas un assez grand personnage pour me présenter à un homme aussi haut placé. Je fus donc stupéfait, lorsque je reçus un petit papier par lequel M. Sibour m'invitait à ses soirées hebdomadaires.

Je fus obligé de faire la dépense d'un *petit collet* de cérémonie et je me rendis à la gracieuse invitation qui m'avait été faite. Quand j'entrai au premier salon, et quand le valet eut prononcé mon nom, l'archevêque quitta le groupe où il se trouvait, vint au devant de moi, m'embrassa avec effusion et me présenta à ses hauts invités comme un des plus savants prêtres de France. Parmi ces hauts invités étaient Lamartine, le comte de Montalembert et Napoléon-Bonaparte, président de la République. Heureusement que ce dernier ne me connaissait pas, car il m'eut fait une singulière grimace s'il eut connu mon *Républicain de Loir-et-Cher*. Je saluai respectueusement ce grand monde. Alors l'abbé Darboy, depuis lors archevêque de Paris, m'aborda, me fit mille compliments et me demanda mon amitié. Il me présenta à tous les dignitaires de la cour épiscopale. Celui qui me fit l'accueil le plus cordial fut l'abbé Lequeux que je connaissais de réputation et qui me prit, dès lors, en affection. On voyait bien, à ses manières, qu'il arrivait de sa province et qu'il était peu habitué aux splendeurs de la cour archiépiscopale de Paris.

Quant à l'archevêque lui-même, il était radieux de se trouver au milieu d'un monde distingué; sa toilette était splendide; il avait une ceinture magnifique rehaussée de beaux glands d'or; il ne perdait pas un pouce de sa taille. Il n'était pas beau; sa figure était celle d'une vieille femme. Il me fit l'effet d'une vieille marquise coquette. Mais il fut si aimable pour moi que je ne songeai pas alors à le critiquer. Quand je voulus m'esquiver de ses salons, sans éveiller l'attention, il m'aperçut, vint de nouveau à moi et me dit : « Je regrette de n'avoir pas pu causer avec vous ; je me dois à tous mes invités ; mais je vous reverrai. Vous resterez dans mon diocèse, j'y tiens. Je veux vous donner une position dans mon clergé. A bientôt ! » et il me donna une poignée de main des plus amicales.

Je vis, dès lors, que je ne resterais pas longtemps au fameux Collège des Ternes.

Si j'étais pornographe, j'aurais à exercer mon talent pour raconter les faits et gestes de M. le supérieur ; mais, je l'ai déclaré, je ne veux pas faire une œuvre de scandale. Je dirai seulement que j'étais péniblement affecté en voyant, d'un côté, tant de souillures, et, de l'autre, tant de statues de l'Immaculée-Conception. Les corridors, les salles, les cours, le parc, en étaient remplis. M. le supérieur, venant visiter son collège, se prosternait devant les statues, se mettait en évidence pour réciter son bréviaire, avec force signes de croix. Puis, il disparaissait. Où était-il allé ? Tout le monde le savait ; les enfants eux-mêmes ne l'ignoraient pas. La femme qui avait la surveillance de l'établissement le savait encore mieux. Il est vrai qu'elle allait à confesse à M. le supérieur qui la conduisait à l'Eglise de Notre-Dame des Victoires pour la communier. Cela efface les péchés, à ce qu'il paraît.

J'ai rencontré des prêtres aussi débauchés, mais je n'en ai pas rencontré d'aussi hypocrites. Cependant, je remarquai que les prêtres les plus immoraux étaient ceux qui affectaient le plus de piété et d'ultramontanisme. Il faut se défier de ceux qui lisent leur bréviaire dans les omnibus ou dans les rues. Cette affectation cache le plus souvent des souillures.

J'ai, sur ce point, ma petite expérience.

Pendant un an que je fus professeur, je vis M. Sibour plusieurs fois. « Je ne puis, me dit-il un jour, vous donner tout de suite une place digne de vous ; il faut d'abord mettre le pied dans l'étrier ». On songea à me mettre à Saint-Thomas-d'Aquin, auprès de l'abbé Sibour, homonyme de l'archevêque ; mais on pensa que j'y serais trop distrait de mes études. On me nomma aumônier à l'hôpital Saint-Louis. C'était bien la place qui allait le moins à mes goûts ; mais elle ne devait être que *provisoire*. Je me rendis donc à cet établissement où je trouvai pour confrère un grand imbécile, aussi orgueilleux qu'il était bête et laid, et qui s'imaginait être un Adonis dont toutes les femmes raffolaient. J'aurais beaucoup d'anecdotes à raconter sur ce personnage si je voulais amuser les gens légers et friands de scandales. Mais telle n'est pas mon intention en publiant mes Souvenirs. Je passe à des choses plus sérieuses.

M. Fabre des Essarts, étant mort peu de temps après mon arrivée à Paris, fut remplacé par un certain Pallu-Duparc, prêtre du diocèse de La Rochelle, dénué de toute science, de toute capacité, mais ultramontain de la nuance la plus foncée. M. des Essarts n'était pas un aigle, certainement, mais, en comparaison de M. Pallu, c'était un savant. Il m'avait prouvé, du moins, qu'il aimait la science. C'est une qualité si rare dans l'épiscopat français qu'il est bien juste d'en féliciter les rares évêques qui la possèdent. M. Pallu ne la possédait pas.

En attendant son intronisation, M. Pallu était venu à Paris et demeurait au séminaire de Saint-Sulpice. Je ne me serais pas occupé du personnage si M. l'abbé Léon Garapin ne m'avait pas écrit pour m'engager à lui faire quelque politesse. Je me présentai au séminaire de Saint-Sulpice pour lui faire visite. Je ne le rencontrai pas ; je laissai une lettre pour lui, je ne reçus pas de réponse. Quand il fut à Blois, je lui envoyai un exemplaire de l'*Histoire de l'Église de France*, pour obéir encore à mon respectable ami Léon Garapin, M. Pallu, en homme bien élevé, ne m'accusa même pas réception. On voit que mes bons amis de Blois m'avaient devancé, et avaient tracé le bon chemin au nouvel évêque.

A la même époque, je reçus de M. le cardinal Thomas Gousset, archevêque de Reims, une lettre par laquelle il m'invitait à lui rendre visite à l'hôtel du Bon Lafontaine. C'est là qu'il demeurait lorsqu'il venait à Paris. Je me rendis à l'invitation de M. le cardinal. Je le trouvai seul dans son salon. Il était vêtu d'un costume qui lui donnait absolument l'air d'un polichinelle. Sa culotte courte était d'un noir suspect ; quelques taches jaunâtres s'étalaient de manière à ce qu'il était impossible de ne pas les apercevoir ; ses bas rouges étaient mal tirés, et dans ses pieds étaient de vieilles pantoufles, à son dos étaient pendues des loques de diverses nuances. Il paraît que tout cela forme l'habit de ville des cardinaux. Quand le valet de chambre m'annonça, Son Eminence se leva avec une telle précipitation qu'une de ses pantoufles lui sortit du pied et glissa sur le parquet jusqu'à l'extrémité du salon. Son Eminence courut après et revint à moi avec les deux pieds chaussés approximativement. M. Gousset était un gros paysan dans toute la force du mot. Arrivé près de moi, il m'embrassa et s'écria : « Comment, c'est vous qui avez fait ce grand ouvrage, l'*Histoire de l'Eglise de France?* Mais vous avez l'air d'un séminariste ! On ne vous donnerait pas plus de vingt ans ».
— « Je ne suis pas si jeune que cela, Monseigneur, répondis-je, et c'est bien moi qui suis l'auteur de l'*Histoire de l'Eglise de France* ». Il me fit asseoir, et, de sa voix sourde et désagréable, il commença un sermon qui m'agaça les nerfs au suprême degré : « Je vous félicite de votre talent, monsieur l'abbé, mais plus vous avez de talent, plus vous êtes dangereux. J'ai lu votre livre et, malgré moi, je me laissais séduire par vos récits. Quel effet doivent-ils donc produire sur

ceux qui n'ont pas, comme moi, approfondi les choses? Je vous reproche de n'être pas toujours dans la bonne voie, à l'égard *de la sainte Eglise romaine mère et maîtresse de toutes les autres Eglises.* (Son Eminence répéta à satiété cette phrase.) Je ne dirai pas que vous ayez commis des erreurs graves; mais, il y a chez vous une tendance qui me semble très dangereuse, beaucoup trop de libéralisme. Suivez les bonnes traditions romaines. Voyez les écrivains de *l'Univers,* comme ils défendent avec science et énergie les doctrines romaines; mettez-vous avec eux. »

Il en était là de son sermon, quand l'abbé Gerbet entra. Il était alors évêque nommé. Je connaissais les ouvrages de cet ex-disciple de Lamennais, et j'avais de lui une bonne opinion. Lorsqu'il entra, il se jeta à genoux devant le vieux polichinelle, lui baisa la main, et en reçut une large bénédiction.

Tout cela me dégoûta et m'enleva la bonne opinion que j'avais de l'abbé Gerbet; je ne croyais pas qu'un homme intelligent fût capable de telles bassesses. Je m'inclinai lorsque l'Eminence-Polichinelle me présenta à l'abbé Gerbet en disant : « Vous voyez, M. l'abbé Gerbet avait quelques petits péchés doctrinaux à se reprocher : mais il a donné de telles preuves de son amour pour *la sainte Eglise romaine, mère et maîtresse de toutes les autres Eglises,* que *nous en faisons* un évêque. Imitez-le, mon cher abbé, et bientôt nous aurons un jeune et savant évêque dont nous serons fiers ».

Je répondis modestement : « Votre Eminence me flatte trop; je ne pense pas être digne de l'épiscopat; je me contente de travailler de mon mieux pour la vérité. En travaillant pour elle, je travaille pour l'Eglise. Si je me trompe, je suis tout disposé à écouter les conseils de Votre Eminence. Je la prie de me les donner, et je corrigerai tout ce qui serait défectueux dans mon ouvrage. » Son Eminence ajouta : « Oh! ce n'est pas tel ou tel passage qu'il s'agit de modifier, *il faut une revision complète;* car, c'est l'esprit de l'ouvrage qu'il faut corriger. Je répondis : « Je prie Votre Eminence de préciser davantage. Comme vous ne le pouvez pas instantanément, permettez-moi de vous demander de m'écrire tout ce que Votre Eminence jugera utile de m'indiquer. Je lui promets d'attacher la plus grande importance à ses observations. » Cette réponse m'avait été dictée d'avance par un directeur du séminaire de Sulpice, M. Boiteux, qui était mon confesseur. Il m'avait dit que Mgr Gousset serait très embarrassé dès qu'il lui faudrait me faire par écrit ses observations.

Il ne se trompait pas, et Son Eminence ne m'en fit aucune. Mgr Gousset n'était pas assez sot pour n'avoir pas compris qu'il n'y avait pas beaucoup à espérer d'un jeune prêtre qui ne s'était pas laissé séduire par la perspective de l'épiscopat. Il ne songea plus à me gagner et résolut d'avoir recours à d'autres moyens pour rendre inutile un talent qu'il jugeait si dangereux pour ses théories ultramontaines.

Les circonstances lui vinrent en aide. M. Pallu-Duparc fut son homme.

A peine installé à Blois, M. Pallu se mit à l'œuvre, sous l'inspiration de Duc et Cie. Il avait amené avec lui de la Rochelle, un abbé Gilet, un malin sans doute, ultramontain à tous crins, et qui s'entendit tout de suite avec mes merveilleux amis.

L'Histoire de l'Eglise de France était publiée par mon imprimeur bloisois et ses deux beaux-frères. Ils en faisaient tous les frais, et l'avaient placée, pour la vente dans la librairie des frères Guyot, éditeurs à Paris et à Lyon. Comme les Guyot ont joué un rôle fort intéressant dans les affaires de mon ouvrage, il ne sera pas inutile de dire comment ils agissaient. Sous prétexte de lancer l'ouvrage, ils demandèrent à mes vrais éditeurs de faire imprimer cent mille prospectus, qu'ils expédieraient de Paris à tout le clergé et aux congrégations religieuses. Mes éditeurs y consentirent ; firent imprimer un prospectus de 4 pages et l'envoyèrent à Paris, d'où il était plus facile de l'expédier par toute la France. Les Guyot firent le compte des frais d'expédition des cent mille prospectus par la poste. Mes éditeurs payèrent. Les Guyot n'avaient pas expédié le prospectus ; ils en avaient bourré les caisses dans lesquelles ils faisaient des envois de leurs livres, et je vis moi-même à Blois une de ces caisses adressée à un libraire qui me montra mes prospectus réduits à l'état de papier d'emballage.

Quant à la vente de mes volumes, les dits libraires prétendaient toujours qu'ils n'avaient rien vendu. Ils n'avaient donc pas d'argent à verser.

Ils finirent par faire une banqueroute que les tribunaux déclarèrent frauduleuse, et mes éditeurs ne trouvèrent chez eux ni volumes ni argent.

Voilà en quelles mains propres était mon ouvrage.

Les frères Guyot firent des annonces aux frais de mes éditeurs, une à Lyon, dont le père Prat n'avait pas été content, puis une à Paris, qui fut l'occasion de la première démonstration de M. Pallu contre moi.

Cette dernière annonce avait été mise dans *l'Ami de la Religion*. Les libraires Guyot y disaient que mon ouvrage était approuvé par Mgr l'évêque de Blois. Le fait était certain, puisque Mgr Fabre des Essarts avait été évêque de Blois, comme l'était M. Pallu. Les plus simples convenances auraient dû empêcher ce Pallu d'écrire, dans un journal, qu'il était en désaccord avec son respectable prédécesseur. Mais il écouta mes bons amis de Blois, qui triomphaient à la pensée qu'ils pourraient encore me donner des preuves de leur haine sacerdotale. M. Pallu écrivit donc la lettre suivante à *l'Ami de la Religion* :

« *Au Rédacteur de* l'Ami de la Religion.

« Blois, le 6 septembre 1851.

« Monsieur le Rédacteur,

« Quoique vous ayez averti que la rédaction de *l'Ami de la Religion* reste étrangère aux annonces insérées à la fin de ce journal, je vous prie de donner place dans votre feuille à une rectification relative à une de ces annonces.

« A la fin du numéro en date du 28 août dernier, on lit l'annonce suivante : *Histoire de l'Eglise de France, par M. l'abbé Guettée, ouvrage approuvé par Mgr l'évêque de Blois... Mise en vente du tome VIIe.*

« La plupart de ceux qui auront lu ces lignes, qui auront comparé les dates, auront été portés à croire que j'ai approuvé cet ouvrage, et spécialement ce qui a paru depuis la mort de mon vénérable prédécesseur ; cependant il n'en est rien. Je viens même d'adresser à M. l'abbé Guettée (comme étant du diocèse de Blois et m'ayant envoyé son livre), une lettre où, tout en reconnaissant avec plaisir ce qui est digne de louanges dans son ouvrage, je lui signale des choses que je m'afflige d'y trouver, et que, j'espère, il corrigera.

« Agréez, Monsieur le Directeur, l'assurance de mes sentiments très distingués.

« † L. Th.,
« évêque de Blois. »

L'Univers s'empressa de publier cette lettre, qui ne lui était pas adressée. Le mot était donné ; il fallait tuer moralement celui qui n'avait pu être séduit par les avances du cardinal Gousset. M. Pallu m'envoya une copie de sa lettre à *l'Ami de la Religion*. C'était une impertinence de plus. Cette lettre cependant ne lui faisait pas honneur et accusait chez son auteur une outrecuidance peu commune. Quelle preuve avait-il donné de sa capacité, lui qui ne pouvait pas même faire un pauvre petit cours d'Ecriture-Sainte au séminaire de la Rochelle? Un professeur au même séminaire que je vis à Paris, haussait les épaules en parlant du nouvel évêque de Blois; c'est, disait-il, une nullité absolue, un homme qui n'a ni science, ni intelligence. Il s'imaginait donc que le Saint-Esprit avait tout à coup élu domicile sous sa mitre? Ceci me rappelle une parole de l'abbé de Belot. En apprenant que tel qu'il connaissait était élevé à l'épiscopat, il disait en riant : « En voilà encore un que le Saint-Esprit aura bien de la peine à rendre intelligent! » M. Pallu n'était qu'un ignorant mitré. En lisant sa lettre à *l'Ami de la Religion*, ma première idée fut de lui donner la leçon qu'il méritait. Des amis que je respectais m'en dissuadèrent, et je me contentai d'écrire à *l'Ami de la Religion* cette lettre qui eut leur approbation :

« Paris, 7 septembre 1851.

« MONSIEUR LE DIRECTEUR DE *l'Ami de la Religion*,

« Je lis dans votre journal une rectification d'annonce adressée par Mgr Pallu du Parc, évêque de Blois, et dans laquelle je trouve ces paroles relativement à mon ouvrage : l'*Histoire de l'Eglise de France* :

« Je viens d'adresser à M. l'abbé Guettée une lettre... où
« je lui signale des choses que *je m'afflige* d'y trouver, et que,
« j'espère, il corrigera. »

« Je craindrais, Monsieur le Directeur, que vos lecteurs ne donnassent à l'expression que j'ai soulignée une interprétation trop absolue. Elle serait bien éloignée certainement de la pensée de Mgr l'évêque de Blois. J'en ai pour garant la lettre bienveillante qu'il m'a fait l'honneur de m'adresser, et dans laquelle j'ai trouvé des observations que j'ai reçues avec reconnaissance. J'espère, en profitant des avis qu'on daigne me donner, rendre mon ouvrage de plus en plus utile à l'Eglise, et digne des suffrages de l'épiscopat.

« Agréez, etc.

« L'abbé GUETTÉE,
« auteur de l'*Histoire de l'Eglise de France.* »

Les libraires Guyot écrivèrent, de leur côté, au même journal :

« MONSIEUR LE DIRECTEUR DE *l'Ami de la Religion*,

« Mgr Pallu du Parc, évêque de Blois, vous a adressé une rectification relativement à une annonce de l'*Histoire de l'Eglise de France*, publiée dans votre journal.

« Notre devoir est d'attester que nous n'avons eu nullement l'intention de dire que cet ouvrage avait été approuvé par Mgr Pallu du Parc, mais par son prédécesseur, Mgr Fabre des Essarts.

« Nous vous prions d'insérer cette lettre dans votre prochain numéro.

« Agréez, etc.

« GUYOT frères. »

M. Pallu fut très contrarié de ma lettre à *l'Ami de la Religion*. Il m'en écrivit avec une certaine vivacité. Je lui répondis sur le même ton. On sentit qu'il ne fallait pas me froisser ; on fit la paix, et j'écrivis alors une lettre dans laquelle je disais que je tiendrais compte des observations qui m'avaient été faites. Je voulais, à l'aide de cartons, faire disparaître les quelques mots qui avaient éveillé la susceptibilité de mes adversaires. Je n'ai jamais été provocateur ; je me suis défendu quelquefois avec vivacité, mais le plus souvent avec modération. Je montrai, dans la circonstance, que j'étais disposé à faire des sacrifices pour avoir la paix. Mais comment vivre en paix avec des adversaires passionnés et haineux qui veulent la guerre?

Je me montrai disposé à faire de tels sacrifices, que M. Pallu m'écrivit la lettre suivante :

ÉVÊCHÉ
de
BLOIS

« Blois, le 18 septembre 1851.

« MONSIEUR L'ABBÉ,

« J'ai reçu votre lettre et je vous assure que je suis bien touché des dispositions que vous manifestez, et très consolé de vous voir entrer dans cette voie, qui seule peut vous conduire au but que vous désirez atteindre : celui d'être vraiment utile à l'Eglise. Croyez bien que, pour y parvenir, toutes les observations que je vous ai faites et celles que je vous ai promises vous sont nécessaires.

« Que la pensée d'une revision de votre livre ne vous effraie pas. Dieu vous donnera les consolations qu'ont goûtées les âmes généreuses dans des sacrifices semblables que l'Eglise leur demandait, et, pour ma part, je ferai tout ce qui dépendra de moi pour vous faciliter cette œuvre.

« Vous comprendrez, mon cher Monsieur l'abbé, que ce travail ne pourrait se faire que très difficilement dans une correspondance. J'éprouve d'ailleurs depuis longtemps le désir de vous voir. Je vous invite donc à venir à l'évêché, et dans nos entretiens intimes, où mon cœur vous sera ouvert, tout s'arrangera avec facilité et à notre commune satisfaction.

« J'ai à faire plusieurs courses d'ici à quelques semaines ; mais je serai libre dans la dernière quinzaine d'octobre, et je serai tout à vous.

« Agréez, Monsieur, l'assurance de mes sentiments bien distingués et tout dévoués.

« † L. Th.,
« évêque de Blois. »

Tandis que cette correspondance avait lieu entre l'évêque de Blois et moi, on dénonçait mon livre à la Congrégation de l'Index, laquelle le condamna par son décret du 22 janvier 1852.

Le 23 février suivant, M. Pallu m'écrivit une lettre hypocrite dans laquelle il me disait qu'*il n'avait pu prévenir le malheur qui venait de m'arriver*.

C'est lui qui en avait été le principal instigateur, qui avait poussé en avant mes pires ennemis et qui fit prohiber un livre approuvé par son prédécesseur, au moment où je m'humiliais devant lui et où je prenais l'engagement de tenir compte des pauvres observations qu'il m'avait adressées.

Ils les avaient répandues partout. L'évêque de Luçon, Baillès ; l'évêque de La Rochelle, Villecour ; l'évêque d'Angoulême, Cousseau ; Pie, évêque de Poitiers ; Gousset, archevêque de Reims, les connaissaient ; elles servirent de base à ma dénonciation à la Congrégation de l'Index ; le dénonciateur fut un consulteur de l'Index, un ivrogne, du nom de Gauthier.

M. Pallu était digne d'avoir de tels amis.

Je parlerai un peu plus tard de ces *vénérables* pères du concile de La Rochelle.

Les observations de M. Pallu ayant été la base du décret de la Congrégation de l'Index, je dois les faire connaître. Voici la lettre qui les contient et dont M. Pallu a parlé dans sa missive à l'*Ami de la Religion* :

ÉVÊCHÉ
de
BLOIS

« Blois, le ... septembre 1851.

« Monsieur l'abbé,

« Ne croyez pas que j'aie été insensible à la démarche que vous avez faite en m'écrivant et en m'envoyant un exemplaire de votre ouvrage. Non, j'en ai été très touché ; et je me suis spécialement réjoui de l'espérance de trouver là une occasion d'entrer avec vous en rapport. Ma première pensée avait été de vous écrire de suite pour vous faire mes remerciements ; mais j'ai cru que je ne devais pas me borner à répondre par une simple lettre de politesse à l'envoi d'un ouvrage tel que le vôtre. L'importance des questions qu'il soulève, la diversité des jugements du public sur lui, m'ont fait un devoir d'évêque et de père de l'examiner et de le faire examiner avec soin, pour vous transmettre ensuite, avec mes remerciements, l'expression de ma pensée sur ses doctrines.

« Votre ouvrage, Monsieur l'abbé, est l'œuvre d'un vrai talent pour l'histoire ; il révèle des études, rapides il est vrai, mais variées ; vous avez pu puiser à des sources inconnues aux auteurs estimables de l'Histoire de l'Eglise gallicane, et vous l'avez généralement fait. Vous avez compris l'histoire telle que l'école moderne l'a comprise ; vous en avez fait l'histoire du mouvement intellectuel, du progrès des arts, des phases du sort des peuples. Vous êtes entré dans la voie des études du siècle sur le moyen-âge ; et la couleur locale, que vous avez conservée, est souvent dans votre livre une heureuse idée.

« Tout en profitant des travaux des historiens modernes, vous avez signalé leurs erreurs religieuses ; *plusieurs grands hommes catholiques sont habilement réhabilités par vous ;* et, plus d'une fois, j'ai aimé à vous voir vous élever au dessus des idées de tout parti, idées auxquelles n'échappent pas toujours les hommes les mieux intentionnés.

« Mais en même temps que j'étais heureux de remarquer ce que votre histoire renferme d'éléments de bien, j'étais forcé de noter des choses *qui laissent à désirer sous le rapport religieux*. Je vais m'en ouvrir à vous avec la franchise la plus entière.

« 1° T. I, p. 34, vous dites : *Nous ne croyons pas l'Eglise une monarchie.* Cette manière de voir a été condamnée, même par la Sorbonne, dans Marc-Antoine de Dominis. (Voyez *Summ. Conc.* de Bail, t. I, pp. 81 et suiv. — Card. Gerdil, t. XIII, p. 200.)

« 2° T. VII, p. 375, vous citez, en la soulignant, l'expression de *chef ministériel* appliquée au Souverain-Pontife ; elle aurait plutôt besoin d'éclaircissement après l'abus qu'en ont fait les Richéristes et les Jansénistes, abus qui a provoqué la censure de la proposition troisième dans la bulle : *Auctorem fidei*.

« 3° Dans la préface du septième volume, vous essayez de vous justifier du reproche fait à vos idées sur la discipline de l'Eglise primitive. J'aurais désiré que vous eussiez protesté contre l'usage que la Revue de M. Chantône a fait de vos doctrines et de votre nom. Cela éveilla l'attention sur votre ouvrage et fit craindre pour une parenté d'idées entre votre histoire et le recueil périodique dont je viens de parler.

« 4° L'historien doit la vérité au présent, la justice au passé ; il doit aussi conserver les égards et le respect dus à la dignité de ceux dont il parle, surtout quand il est chrétien et prêtre. Lors donc qu'il s'agit d'accuser de grands hommes, de les accuser sur des points relativement auxquels d'autres historiens graves les justifient, n'y a-t-il point à craindre de se tromper et de devenir injuste ? Et lors même que la vérité et la justice sont à couvert, il faudrait toujours parler avec la convenance de langage que commande la sainteté ou la dignité de celui dont on relève les écarts. Voilà deux réflexions que fera tout lecteur instruit en lisant ce que vous avez écrit sur saint Léon, saint Bernard, la conduite du clergé dans l'affaire de l'établissement des communes, les rapports des papes avec la France et l'Empire, les désordres qui ont amené le protestantisme, l'élection de Clément V, la destruction des Templiers.

« On s'affligera encore, Monsieur, de la manière dont vous traitez la question si délicate des peines contre les hérétiques. Vos vues sur ce point sont incomplètes encore et, par vos affirmations trop absolues (t. V, pp. 47, 232), vous allez vous heurter contre la condamnation du 14ᵉ art. de Jean Huss par le Concile de Constance, et du 33ᵉ de Luther dans la bulle de Léon X. Ce que vous dites pour vous justifier (t. VII, p. 10) est loin de vous justifier réellement.

« 5° Ce ne sont pas sans doute des enseignements d'absolutisme, ni à plus forte raison de despotisme qu'on trouve dans les grands docteurs catholiques dont vous vous plaisez à invoquer l'autorité ; mais aussi ils veillent attentivement à sauvegarder le principe de l'ordre et de la paix. Or, Monsieur, vous n'avez pas marché avec la même vigilance dans ces sentiers difficiles où vous avez voulu entrer. On pourrait s'armer, au profit de l'anarchie, de ce qu'il y a d'obscur dans vos paroles (t. VI, p. 442); et plusieurs de vos réflexions politiques ne sont pas exemptes d'exagération et de danger.

« 6° Vous voulez rester neutre sur la question de l'ultramontanisme et du gallicanisme, et vous présentez ce parti comme celui auquel l'examen vous a conduit (t. IV, p. 18). Mais, Monsieur, vous êtes loin de garder cette neutralité. Dans une note du t. VII, p. 266, vous ne reconnaissez même pas *l'indéfectibilité* telle que Bossuet la soutenait tout en attaquant l'infaillibilité. Bien plus, vous donnez sur l'infaillibilité de l'Eglise des notions manquant de précision ou d'exactitude. Vous émettez, touchant l'action immédiate du pape sur les Eglises, des idées contraires à celles de Rome (t. III, p. 8), sans tenir compte des réfutations qu'on en a faites (t. VI, p. 422) et de la manière d'agir des Souverains-Pontifes.

« 7° Puis, cette question du gallicanisme domine toute l'histoire. Sans doute, vous ne deviez pas faire de votre ouvrage une théologie ; mais il eût été à désirer que ce point important eût été traité comme vous en avez traité d'autres, à la lumière des travaux modernes. L'étude des magnifiques ouvrages composés en Italie sur cette question depuis un siècle vous eut permis d'avoir, sur bien des points, une plus grande fermeté de principes.

« 8° Défiez-vous, Monsieur, défiez-vous aussi d'un ton qui ne doit pas être celui du vrai mérite et de la vraie vertu. Prenez garde à ne pas traiter avec mépris ceux qui ont une doctrine contraire à vos idées, à ne pas les regarder comme de petits esprits, à ne pas croire que toute opposition est une cabale ; à ne pas supposer qu'en dehors de vos idées il n'y a ni science de l'histoire, ni vrai droit public, ni théologie solide et élevée. Evitez le style amer, le ton chagrin, une sorte d'affectation, involontaire sans doute, à relever les fautes de ceux qui sont chargés du redoutable fardeau de l'autorité, et à ne voir presque jamais que leurs torts.

« Voilà, Monsieur, les choses principales que je désirais vous signaler. Les taches qui déparent votre ouvrage ne m'empêchent point de voir ses beautés. Une théologie pas assez forte pour vous guider dans des études historiques où se présentent des questions si délicates, un esprit trop exclusivement frappé du spectacle de ce qu'il y a de mal et, par là, porté à une sorte d'amertume, voilà les causes, ce me semble, des écarts que je vous indique. Mes réflexions vous affligeront peut-être ; mais l'Esprit-Saint nous apprend que les blessures de celui qui aime valent mieux que les caresses d'une fausse amitié. Oh! prenez garde à ceux qui ne font que flatter; prenez garde encore plus aux discours de ceux qui voudraient vous engager dans une voie où ils ne vous soutiendraient pas. Croyez que votre meilleur conseiller et ami, c'est votre évêque. Il ne veut point que votre livre soit condamné, mais que vous le corrigiez et préveniez ainsi toute mesure sévère. Le fond de ma pensée sur votre livre était le même qu'aujourd'hui, longtemps avant mon arrivée à Blois; et depuis que je suis ici, plus d'une fois j'ai aimé à montrer devant divers membres du clergé que si votre ouvrage renferme des choses blâmables, il renferme aussi bien des choses qui méritent l'approbation et l'encouragement.

« Si, comme je l'espère, vous comprenez mon cœur et entrez dans mes pensées, je serai prêt à vous faire part de mes autres observations dans le détail desquelles je ne puis entrer ici.

« Ne vous rassurez pas à la vue des approbations et des éloges que vous avez reçus. Vous devez remarquer que presque tous, mon vénérable prédécesseur en tête, ne parlent que d'après autrui ou après la lecture de quelques pages. Leurs éloges ne contredisent pas mes réflexions, puisqu'ils ne louent pas les choses même que je relève. Il en faut uniquement conclure qu'on a lu d'abord votre livre avec une attention moins grande que celle qu'on lui donnerait aujourd'hui, que celle que plusieurs lui ont donnée dès le commencement.

« L'*Ami de la Religion* vient d'annoncer votre histoire comme approuvée par l'évêque de Blois. Tout dans les lignes de cette annonce ferait croire que je viens d'approuver les sept volumes parus de votre ouvrage, et cela produirait un effet fâcheux. Vous ne pouvez donc pas être étonné, Monsieur, de ce que j'ai cru devoir adresser au journal un mot à ce sujet. Je vous en envoie une copie ; vous verrez que j'ai concilié, autant que je l'ai pu, les droits de la vérité avec l'affection que je vous porte.

« Agréez, Monsieur l'abbé, l'assurance de mes sentiments les plus distingués et les plus dévoués.

« † L. Th.,
« évêque de Blois. »

Cette lettre est bien l'écho des mauvais sentiments de la troupe Duc et Ce ; on y retrouve cette observation de Duc et de Richaudeau, que je n'avais pas étudié assez la théologie. Il paraît que ce n'est pas étudier la théologie que de suppléer à un cours ridicule, par les ouvrages des Bossuet, Arnauld, Noël-Alexandre et beaucoup d'autres théologiens que Richaudeau lui-même me prêtait en sa qualité de bibliothécaire. Les procès-verbaux de la conférence cantonale, faits entièrement par moi, mon histoire elle-même et ma polémique contre le protestantisme dans *la France centrale*, prouvaient que j'étais plus capable en théologie que mes anciens professeurs.

Dans tous les détails de la lettre, je retrouve les bas sentiments que les oies de l'ancienne cour épiscopale avaient manifestés en toute occasion. La lettre de M. Pallu était l'expression la plus nette de leur basse vengeance. M. Pallu, sans autre information, accepta le honteux métier d'être leur organe et ces vilains personnages furent heureux d'abriter leurs rancunes sous une mitre épiscopale. Ils crurent m'avoir terrassé. Ils ont appris qu'on ne terrasse pas si facilement un écrivain consciencieux, ami désintéressé de la vérité.

C'est donc au moment où je m'abaissais devant M. Pallu par amour de la paix, que l'on travaillait hypocritement à me faire censurer par l'Index, en disant qu'on ne voulait pas ma condamnation.

Hypocrites !!!

Je dois dire que si je m'abaissai devant M. Pallu, ce fut pour obéir à des amis qui prévoyaient qu'une opposition de ma part pourrait avoir de graves inconvénients. Ma première idée fut de réfuter les observations de M. Pallu, et je lus à mes amis une réponse qu'ils trouvèrent juste, mais dangereuse. Je la leur sacrifiai et j'écrivis une lettre soumise pour leur être agréable. La suite a prouvé qu'ils se trompaient sur les dispositions de mes adversaires. J'aurais mieux fait d'envoyer ma première lettre, qui était ainsi conçue :

« Paris, le 10 septembre 1851.

« MONSEIGNEUR,

« J'ai reçu la lettre que Votre Grandeur a daigné m'adresser au sujet de mon *Histoire de l'Eglise de France*. Je veux bien croire, Monseigneur, que Votre Grandeur a été profondément touchée de la visite que j'ai essayé de lui faire au séminaire de Saint-Sulpice pendant son séjour à Paris et de l'envoi que je lui ai fait de mon ouvrage. Seulement, j'aurais préféré que vos bons sentiments pour moi se fussent manifestés autrement que par votre lettre à *l'Ami de la Religion*. Permettez-moi de dire à Votre Grandeur que votre vénérable prédécesseur, Mgr Fabre des Essarts, méritait assez votre considération pour que vous ne soyez pas humilié d'être confondu avec lui dans une annonce de journal. Je n'ai été pour rien dans cette annonce, mais, dès qu'on ne vous y nommait pas, Votre Grandeur aurait pu ne pas intervenir, puisque l'on savait que c'était Mgr Fabre des Essarts qui avait approuvé officiellement mon livre.

« Il est vrai, Monseigneur, que vous cherchez à amoindrir son approbation. Il n'aurait lu, selon Votre Grandeur, que quelques pages de mon ouvrage avant de l'approuver. Mes bons amis de Blois qui vous ont donné ce renseignement savent bien qu'ils en ont *menti*. Ce n'est qu'en tête du troisième volume que j'ai pu publier l'approbation que Mgr Fabre des Essarts m'a donnée sous forme de lettre. Mes bons amis de votre évêché savent bien que c'est par suite de leurs intrigues que l'approbation n'a pas été mise en tête du premier volume dans la forme que l'on donne ordinairement à des pièces de ce genre ; ils savent bien que le premier volume a été examiné en manuscrit au nom de monseigneur par M. l'abbé Guillois, vicaire général, le plus savant théologien du diocèse ; ils savent que ce volume a été remis par monseigneur à son imprimeur, malgré moi ; ils savent que les volumes suivants ont été examinés par M. l'abbé Duloy, supérieur du petit séminaire, qui lisait les épreuves avec moi, et qui en rendait compte à monseigneur. Peut-on dire après cela que Mgr Fabre des Essarts a approuvé un livre qu'il ne connaissait pas? Mes bons amis, si serviles à son égard lorsqu'il vivait, l'insultent maintenant qu'il est mort ; je les reconnais bien là.

« Pourquoi Votre Grandeur a-t-elle subi à ce point l'influence de ces gens, auxquels je n'ai jamais fait aucun mal, qui n'ont rien à me reprocher, mais qui ne veulent pas souffrir qu'un jeune prêtre studieux fasse ce qu'ils n'ont jamais pu faire? Si j'en juge par votre lettre, Monseigneur, ils vous ont fait un beau portrait de mon caractère. Votre Grandeur voudrait me faire croire qu'elle m'a jugé aussi sévèrement d'après mon ouvrage lui-même qu'elle aurait lu avant d'arriver à Blois. Je veux bien croire que mon ouvrage ne lui avait pas été complètement agréable, mais Votre Grandeur n'a pu y voir que je sois un homme ennemi de l'autorité, presque envieux de ceux qui l'ont possédée, et heureux de les critiquer. Non, Monseigneur, je ne suis pas tel et je n'apparais pas tel dans mon ouvrage. Lorsque les documents historiques ont établi que tel ou tel grand personnage avait failli, s'était trompé, je l'ai dit avec calme, avec respect, et je puis me flatter de n'avoir jamais obscurci une des gloires de l'Eglise. Mon but a été de les mettre en lumière, et je l'ai fait de mon mieux. Je vous remercie, Monseigneur, des éloges que vous faites de mon ouvrage ; j'en ai reçu beaucoup d'autres, comme Votre Grandeur le sait et l'affirme. J'en ai reçu d'un grand nombre d'évêques qui m'ont envoyé leurs félicitations par l'intermédiaire de votre vénérable prédécesseur. Mais, ne croyez pas, Monseigneur, que ces éloges m'aient inspiré de l'orgueil. Elles ne sont pour moi qu'un encouragement à mieux faire encore et à m'en rendre de plus en plus digne.

« Je sais parfaitement, Monseigneur, que j'ai travaillé rapidement comme vous le dites. La faute en est à votre vénérable prédécesseur, qui m'y a forcé en donnant malgré moi à son imprimeur le premier volume de mon ouvrage. Mais si je suis jeune encore, j'ai travaillé, depuis que je suis prêtre, environ quatorze heures par jour. Ce travail opiniâtre, joint à une capacité que Votre Grandeur veut bien reconnaître, peut équivaloir à la vie déjà assez longue de mes bons amis de Blois, qui n'ont jamais rien fait. Il y a bien longtemps qu'ils me reprochent de n'avoir pas étudié assez la théologie. Je regrette que Votre Grandeur ait accepté aussi facilement ce reproche ridicule. Pendant mes études au séminaire, j'ai étudié la théologie plus et mieux que mes condisciples; M. Richaudeau, mon professeur, qui était bibliothécaire, pourra dire à Votre Grandeur combien d'ouvrages théologiques j'ai lus. Je ne savais pas perdre mon temps comme ceux qui prétendaient étudier si profondément leur livre classique, et qui s'occupaient, pour la plupart, à toute autre chose que la théologie. Puisque Votre Grandeur a lu mon ouvrage, Elle a dû voir que les questions théologiques y sont traitées avec soin et intelligence. Dans l'examen minutieux qu'elle en a fait, Elle n'a trouvé qu'un seul reproche à me faire au point de vue doctrinal. Ce seul reproche est-il fondé?

« Vous me reprochez d'avoir dit : « Nous ne croyons pas l'Eglise une monarchie. »

« Voici mon texte en son entier. »

« Selon M. de Maistre (*de l'Eglise gall.*, liv. II, c. VI) « l'Eglise est une monarchie ou n'est rien. *Nous ne croyons « pas l'Eglise une monarchie*, et nous la croyons quelque « chose.* » Suit, en une note très longue, la réfutation de M. Guizot prétendant que l'Eglise a passé successivement par les formes démocratique, aristocratique et monarchique. Il fait du pape un roi ressemblant aux autres rois. Cependant, Jésus-Christ a dit : *Les rois des nations dominent sur elles, exercent sur elles le pouvoir;* IL N'EN SERA PAS AINSI PARMI VOUS. On ne peut donc pas dire, en général, avec MM. de Maistre et Guizot que l'Eglise est *une monarchie*, sans s'inscrire en faux contre les paroles de Jésus-Christ. Si l'on veut qu'elle soit une monarchie, il faut en déterminer le caractère particulier qui ne doit être ni anti-évangélique ni anti-chrétien.

« Votre Grandeur a donc formulé, en isolant la phrase qu'elle a citée du contexte, une proposition qui aurait été condamnée *même* par la Sorbonne. Je me permets de faire remarquer à Votre Grandeur que la Sorbonne, *très gallicane*, n'acceptait pas l'idée monarchique de M. J. de Maistre, *très fanatique ultramontain*. Pour J. de Maistre, l'Eglise est une monarchie absolue. Selon la Sorbonne, le pape est soumis aux canons; la plus haute autorité dans l'Eglise est le concile; le concile peut juger et condamner le pape. D'après la Sorbonne, la monarchie de l'Eglise ne ressemble donc pas aux autres monarchies; elle n'est ni celle de J. de Maistre, ni celle de M. Guizot. C'est tout ce que j'ai dit, et la censure de la Sorbonne m'est plutôt favorable que contraire.

« Vous savez bien, Monseigneur, qu'avec quelques mots isolés du contexte on peut faire dire à un écrivain tout ce que l'on veut.

« Votre Grandeur aurait voulu qu'à propos d'une expression dont on a pu abuser, mais qui peut être entendue d'une manière catholique, je sois entré en guerre contre les Richéristes et les Jansénistes. Je n'ai pas fait, Monseigneur, un livre de polémique, mais un livre d'histoire. Je parlerai des Richéristes et des Jansénistes quand je serai arrivé à leur époque.

« Votre Grandeur trouve mauvais que je n'aie pas protesté contre l'éloge que l'on a fait de mon ouvrage dans la revue de M. l'abbé Chantôme. Le travail est de M. l'abbé Louber, mon camarade au séminaire de Blois. MM. Chantôme et Louber sont deux prêtres du plus grand mérite ; ils ne m'ont attribué aucune des idées qu'ils exposent dans leur revue. Ils ont voulu me donner une preuve de sympathie en rendant compte de mon ouvrage ; contre quoi aurai-je pu protester ? Pourquoi aurais-je fait de la peine à deux prêtres, qui peuvent avoir des opinions que Votre Grandeur ne partage pas, mais qui n'en sont pas moins des prêtres instruits, pieux, dignes de respect.

« Vous me faites un crime de mon opinion sur les peines infligées aux hérétiques. Qu'ai-je écrit à ce sujet ? Qu'il est regrettable que le clergé ait sévi contre les hérétiques d'une manière violente et les ait fait brûler. C'est tout ce que j'ai dit aux pages que vous avez indiquées, et je l'ai dit avec la plus grande modération.

« Votre Grandeur voudrait donc que je fusse partisan des tortures et des bûchers ?

« Je ne pourrai jamais, Monseigneur, accepter une telle opinion. Elle répugne à ma conscience de chrétien.

« Les autres observations de Votre Grandeur se rapportent à la politique et aux opinions gallicanes et ultramontaines.

« Sous ce double rapport, il s'agit d'opinions *libres*. Votre Grandeur a le droit d'avoir celles qui lui conviennent, et moi celles que je trouve justes. J'ai rencontré des prêtres à Paris qui m'ont accusé de tendances ultramontaines ; Votre Grandeur me reproche d'être trop gallican. La vérité est entre ces deux critiques contradictoires. J'ai été *historien* ; en cette qualité je me suis prononcé tantôt pour tantôt contre certaines théories que j'ai appréciées selon les circonstances. Pour moi la vérité historique doit être le seul but qu'un historien doive se proposer. Je conviens que j'ai été plutôt gallican qu'ultramontain. Pourquoi? Parce que la vérité historique m'en faisait un devoir.

« Vous, Monseigneur, vous êtes ultramontain, et vous professez sur l'Eglise et la papauté des doctrines que je ne suis pas obligé d'admettre. Dès qu'un pape se présente dans l'histoire, les ultramontains se prononcent d'une manière absolue pour ce pape en toute circonstance. J'ai le droit de croire, Monseigneur, qu'un pape peut se tromper. Il y a eu des papes débauchés, violents, immondes. Suis-je obligé de m'incliner devant leurs vices lorsque je les rencontre dans l'histoire? Suis-je obligé de reconnaître aux papes le don de l'infaillibilité? Non, Monseigneur ; ce don de l'infaillibilité, j'ai le droit de ne le reconnaître ni au pape, ni au siège de Rome. Je le reconnais *à l'Eglise catholique*, c'est tout ce que je suis obligé de croire, et Votre Grandeur n'a pas le droit de m'en demander davantage.

« J'ai cru devoir le dire à Votre Grandeur, en toute franchise : ce qu'elle appelle ses *principales* observations ne me paraît pas fondé. Il en résulte que vos appréciations historiques ne s'accordent pas avec les miennes ; mais quant aux doctrines catholiques, Votre Grandeur n'a pu trouver aucune observation sérieuse à me faire.

« Ce que vous avez pu relever dans *sept gros volumes*, se

réduit donc à bien peu de chose. Donnez-moi à examiner, Monseigneur, une simple brochure sur des questions d'histoire ou de théologie ; et je prends l'engagement d'y trouver plus de passages répréhensibles que vous n'en avez indiqués dans mes sept volumes. Il me suffira pour cela de m'inspirer du même esprit avec lequel Votre Grandeur a abordé mon ouvrage.

« Je regrette, Monseigneur, d'être obligé de m'exprimer ainsi. Mais je ne puis voir dans votre lettre, que l'expression des sentiments dont mes bons amis de votre évêché m'ont donné tant de preuves. C'est plutôt à eux que je m'adresse qu'à Votre Grandeur, dont j'ai l'honneur d'être

Le très respectueux serviteur.

« L'abbé GUETTÉE »

M. Pallu n'aurait certainement pas tenu compte de cette lettre. Il ne tint pas plus compte de celle qu'il reçut et dans laquelle je lui promettais des corrections. On ne me donna pas le temps de les terminer. Le Père Gauthier tenait à faire voir combien il était puissant à Rome.

IV

Comment j'apprends la mise à l'index de mon ouvrage. — Belle récompense pour mon dévouement pendant une épidémie cholérique. — J'annonce à Mgr Sibour le décret de l'Index. — Ses dispositions. — Il m'engage à m'entendre avec plusieurs théologiens pour combattre l'Index. — Ma correspondance avec le nonce et le préfet de la Congrégation de l'Index. — Petites comédies à l'archevêché. — Premières polémiques avec les journaux. — Je demande des examinateurs qui se récusent. — Lettres de MM. Pie, de Poitiers; Gousset, de Reims; Pallu, de Blois. — L'archevêché contrôle et approuve mes lettres aux journaux. — L'abbé Migne et son journal. — Soumission ridicule des libraires Guyot. — L'archevêque est circonvenu par les ultramontains. — Singulières recommandations de M. Lequeux faites au nom de l'archevêque. — Je prévois, dès lors, que l'archevêque m'abandonnera après m'avoir encouragé. — Je demande qu'il fasse examiner mon livre; il refuse. — La prétendue soumission de M. Lequeux. — Il se fait défendre et se défend lui-même par un écrit anonyme intitulé : *Mémoire sur le droit coutumier*. — Ma conduite est plus franche.

andis que mes ennemis se coalisaient contre moi et se livraient aux plus viles intrigues, je faisais mon devoir envers les malheureux qu'on apportait à l'hôpital Saint-Louis, frappés du choléra. Une épidémie terrible sévissait alors. Jour et nuit j'étais appelé dans les salles pour remplir mon ministère envers ces malheureux. Mon confrère faisait le malade pour s'exempter de ses fonctions, de sorte que j'étais appelé dans son service aussi bien que dans le mien. Pendant trois mois, je ne pus

sortir un instant de l'hôpital. Lorsque l'épidémie fut en décroissance, je me décidai à descendre jusqu'au boulevard pour me distraire un peu et changer d'air. J'achetai un journal intitulé l'*Assemblée nationale*; je l'ouvris et mes yeux tombèrent aussitôt sur un petit entre-filet ainsi conçu : « On lit dans la *Gazette d'Augsbourg* : « *L'Histoire de l'Eglise de « France*, par M. l'abbé Guettée, est mise à l'Index ».

C'était un obus qui éclatait tout à coup au dessus de ma tête. Cette nouvelle arrivait fort à propos pour me récompenser de mon zèle et de mon dévouement envers les pestiférés.

Ma première pensée fut de courir à l'archevêché pour savoir si Mgr Sibour savait quelque chose. Je ne m'étais pas donné le temps, avant de sortir de l'hôpital, de faire toilette; ma barbe n'avait pas été faite depuis huit jours. J'hésitai un instant; mais, bientôt, ma résolution fut prise; je montai dans une voiture et me fis conduire à l'archevêché. La chose était assez grave pour ne pas s'arrêter devant quelques détails de toilette, et j'étais certain que l'archevêque me recevrait.

En effet, il me reçut de la manière la plus gracieuse. Je lui dis : « Je vous demande pardon, Monseigneur, de ma toilette par trop négligée, mais je n'ai pas eu le temps de la faire », et je lui fis connaître comment je venais d'apprendre la mise à l'Index de mon ouvrage. J'ajoutai : « Votre Grandeur en sait sans doute plus long que moi. — Je ne sais rien du tout, vous m'en apportez la première nouvelle. Voilà comment à Rome ils savent se conduire. Vous êtes prêtre de mon diocèse; vous publiez un ouvrage sous mes yeux et, sans m'avertir, ils condamnent cet ouvrage et atteignent indirectement mon prêtre. Quelle audace! » Pendant plus d'un quart d'heure, Mgr Sibour parla de Rome et de ses procédés sans se gêner le moins du monde. Il se promenait à grands pas dans son cabinet et était devenu très rouge. On voyait qu'il se sentait blessé dans son autorité archiépiscopale. S'arrêtant tout à coup devant moi, il me dit : « Qu'allez-vous faire? — Je ferai, Monseigneur, ce que vous voudrez; je suis depuis peu de temps dans votre diocèse, et je ne voudrais vous occasionner aucun désagrément. — Et si je vous laisse libre? — Alors, Monseigneur, je demanderai à la Congrégation de l'Index pourquoi on a prohibé mon livre; et je promettrai de corriger ce qu'il y aurait de défectueux. — Très bien, faites cela, je vous approuve. De plus, écrivez contre la Congrégation de l'Index et prouvez qu'elle n'a aucune autorité en France. Entendez-vous avec les abbés Châtenay, Delacouture et Prompsault, et combattez avec vigueur toutes les entreprises de la cour de Rome; elle s'en permet vraiment trop ».

Je promis de voir ces messieurs et de lutter courageusement si je n'obtenais pas de la Congrégation de l'Index ce que je lui demanderais.

Quelques jours après cette visite, j'allai chez les trois prêtres que l'archevêque m'avait indiqués. L'abbé Delacouture travaillait alors au volume qu'il publia pour la défense de M. l'abbé Lequeux, qui avait été mis à l'index un peu avant moi pour son traité de *Droit canonique*, adopté dans les séminaires depuis plusieurs années. L'abbé Delacouture écrivait en même temps quelques articles dans le *Journal des Débats*. Il me sembla très convaincu de son importance et très étonné qu'il fût nécessaire d'attaquer la Congrégation de l'Index après ses articles au *Journal des Débats*. Il avait été frappé lui-même, indirectement, par la mise à l'index du Dictionnaire de Bouillet, qu'il avait examiné et approuvé en qualité de membre d'un comité de censure établi par Mgr Affre, ancien archevêque de Paris. Il satisfaisait sa petite rancune en défendant M. l'abbé Lequeux. Après lui, on ne devait plus rien avoir à dire.

J'allai trouver alors M. l'abbé Châtenay. Quand je lui eus

fait la communication de l'archevêque, il me répondit : « Mon cher abbé, je connais votre ouvrage, et je vous déclare qu'en le mettant à l'Index la cour de Rome a fait une sottise. Vous êtes bien dans votre droit, en vous défendant, mais ne vous fiez pas à l'archevêque. Ce n'est pas un méchant homme ; ses premières impressions sont bonnes ; mais, au moindre inconvénient qui en résultera pour lui, *il vous lâchera*. Ne faites pas l'ouvrage qu'il vous a conseillé de faire. Je serai le premier à prendre votre défense dans mon journal ; mais faites bien attention, en vous défendant vous-même, de prendre beaucoup de précautions ».

Je remerciai l'abbé Châtenay et m'en allai chez l'abbé Prompsault, un vrai bénédictin qui passait sa vie dans sa nombreuse et riche bibliothèque. Il me promit de m'aider, si cela était nécessaire, dans ma défense contre la Congrégation de l'Index ; « mais, ajouta-t-il, ne vous fiez pas trop à l'archevêque ; il m'a lancé pour faire mes lettres à Dom Guéranger ; il a payé l'impression des premières ; puis, il m'a lâché sans que j'aie pu savoir pourquoi ». Cela concordait bien avec ce que m'avait dit l'abbé Châtenay. Ma résolution fut donc bientôt prise au sujet de l'ouvrage que l'archevêque m'avait demandé.

J'étais dans ces dispositions lorsque je reçus la lettre suivante :

ARCHEVÊCHÉ
de
PARIS

« Paris, le 19 juin 1852.

« MONSIEUR ET TRÈS CHER AMI,

« Monseigneur désire que vous veniez, dès aujourd'hui même, conférer avec lui sur la grande affaire des décrets de l'Index. Vous aurez la bonté de venir d'abord chez moi, et je vous conduirai chez Monseigneur : il faut que ce soit ou bien pour *avant six heures* du soir, ou *vers huit heures et demie*, Monseigneur ne devant pas être libre dans l'intervalle.

« Je suis, Monsieur, avec affection,

« Votre serviteur,
« LEQUEUX, v.-g. »

Il fut convenu que je m'adresserais à la Congrégation par l'intermédiaire du nonce, pour lui demander communication de ses griefs. J'écrivis, en conséquence, à Monsignor Garibaldi, le 8 février.

Je feignis d'abord de ne pas croire au décret de la Congrégation qui n'avait encore été publié que par la *Gazette d'Augsbourg*. J'écrivis donc à Monsignor Garibaldi pour lui demander si réellement le décret existait. Je ne reçus pas de réponse. Quelques jours après, le décret ayant été publié par le *Journal de Rome* et par plusieurs journaux français, j'écrivis une seconde lettre que j'allai communiquer à M. Lequeux. Elle était ainsi conçue :

« Paris, 27 février 1852.

« MONSEIGNEUR,

« J'ai eu l'honneur de vous écrire le 8 du présent mois pour vous demander si je devais considérer comme authentique la nouvelle de la mise à l'index de mon ouvrage intitulé : *Histoire de l'Eglise de France*. Vous ne m'avez pas répondu. Je dois donc penser que la Congrégation de l'Index ne vous a point chargé de me notifier son décret. Mes supérieurs ecclésiastiques n'ont eu, de leur côté, aucune communication à me faire. Ainsi, Monseigneur, je ne connais le décret de l'Index que par les journaux. Cette manière d'agir est-elle régulière ?

« Quant au décret en lui-même, je dois vous dire d'abord,

Monseigneur, que j'en ai été fort étonné. Je suis certain que dans les sept volumes de mon ouvrage qui sont publiés, je n'ai avancé aucune proposition qui ne puisse être interprétée d'une manière orthodoxe. Il est possible que dans un travail aussi considérable que le mien, plusieurs passages soient susceptibles d'un sens peu conforme à la saine doctrine ; il n'est aucun ouvrage, quelque peu étendu qu'il soit, qui ne puisse prêter à de fausses interprétations, surtout, si, en l'examinant, on ne cherche pas à se pénétrer du sens de l'auteur. Si, avant de porter son décret, la Congrégation de l'Index m'eût signalé ce qu'elle trouvait de répréhensible dans mon ouvrage, je lui aurais donné des explications satisfaisantes. Je sais qu'elle n'est obligée d'en agir ainsi ordinairement qu'avec les auteurs *clari nominis*, et elle a incontestablement le droit de ne pas me classer dans cette catégorie ; mais si elle n'était pas obligée de me demander des explications, elle pouvait du moins interroger mes supérieurs ecclésiastiques touchant mes dispositions ; elle eût appris ainsi que j'ai toujours accueilli avec respect leurs observations. Les membres de la Congrégation de l'Index auraient connu ces dispositions s'ils l'avaient voulu. N'était-ce pas pour eux un devoir de s'en informer, et de ne pas s'exposer à nuire à un auteur aussi bon catholique qu'eux, et qui n'a d'autre but dans ses ouvrages que celui de défendre l'Eglise ? Ne puis-je pas leur reprocher d'avoir manqué envers moi de cette charité qui, selon saint Paul, *ne pense point le mal et n'agit point à la légère* ?

« La Congrégation de l'Index, n'ayant voulu, ni me demander d'explications, ni consulter mes supérieurs ecclésiastiques, aurait dû, au moins, suivre les règles que lui a tracées le pape Benoît XIV dans la constitution *sollicitâ* (1).

---

(1) Voici des extraits de cette bulle qui confirmeront ce que nous disons dans notre lettre des règles tracées par Benoit XIV ; ces extraits ne faisaient pas partie de la lettre :

« J'ai de graves raisons de croire qu'il n'en a pas été ainsi, et de penser que, au lieu de lire mon ouvrage tout entier, de comparer les passages placés en des endroits différents, d'examiner mes propositions sans les isoler de leur contexte, de prendre en bonne part et d'interpréter favorablement ce qui

---

« Les rapporteurs et consulteurs de la Congrégation de l'Index devront se souvenir que la charge qui leur a été confiée ne les oblige pas à poursuivre de toutes manières la condamnation du livre soumis à leur examen ; ils devront, au contraire, étudier le livre avec soin et sans passion, et fournir à la Congrégation des observations exactes et des motifs vrais ; afin que cette Congrégation puisse porter de ce livre un jugement droit et décider sa proscription, sa correction ou son acquitement selon qu'il sera juste. » (§ 15.)

« Touchant les différentes opinions et les sentiments contenus dans le livre, ils sauront qu'ils ne doivent prononcer qu'avec un esprit libre de tout préjugé ; il faut qu'ils mettent de côté toute considération de nation, de congrégation, d'école, d'institut ; qu'ils abdiquent tout esprit de parti, qu'ils aient uniquement devant les yeux les dogmes de la sainte Eglise et la doctrine commune des catholiques qui est contenue dans les décrets des conciles généraux, dans les constitutions des pontifes romains et dans l'enseignement unanime des pères et des docteurs orthodoxes. Ils doivent savoir, du reste, qu'il existe un grand nombre d'opinions qui semblent plus certaines à une école, à un institut, à une nation, et qui sont cependant rejetées et attaquées par d'autres catholiques, sans que la foi et la religion en reçoivent la moindre atteinte. Le Saint-Siège connaît cette divergence d'opinion ; il la permet et laisse à ce qui n'est qu'opinion son degré de probabilité. » (§ 17.)

« Nous avertissons de remarquer avec soin que l'on ne peut porter un jugement droit du sens de l'auteur, si on ne lit pas son livre tout entier, si l'on ne compare pas entre eux les passages placés en des endroits différents ; si l'on ne se pénètre pas de la pensée générale de l'auteur et du but qu'il s'est proposé. Il ne faut pas prononcer sur une proposition isolée de son contexte et sans avoir égard aux autres propositions qui sont contenues dans le livre ; car il arrive souvent qu'un auteur parle dans un endroit d'une manière superficielle et obscure et qu'il s'exprime ailleurs sur le même sujet avec étendue et clarté ; de sorte que les ténèbres qui d'abord donnaient à son opinion les apparences de l'erreur, sont complètement dissipées et que la proposition suspecte est reconnue pure de toute tache. » (§ 18.)

« Si un auteur, d'ailleurs catholique et jouissant d'une bonne réputation pour sa conduite et sa doctrine, émet des propositions ambiguës, la simple justice semble demander que ses paroles soient interprétées avec bienveillance et prises en bonne part, autant que possible. » (§ 19.)

pouvait être susceptible d'un sens hétérodoxe, de s'élever au dessus de tout esprit de parti et de ne prendre pour base de son jugement que la doctrine commune de l'Eglise, j'ai, dis-je, de graves raisons de penser que la Congrégation de l'Index n'a rendu son décret que sur des propositions isolées, mal comprises, qu'on lui aurait envoyées de France en un mémoire dicté par l'esprit de parti. Si, comme on le dit, la Congrégation de l'Index a subi, en ce qui me concerne, l'influence d'une coterie soi-disant ultramontaine, je le déplore sincèrement; car ce parti, autrefois fanatique de liberté, aujourd'hui fanatique de despotisme, ne peut lui inspirer que des décrets injustes et arbitraires.

« Quoi qu'il en soit, Monseigneur, et malgré les raisons dont j'ai parlé plus haut, je veux bien croire que la Congrégation de l'Index a suivi les règles qui lui ont été prescrites par Benoit XIV; elle a un moyen fort simple de me le prouver, c'est de m'adresser le mémoire d'après lequel elle a dû formuler son décret.

« Il y a peu de temps, lorsqu'un vicaire-général disait ne pas savoir pourquoi on avait mis à l'index un opuscule dont il était l'auteur, un journal soi-disant ultramontain lui répondait qu'il pouvait facilement le savoir en demandant le mémoire du consulteur. Eh ! bien, Monseigneur, je demande que le mémoire du consulteur relatif à mon ouvrage me soit communiqué. Cette demande est juste; car si, selon saint Paul, notre soumission à la parole divine doit être raisonnable, à plus forte raison notre soumission à un décret de l'Index doit-elle l'être. Or, pour que j'agisse à l'égard de ce décret d'une manière raisonnable, il faut que je connaisse les raisons sur lesquelles il est appuyé.

« Veuillez, Monseigneur, transmettre ma demande à la Congrégation de l'Index et agréer l'hommage de mon profond respect.

« L'abbé GUETTÉE. »

Monsignor le nonce me répondit en ces termes :

« MONSIEUR L'ABBÉ,

« J'ai reçu vos deux lettres ; mais quand la première m'est arrivée, *je ne savais rien, que par des bruits, de l'affaire dont vous me parlez, et ainsi je n'ai pu rien vous répondre.* Pour ce qui est de la seconde lettre, si vous voulez bien passer un instant chez moi demain, jeudi, à 10 heures du matin, je vous dirai ce que je crois le plus à propos.

« En attendant, je vous offre l'expression de mes sentiments distingués.

« S., archev. de Myre, nonce ap.

« Paris, le mercredi 18 février 1852.
« Rue de l'Université, 69. »

Il était convenu, qu'en sortant du palais du nonce, je me rendrais au palais archiépiscopal. J'y allai donc et je rendis compte de l'audience à peu près en ces termes : « Monseigneur le nonce me dit qu'il ne pouvait demander pour moi le mémoire du consulteur de l'Index. Il n'est pas dans les usages de la Congrégation de communiquer de telles pièces. — « Le décret, dis-je, ne m'a même pas été notifié ». — Alors il me montra un petit imprimé, pour me convaincre que le décret était bien réel. Je souris de cette notification. Le nonce s'en aperçut et me dit que les tribunaux romains, dans le genre de celui de l'Index, ne suivaient que des procédures secrètes et n'avaient pas les mêmes usages que les autres tribunaux. J'observai qu'en France on était habitué à des procédures plus conformes au droit canonique, et que c'était probablement pour cela qu'on n'avait jamais reconnu en France l'autorité des Congrégations romaines. Le nonce me répondit : La législation est changée ; aujourd'hui on ne raisonne plus comme du temps des Parlements. — Pardon, Monseigneur, ai-je répondu, le Concordat, qui est la base de notre législation religieuse actuelle, a consacré les libertés de l'Eglise gallicane au lieu de les abolir, et le légat Caprara, avant la promulgation du Concordat, fut obligé de déclarer, par un serment solennel, qu'il les respecterait dans l'exercice de ses fonctions ».

Monsignor Garibaldi fut embarrassé, et, au lieu de me suivre sur ce terrain, en revint à ma soumission. « C'est le pape, dit-il, qui parle par la Congrégation de l'Index, par conséquent, il faut lui obéir, car c'est à lui qu'il a été dit : *Pasché âgnos, Pasché ovêchs*. Je prononçai ces mots comme Son Excellence, ce qui mit en joie l'archevêque et ses acolytes qui m'écoutaient. Je répondis à Son Excellence : « La Congrégation de l'Index n'est pas le pape, et cette Congrégation n'est pas reconnue en France. Mgr l'évêque du Mans, Bouvier, l'affirme dans son cours de théologie, et le P. Gury, jésuite, l'affirme également dans sa théologie, imprimée à Rome avec approbation.

Après une conférence d'une heure, Monsignor Garibaldi m'engagea à m'adresser directement au préfet de la Congrégation.

Il me sembla que Monsignor Garibaldi n'était pas un aigle; mais il me reçut très honnêtement.

Pour me conformer à son avis, j'écrivis la lettre suivante au cardinal Brignole :

« MONSEIGNEUR,

« Par un décret en date du 22 janvier 1852, mon ouvrage, intitulé : *Histoire de l'Église de France*, a été mis à l'index des livres prohibés. Ce décret ne m'ayant pas été notifié, je n'en ai eu connaissance que par les journaux, le 17 février dernier.

« Prêtre dévoué à l'Église, j'ai dû être profondément

affligé, Monseigneur, en me voyant classé, sans avertissement préalable, par une congrégation romaine, parmi les écrivains dont les fidèles doivent au moins suspecter l'orthodoxie. Je ne sais, Monseigneur, sur quels motifs la Congrégation de l'Index a pu appuyer sa censure, car je ne vois rien dans mon livre qui ne soit susceptible d'un sens parfaitement orthodoxe. Cependant, je dois croire que ces motifs ont été graves.

« C'est pourquoi, Monseigneur, j'ai l'honneur de vous écrire cette lettre pour vous prier de me faire adresser le mémoire du consulteur de l'Index, relatif à mon ouvrage, *afin que je puisse profiter des observations qui y sont contenues et rendre ainsi mon livre irréprochable.*

« J'ai l'honneur d'être, Monseigneur,
« De Votre Éminence,
« Le très humble et très obéissant serviteur,

« L'abbé GUETTÉE. »

Le cardinal Brignole ne se hâta pas de répondre. Enfin, je reçus de Monsignor Garibaldi, la lettre suivante :

« MONSIEUR L'ABBÉ,

« J'ai reçu la lettre que vous avez bien voulu m'adresser en date d'hier. Si vous voulez bien vous donner la peine de passer un instant chez moi demain, entre midi et une heure, je vous dirai quelque chose sur l'objet dont il s'agit.

« En attendant, je vous renouvelle les assurances de mes sentiments distingués.

« S. Archev. de Myre, N. S.

« Paris, le 23 novembre 1852. »

Le nonce, comme on voit, ne se compromettait pas. Quand il me reçut, il sortait de table; sa figure était fortement illuminée et son estomac se plaignait bien haut de la besogne qu'il lui avait imposée. Il me dit que le préfet de la Congrégation me faisait dire que, pour connaître les défauts de mon livre, je devais m'adresser à des hommes doctes et de saine doctrine.

Il paraît que les membres de la Congrégation de l'Index, n'en étaient pas.

Le grand mot de la conversation avec M. le nonce, fut qu'il fallait me soumettre. Je repris ma thèse de la dernière audience et je citai Bossuet en ma faveur. Son Excellence me répondit : « *Votre Bôchoi! Votre Bôchoi!* »

En sortant de la nonciature, j'allai à l'archevêché, et l'on rit beaucoup du bonhomme Garibaldi qui dédaignait tant *Bôchoi*. Parmi les meilleurs rieurs était l'abbé Darboy qui venait d'entrer à l'archevêché. On l'avait logé au dessus des écuries, mais il avait de l'influence sur l'archevêque qui lui savait gré de l'avoir défendu contre l'excentrique Combalot.

Darboy faisait son chemin : « Je serai évêque, me disait-il un jour, et vous, vous ne le serez pas. — Pourquoi cela, lui dis-je? — Parce que vous marchez tout droit devant vous sans vous préoccuper des obstacles. Les géomètres prétendent que la ligne droite est le plus court chemin d'un point à un autre. Ce sont des imbéciles. La ligne courbe est plus courte ; en contournant les obstacles, on ne s'expose pas à se casser la tête, et l'on arrive au but. — A certain point de vue, lui répondis-je, vous avez raison ; mais je n'en suis pas moins persuadé qu'en suivant la ligne courbe, on marche comme le serpent. L'homme n'est pas fait pour marcher ainsi ; la ligne droite est la meilleure et la plus noble. »

Darboy était venu à Paris, chargé des anathèmes de son évêque, Parisis, alors évêque de Langres. Arrivé à Paris, Darboy travailla à la journée à l'imprimerie de Migne ; il s'insinua dans la *bonne* presse, et fit même un compte-rendu élogieux de mon premier volume dans *le Correspondant*. L'archevêque Sibour l'accepta dans son clergé et le nomma aumônier de lycée. C'est de là qu'il sauta à l'archevêché après avoir brûlé de l'encens en l'honneur du seigneur et maître. Il devint évêque depuis ; il devint même archevêque de Paris. Il avait donc eu raison en me disant qu'il deviendrait évêque. Seulement, il n'avait pas prévu la Commune, et la balle qui le tua dans la prison de la Roquette. C'est le revers de la médaille. J'aime mieux n'avoir pas porté la mître épiscopale, que d'avoir été conduit à la Roquette pour y recevoir un coup de fusil.

Parisis qui s'était montré, à Langres, ennemi de Darboy, avait été transféré à Arras, où il succéda au cardinal De la Tour d'Auvergne-Lauraguais. Cet évêque de grande famille, avait approuvé officiellement mon livre et m'avait prié de placer son approbation en tête d'un de mes volumes. Ce que je fis avec empressement. Son successeur était le fils d'une marchande de choux d'Orléans. Il fut un des quatre que je consultai pour me conformer à la lettre du préfet de la Congrégation. Un si illustre personnage n'aurait pas pu me répondre sans déroger. Il ne daigna donc pas m'écrire.

Le second évêque consulté était M. Pie, évêque de Poitiers dont on a fait depuis un si haut personnage. Il n'était pas si ultramontain qu'il le devint depuis, lorsqu'il était à Chartres auprès de Mgr Clausel de Montal, son bienfaiteur. Car, ce bon évêque dont j'aurai occasion de parler, était un franc gallican comme il l'a prouvé par ses brochures. Ce n'est pas lui qui m'aurait dénoncé à l'Index ; il avait pour moi une véritable affection, et il m'en donna des preuves.

Il se trompa sur le compte de M. Pie. Lorsque je consultai ce dernier, il me fit cette réponse écrite tout entière de sa main :

ÉVÊCHÉ
de
POITIERS

« Poitiers, le 5 juin 1852.

« MONSIEUR L'ABBÉ,

« Il est très vrai que votre *Histoire de l'Eglise de France*, à laquelle mon évêché a souscrit, m'a paru répréhensible sur plusieurs chefs.

« Il ne l'est pas que j'aie ou directement ou indirectement déféré cet ouvrage à Rome. Mais s'il ne m'est pas venu à la pensée de prendre l'initiative à ce sujet, je ne puis blâmer ceux de nos vénérables collègues à qui leur conscience aurait commandé ce pénible devoir.

« Pour moi, je savais que Monseigneur votre évêque vous avait adressé de très graves observations, qu'il vous avait proposé, avec sa charité habituelle, de vous signaler, non pas seulement les passages les plus défectueux, mais les quatre ou cinq idées fausses d'où procèdent principalement les défauts du livre, de telle sorte qu'en réformant votre façon de penser sur ces divers points, il vous devînt facile de réformer également l'esprit de l'ouvrage. Il est infiniment regrettable pour vous, Monsieur, que vous n'ayez pas profité des avertissements et des propositions de Mgr de Blois.

« Vous voulez bien me dire que vous examinerez avec la plus sérieuse attention les observations que je vous communiquerais, et que vous les adopterez si elles sont conformes à votre système de la plus absolue impartialité historique. Trouvez bon que je vous épargne la peine de cet examen et de cette appréciation de mes notes. Je dois mon temps, avant tout, à un diocèse démesurément grand, et le devoir d'enseigner ne me laisse point le loisir de discuter. D'ailleurs, je n'aurais rien à vous dire qui ne vous ait été dit avec plus de science et d'autorité par Mgr de Blois, au jugement duquel vous deviez vous soumettre, en même temps que vous deviez profiter de ses offres bienveillantes.

« Un dernier mot, Monsieur. Vous me parlez de vos amis qui ne vous font que des éloges, et vous désignez, sous le nom d'adversaires et d'ennemis, ceux qui ne les imitent pas. Il est déplorable, Monsieur, que l'on ne puisse prendre rang parmi vos amis qu'en louant sans restriction un ouvrage blâmé d'abord par l'Ordinaire, et mis ensuite à l'index par le Saint-Siège. Je vous en prie, Monsieur l'abbé, accueillez comme de vrais amis et comme de bons conseillers ceux qui vous diront que votre ouvrage a d'excellentes parties, et que ce serait pour les catholiques un vrai sujet de joie, non seulement qu'il fût dit de vous, préalablement et avant tout : *Auctor* LAUDABILITER *se subjecit*, mais encore, de votre ouvrage, que la censure en est levée parce qu'il a été *emendatum in melius et correctum*.

« Permettez aussi, Monsieur, que, conformément aux vieilles traditions épistolaires, je ne termine point ma lettre sans vous exprimer les sentiments que je vous dois et que votre caractère me commande. C'est avec un dévouement entier et une considération distinguée que j'ai l'honneur d'être, Monsieur l'abbé,

« Votre très humble et très obéissant serviteur,

« † L. E., év. de Poitiers. »

Ainsi, M. Pie n'avait pas le temps de me faire des observations ; souscripteur à mon ouvrage, toutes mes opinions ne lui avaient pas plu, mais il n'était pour rien dans la mise à l'index. Cette besogne était si peu propre que personne, même Pie, même Gousset, même Pallu, ne voulait y avoir pris part.

Quels étaient les *vénérables collègues* de M. Pie qui s'en

étaient chargés? Il les connaissait bien. C'était, d'abord, son voisin l'évêque de la Rochelle, Villecour, qui s'était illustré par un poème latin dont je ne pourrais donner le titre en français. Mais, comme dit Boileau : « Le latin dans les mots brave l'honnêteté ». Donc, le poème latin de Villecour était intitulé : *De Crepitu.* Son imagination se délectait à chanter une puante infirmité de la nature humaine.

A cette ordure, il en avait ajouté une autre, un pamphlet ignoble contre l'Eglise de France et contre Bossuet en particulier. Il était tout naturel que le diffamateur de l'Eglise de France se déclarât l'ennemi de son historien. Villecour, obligé de quitter son siège épiscopal, se réfugia à Rome où il devint cardinal.

Un autre *vénérable collègue* de M. Pie, était encore un de ses voisins, Baillès de Luçon. Il gouverna si bien son diocèse qu'il en fut chassé. Il se réfugia aussi à Rome, mais on ne le fit pas cardinal dans la crainte de déplaire au prétendu Napoléon III. Il fit une brochure sur l'Index ; nous en parlerons.

Un troisième *vénérable collègue* de M. Pie, était encore un de ses voisins, l'évêque d'Angoulême, nommé Cousseau, une illustration parfaitement inconnue, avec lequel j'eus une petite correspondance que nous donnerons bientôt.

Voilà les *vénérables collègues* de M. Pie, qui m'ont dénoncé par l'intermédiaire de Gauthier, dit : *nez à la bordelaise*. Si M. Pie n'a pas voulu se mêler à cette lie de l'ultramontanisme, c'est qu'il avait certain souci de sa dignité personnelle.

Ce que M. Pie m'a écrit touchant les observations de M. Pallu, prouve qu'il en savait plus long que moi. Les quatre ou cinq propositions dont il parle, rappellent les *cinq propositions* que le doctissime Morisset voulait extraire de mon premier volume, comme les jésuites avaient extrait les *cinq propositions* du livre de Jansenius, pour en faire connaître l'esprit. M. Pallu avait accepté, à ce qu'il paraît, l'idée du fameux savant qui s'appelait Morisset. Cela ne m'étonne pas, mais je ne l'ai su que par M. l'évêque de Poitiers.

J'ai donné les observations de M. Pallu; on a pu voir si elles étaient aussi graves que M. Pie voulait bien me l'écrire. Le ton mielleux de quelques phrases était, à ce qu'il paraît, *de la charité*; je ne m'en serais pas douté, car la lettre de M. Pallu est pleine de fiel et de perfides insinuations. Il émet vraiment une singulière doctrine lorsqu'il me dit de regarder comme mes vrais amis ceux qui cherchaient à me faire du mal. M. Pallu professait aussi cette doctrine qui me paraît plus qu'hérétique.

Au fond, M. Pie n'a pas voulu m'adresser d'observations, parce que j'aurais voulu les examiner avant de les adopter. M. l'évêque de Poitiers, un si grand homme, pouvait-il s'abaisser jusqu'à discuter avec moi? Je devais me soumettre à son infaillibilité, à celle de M. Pallu et surtout à celle de la Congrégation de l'Index.

Eh bien, j'ose soutenir que MM. Pie et Pallu n'étaient pas infaillibles; que j'avais le droit de discuter leurs observations et que j'étais dans mon droit en refusant toute autorité, en France, à la Congrégation de l'Index.

Le troisième des évêques que j'avais consultés était M. le cardinal Gousset, archevêque de Reims.

Voici sa réponse :

ARCHEVÊCHÉ
de
REIMS

« MONSIEUR L'ABBÉ,

« J'ai reçu la lettre par laquelle vous me demandez communication des notes ou observations que j'aurais pu me faire sur votre ouvrage intitulé : *Histoire de l'Eglise de*

France. Aujourd'hui je ne pourrais que vous répéter ce que je vous ai dit dans une entrevue particulière, n'ayant lu de cet ouvrage qu'une faible partie du VI⁰ volume. Si donc vous désirez que je vous fasse connaître ce qui a pu déterminer la Congrégation de l'Index à condamner l'*Histoire de l'Eglise de France*, je la ferai examiner par quelques théologiens capables, en même temps que je l'examinerai moi-même, dans toutes ses parties.

« Toutefois, je ne puis ni ne dois me charger de ce travail que sous deux conditions : la première, que vous ferez connaître publiquement et préalablement que vous vous soumettez au décret de la Congrégation de l'Index, qui a censuré l'*Histoire de l'Eglise de France*, ajoutant que *vous condamnez tout ce que cet ouvrage renferme de contraire à la doctrine et à l'esprit de la Sainte Eglise romaine*. Vous me permettrez de vous le dire, vous n'auriez pas dû attendre cette occasion pour faire cet acte de soumission. La seconde condition, c'est que vous consentiez à ce que toutes les corrections que j'aurai jugé à propos de faire soient déférées, non pas à votre *examen* ou à la discussion privée, mais bien à l'examen de la Congrégation de l'Index, à laquelle il appartient de juger, dans l'affaire en question, si ces corrections seront suffisantes pour qu'elle lève la censure et permette la lecture de l'ouvrage.

« Si vous acceptez ces deux conditions, qui, évidemment n'ont rien d'étrange, vous pouvez compter sur mon dévouement et sur l'intérêt sincère que j'ai eu l'occasion de vous témoigner de vive voix lorsque je vous ai fait remarquer quelques passages répréhensibles de votre VI⁰ volume. C'est d'après les mêmes sentiments que je me suis borné à défendre la lecture de l'*Histoire de l'Eglise de France* à mes séminaristes, demeurant étranger à toute démarche ayant pour objet de la faire condamner par le Saint-Siège.

« Recevez, Monsieur l'abbé, l'assurance de ma considération distinguée.

« Le cardinal GOUSSET, arch. de Reims.

« Paris, le 30 mai 1852. «

Je répondis à Son Eminence qu'Elle m'imposait des conditions que le préfet de la Congrégation n'avait pas exigées. M. Gousset me répondit qu'il maintenait sa lettre. Ainsi je devais être ultramontain comme Son Eminence, sans quoi on ne voulait pas m'indiquer mes prétendues erreurs. M. Gousset dit, dans sa lettre, qu'il n'avait lu qu'une *faible partie* de mon sixième volume, et qu'il m'avait signalé quelques *passages répréhensibles* de ce volume. M. Gousset ne m'a même pas montré le volume en question. Il m'a parlé comme s'il avait lu mon ouvrage en entier. J'ai pris mes notes en sortant de son audience, ce que son Eminence n'avait pas fait sans doute.

Le quatrième évêque que j'avais consulté était M. Pallu évêque de Blois. Voici la réponse qu'il m'adressa :

« Blois, le 12 juin 1852.

« MONSIEUR L'ABBÉ,

« Je viens de faire diverses courses qui m'ont mis un peu en retard pour répondre à votre dernière lettre.

« J'aurais désiré que vous eussiez fait votre soumission avec plus de simplicité, et que vous eussiez suivi l'exemple que plusieurs ecclésiastiques distingués ont donné de nos jours. C'était là ce que vos vrais amis attendaient de vous.

« Vous me demandez de vous faire part de *toutes* mes observations sur votre ouvrage, afin que vous puissiez travailler à le corriger. Vous me promettez de tenir compte de mes observations si, comme vous le pensez, elles sont fondées, et de m'exposer respectueusement les motifs que vous auriez de n'y pas adhérer, dans le cas où vous ne pourriez pas le faire sans blesser la vérité historique. Vous m'avertissez aussi que vous avez fait la même demande à l'archevêque de Reims, aux évêques d'Arras et de Poitiers.

« Je venais, Monsieur l'abbé, de vous écrire une lettre dans laquelle j'exposais les raisons qui m'empêchent de pouvoir accéder à votre demande dans ces conditions, quand M. l'abbé Garapin m'a appris que Mgr le cardinal de Reims avait nommé une commission dans le but de vous indiquer les corrections à faire à votre livre. Les réflexions que je vous faisais dans ma lettre devenant, par là même, sans objet, je crois inutile de vous les transmettre, et je demande à Dieu de tout mon cœur qu'il donne à votre affaire une heureuse conclusion pour votre plus grand bien et l'utilité de l'Eglise.

« Agréez, Monsieur l'abbé, l'assurance de mes sentiments très distingués et toujours bien dévoués.

« † L. Th.,
« Evêque de Blois. »

Je fus fort étonné de lire dans cette lettre que M. Léon Garapin avait parlé d'une commission nommée par l'archevêque de Reims.

Je lui en écrivis, et j'appris que M. L. Garapin avait dit tout simplement à M. Pallu, que j'étais en correspondance avec M. Gousset qui consentait à examiner mon livre en y mettant des conditions.

Il n'avait rien donné comme certain au sujet de la commission ; il n'avait dit que ce que je lui avais écrit.

Il était donc bien entendu que personne ne voulait examiner mon ouvrage, excepté M. Gousset, qui avait soin de poser au préalable, des conditions inacceptables.

La mise à l'index de mon ouvrage avait fort étonné les prêtres les plus intelligents et les plus instruits du diocèse de Blois. M. Léon Garapin, admirateur de mon livre, m'engageait à faire acte de soumission pour m'épargner les désagréments que ma résistance m'occasionnerait certainement. Pour la première fois, je ne pus être de son avis. Je ne voulais pas imiter M. Lequeux qui s'était soumis en apparence, qui demandait comme moi le mémoire du consulteur et se le voyait refuser brutalement. Ma ligne de conduite me semblait plus franche. Elle était conforme à ce que m'écrivaient un grand nombre d'ecclésiastiques qui ignoraient que j'avais fait ce qu'ils me conseillaient de faire. Parmi ces lettres, j'en copierai une parce qu'elle émanait d'un homme pour lequel, dès mon enfance, j'avais eu le plus profond respect et qui était certainement un prêtre de haute capacité et de grande vertu. La voici :

« Romorantin, 22 février 1852.

« MONSIEUR ET CHER CONFRÈRE,

« Aujourd'hui seulement, j'ai pu découvrir votre adresse exacte, et aussitôt je me mets à soulager mon âme d'un véritable besoin, celui de vous témoigner combien j'ai été affligé pour vous en apprenant que votre ouvrage avait été mis à l'index. *Je voyais avec bonheur combien les volumes, en se succédant, augmentaient en mérite pour le fond et pour la manière de présenter les choses,* lorsque le décret de la Congrégation est venu briser toutes les espérances que j'avais conçues de votre ouvrage, quoique je ne partageasse pas toutes vos appréciations, sans réserve aucune de ma part.

« Catholique sincère avant tout, je ne doute pas qu'il ne se trouve *des inexactitudes doctrinales qui aient mérité la censure de l'ouvrage;* mais je crains bien aussi que *le zèle pour la vérité n'ait pas toujours été accompagné de cette charité* qui prévient le mal, et qui en tempère le remède. Vous n'étiez pas de la nouvelle école qui montre plus de zèle pour le Saint-Siège que le Saint-Siège lui-même. C'en était assez pour poursuivre les inexactitudes qui, dans votre long ouvrage, ont échappé à votre esprit et non à votre cœur. Votre affaire est le pendant de celle de M. Lequeux, qui m'a aussi profondément attristé.

« Mais, mon cher ami (permettez moi ce mot, auquel je sens n'avoir aucun titre que mon vif intérêt pour vous), nous sommes catholiques avant toutes choses, et une erreur d'esprit ne nous coûte jamais à reconnaître, quels que soient les motifs des hommes qui ont signalé la chose à l'autorité compétente.

« Oserai-je, je ne sais vraiment à quel titre, vous ouvrir une idée qui m'est venue, que j'abandonne à votre appréciation et qui me semble inspirée uniquement par l'amour de la vérité, et la part que j'ai prise à votre peine?

« On m'a dit (car je n'ai pas vu le texte du décret) que l'*Histoire de l'Eglise de France* était prohibée purement et simplement, sans *affectation* de notes théologiques, cette forme indique donc que cet ouvrage est plutôt inexact que contenant des erreurs graves. Eh! bien! dans cet état, l'ouvrage remis à quelque théologien sérieux ne pourrait-il pas être corrigé au point de vue doctrinal, et par des cartons, les volumes édités devenir irréprochables et être comme une nouvelle édition, mais avec des frais très minimes? car vous avez voulu être historiographe plutôt que théologien; c'est donc une phrase, un mot qu'il faudrait corriger. La physionomie historique resterait.

« Par ce moyen vous prouverez d'abord que vous êtes catholique sincère, sans partager les exagérations de la nouvelle école; vous montrerez que l'esprit a pu se tromper, mais que la conscience est restée pure ; votre ouvrage, qui contient de si bonnes choses, pourra être utile à l'Eglise et être continué, en prenant les mêmes précautions pour les volumes en manuscrit.

« Depuis que le décret a paru, j'ai cent fois roulé ce projet dans ma tête. Je ne pouvais vous le soumettre à raison de l'ignorance de votre domicile. Je le livre à votre appréciation, avec la conviction profonde que je n'ai d'autre titre à la présenter que le vif désir d'être utile, et le besoin que j'éprouvais de vous témoigner combien je souhaite ne pas voir abandonner cette œuvre.

« Assurément cette lettre vous étonnera, surtout *après certaines réclamations que j'avais fait entendre, que même on vous avait exagérées;* mais les amis sincères et dévoués se trouvent souvent là où on les soupçonne moins. Puissé-je voir cette affaire menée à bonne fin, pour la gloire de l'Eglise, pour votre propre consolation. Soyez assuré que c'est le vœu le plus ardent de celui qui, avec un profond respect, est

« Votre dévoué serviteur,

« A. MEUNIER.
« Curé de Romorantin.

« Le genre de cette lettre démontre assez que personne ne me l'a suggérée, mais au besoin j'atteste qu'elle est purement spontanée de ma part. »

Les *réclamations* dont parle le bon curé ne m'ont pas été transmises, à moins que je ne les aie oubliées. Il ne m'en reste aucun souvenir. Pour le reste de la lettre, elle m'avait profondément touché ; c'est bien là ce que pensaient, ce que désiraient les prêtres les plus instruits, les plus intelligents. M. l'abbé Meunier ne savait pas que je faisais précisément ce qu'il désirait, et que si mon livre n'a pas été examiné, c'est que ceux qui appartenaient à ce qu'il appelle *la nouvelle école*, n'entendaient pas que mon ouvrage fût corrigé, mais *anéanti*. Ils ne s'en cachaient pas. Ils s'imaginaient que le décret de l'Index m'avait si bien frappé, que l'ouvrage ne serait pas continué. Ils applaudirent donc à la soumission des libraires Guyot au décret de l'Index, la considérant comme l'acte mortuaire de mon livre. C'était une véritable comédie que cette soumission de libraires, chargés seulement de la vente par mes éditeurs, qui n'avaient jamais versé un centime de l'argent qu'ils avaient reçu, qui avaient employé en papiers d'emballage les prospectus qui avaient coûté une somme considérable, et qui s'étaient fait rembourser des frais de poste qu'ils n'avaient pas payés. Une soumission de la part de tels gens n'était-elle pas une comédie ? et *l'Ami de la Religion*, sans compter les journaux ecclésiastiques de province, la prirent au sérieux. Peu de temps après *l'Univers* publiait ce qui suit :

« On se rappelle avec quel *religieux empressement* MM. Guyot frères se sont soumis en ce qui les concernait au décret pontifical par lequel a été mis à l'index le livre de M. l'abbé Guettée, intitulé : *Histoire de l'Eglise de France*. Le Saint-Père a voulu leur témoigner combien il était touché de cet acte d'obéissance filiale, et ils ont reçu, avec une magnifique médaille en or à son effigie, la lettre suivante. Ce don les consolera de la peine qu'ont pu leur causer les réclamations d'un ecclésiastique qui aurait dû leur donner l'exemple de la soumission, et qui n'a pas même eu *le courage* de les imiter.

« *A Messieurs Guyot frères.*

« Paris, le 1er mai 1852.

« MESSIEURS,

« Le Saint-Père a été informé de l'exemple de soumission
« religieuse due aux décrets du Saint-Siège apostolique, que,

« sans être arrêtés *par la considération d'un intérêt tem-
« porel*, vous avez récemment donné, à l'occasion du décret
« de la Sacrée-Congrégation de l'Index, en date du 22 jan-
« vier, approuvé par Sa Sainteté le 1er février, et publié par
« ses ordres le 3 du même mois. Sa Sainteté, voulant vous
« donner une marque de la satisfaction que lui a fait éprouver
« votre *honorable conduite*, a daigné me transmettre l'ordre
« de vous adresser en son nom une médaille en or, à son
« auguste effigie. Je vous l'envoie ci-jointe comme un témoi-
« gnage de sa paternelle bienveillance.

« S., archev. de Myre, nonce ap. »

Les Guyot mirent l'image de la médaille sur leur catalogue ; *le Saint-Père* devint ainsi courtier de librairie et passa à l'état de réclame.

C'était tout ce qu'il méritait.

On peut croire que les frères Guyot furent consolés *des réclamations* de mes éditeurs qui leur ont causé tant de peine, puisqu'ils leur réclamaient l'argent volé. On peut croire que les libraires Guyot emportèrent avec eux, dans la prison où ils furent renfermés *pour banqueroute frauduleuse*, la belle médaille d'or à l'auguste effigie du pape, et la belle lettre de Monsignor Garibaldi.

On peut croire aussi qu'ils rirent de bon cœur, mais *sous cape*, de la lettre et de la médaille qu'ils avaient si bien méritée.

Pendant que l'on jouait cette comédie, j'avais écrit au cardinal Brignole que j'avais consulté quatre évêques, mais qu'ils avaient refusé de me communiquer leurs observations. Il me fit répondre par le nonce qu'il fallait en consulter d'autres.

Je ne me prêtai pas plus longtemps à cette comédie.

Les ultramontains étaient furieux de ne pas voir arriver un acte de soumission sur lequel ils comptaient.

L'Univers m'ayant donné comme un *révolté*, parce que je refusais de me soumettre à une autorité illégale et non reconnue en France, je dus lui répondre.

Il était convenu que je soumettrais toutes mes lettres à M. Lequeux. Je me rendis donc à l'archevêché avec une réponse pour *l'Univers*. J'y avais été précédé par le premier auditeur de la nonciature, qui demandait que l'archevêque m'imposât silence. On ne fit pas droit à sa réclamation et il fut convenu que je répondrais. Ma lettre fut approuvée. Alors je passai aux bureaux de *l'Univers* pour en demander l'insertion. Un sieur Dulac, théologien canoniste de *l'Univers*, et, de plus, moine défroqué, me déclara que le journal n'insérerait rien de moi, à moins d'y être forcé par ministère d'huissier.

Je n'avais jamais eu l'idée qu'il fallût un huissier pour forcer un honnête homme à faire son devoir. Je retournai chez moi; je fis une seconde lettre et j'allai la communiquer à M. Lequeux.

Ma seconde lettre fut changée en un *post-scriptum* que j'écrivis sur le bureau même de M. Lequeux et sur un papier avec entête du grand séminaire de Soissons, dont M. Lequeux avait été supérieur. Je m'aperçus de la distraction de M. Lequeux, mais je n'en dis rien. Je n'étais pas fâché de prouver à *l'Univers* que j'agissais sous l'inspiration de l'archevêché.

Forcé de publier ma lettre et le *post-scriptum*, *l'Univers* les accompagna de ces réflexions haineuses :

« En rapportant le dernier décret de la Sacrée-Congrégation de l'Index, où se trouve condamnée l'*Histoire de l'Eglise de France*, de M. l'abbé Guettée, nous avons cru devoir rappeler qu'il y a déjà six mois, Mgr l'évêque de Blois avait, par une lettre publiée dans les journaux, fait connaître que, bien loin d'approuver cet ouvrage, il s'affligeait d'y rencontrer des choses qui demandent correction. Nous avons cru également qu'il nous était permis de reproduire la nouvelle donnée par la *Gazette de Lyon*, que MM. Guyot, libraires, se soumettant sans retard à la décision du Saint-Siège, avaient retiré de leur catalogue le livre prohibé. Ces remarques si naturelles ont déplu à M. l'abbé Guettée, et il y a trouvé le prétexte d'une lettre où l'on cherche vainement l'expression de sa soumission au jugement du Saint-Siège, et qui nous oblige de remettre sous ses yeux les pièces suivantes, déjà reproduites dans notre numéro du 8 septembre dernier (1) :

« Voici maintenant la lettre que M. l'abbé Guettée nous a adressée le 17 courant ; nous la donnons avec les additions et modifications qu'il y a faites depuis, et telle qu'aujourd'hui, 24 février, il nous force de la publier :

« Paris, le 17 février 1852.

« Monsieur le Directeur de *l'Univers*,

« Dans les réflexions dont vous faites suivre de décret de la
« Congrégation de l'Index relatif à mon ouvrage intitulé
« *Histoire de l'Eglise de France*, vous commettez plusieurs
« inexactitudes, que je vous prie de rectifier dans votre pro-
« chain numéro.

« Au lieu de dire que le *premier volume* a été approuvé
« par feu Mgr des Essarts, vous auriez dû dire que les *cinq*
« *premiers volumes* ont été examinés sur les épreuves par

---

(1) Ces pièces sont la lettre de M. Pallu à *l'Ami de la Religion* et les réponses.

« ses ordres, ainsi qu'une partie du *sixième*, et qu'ils ont été
« ainsi publiés sous ses yeux et avec son approbation. Vous
« auriez pu ajouter que ces cinq premiers volumes ont été
« approuvés par Son Eminence Mgr De la Tour d'Auvergne,
« ancien évêque d'Arras, sans que j'aie sollicité cette appro-
« bation toute spontanée et toute volontaire.

« Pour l'annonce prétendue *équivoque*, elle était de
« MM. Guyot, et je leur laisse purement et simplement le
« soin de se défendre contre votre insinuation peu bienveil-
« lante.

« Quant aux instances faites par ces libraires pour obtenir
« de moi certaines modifications, je les ai ignorées jusqu'au
« moment où j'ai lu l'extrait de la *Gazette de Lyon* cité par
« vous; et si elles m'eussent été faites par ces messieurs, je
« leur aurais fait comprendre qu'ils étaient peu compétents
« en théologie et en histoire ecclésiastique. Je ne reconnais
« qu'à mes supérieurs le droit de m'adresser des observations,
« et ils me rendront ce témoignage, que j'ai toujours accueilli
« avec respect et reconnaissance celles qu'ils ont bien voulu
« me faire.

« J'écris aujourd'hui même à Mgr le nonce relativement au
« décret de l'Index concernant mon ouvrage.

« Je pense, Monsieur le Rédacteur, que je n'aurai pas
« besoin de recourir aux voies de droit pour vous faire
« insérer cette lettre en entier dans votre plus prochain
« numéro.

« J'ai l'honneur de vous saluer.

« L'abbé GUETTÉE.

« *P. S.* Outre les inexactitudes contenues dans vos
« réflexions, vous avez inséré dans *l'Univers* une note
« extraite de la *Gazette de Lyon* et dans laquelle les libraires
« Guyot déclarent qu'ils *considèrent comme non avenues les*

« *demandes qui leur seraient faites de mon ouvrage*. Je
« vous prie de déclarer que l'*Histoire de l'Eglise de France*
« sera continuée. Seulement, pour les volumes publiés, je
« ferai toutes les corrections qui me seront indiquées par
« l'autorité ecclésiastique. Quant aux volumes qui seront
« publiés à l'avenir, je les soumettrai à cette même autorité.

« L'abbé GUETTÉE. »

« Nous rechercherons tout à l'heure ce que peut signifier
ce *post-scriptum*; mais, d'abord, deux mots de réponse à la
lettre :

« Si nous avons parlé de l'approbation donnée à l'*Histoire
de l'Eglise de France* par Mgr Fabre des Essarts, ce n'a été
qu'incidemment; notre seul dessein était de rappeler que cet
ouvrage avait été publiquement désapprouvé par Mgr l'évêque
de Blois, avant d'être condamné par la Sacrée-Congrégation
de l'Index. Nous n'avons donc à discuter ici ni le nombre des
approbations données au livre, ni la manière dont ces approbations ont été obtenues, ni le chiffre des volumes qui en ont
été revêtus. A cet égard, nous nous contentons de laisser à
M. l'abbé Guettée toute la responsabilité de ses assertions.

« Quant à l'*annonce équivoque*, nous prions M. l'abbé
Guettée de relire la lettre adressée par Mgr l'évêque de Blois
à *l'Ami de la Religion*. Nous le prions aussi de relire les lettres qu'il adressait lui-même à ce journal, de concert avec
MM. Guyot, et où il ne répudiait nullement la responsabilité
de cette annonce.

« Quant à l'article de la *Gazette de Lyon*, s'il contient des
inexactitudes, elles ne sont pas de notre fait; toutefois, nous
remarquerons qu'un libraire n'a pas besoin d'être théologien
pour avoir le droit de demander à un auteur de corriger son
livre, lorsque ce livre a été l'objet d'un blâme publiquement

infligé par un évêque, et lorsque tout le monde sait que d'autres prélats le jugent répréhensible. A plus forte raison un libraire a-t-il le droit et le devoir de se refuser à continuer la vente d'un livre lorsque ce livre est prohibé par le Saint-Siège, et lorsque l'auteur de ce livre est un prêtre ; il doit présumer qu'en agissant ainsi il ne fait qu'aller au devant de ses désirs. Mais si au lieu de lui donner l'exemple de la soumission, le prêtre condamné voulait le placer entre son intérêt et sa conscience, et prétendait le contraindre à violer les prescriptions du décret pontifical, alors il n'y aurait pas de termes assez forts pour flétrir une telle conduite.

« M. l'abbé Guettée ne *reconnaît qu'à ses supérieurs le droit de lui adresser des observations;* nous avons la hardiesse de croire que lorsqu'un auteur met dans ses écrits des choses affligeantes et dangereuses, il est permis au dernier des fidèles de les lui signaler.

« Nous n'avions révoqué en doute ni la *reconnaissance* ni le *respect* avec lesquels M. l'abbé Guettée accueille les observations de ses supérieurs, et nous ne voyons pas pourquoi il nous en parle. Peut-être veut-il excuser sa lettre à *l'Ami de la Religion,* en réponse à la lettre de Mgr l'évêque de Blois ; peut-être veut-il nous préparer à l'acte par lequel il fera connaître, comme son devoir l'y oblige, sa soumission au décret de la Sacrée Congrégation de l'Index. Quoi qu'il en soit, il nous semble qu'en pareille matière le respect et la reconnaissance ne suffisent pas et qu'il faut aussi un peu d'obéissance. Nous voudrions que ses lettres nous permissent de croire qu'elle abonde dans le cœur de M. l'abbé Guettée et qu'il éprouve également ce sentiment de gratitude dont tout écrivain doit être pénétré lorsque l'autorité ecclésiastique l'avertit qu'il s'est égaré et lui donne ainsi le moyen d'empêcher le mal que pourraient faire ses écrits.

« M. l'abbé Guettée espérait qu'il n'aurait pas besoin de

recourir aux voies de droit ; il se trompait : si son huissier n'était venu nous y contraindre, jamais nous n'aurions publié la lettre d'un prêtre qui, sous le poids d'une condamnation prononcée par le Saint-Siège, n'a d'autre souci que d'opposer à cette condamnation les approbations antérieures de deux évêques.

« Quant au *Post-scriptum* nous admirons l'habileté avec laquelle il est rédigé. M. l'abbé Guettée déclare que l'*Histoire de l'Eglise de France* sera continuée, et qu'il soumettra à l'autorité ecclésiastique les volumes qui seront publiés à l'avenir. A cela il n'y a rien à dire, sinon que ces volumes sont hors de la question. Pour les volumes déjà publiés, M. l'abbé Guettée fera *toutes les corrections qui lui seront indiquées par l'autorité ecclésiastique*. M. l'abbé Guettée veut sans doute parler de la Sacrée Congrégation de l'Index, car il n'espère pas, apparemment, qu'une autre autorité se saisisse d'une cause jugée par ce tribunal. Mais, en attendant que la Congrégation de l'Index ait indiqué les corrections nécessaires, si toutefois elle juge l'*Histoire de l'Église de France* susceptible de correction, ce qui est encore un point douteux, M. l'abbé Guettée fera-t-il, comme il est tenu de le faire aux termes du décret pontifical, tout ce qui dépend de lui pour suspendre la publication des volumes prohibés ? Telle est la question que M. l'abbé Guettée évite de résoudre. Les termes de sa déclaration sont calculés de façon à lui laisser le choix libre entre la révolte et la soumission. Cela est déjà assez grave. Nous n'insistons pas. »

Le coup de patte au *Post-scriptum* était pour l'archevêché et pour M. l'abbé Lequeux.

Si le moine *défroqué* Dulac eût connu la théologie, il n'aurait pas confondu la Congrégation de l'Index avec l'Eglise ; il n'aurait pas fait d'un prêtre qui demandait des explications un *révolté* ; il n'aurait pas regardé *ma personne* comme condamnée, lorsqu'il ne s'agisait que de censures occultes dont mon ouvrage avait été frappé. Mais M. Dulac ne s'arrêtait pas dans la voie des récriminations et des faussetés, dès qu'il voyait devant lui un homme disposé à être raisonnable et à ne pas se soumettre aveuglément à Rome.

Ces gens là se regardent comme les défenseurs de l'autorité. Ils en sont les ennemis.

N'est-ce pas attaquer l'autorité que de la mettre où elle n'est pas et de lui attribuer des droits qu'elle n'a pas? C'est la confondre avec le despotisme. Ceux qui en abusent et ceux qui approuvent les abus, sont, pour l'autorité, des ennemis plus redoutables que ceux qui ne veulent se soumettre qu'au droit et à la justice. En demandant des explications à la Congrégation de l'Index, j'avais pour elle plus de soumission qu'elle n'en méritait, puisque l'Église de France n'avait jamais reconnu son autorité. Je me montrais plus respectueux de l'autorité que le *défroqué* Dulac.

L'abbé Migne, propriétaire du journal *la Voix de la Vérité*, fut plus juste que Dulac. Comme il avait annoncé que les Guyot ne continueraient pas la vente de mon ouvrage, je lui envoyai cette rectification :

« MONSIEUR LE RÉDACTEUR,

« Vous avez inséré dans votre numéro du 19, une note extraite de *l'Ami de la Religion*, d'après laquelle on pourrait croire que mon ouvrage intitulé *Histoire de l'Église de France* ne serait pas continué. Je vous prie en conséquence d'insérer dans votre prochain numéro la présente réclamation, pour faire connaître à vos lecteurs l'intention où je suis de poursuivre la publication de mon ouvrage, quoique le libraire Guyot ait déclaré ne plus se charger de la vente.

« Veuillez agréer mes salutations,

« L'abbé GUETTÉE. »

A cette occasion, je vis l'abbé Migne que je connaissais depuis longtemps par des prospectus dont le ton charlatanesque m'avait frappé. Il était bien en effet charlatan, dans toute l'acception du mot. Ses allures, son langage, tout en lui dénotait l'homme à réclame qui avait l'intention de gagner des millions. Son établissement d'imprimerie n'était pas splendide, mais il était vaste et bien agencé. Si les évêques de France avaient été plus intelligents, ils auraient mieux secondé cet homme qui a mené à terme d'immenses publications qu'aucun autre établissement n'aurait osé entreprendre. Abandonné à ses seules forces, il ne put donner à ses publications le soin qu'elles réclamaient. Il employait un grand nombre de prêtres interdits qui n'étaient pas capables de travailler à la publication d'ouvrages de grande érudition, comme ceux qu'il publiait. C'est pourquoi, ces ouvrages sont criblés de fautes. Un Grec fort instruit vérifia les textes de plusieurs manuscrits grecs de la Bibliothèque Nationale, imprimés dans la *Patrologie grecque* à laquelle travaillait le fameux Pitra, bénédictin de Solesmes, qui est devenu cardinal. Ce Grec s'aperçut que les passages des manuscrits qui étaient défavorables au latinisme avaient été supprimés. Serait-ce le *doctissime* Pitra qui aurait fait ces suppressions? Dans tous les cas, il faut espérer qu'un Grec érudit et patient vérifiera un jour les pièces grecques publiées par M. Pitra lui-même et s'assurera de leur authenticité.

L'abbé Migne n'eut pour soutien que les curés de campagne et quelques communautés religieuses. Il leur fournissait les livres à moitié prix et les chargeait de dire une certaine quantité de messes. Ces *intentions* de messe, étaient données à prix réduit; et il les achetait lui-même à ceux qui en avaient trop, à un prix plus réduit encore; et il le représentait par des livres qui lui coûtaient beaucoup moins qu'il ne les vendait.

Ce commerce de messes fut très lucratif pour l'abbé Migne, et il gagna beaucoup d'argent.

Quand je le vis, il ne se dissimula pas : « Votre intérêt, dit-il, demande que vous vous soumettiez ; au fond qu'est-ce-que cela vous fait ? C'est une pure formalité. Faites comme moi. Je suis gallican comme vous, mais je fais l'ultramontain parce que cela est nécessaire pour le succès de mes publications. Vous avez de l'avenir dans cette voie ; dans l'autre, vous serez brisé ».

Je savais bien qu'il disait vrai ; mais j'étais trop honnête pour subordonner à une question d'intérêt personnel ce que je regardais comme la vérité. Je me sentais une instinctive répulsion pour la théorie de l'intérêt, qu'elle me fût présentée par le cardinal Gousset ou par l'abbé Migne. Après avoir inséré ma lettre du 17 février à *l'Univers*, Migne, ajouta :

« M. l'abbé Guettée est un jeune prêtre de grandes espérances ; mais, à sa place, avant de publier la présente lettre, nous nous serions d'abord soumis et nous aurions écrit à la Congrégation de l'Index, en la priant humblement de nous indiquer les endroits répréhensibles de notre ouvrage. Après la réponse, nous aurions fait les cartons nécessaires, puis nous eussions poursuivi notre *Histoire*, l'esprit et le cœur en paix. Du reste, nous savons tout ce qu'a de pénible pour l'amour-propre d'un auteur et de ruineux pour la bourse d'un éditeur, la flétrissure vague d'un tribunal qui d'*ordinaire* ne prévient point, ne discute point, n'articule même aucun grief et quelquefois choisit ceux qu'il frappe entre mille autres écrivains laissés tranquilles, bien que plus hétérodoxes. Mais enfin, tout bien pesé, une soumission publique, prompte et sincère, nous semble un intérêt auprès des hommes et un devoir devant Dieu. Nous supplions donc M. l'abbé Guettée, que nous plaignons et aimons de tout notre cœur, de prendre ces réflexions en bonne part et de suivre notre conseil. Si nous ne nous faisons illusion, il trouvera qu'il émane autant d'une âme amie que d'un esprit chrétien, et qu'il est avouable par la raison comme par la foi. »

L'abbé Migne savait bien qu'il me conseillait de faire ce que, en réalité j'avais fait, à part l'acte explicite de soumission. Il ne voulait pas avoir l'air de croire que la Congrégation et ses amis étaient plus exigents.

Quelque temps après, pour m'engager à suivre ses conseils, l'abbé Migne eut la singulière idée d'inventer la réclame suivante qu'il mit en tête d'un numéro de son journal :

« Nous apprenons à l'instant que le bruit court, non seulement en France, mais encore à l'étranger, et jusque dans Rome, que les *Ateliers catholiques* continuent l'impression de l'*Histoire de l'Eglise de France* par M. l'abbé Guettée. Or, ce bruit ne repose sur aucun fondement. M. Guettée, qui a d'ailleurs un nouvel éditeur et va faire sa soumission à l'Index, ne nous a rien proposé ni directement, ni indirectement ; et, pour ce qui nous est propre, nous n'avons pas même eu la pensée de lui faire une proposition. Au reste, les deux faits qui suivent nous semblent réfuter un bruit répandu nous ne savons dans quel dessein. »

Il n'y avait rien de vrai dans tout cela. Je le fis remarquer à l'abbé Migne qui inséra bien vite la réclamation que je lui avait adressée. Il ne demandait que de la réclame, et tout cela en était.

Je devais lui écrire une lettre plus longue ; j'avais fait la suivante à son intention :

« Paris, 30 mai 1852.

« MONSIEUR LE RÉDACTEUR,

« La lettre que je vous ai prié d'insérer dernièrement dans la *Voix de la Vérité*, a fourni à *l'Univers* l'occasion de revenir encore une fois sur une accusation que je n'aurais jamais laissé passer sans protestation s'il m'était possible d'obtenir de ce journal l'insertion de mes lettres sans avoir recours à des sommations judiciaires.

« *L'Univers* a dit et répété qu'en ne me soumettant pas au décret de la Congrégation de l'Index contre l'*Histoire de l'Eglise de France*, je me constituais dans un état de révolte contre l'autorité ecclésiastique, et, dans ma dernière lettre, il a vu presque une déclaration de guerre à cette autorité. Aucune expression de ma lettre ne peut donner lieu à une semblable accusation. On pourrait y trouver, au contraire, un témoignage de tout mon respect pour cette autorité, puisque j'y déclare que *j'eusse fait depuis longtemps ma soumission, si je l'avais crue obligatoire*.

« Je conçois que ces derniers mots n'aient pas plu à *l'Univers* qui confond la Congrégation de l'Index avec le Saint-Siège apostolique et le Saint-Siège avec l'Eglise ; mais, de ce que j'aie, sur ce point, une opinion différente de la sienne, il ne s'ensuit pas qu'il ait le droit de me qualifier du titre de *révolté*. Jamais l'Eglise de France n'a regardé comme *obligatoire* la soumission à un décret de la Congrégation de l'Index. Fleury, qui a eu l'avantage d'être à la fois un grand historien, un bon théologien, un savant canoniste et un prêtre vertueux, Fleury qui, selon Mgr Frayssinous, *a mieux connu le fond de nos libertés et qui en a donné une plus juste idée*, s'exprime ainsi au chapitre 25ᵉ de son *Institution au droit ecclésiastique* :

« Nous ne croyons point que les nouvelles constitutions
« des papes, faites depuis trois cents ans, nous *obligent*,
« sinon en tant que notre usage les a approuvées. De là vient
» que nous ne croyons être sujets ni aux décrets de la Con-
« grégation du Saint-Office, c'est-à-dire de l'Inquisition de
« Rome, *ni à ceux de la Congrégation de l'Index des livres*
« *défendus*, ou des autres congrégations. Nous *honorons les*
« *décrets* de ces congrégations comme des *consultations de*
« *docteurs graves* ; mais nous n'y reconnaissons *aucune*
« *juridiction* sur l'Eglise de France. »

« Les libertés de l'Eglise de France ont été respectées de tout temps par le Saint-Siège. Le cardinal Caprara a été obligé de faire serment de les respecter avant *d'exercer les facultés énoncées dans la bulle donnée à Rome le lundi 6 fructidor an IX*; l'édit de Louis XIV sur les libertés de l'Eglise gallicane a été solennellement admis dans notre nouvelle législation par le décret impérial du 25 février 1810 ; et l'on sait que ces libertés ont toujours été respectées dans les rapports qui ont existé entre le Saint-Siège d'une part, et le gouvernement ou le clergé français de l'autre.

« Considérant, avec Fleury et tous les canonistes français, les décrets de la Congrégation de l'Index comme des *consultations de docteurs graves*, je me suis respectueusement adressé à S. Em. le cardinal Brignole pour lui demander communication du mémoire du consulteur relatif à mon livre, afin de profiter des observations qu'il doit contenir. Son Eminence a répondu qu'il n'était pas d'usage de communiquer les mémoires des consulteurs de l'Index ; que je devais m'adresser en France à des hommes doctes et de saine doctrine pour connaître ce qu'il y a de répréhensible dans mon ouvrage ; qu'en profitant des observations qui me seraient faites, je pourrai obtenir l'approbation de la Congrégation. Son Eminence ne parle pas de soumission, parce qu'un cardinal sage et instruit, comme le préfet de la Congrégation de l'Index, comprend la portée des expressions. On connaît à Rome les libertés de l'Eglise de France ; on y sait, par conséquent, que s'il est louable de se soumettre à un décret de l'Index, *il n'est pas permis* de donner cette soumission comme *obligatoire*. On comprendra, par conséquent, à Rome, que l'*Univers*, en me jetant publiquement à la face l'expression injurieuse de *révolté*, pour avoir adopté l'opinion commune des canonistes français, a manqué, non seulement aux plus simples convenances et à la charité chrétienne, mais *à la justice ;* et qu'il s'est, en outre, constitué lui-même en état de révolte contre les lois de son pays.

« Agréez, Monsieur le Rédacteur, l'assurance de mes sentiments dévoués.

« L'ABBÉ GUETTÉE. »

Je communiquai cette lettre à M. Lequeux, qui me répondit ainsi :

ARCHEVÊCHÉ
de
PARIS

« Paris, 31 mai 1852.

« MONSIEUR ET CHER AMI,

« J'ai lu avec attention la lettre que vous vous proposez d'envoyer à *la Voix de la Vérité* : je ne puis l'approuver, parce que je prévois qu'elle ne fera qu'aigrir le mal, et qu'elle déplaira beaucoup à Mgr l'archevêque.

« Il ne s'agit pas, en effet, d'entrer en discussion sur ce qui est ou n'est pas *obligatoire* : ce que vous dites à ce sujet va rallumer précisément cette polémique que Monseigneur voudrait en ce moment détourner. Si votre lettre précédente était trop laconique, celle-ci est beaucoup trop longue.

« Je vous conseille donc d'apporter demain un autre modèle de lettre, vous pouvez conserver la première phrase ; puis vous contenter de dire que vous ne comprenez pas comment on peut traiter d'acte de *révolte* une lettre dans laquelle vous dites que *vous avez fait auprès de la Congrégation les démarches que vous dictait votre conscience.* Vous pouvez rappeler ce que vous avez dit précédemment, que vous étiez dans la disposition de faire toutes les corrections qui vous seraient indiquées par l'autorité, que vous vous êtes adressé pour cela à la Congrégation elle-même, et que vous avez reçu du cardinal préfet une réponse bienveillante, que ce ne sont pas là les procédés d'un *révolté*, mais d'un homme plein de respect pour la Congrégation. Quand vous avez parlé d'un *acte de soumission*, que *vous ne regardiez pas comme obligatoire*, vous avez parlé d'une *déclaration* publique que veulent vous imposer des gens sans autorité dans l'Eglise, tandis que ni le cardinal préfet, ni la Congrégation ne réclament rien de vous, et que vous ne voyez pas que jamais en France on en ait fait un devoir à ceux dont les ouvrages ont été mis à l'index. Vous terminerez cette lettre autrement, si vous le voulez; mais quelque tournure que vous lui donniez, il faut éviter surtout d'aigrir le mal. Mgr l'archevêque entendra une multitude de personnes, qui lui feront à votre sujet les réflexions les plus sévères, et certainement la lettre que je vous renvoie aggraverait la situation : *il vaudrait mieux ne rien faire*; et je serais assez de cet avis. Monseigneur pourra dire qu'il vous a blâmé, au moins pour le ton de la lettre, que je ne trouve pas, moi-même, assez réservée : Vous pourriez dire que vous n'avez pas prétendu vous soulever contre l'autorité de Rome, etc., peu à peu on oubliera cette affaire.

« Au surplus, je ne veux pas me charger seul d'apprécier un modèle de lettre : je tiens à ce que Monseigneur la voie avant l'insertion : je sais qu'il rentrera aujourd'hui très tard, je ne pourrai pas lui en parler; demain je crois qu'il va passer une grande partie de la journée à Saint-Germain; il faudrait venir d'assez bonne heure, ou l'affaire sera remise à un jour ou deux. Je crois qu'il n'y a pas de mal à cela, puisque *j'aimerais encore mieux que vous ne disiez rien de nouveau*.

« La situation est délicate : Monseigneur a voulu qu'on ne put rien lui attribuer, aucune connivence. Aussi, pour qu'une lettre paraisse maintenant, il faut qu'on puisse être certain qu'il ne la désavouera pas. C'est ce qui demande beaucoup de réflexion et de précaution.

« Je vous recommande de nouveau la plus grande prudence : beaucoup de personnes sont très peu disposées à vous défendre, et beaucoup, au contraire, à vous blâmer. C'est un moment d'épreuves, dans lequel il faut tendre vos regards vers Dieu, l'invoquer, prendre conseil avec discernement, et peut-être attendre.

« Je suis, Monsieur, avec un intérêt bien sincère,
  « Votre serviteur,
        « LEQUEUX.
        « Vicaire général.

Il fallait se résigner et faire une autre lettre.
Je la fis et l'envoyai à M. Lequeux, qui me répondit :

ARCHEVÊCHÉ
de
PARIS

« Paris, 2 juin 1852.

« MONSIEUR ET CHER AMI,

« Je trouve en général votre lettre assez bien : je vous propose néanmoins un léger changement. Monseigneur, à qui je l'ai communiquée, désire que vous veniez vers trois ou quatre heures la concerter définitivement avec moi ; et il est bien aise que cette rédaction *définitive* lui soit communiquée, s'il est possible, mais en même temps il exige *que vous ne fassiez pas mention de ce concert de l'autorité.*

« Monseigneur est d'avis que la lettre soit directement adressée à *l'Univers*, et non à *la Voix de la Vérité*. Je vous engage à vous prêter à ces désirs du prélat.

« Le changement que je propose est au quatrième alinéa.

« Lorsque j'ai dit *que si j'avais regardé comme obligatoire un acte de soumission, je n'aurais pas attendu jusqu'ici pour le faire*, je n'ai voulu parler que de cette *formule de déclaration publique* que veulent m'imposer des hommes qui n'ont sur moi aucune autorité, et que ni la Congrégation, ni le cardinal préfet ne me demandent.

« Agréez...

« Je vous engage, si vous insérez la lettre directement dans *l'Univers*, à vous abstenir de toute expression blessante.

« Je suis, Monsieur, avec considération et affection,

« Votre serviteur,

« LEQUEUX.
« Vicaire général. »

Cette lettre me prouva que l'archevêque faiblissait. Il y avait loin de ses sentiments actuels avec ceux qu'il m'avait témoignés au début. Il ne voulait plus un mot de polémique, lui qui m'avait engagé à m'associer avec MM. Delacouture, Châtenay et Prompsault pour faire à la Congrégation de l'Index une guerre à outrance.

Je fus assez soumis pour faire tout ce qu'on me demandait. Ma lettre fut enfin approuvée. Je l'envoyai à *l'Univers* le 3 juin :

« MONSIEUR LE DIRECTEUR DE *l'Univers*,

« Je viens d'apprendre que, à l'occasion de la lettre insérée dans le numéro du 23 mai du journal la *Voix de la Vérité*, vous avez dit que j'étais ouvertement révolté contre le Saint-Siège.

« Je ne comprends pas, Monsieur, comment vous avez pu traiter d'acte de révolte une lettre dans laquelle j'ai déclaré avoir fait auprès de la Congrégation de l'Index les démarches que ma conscience m'a fait considérer comme *nécessaires*.

« Dans la lettre que je vous ai adressée il y a quelque temps, j'ai dit formellement que j'étais disposé à faire toutes les corrections qui me seraient indiquées par l'autorité ecclésiastique. Pour connaître ce qu'il pouvait y avoir de défectueux dans mon livre, je me suis adressé à la Congrégation de l'Index elle-même, et le cardinal-préfet m'a fait communiquer par Mgr le nonce une lettre bienveillante dans laquelle il me dit de m'adresser, pour connaître les défauts de mon ouvrage, à des hommes doctes et de saine doctrine. Je me suis empressé d'écrire aux prélats qui jouissent à Rome de la meilleure réputation de science et d'orthodoxie. Je demande si ce sont là les actes d'un révolté contre le Saint-Siège.

« Lorsque j'ai dit que, si j'avais regardé comme obligatoire ma soumission à l'Index, je n'aurais pas attendu jusqu'ici pour la faire, je n'ai voulu parler que de cette formule de déclaration publique, que ni la Congrégation ni le cardinal-préfet ne me demandent.

« J'espère, Monsieur le Directeur, que vous voudrez bien insérer cette juste réclamation dans votre prochain numéro.

« Agréez l'assurance de ma considération distinguée,

« L'abbée GUETTÉE. »

La *Voix de la Vérité* inséra aussi cette lettre.

Persuadé que l'archevêque, qui faiblissait chaque jour, finirait par m'abandonner, je lui proposai de nommer une commission chargée d'examiner mon ouvrage. Il ne l'osa pas, comme l'atteste M. Lequeux dans la lettre suivante :

ARCHEVÊCHÉ
de
PARIS

« Paris, le 18 mai 1852.

« MONSIEUR L'ABBÉ,

« Je n'ai pu parler que hier de votre affaire à Mgr l'archevêque : le prélat ne juge pas à propos de vous promettre un examen préalable de votre livre ; il m'a fait plusieurs réflexions sur lesquelles j'aurais besoin de m'entretenir avec vous.

« Je vous engage donc à venir me voir le plus tôt que vous le pourrez : seulement, ne venez pas le jour de l'Ascension.

« Vous savez, Monsieur, l'intérêt très sincère que je vous porte et la considération avec laquelle je suis

« Votre serviteur,

« LEQUEUX, v. g. »

On peut remarquer que, pour M. Lequeux lui-même je n'étais plus son *cher ami* comme dans les autres lettres, mais simplement *Monsieur l'abbé*.

Cependant, ce brave homme était mon *confrère en Index*. Il est vrai qu'il s'était soumis ; mais quelle soumission !

Donnons-en les termes. Il se soumit sous forme de lettre au nonce :

« Paris, le 12 octobre 1851.

« MONSEIGNEUR,

« J'ai reçu hier au soir la notification que vous avez bien voulu me faire du décret de la Congrégation de l'Index du 27 septembre 1851, et je m'empresse de déposer la déclaration suivante dans les mains de Votre Excellence : Ayant consacré ma vie tout entière au service de l'Eglise, et craignant par dessus tout d'être dans cette circonstance une occasion de scandale, je déclare me soumettre humblement au jugement que la sainte Congrégation de l'Index a porté sur l'ouvrage que j'ai publié sous le titre : *Manuale compendium juris canonici ad usum seminariorum juxta circumstantias temporum accommodatum.*

« Daignez, Monseigneur, agréer, etc.

« LEQUEUX,
« Vicaire-général. »

C'était très sec. M. Lequeux ajouta les réflexions suivantes, qu'il adressa aux journaux dits religieux :

« La sincérité de la déclaration qui précède ne m'empêche pas de réclamer contre plusieurs assertions de l'article de la *Correspondance de Rome* du 24 juillet dernier, article reproduit par *l'Univers* du 11 octobre, par lesquelles ma doctrine est dénaturée. Je ne crois pas présentement devoir entrer dans la discussion détaillée de ces assertions. Je pense qu'il est encore moins opportun d'engager une polémique, par rapport aux autres points qui me paraîtraient devoir être très légitimement défendus. Mais en vue des circonstances dans lesquelles s'est passée la plus grande partie de ma vie, je crois devoir déclarer que ma conscience ne me reproche pas d'avoir soutenu avec connaissance aucun sentiment contraire à l'enseignement du Siège apostolique, pour lequel j'ai toujours professé et recommandé aux autres la soumission la plus entière. Je ne vois pas, en particulier, sur quel fondement on pourrait insinuer qu'il y a du rapport entre mes opinions et les doctrines du professeur Nuytz, doctrines dont la plupart sont directement et explicitement combattues dans mon *Manuel*. »

C'était dire qu'on ne se soumettait que pour la forme et que l'on avait bien l'intention de défendre les doctrines qu'on avait enseignées.

Il me semble que ma conduite fut plus digne et plus loyale que celle de M. Lequeux. Mais, enfin, il était vicaire-général et son acte de soumission était un pavillon qui couvrait la marchandise.

Personne, du reste, ne se laissa prendre à la soumission de M. Lequeux qui fit attaquer la Congrégation de l'Index, non seulement par l'abbé Delacouture, avec lequel il s'entendait, mais encore par un mauvais prêtre nommé Leclerc qu'il connaissait, et qui allait dire la messe à Saint-Germain-l'Auxerrois après avoir été prendre une prune à l'eau-de-vie au comptoir de la Mère Moreaux. Dénoncé par quelques dévots, Leclerc ne dit plus la messe à Paris, et ne défendit plus M. Lequeux dans les journaux.

M. Lequeux se défendait lui-même avec le concours du supérieur de la Congrégation de Saint-Sulpice et les directeurs du séminaire de Paris. Il fit avec eux le *Mémoire sur le Droit coutumier*, qui fut publié d'une manière mystérieuse et envoyé à tous les évêques de France. Dans ce *mémoire* on avait pour but d'établir que les coutumes de l'Eglise gallicane étaient légales et que l'on pouvait les suivre en toute sûreté de conscience. On pouvait donc ne pas se soumettre aux décrets de l'Index puisque, selon le droit coutumier de France, cette congrégation n'était pas reconnue et ne jouissait en France d'aucune autorité.

Je vis des épreuves corrigées du *Mémoire* sur le bureau de M. l'abbé Boiteux qui me donna quelques renseignements sur l'ouvrage, mais sous le secret le plus absolu. Je gardai le secret ; mais aujourd'hui tout cela est si vieux que je me crois autorisé à dire ce que j'ai su.

M. Lequeux qui s'était *soumis*, écrivait donc contre l'Index, lorsque moi, qui aurais dû écrire par ordre de l'archevêque, je ne faisais que répondre aux injustes attaques de mes ennemis. J'aurais pu faire imprimer un volume contre l'Index et j'avais réuni sur ce sujet une foule de documents ; mais il eût été trop dangereux pour moi de faire un volume comme MM. Delacouture et Lequeux. Je me contentai de me défendre dans les journaux qui m'attaquaient.

On a vu qu'on ne me laissait pas me défendre comme je l'aurais voulu. J'étais d'une soumission absolue vis-à-vis de l'archevêché ; je consentais à tout ce que l'archevêque et son Lequeux me demandaient. Seulement, j'avouerai que le bonhomme Lequeux m'agaçait souvent les nerfs. S'il portait le monde entier sur sa bosse, comme disait l'abbé Darboy, je le portais bien lui-même sur mon dos.

Dans le décret où se trouvait la condamnation de mon ouvrage, on était revenu sur la censure du *Manuel* de M. Lequeux, selon l'usage de la congrégation, pour dire que l'auteur s'était *soumis*. Mais la mention fut aussi sèche que la soumission l'avait été. On y dit simplement : *auctor se subjecit*, sans même ajouter le *laudabiliter*.

N'était-il pas plus honorable de déclarer comme moi : Je me soumettrai quand on m'aura fait connaître mes erreurs ou les motifs de la censure ?

On les connaît maintenant ces fameuses erreurs qui n'étaient que des opinions admises de tout temps dans l'Eglise de France par les plus doctes écrivains. La lettre de M. Pallu-Duparc a servi de base aux dénonciations de Gauthier l'*ivrogne*, et Gauthier comme Pallu, me censuraient parce que je n'étais pas ultramontain comme eux, et non parce que j'avais erré.

J'étais victime du fanatisme ultramontain.

V

Situation de M. l'archevêque de Paris vis-à-vis de Rome. — Mes amis et mes ennemis dans le diocèse de Blois et à Paris. — Publication de mon huitième volume. — Colère de mes ennemis. — Les trois indignes évêques de La Rochelle, Luçon et Angoulême demandent des mesures rigoureuses contre moi à l'archevêque de Paris. — Pallu, de Blois agit de même. — La farce appelée concile de La Rochelle. — Trois Pierrots contre un Aigle. — Correspondance avec M. Donnet, archevêque de Bordeaux et avec Cousseau, d'Angoulême. — Rapport fait au pseudo-concile de La Rochelle. — Il est envoyé à l'archevêque de Paris à condition qu'on ne me le communiquerait pas. — Comment je pus en prendre copie. — Discussion du rapport. — Mon *supplément* aux décrets du concile de La Rochelle.

u début de ce chapitre, il est bon de faire connaître la situation de M. Sibour, archevêque de Paris, vis-à-vis de Rome.

M. Sibour était très vaniteux. Il s'imaginait être un grand évêque, un homme tout à fait supérieur. Lorsque le trône de Louis-Philippe fut renversé et que la République fut proclamée, il écrivit, lui, petit évêque de Digne, à Pie IX, pour lui dire de renoncer à son trône temporel et de se contenter de sa puissance spirituelle. Cette démonstration lui mérita le siège de Paris, après la mort vraiment épiscopale de Mgr Affre, sur les barricades. Une fois archevêque de Paris, M. Sibour se crut grandi. Il voulut continuer à faire des remontrances au pape. Pie IX avait alors consulté les évêques sur son projet de faire un dogme de la doctrine de l'Immaculée Conception. Ce projet était une chose absolument insolite, même dans l'Eglise romaine.

Dès leur institution, les jésuites s'étaient prononcés en faveur de la doctrine de l'Immaculée Conception, et en avaient fait grand bruit en Espagne, leur pays d'origine. Pourquoi s'étaient-ils prononcés en ce sens? Parce que les dominicains, leurs concurrents redoutables, prétendaient que l'Immaculée Conception ne pouvait être acceptée par de vrais catholiques. Les dominicains avaient alors une grande influence dans l'Eglise, et cette influence contrebalançait celle des jésuites. Les théologiens dominicains pénétraient dans toutes les facultés de théologie et y faisaient dominer leurs opinions. Ils avaient surtout jeté les yeux sur la Sorbonne et ils étaient sur le point d'y exercer une influence prépondérante. Les vieux docteurs de Sorbonne appartenaient au clergé séculier. Ils voulaient bien admettre parmi eux des docteurs-moines, mais à la condition qu'ils ne domineraient pas l'école. Les dominicains étant sur le point d'y dominer, les vieux docteurs cherchèrent un moyen de les exclure de leur *maison* et le trouvèrent dans la doctrine de l'Immaculée Conception. L'opposition à cette doctrine était une des bases de la théologie de l'ordre dominicain. Dès lors, il fut convenu que la doctrine de l'Immaculée conception, considérée seulement comme opinion libre, serait une des bases de l'enseignement sorbonnique. Il fut donc admis que tous ceux qui se présenteraient pour obtenir le titre de docteur en théologie, en Sorbonne, ferait serment de défendre et de propager la doctrine de l'Immaculée Conception.

Les dominicains ne pouvant faire ce serment contraire à la doctrine de leur ordre, étaient exclus de la Sorbonne.

Le jésuites ne se contentèrent pas de soutenir la doctrine

de l'Immaculée Conception comme *opinion théologique*, ils voulurent en faire un dogme. De là ma polémique dans laquelle, au point de vue des principes catholiques et des données traditionnelles, les dominicains eurent raison. Mais, qu'importent aux jésuites la tradition et le principe catholique? Ils entreprirent de faire déclarer par le pape infaillible que l'Immaculée Conception était un dogme de foi, et les souverains espagnols sollicitèrent cette déclaration. Malgré ces instances et l'influence des jésuites, les papes n'osèrent pas faire un dogme nouveau. Les jésuites ne se découragèrent pas; ils firent une propagande effrénée en faveur du futur dogme. Petites prières avec indulgences, images et autres petits moyens furent répandus à profusion. On arriva ainsi à cette conséquence : que toute l'Eglise croyait à l'Immaculée Conception. On voulut que chaque évêque l'attestât pour son diocèse.

On oublia un point essentiel, savoir : si toutes les Eglises l'avaient toujours cru. On avait si bien oblitéré le principe catholique chez les dévots que les évêques n'en tinrent pas compte. Ils attestèrent que la croyance en l'Immaculée Conception existait dans leurs diocèses.

M. Sibour eut au moins l'honnêteté de déclarer que la doctrine de l'Immaculée Conception n'était pas *définissable* comme dogme.

Il augmentait ainsi la dose des mauvais sentiments que Pie IX nourrissait contre lui. Ce pape ayant fait imprimer les mémoires que les évêques lui avaient adressés, les savants de la (d'autres disent de *l'é*) Curie romaine criblèrent de (*sic*) le mémoire de M. Sibour. C'était le fameux abbé Bautain qui en avait été le principal rédacteur. Bautain se croyait docteur *in omni re scibili* et *quibusdam aliis;* mais il paraît qu'il ne savait pas très bien le latin. En outre, il avait fait de la médecine, au sujet de l'Immaculée Conception, ce qui avait été l'occasion de (*sic*) interminables. Enfin, le pape n'avait pas invité l'archevêque de Paris à se rendre à Rome pour le prétendu concile qui devait avoir lieu au sujet de la définition de l'Immaculée Conception.

Encore une occasion de luttes entre Pie IX et M. Sibour : ce dernier avait conçu le projet d'appeler à Paris les prêtres les plus distingués de tous les diocèses de France, et il avait fondé l'école des chapelains de sainte Geneviève qui devait être composée des jeunes prêtres les plus capables des divers diocèses qui obtiendraient les places au concours.

Le chapelinat de sainte Geneviève fut fondé. Mais, pour grouper les prêtres les plus savants, M. Sibour voulait établir une haute école théologique qui remplacerait l'ancienne Sorbonne. Il appela à Paris M. Lequeux pour le mettre à la tête de l'école. On avait songé à plusieurs jeunes ecclésiastiques pour en faire des professeurs. J'en faisais partie. Rome s'émut de ce projet. Le nom de M. Lequeux, connu comme gallican, éveilla l'attention. Pour rendre cette école impossible, on mit le livre de M. Lequeux à l'index et on y mit ensuite le mien.

Voilà la vraie raison de la censure dont mon ouvrage fut frappé.

Tel était l'état des choses, lorsque, en 1853, je fis paraître mon huitième volume.

Mes adversaires me croyaient mort et bien mort; et voici que je ressuscitais avec un volume en tête duquel je prouvais que j'avais fait vis-à-vis de l'Index toutes les démarches qu'un écrivain pouvait faire honorablement, et je réduisais à néant les pauvres observations de messire Pallu.

On préparait alors la réunion en concile provincial des évêques de la province de Bordeaux dont faisaient partie Son Odeur l'auteur du poème *de Crepitu*, l'admirable Baillès de Luçon et le non moins admirable Cousseau d'Angoulême.

Ces doctes et illustres personnages commencèrent par demander à l'archevêque de Paris de sévir contre moi. Mon ami Léon Garapin m'écrivait que l'on disait à l'évêché de Blois que *plusieurs évêques* avaient écrit à M. Sibour qu'il fallait me traiter comme un prêtre indigne du ministère; ces évêques étaient les amis de messire Pallu, et ce grand évêque se mit lui-même du concert. Ayant eu occasion d'écrire alors à l'archevêque de Paris, il mit, à la fin de sa lettre un *post-scriptum* contre moi. M. Sibour me le lut, et donna, en ma présence, libre cours à sa juste indignation. Il traita messire Pallu et ses amis comme ils le méritaient.

Il était encore de mes amis. J'en avais d'autres à Paris et dans le diocèse de Blois.

Quoiqu'on ne soit pas prophète dans son pays, j'avais de chauds partisans dans le diocèse de Blois. Ils m'encourageaient dans leurs lettres sympathiques et ils désiraient la continuation de mon livre. Parmi eux était mon ancien maître et ami, M. Léon Garapin, qui m'écrivit :

« MON CHER ABBÉ,

« Je savais votre maladie et votre guérison. Quoiqu'éloigné de vous, ma vieille amitié ne s'endormait pas quand la souffrance vous faisait veiller péniblement. Je pense que toutes les tracasseries qu'on vous a fait éprouver ont contribué sinon à faire déclarer votre maladie, du moins à l'aggraver, vous en êtes heureusement débarrassé. Mais j'ai bien quelques craintes de retour, en lisant ce que me dit votre lettre des préfaces et avis au lecteur qui figureront en tête de votre huitième volume. Il est vrai que tout cela peut être rédigé de manière à désespérer la cabale, mais... enfin nous en jugerons; fassent le Ciel, et l'aumônier de Saint-Louis que tout soit pour le mieux. Franchement, j'attends le volume avec impatience, et j'espère qu'il échappera à l'Index. Je connais plus d'une personne qui pensent comme moi ; et tout dernièrement un prêtre auquel j'ai prêté vos volumes sur l'Epoque féodale me manifestait le regret qu'il éprouverait si l'ouvrage n'était pas continué. »

J'avais, en effet, été tellement frappé par la prohibition de mon livre que je fus atteint de douleurs cérébrales très vives. Les médecins de l'hôpital Saint-Louis furent très inquiets pendant quelques jours. Ce qu'ils craignaient n'arriva pas et je pus guérir en huit jours.

Depuis, l'Index a pu frapper mes ouvrages ; je ne m'en suis plus occupé, et j'ai même considéré ses censures comme fort honorables pour moi.

J'avais à Paris d'autres amis qui m'encourageaient également. Parmi eux était le vénérable curé de Saint-Louis d'Antin, Martin de Noirlieu. C'était un homme de haute vertu et d'un savoir peu ordinaire. A peine étais-je arrivé à Paris qu'il m'écrivit pour me demander le jour et l'heure auxquels il pourrait me rencontrer. Au lieu de répondre, j'allai moi-même chez le respectable curé qui me reçut avec des témoignages de la plus grande estime et d'une affection qui me toucha profondément. M. Martin de Noirlieu avait été attaché à la personne du duc de Bordeaux, connu sous le titre de comte de Chambord. Il resta fidèle à ses opinions légitimistes, et chaque année il faisait une visite à son roi. Voilà pourquoi il ne devint pas évêque malgré son mérite, sa science théologique et ses vertus. C'est lui qui m'avait engagé à ne pas entrer en lutte avec M. Pallu Duparc : « Ces nouveaux évêques, m'avait-il dit, sont d'autant plus orgueilleux qu'ils sont moins capables. Ils se coaliseraient pour vous écraser. »

Je cédai à son conseil et j'écrivis à M. Pallu une lettre très soumise dont je fus remercié, comme on l'a vu. Mais dès que le vénérable Martin de Noirlieu vit que l'on faisait condamner mon ouvrage au moment même où je m'humiliais devant un âne mitré (ce sont ses expressions), il regretta le conseil qu'il m'avait donné : « Luttez, mon cher ami, me dit-il, luttez puisque vous avez affaire à des hommes passionnés qui n'écoutent que leur passion d'ultramontanisme. Votre première pensée a été la bonne. »

Je pris, en effet, la résolution de lutter à outrance. On verra si j'ai été fidèle à cette résolution.

Parmi mes amis de Paris, je comptais l'abbé de Cassan-Floyrac qui osa prendre ma défense dans la *Gazette de France* et fit un compte-rendu de mon ouvrage, rempli d'éloges pour moi et de blâmes contre Dulac de *l'Univers*. J'avais aussi avec moi Prompsault et Laborde. Ils furent mis l'un et l'autre à l'index pour quelques opuscules gallicans. Ils ne se soumirent pas et s'élevèrent contre une Congrégation romaine qui prétendait juger leurs ouvrages, et avoir droit à leur soumission, quoiqu'elle n'eut en France aucune autorité.

Mais, à cause de l'importance de mon ouvrage, la censure qui l'avait frappé avait aux yeux de tous une plus haute portée que les autres.

Mes amis applaudirent à la publication de mon huitième volume. Mes ennemis en conçurent une véritable rage.

Les évêques de la province ecclésiastique de Bordeaux avaient alors résolu de jouer au concile dans la ville de La Rochelle. J'appris que Gauthier, dit *nez à la Bordelaise* devait s'y rendre avec mon nouveau volume et provoquer une censure. J'appris aussi qu'on devait y censurer Bossuet.

Ce dernier projet, était dû principalement à l'initiative de Son Odeur, l'auteur du poème *De crepitu*. Baillès et Cousseau s'y étaient ralliés. Il est regrettable que ce projet n'ait pas été mis à exécution. Il eût été fort intéressant de voir trois pierrots se coaliser pour arracher une plume à l'Aigle de

Meaux; cela eût pu fournir à un artiste l'occasion d'un tableau qui aurait eu du succès. Pour moi, j'aurais été trés flatté de me voir censuré en compagnie de Bossuet. La majorite des *Vénérables pères* qui jouèrent au concile, ne crurent pas devoir accepter le projet Villecourt, et je fus seul censuré.

On crut devoir prendre quelques précautions vis-à-vis de l'archevêque de Paris. M. Donnet, archevêque de Bordeaux, président du petit conciliabule, lui envoya le Rapport sur lequel la censure fut basée, mais il pria l'archevêque de ne pas me le communiquer. M. Sibout ne se donna pas la peine de le lire et le confia à M. Lequeux, sans lui faire aucune recommandation. M. Lequeux me le remit, ce qui m'étonna beaucoup. Je me doutai qu'il devait y avoir quelque malentendu à l'archevêché, et je me hâtai de faire copier le fameux Rapport. Mes prévisions étaient justes et je reçus de M. Lequeux une lettre dans laquelle il prenait sur lui la responsabilité de la communication, et me priait de lui rapporter le Rapport.

Voici, la lettre de M. Lequeux :

ARCHEVÊCHÉ
de
PARIS

« Paris, le 2 octobre 1853.

« MONSIEUR,

« Je viens d'avoir un petit désappointement qui m'oblige à vous écrire. J'ai voulu laisser un moment libre pour parler à Monseigneur de votre réponse aux *objections de La Rochelle*, j'ai été fort étonné, quand il m'a dit qu'il n'avait pas du reste voulu qu'elles *vous fussent communiquées*, que le cardinal de Bordeaux le lui avait demandé, et qu'il *lui avait promis qu'elles ne le seraient pas*. Je me hâte de vous en donner avis, afin que vous usiez à ce sujet d'une grande réserve : je serais bien aise de s'avoir si vous avez fait quelque chose en ce genre qui peut être connu du cardinal de Bordeaux, en ce cas, je n'hésiterai pas à lui écrire, pour prendre seul toute la responsabilité de ce petit *quiproquo*.

« Agréez, Monsieur, l'assurance de ma considération.

« Votre serviteur,
« LEQUEUX, V. »

« Vous devriez être après cela très circonspect dans les explications que vous pourriez donner à ce sujet, par exemple lorsque vous verrez M. Buquet, etc. »

Pendant que les évêques de la province de Bordeaux jouaient au concile, j'avais publié mon neuvième volume et je l'avais envoyé à Rome avec le huitième pour les soumettre à l'examen de la Congrégation de l'Index.

Je continuais à m'humilier par amour de la paix.

J'avais appris, avant d'avoir eu communication du Rapport, que le conciliabule de La Rochelle avait censuré mon huitième volume.

Alors s'établit entre M. Donnet, président du concile, et moi, la correspondance suivante :

« *A S. E. Mgr le cardinal-archevêque de Bordeaux.*

« MONSEIGNEUR,

« On m'écrit à l'instant que le huitième volume de mon ouvrage intitulé : *Histoire de l'Église de France* a été censuré par le concile de La Rochelle, auquel Votre Éminence a présidé. Quoique la personne qui m'écrit se dise bien informée, je ne croirai, Monseigneur, à ce qu'elle me communique, qu'après en avoir reçu l'assurance de Votre Éminence; et j'espère, Monseigneur, que votre réponse démentira ce bruit. Je ne puis me décider à croire qu'une réunion d'évêques français censure, sans avis préalable, l'œuvre d'un prêtre français, qui est honoré de la confiance de ses supérieurs immédiats, et au moment où tout le monde sait qu'il propose à la Congrégation de l'Index de faire à son livre les modifitions qu'elle jugera nécessaires.

« Je sais que certaines personnes qui ont assisté au concile de La Rochelle avaient des *raisons particulières* de m'y faire censurer ; mais, faudra-t-il que je pense qu'une réunion d'évêques respectables ait pu subir l'influence occulte d'une coterie exagérée, qui perdrait l'Église, si Jésus-Christ ne lui avait promis l'immortalité?

« Je supplie Votre Eminence de m'honorer d'un mot de réponse, et la prie de croire au profond respect avec lequel j'ai l'honneur d'être

« Son très humble et très obéissant serviteur,

« L'abbé GUETTÉE.

« Paris, 9 août 1853. »

ARCHEVÊCHÉ
de
BORDEAUX

A M. l'Abbé Guettée.

« Bordeaux, le 14 août 1853.

« MONSIEUR L'ABBÉ,

« Votre huitième volume a été, en effet, apporté dans notre réunion provinciale, et comme nous y avons trouvé des doctrines en opposition *avec les décrets de notre premier concile*, nous n'avons pas pu ne pas en faire l'objet d'un sérieux examen et manifester une improbation qui a été unanime. Mais nous n'avons empiété en rien sur les droits de vos supérieurs immédiats, qui, me dites-vous, n'ont cessé de vous honorer de leur confiance.

« *Le concile n'a point porté de peines ni de censures contre l'auteur ni contre son ouvrage;* il a signalé des doctrines dont il nous appartenait de connaître, puisque votre livre avait pénétré chez nous. Nous vous laissons à vos supérieurs naturels, au jugement desquels *votre personne, que nous n'avons pas même nommée,* est entièrement remise après comme avant le concile de La Rochelle.

« Dieu vous a donné un beau talent ; vous pourriez faire un grand bien ; pourquoi, après tant d'avertissements, ne pas vous montrer plus attentif à garder l'unité de l'Esprit dans le lieu de la paix ? Aujourd'hui, plus que jamais, on ne nous pardonne pas d'intervenir dans les questions irritantes, autrement que pour y mêler à propos les douces paroles qui éclairent, consolent et rapprochent.

« Recevez, Monsieur l'abbé, l'assurance de mes sentiments distingués,

« † Ferdinand, card. DONNET,
« Arch. de Bordeaux. »

« *A Monseigneur le cardinal-archevêque de Bordeaux.*

« Paris, 17 septembre 1853.

« MONSEIGNEUR,

« Je remercie bien Votre Eminence de la lettre qu'elle m'a fait l'honneur de m'adresser relativement à mon ouvrage.

« Je regrette vivement, Monseigneur, que le concile de La Rochelle ne m'ait pas demandé des explications sur les passages de mon ouvrage qu'il a trouvés répréhensibles ; je me serais empressé de me mettre à sa disposition, et si, après mes explications, il avait encore trouvé quelques opinions dignes de censure, je lui en aurais fait volontiers le sacrifice, et j'aurais mis des cartons aux endroits qu'il m'aurait indiqués.

« Je suis et j'ai toujours été, Monseigneur, dans la disposition de corriger mon ouvrage. Si je pouvais obtenir une discussion amicale avec des théologiens instruits de l'histoire ecclésiastique, sages et modérés, je suis certain que nous serions bientôt d'accord. Ils reviendraient sur plusieurs opinions qui sont incriminées peut-être mal à propos, et je leur ferais, de mon côté, toutes les concessions légitimes.

« Je suis, Monseigneur, aussi ami de la paix que qui que ce soit, et jamais mon ouvrage n'aurait été un sujet de trouble si on m'avait paternellement proposé des corrections.

« On a bien tort de me considérer comme un agent de trouble; je ne me suis point mêlé aux discussions passionnées qui ont eu un si triste retentissement; je vis éloigné de toute espèce de coterie, et je travaille, dans ma solitude, uniquement pour servir l'Église et la vérité. Il peut se faire que je me trompe; je reconnais que, parfois, l'expression, chez moi, est acerbe et prête à de mauvaises interprétations; mais des conseils paternels eussent suffi pour faire disparaître ces taches.

« Monseigneur l'évêque de Blois m'a autrefois communiqué quelques observations, et je lui avais promis d'en tenir compte, quoique je ne les aie jamais trouvées justes. Si je ne l'ai pas fait, c'est que Monseigneur l'évêque de Blois m'a traité en adversaire sans me connaître, et après n'avoir reçu de moi que des témoignages de respect et de soumission.

« Votre lettre, Monseigneur, jointe aux preuves bien connues que vous avez données de votre esprit de conciliation m'a porté à penser, Monseigneur, que je ne vous ferais point déplaisir en vous écrivant comme je le fais. Vous m'engagez à consacrer mes travaux au bien et à la paix; c'est mon plus vif désir, et c'est bien contre mon gré que j'ai été une occasion de trouble. Quelques explications de ma part dissiperaient bien des nuages, et je suis tout disposé à les donner. J'accepterai, Monseigneur, les juges que vous voudrez me désigner ; j'accepte d'avance, sans les connaître, les personnes qui ont fait au concile de La Rochelle un rapport contre mon ouvrage ; s'ils veulent bien me communiquer leurs griefs, je leur exposerai mes défenses avec simplicité, et les corrections convenues seront soumises à Votre Eminence et aux autres Pères du concile de La Rochelle, ou à tous autres que vous désignerez.

« La sainte Congrégation de l'Index m'a renvoyé par-devant les hommes doctes et de saine doctrine qui sont en France ; vous n'irez donc point contre ses intentions, Monseigneur, en acceptant l'arbitrage que j'ai l'honneur de proposer à Votre Eminence en tout esprit de simplicité et de paix.

« Une fois que les corrections jugées nécessaires seront arrêtées et approuvées, je prends l'engagement de publier immédiatement une édition corrigée, et dans laquelle toutes les taches auront disparu. D'après les observations qui m'ont été adressées, *y compris même celles que je ne trouve pas fondées*, la correction serait facile.

« J'espère, Monseigneur, que Votre Éminence voudra bien accueillir cette lettre avec bienveillance, apprécier ma bonne volonté et croire au respect profond avec lequel j'ai l'honneur d'être

« Son très humble et très obéissant serviteur,

« L'abbé GUETTÉE. »

ARCHEVÊCHÉ
de
BORDEAUX

« Bordeaux, le 14 octobre 1853.

« Monsieur l'abbé,

« De longues visites pastorales et le temps que Monseigneur l'évêque d'Angoulême a mis à me renvoyer votre deuxième lettre, sont l'unique cause du retard que je mets à vous répondre. J'ai été fort touché des sentiments que vous exprimez, mais le concile, n'étant point une autorité en permanence avec laquelle on puisse parlementer, c'est le cas de dire : ce qui est écrit est écrit, Vous pourrez vous plaindre au Saint-Siège de nos paroles quand elles seront publiées, ou, mieux encore, en prévenir la publication ; il n'y a pas lieu, pour nous, à vous livrer un texte dont les modifications n'appartiennent plus qu'à Rome, puisque la sainte Congrégation du concile peut adoucir, changer nos expressions, approuver ce que nous avons condamné.

« Il vous sera d'autant plus facile de prévenir le coup que vous redoutez, que les épreuves de nos décrets ne sont point encore arrivées à leur destination. Monseigneur l'évêque d'Angoulême, qui, comme j'ai eu l'honneur de vous le dire, a eu votre lettre entre les mains, m'a promis de vous voir à Paris. Agissez avec Sa Grandeur en toute confiance, et croyez à mon affection et à mon dévouement sincères.

« † Ferdinand, card.-arch. de Bordeaux. »

« *A Monseigneur le cardinal-archevêque de Bordeaux.*

« Paris, 1ᵉʳ décembre 1853.

« Monseigneur,

« Par votre lettre du 14 octobre, vous m'annonciez que Monseigneur d'Angoulême viendrait à Paris, que j'aurais l'honneur de le voir, et vous m'engagiez *à traiter avec Sa Grandeur en toute confiance* l'affaire de mon huitième volume, dont le concile de La Rochelle a cru devoir signaler la doctrine.

« Je ne sais si Monseigneur d'Angoulême a fait le voyage de Paris qu'il projetait. Dans le cas où il ne l'aurait pas encore effectué, je me tiendrai fort honoré de traiter avec Sa Grandeur une affaire qui me touche de si près, et j'agirai avec la bone foi et la simplicité que je tiens à mettre dans tous mes actes comme dans mes écrits. Mais, en attendant que j'aie l'honneur de voir Monseigneur d'Angoulême, je dois, Monseigneur, faire connaître à Votre Éminence une démarche importante que je viens de faire auprès de la sainte Congrégation de l'Index. Je lui ai adressé un mémoire contenant toutes les corrections qui m'ont été indiquées dans les sept premiers volumes par des hommes doctes et de saine doctrine, pardevant lesquels le cardinal-préfet de la Congrégation de l'Index m'avait envoyé ; je lui ai soumis directement mes huitième et neuvième volumes, qui ont été publiés depuis le décret du 22 janvier 1852, qui a atteint mon ouvrage ; enfin, je lui ai annoncé que mon intention était de soumettre de même à son examen les trois derniers volumes de mon ouvrage, qui seront prochainement imprimés.

« Je me hâte de faire connaître cette démarche à Votre Éminence, et de lui dire que je me suis mis en même temps parfaitement en règle vis-à-vis de Monseigneur l'archevêque de Paris. J'ai l'espoir que cette conduite déterminera les Pères du concile de La Rochelle à ne pas donner de publicité à ce qui, dans leurs actes, serait relatif à mon ouvrage.

« Si ma lettre arrive à temps à Rome, peut-être la Congrégation elle-même les engagera-t-elle à les modifier sur ce point. Dans le cas contraire, ne serait-il pas conforme à ses intentions et aux sentiments de charité que des évêques doivent à un prêtre laborieux et dévoué à l'Église, de ne pas faire imprimer les lignes qui me concernent?

« Si je m'en rapporte aux indiscrétions de quelques personnes qui ont assisté au concile de La Rochelle, il est évident qu'on m'y a attribué une doctrine qui n'est pas la mienne. Le rapporteur aura signalé aux Pères du concile quelques membres de phrases sans leur faire connaître ceux qui leur servent de correctif ou d'explication, et aura donné un sens *absolu* à des mots qui n'en avaient qu'un *relatif*.

« Si les choses en étaient ainsi, je me croirais obligé de m'inscrire en faux contre la doctrine que le concile de La Rochelle m'aurait attribuée, dans le cas où il ferait imprimer la partie des actes qui me concerne. C'est un devoir rigoureux, pour un écrivain catholique, de défendre son orthodoxie, et de la défendre d'autant plus énergiquement qu'elle est attaquée par une assemblée composée d'évêques respectables. Vous ne pourrez donc trouver mauvais, Monseigneur, que je publie ma défense dans le cas où les Pères de La Rochelle jugeraient à propos de publier l'attaque.

« J'espère, Monseigneur, que je n'aurai pas besoin d'en venir à cette pénible extrémité. Vos honorables comprovinciaux comprendront qu'il ne serait d'aucune utilité de chercher à flétrir un écrivain qui a le droit de légitime défense, qui a porté sa cause à Rome et qui est tout disposé à se soumettre aux corrections qu'on y jugera nécessaires, ou même, simplement utiles.

« Veuillez, Monseigneur, faire connaître aux Pères du concile de La Rochelle et la démarche que j'ai faite à Rome, et la demande que j'ai l'honneur de vous adresser.

« J'ai l'honneur d'être, etc.

« L'abbé GUETTÉE. »

Après les lettres si humbles écrites par moi à S. E. Mgr le

cardinal-archevêque de Bordeaux, je devais m'attendre à une lettre, au moins polie, de la part de Mgr l'évêque d'Angoulême. Je reçus la suivante, où les moindres égards ne sont pas observés. On y remarquera, en outre, des propositions assez nombreuses, que ne peut admettre une exacte théologie.

ÉVÊCHÉ
D'ANGOULÊME

« Angoulême, 31 décembre 1853.

« Monsieur l'Abbé,

« S. E. le cardinal archevêque de Bordeaux me transmet une lettre que vous lui avez adressée le 1er décembre et me prie de vous répondre en son nom et au mien. C'est ce que je m'empresse de faire.

« Il est vrai qu'au mois d'octobre j'avais dit à Son Éminence que je tâcherais de vous voir à Paris, à mon retour d'Amiens, et de *vous faire comprendre* ce qui nous avait *affligés dans vos écrits et dans votre conduite vis-à-vis de l'autorité sacrée qui les avait censurés.* Malheureusement je ne pus m'arrêter à Paris qu'un seul jour. C'était trop peu pour ménager cette entrevue. J'avais d'ailleurs plusieurs affaires diocésaines à traiter dans ce rapide passage. Je dois encore ajouter qu'à la première annonce que je fis à un de mes amis de mes intentions par rapport à vous, il m'apprit que vous veniez de publier un nouveau volume. *Je vis là un symptôme peu rassurant pour le succès de ma démarche. La lecture que je fis en route d'une partie du volume* confirma, je vous l'avoue, cette première impression et *diminua sensiblement mes regrets* au sujet d'un entretien qui évidemment n'aurait en rien changé vos idées sur la *puissance ecclésiastique, sur les ordres religieux,* etc. *Vous maintenez ces idées, après les avoir vues censurées par la Sacrée Congrégation de l'Index et par un concile de dix évêques* : que pouvais-je espérer de mes efforts isolés et de l'impression que pourraient faire sur vous mes observations particulières ?

« Et aujourd'hui, Monsieur l'abbé, dans cette lettre, je n'ai certes pas la prétention d'obtenir de vous *ce que n'a pu obtenir Mgr de Blois, votre évêque et mon vénérable ami, une soumission claire et nette au jugement des autorités dans l'Eglise pour la censure des livres qui traitent* « De rebus sacris ». Mais je tiens à vous faire savoir que les Pères de La Rochelle n'ont point jugé votre huitième volume, comme vous le supposez, sur *de simples passages tronqués, isolés de ceux qui devaient en déterminer le vrai sens.* Votre *livre était là*, et je sais au *moins* DEUX ÉVÊQUES *qui ont tenu à le lire* PRESQUE TOUT ENTIER. Croyez, Monsieur, que vous avez été compris *autant que vous pouvez l'être* et que *la doctrine condamnée est bien celle de votre livre*.

« Si maintenant votre livre a mal rendu votre pensée; si vos explications la mettent dans un jour meilleur ; ou si, ce que j'aime mieux croire, vos corrections proposées à la Congrégation de l'Index sont acceptées par elle comme satisfaisantes, nous serons heureux de supprimer de nos décrets le paragraphe relatif à votre *Histoire*. Ces décrets ont dû être remis à la Congrégation du concile un peu après l'envoi de vos corrections à la Congrégation de l'Index. Les deux Congrégations ne sont pas étrangères l'une à l'autre. Si l'Index vous absout, évidemment la Congrégation du concile nous proposera de supprimer dans nos décrets la condamnation de votre livre, et je suis bien sûrement l'organe des évêques qui l'ont signée, en vous assurant qu'ils seront enchantés de cette suppression, comme de la *soumission* édifiante qui l'aura provoquée.

« Quant à l'idée que vous émettez d'une défense de votre doctrine, *contre l'Index et contre le concile,* dans le cas où leur censure devrait être publiée, c'est assurément, Monsieur l'abbé, *une des plus malheureuses qui puissent venir à l'esprit d'un prêtre ou même d'un simple fidèle.* Vos juges, direz-vous, ont pu se tromper. Et vous, Monsieur, êtes-vous infaillible? Pouvez-vous compter autant qu'eux sur le secours promis par Notre-Seigneur à ses disciples assemblés en son nom? — Mais ils sont prévenus. — Toutes leurs préventions vous étaient favorables, *jusqu'au jour où les mauvais conseils de l'amour-propre vous ont fermé l'oreille aux sages représentations de votre évêque et vous ont* RÉVOLTÉ *contre l'*AUTORITÉ *même du* SAINT-SIÈGE. Jusque-là ils voyaient en vous un prêtre, c'est-à-dire un frère dans le sacerdoce de Notre-Seigneur, employant ses talents et ses loisirs à une œuvre sainte, à écrire l'histoire de leurs Eglises, la vie et les luttes de leurs prédécesseurs, c'est-à-dire, tout ce qu'il pouvait y avoir pour eux de plus intéressant et de plus édifiant. Mais quand ils ont vu un *ami des ennemis de l'Eglise,* un *esprit chagrin, prêt à censurer tout ce qui ne cadrait pas avec ses idées particulières, qui n'exaltait le passé que pour attaquer le présent dans l'enseignement et le gouvernement ecclésiastique, oubliant ainsi la promesse que le Sauveur a faite, d'être avec ses apôtres et leurs successeurs, tous les jours jusqu'à la fin du monde,* alors ils ont dû changer de pensée et de langage, et voilà toute l'explication *des tristes, mais nécessaires sévérités de notre décret de la Rochelle.*

« Voulez-vous, Monsieur l'abbé, nous ramener à nos premiers sentiments? Vous avez un moyen bien facile et vraiment glorieux pour vous. *Écoutez l'Eglise,* non point celle de votre imagination, que vous croyez avoir existé à telle ou telle époque, mais bien celle d'aujourd'hui qui est celle de tous les temps, celle qui enseigne par Pie IX, *par ses délégués de la Congrégation de l'Index, par les évêques du concile de la Rochelle* et par tous les autres évêques catholiques, ce qu'on a toujours enseigné depuis les apôtres. C'est bien de celle-là que Notre-Seigneur a dit : « Si quis Ecclesiam non audierit, sit tibi sicut Ethnicus ».

« Je ne puis croire que vous vouliez attirer sur vous cette terrible sentence. J'espère mieux de votre commencement de soumission à la Congrégation de l'Index. Mais, croyez-moi, *attendez son jugement avant de publier d'autres volumes.* Cette conduite sera et plus respectueuse et plus prudente. Vous verrez mieux par les corrections exigées dans les neuf premiers volumes, celles qui seraient nécessaires dans les trois derniers.

« J'ose espérer, Monsieur l'abbé, que vous ne serez point blessé *de la franchise parfois un peu rude* de mon langage. *Vous dites assez hardiment ce que vous croyez être la vérité pour qu'on ne craigne pas de vous la dire à vous-même.* Si cependant quelque chose vous blesse dans ma lettre, n'y voyez, je vous prie, qu'une blessure de main amie et la preuve du tendre et profond intérêt que porte à votre âme, Monsieur l'abbé,

« Votre tout dévoué serviteur,

« † ANT. Ch. év. d'Angoulême. »

Cette lettre méritait de ma part une réponse énergique. Voici celle que j'adressai à Monseigneur l'évêque d'Angoulême :

« Paris, 6 janvier 1854.

« MONSEIGNEUR,

« J'ai l'honneur de vous accuser réception de la lettre que vous m'avez écrite en réponse à celle que j'avais adressée à Mgr l'archevêque de Bordeaux.

« Si la lecture d'une *petite partie* de mon neuvième volume que vous avez faite *en route, diminua sensiblement vos regrets au sujet d'un entretien* que vous aviez projeté d'avoir avec moi à votre passage à Paris, la lecture de votre lettre, Monseigneur, me persuade que cet entretien aurait été, en effet, complètement inutile. Car la doctrine erronée qu'elle contient ne pourra jamais avoir mon assentiment. Votre intention, à ce qu'il paraît, était de me *faire comprendre ce qui vous avait affligé dans mes écrits et dans ma conduite vis-à-vis de l'autorité sacrée qui les avait censurés.*

« Sur ma conduite, vous n'auriez pu me faire d'observation à ce sujet, sans blâmer indirectement une autorité de laquelle je relève immédiatement et qui connaît assez bien ses devoirs pour me reprendre quand je l'aurai mérité.

« Quant à mes écrits, vous *m'apprenez* que la Congrégation de l'Index a censuré mes *idées sur la puissance ecclésiastique, sur les ordres religieux*, etc. Comment le savez-vous, Monseigneur ? La Congrégation de l'Index vous aurait-elle donné les éclaircissements qu'elle m'a refusés jusqu'à présent ? ou bien seriez-vous dans la confidence de mes dénonciateurs qui se sont cachés jusqu'à ce jour avec tant de soin ? Et ces dénonciateurs seraient-ils dans le secret de la Congrégation ? Jusqu'à preuve du contraire, je croirai qu'il n'en est rien et que vous prétendez gratuitement que la Congrégation a censuré certaines idées qui n'ont pas eu l'avantage d'être agréables aux quelques évêques assemblés à la Rochelle.

« Je ne suis point étonné, Monseigneur, d'être en désaccord avec des hommes comme Messeigneurs de Poitiers, de Luçon, etc., qui, comme vous, Monseigneur, confondent le pape et la Congrégation de l'Index avec l'*Eglise*. Je vous avouerai même que je trouve plus qu'étrange que des évêques admettent ce gâchis théologique, bon à peine pour les colonnes de *l'Univers*, et qui a été flétri par Mgr Gousset lui-même, peu suspect à la coterie ultramontaine. Non, Monseigneur, quoi que vous en disiez, le pape n'est pas l'Eglise ;

la Congrégation de l'Index n'est pas le pape, et les décrets de cette Congrégation n'ont jamais été regardés comme obligatoires par cette Eglise de France, que vous pouvez renier, mais qui vous accable du poids de toute sa glorieuse histoire et de l'autorité de ses évêques, de ses théologiens et de ses canonistes. Quelques évêques peuvent isolément abandonner l'enseignement traditionnel de leur Eglise sur tel ou tel point ; mais ils ne peuvent pas faire qu'une obligation non reconnue jusqu'à présent, devienne générale ; il faudrait pour cela que toute l'Eglise de France abandonnât officiellement la doctrine qu'elle a proclamée jusqu'aujourd'hui, vraie et légitime.

« En attendant cette abjuration solennelle et légale, que, grâce à Dieu, nous ne verrons pas, tout catholique en France a droit, Monseigneur, de penser et d'agir comme ont pensé et agi tous ses Pères dans la foi ; il a droit de penser, touchant la puissance ecclésiastique, comme saint Vincent de Lerins, Gerson et Bossuet ; il a droit de prendre, *même contre dix évêques assemblés à la Rochelle,* la défense d'une doctrine qu'une *nuée de saints et doctes évêques, et de savants théologiens* ont défendue contre la cour de Rome elle-même, et qu'ils ont proclamée la doctrine pure des plus beaux siècles chrétiens. Si vous aviez un peu plus réfléchi à cela, Monseigneur, vous n'auriez pas fait d'un prêtre, usant de ce droit, un *ami des ennemis de l'Eglise,* un *révolté contre l'autorité du Saint-Siège,* un *esprit chagrin,* un détracteur de l'Eglise, oublieux des promesses que lui a faites Jésus-Christ, et tout disposé à la saper par la base.

« Je ne me vengerai, Monseigneur, de telles paroles et de telles idées qu'en vous les pardonnant ; mais je dois vous déclarer que, si vous voulez trouver les vrais ennemis de la constitution de l'Eglise, vous devez les chercher dans la coterie ultramontaine, dont je serai, toute ma vie, l'adversaire déclaré, et que vous chercherez en vain, dans mon ouvrage, une seule opinion touchant la constitution de l'Eglise, qui n'ait été soutenue de tout temps par l'immense majorité des évêques et des théologiens français.

« Quant au concile provincial de La Rochelle, vous maintenez, Monseigneur, qu'il m'a bien compris et bien légitimement censuré; et moi, je maintiens qu'il n'a ni bien compris ni légitimement censuré ma doctrine; je le prouverai à l'occasion. Vous pouvez trouver malheureuse cette idée de me défendre contre quelques évêques qui ont subi l'influence occulte d'une coterie qui s'applaudit de son succès; mais on trouvera plus malheureuse encore l'idée qu'a eue une assemblée d'évêques de juger un écrivain sans l'entendre, *et sur un rapport fait par un ennemi ignorant et de mauvaise foi.*

« Vous me parlez de soumission, Monseigneur; vous devez comprendre, cependant, qu'il n'y a de soumission obligatoire que dans le cas où une autorité incontestée manifeste sa volonté conformément au droit; qu'il n'y a de soumission *honorable* que celle qui est faite en conscience et non dans des vues d'intérêt; qu'il n'y a de soumission *raisonnable* que celle qui est inspirée par un assentiment motivé à la vérité et au droit.

« Je suis tout disposé à faire, au besoin, cette soumission légitime, honorable et raisonnable; mais autant je respecte le droit, autant j'abhorre l'arbitraire; autant j'aime l'autorité, autant je déteste le despotisme, que l'on confond trop souvent avec elle.

« A la fin de votre lettre, Monseigneur, vous me priez de prendre en bonne part votre franchise, et vous ajoutez que je dis assez hardiment ce que je crois être la vérité pour qu'on ne craigne pas de me la dire à moi-même. Vous avez eu raison, Monseigneur, de me parler avec franchise, et je ne suis nullement offensé de ce que vous m'avez écrit. La coterie ultramontaine m'a si bien habitué à l'injustice et aux injures que j'y suis devenu absolument insensible : mais je vous avouerai que vous abusez un peu des mots en appelant *vérité* ce que contient votre lettre. Laissez à cela, Monseigneur, le nom d'*erreur* et d'*injure*, et n'en parlons plus.

« Veuillez me croire, Monseigneur, votre très humble serviteur.

« L'abbé GUETTÉE. »

Lorsque j'écrivis mes deux dernières lettres, à Mgr le cardinal Donnet et à Mgr Cousseau, j'avais sous les yeux le *rapport* sur lequel le concile de La Rochelle s'est appuyé pour condamner mon ouvrage. Voilà pourquoi je disais d'une manière si positive que l'on ne m'avait pas compris.

Je vais donner ce rapport en entier, sans en retrancher un seul mot, et en ajoutant seulement mes observations.

Je dois d'abord faire remarquer que Mgr l'évêque d'Angoulême avoue, dans sa lettre, que *deux évêques* seulement avaient lu *la plus grande partie* de mon huitième volume, qui a été condamné.

Deux évêques sur dix ! et *deux évêques qui n'ont pas même lu tout le volume qu'ils ont condamné !*

Les huit autres ont jugé d'après le rapport qui a été fait sur ce volume.

Si le rapporteur a trompé ces huit évêques, il s'ensuivra nécessairement qu'ils ont jugé sans connaissance de cause.

Le rapporteur les a-t-il trompés ? On va en juger d'après cette réponse que je publiai aussitôt que les actes du conciliabule eurent été publiés :

« RAPPORT

des Théologiens chargés d'examiner le huitième volume de l'*Histoire de l'Église de France*, par M. l'abbé Guettée.

Ce titre n'est pas exact. Le rapport n'est pas l'œuvre collective de plusieurs théologiens, mais d'une seule personne, qui se trahit dès le début de son œuvre en disant, comme on le verra plus bas : « Voici plusieurs passages qui *m'ont paru* ».

Quel était l'*auteur* du rapport? On m'en a nommé deux : Gilet, le confident de M. Pallu, et Gauthier. Les deux se valaient.

Écoutons le rapporteur :

« Un décret de la Congrégation de l'Index, en date du 22 janvier 1852, a condamné l'*Histoire de l'Eglise de France*, par M. l'abbé Guettée.

« L'auteur a refusé de se soumettre purement et simplement à cette condamnation ; il voulait que la Congrégation de l'Index lui fît connaître ce qu'elle trouvait digne de censure dans le livre qu'elle avait condamné. Il a même voulu continuer la publication de son *Histoire*, et il vient de mettre au jour le huitième volume de cet ouvrage. »

De quel droit le rapporteur du concile de la Rochelle voudrait-il m'obliger à me soumettre purement et simplement à une condamnation de l'Index? Selon le droit ecclésiastique, les congrégations romaines n'ont chez nous aucune autorité légale ; or, l'auteur de l'*Histoire de l'Église de France* est Français ; il n'est donc point obligé de reconnaître l'autorité des congrégations romaines. En ne se soumettant point, il use d'un droit légitime que le rapporteur du concile de la Rochelle n'a pas le pouvoir de lui ôter.

Exiger une *soumission* pour une décision de la Congrégation de l'Index, c'est méconnaître la nature même de cette décision.

Si le rapporteur avait lu, je ne dirai pas les *Canonistes gallicans*, mais la correspondance de deux ultramontains : Fénélon et le cardinal Gabrieli, il aurait su qu'on peut être mis à l'index pour toute autre chose que pour une erreur ; par exemple, pour un défaut de forme dans une polémique, soutenue pour la défense de la vérité; pour une simple *inopportunité* dans la publication.

Si j'ai été mis à l'Index pour une de ces raisons ou mille autres semblables, quelle *soumission* ai-je à faire?

Quand même la Congrégation de l'Index aurait en France la même autorité que dans les Etats romains, je n'aurais, dans ce cas, qu'à modifier ce qui me serait signalé comme défectueux, je n'aurais pas à faire d'acte de soumission tel que l'entend le rapporteur du concile de la Rochelle.

La bonne foi lui faisait un devoir de déclarer que j'avais fait auprès de l'Index les démarches les plus respectueuses, puisqu'il a eu sous les yeux, en tête du huitième volume, les lettres écrites par moi à cette Congrégation.

Pourquoi n'aurais-je pas *voulu continuer mon histoire?* Le décret de l'Index, quand bien même il aurait en France la valeur qu'il n'a pas, atteignait-il des volumes qui n'existaient pas encore?

M. le rapporteur laisse apercevoir le but que se proposaient ses amis en faisant mettre à l'index l'*Histoire de l'Église de France*. On eût voulu arrêter cette publication peu favorable aux préjugés ultramontains. Cette douce espérance a été trompée par l'apparition du huitième volume et des suivants : *inde iræ*.

« Dans ce huitième volume, M. Guettée commence par faire l'historique de la condamnation de son livre, puis il essaye de répondre aux observations qui lui avaient été communiquées par l'évêque de son diocèse d'origine. Les réponses de M. Guettée sont loin d'être satisfaisantes, et spécialement il ne se justifie aucunement, pages X, XV, et pages XXIII, XXXIII. »

M. le rapporteur me semble bien instruit sur les observations qui ont été réfutées au commencement du huitième volume de l'*Histoire de l'Église de France*. J'avais eu assez de délicatesse pour ne pas indiquer la source d'où elles émanaient, car elles ont été jugées d'une faiblesse extrême par les hommes les plus instruits, par les théologiens les plus savants. M. Pallu-Duparc, évêque de Blois, et ancien supérieur du séminaire de la Rochelle, aurait-il donné des renseignements à M. le rapporteur? Car nous ne pouvons croire qu'il se soit transformé lui-même en *théologien d'un concile* auquel il n'a pas assisté. Il est vrai qu'il y comptait beaucoup d'amis. Nous voulons croire qu'un indiscret l'aura fait connaître au rapporteur du concile de la Rochelle, comme auteur des observations. Libre à M. le rapporteur de dire que nos réponses n'ont pas été *satisfaisantes*. Elles ne l'ont pas été sans doute pour l'auteur des observations et pour M. le rapporteur, mais nous connaissons bien des gens fort capables qu'elles ont pleinement convaincus.

« Après cette discussion préliminaire, l'auteur donne un *coup d'œil général sur la période moderne*, et ce discours historique renferme l'abrégé de toutes les erreurs du livre.

« Le *Coup d'œil général* est suivi de l'histoire de l'Eglise de France, depuis l'année 1450 jusqu'à l'année 1560, et, dans cette continuation de son Histoire, l'auteur a les mêmes défauts que l'on avait signalés dans les sept premiers volumes. *Voici, sous quelques chefs principaux, plusieurs passages qui m'ont particulièrement paru répréhensibles.* »

M. le rapporteur suppose que les défauts de l'*Histoire de l'Eglise de France* sont une chose acquise et incontestée. Je lui ferai observer qu'il n'avait pas le droit de poser ce principe sans le prouver. Il me renverra sans doute aux observations de M. Pallu-Duparc; mais je lui dirai : 1° Que ces observations, en très petit nombre, ne portent presque toutes que sur des appréciations historiques sur lesquelles la liberté des opinions doit être respectée; qu'elles accusent, dans leur auteur, une déplorable ignorance de l'histoire ecclésiastique.

J'ai la prétention de l'avoir démontré (1), et j'offre de le démontrer plus amplement encore si on le désire. M. le rapporteur a donc appuyé sur une base bien fragile la mauvaise opinion qu'il témoigne avoir de mon travail.

Je dois me justifier du reproche que m'adresse le rapporteur d'avoir eu peu d'égards pour les observations de l'évêque de mon diocèse d'origine. M. l'évêque d'Angoulême a beaucoup insisté sur ce point dans sa lettre : le concile lui-même, dans son décret, dit positivement que je n'ai tenu aucun compte des avertissements que M. Pallu-Duparc m'aurait donnés dans sa charité.

Ce que j'ai rapporté dans mes *Souvenirs* aura prouvé que je m'étais trop humilié devant messire Pallu.

Voici la suite du rapport :

« I. Sur les souverains pontifes. — M. Guettée prétend que les souverains pontifes ont exagéré leurs droits; qu'ils ont eu des prétentions absolutistes; qu'ils se sont appliqués à concentrer toute la puissance ecclésiastique. Voici quelques passages de son huitième volume :

« La royauté eut ses partisans, la papauté les siens. Au dessus des uns et des autres s'élevaient les catholiques intelligents, qui plongeaient jusqu'à la racine du mal et demandaient le rétablissement de l'ancien droit comme l'unique moyen de rendre la paix à l'Eglise. Ils ne se faisaient partisans exclusifs ni *des prétentions de la papauté, qui exagérait ses droits*, ni de celles de la royauté, qui ne tendait qu'à matérialiser l'Eglise » (*Coup d'œil général*, p. 6).

« On ne contestait pas à l'autorité compétente le droit de changer la loi des élections (dans le concordat de Léon X et

---

(1) *V.* ma réponse aux observations, en tête du huitième volume de l'*Histoire de l'Eglise de France*.

de François Ier), mais on demandait *quelle était cette autorité compétente* » (p. 148).

« La science canonique... était... viciée dans son essence même par des actes législatifs, où les papes *érigeaient en droits inaliénables* de leur Siège des prérogatives dont les circonstances *seules* les avaient investis » (*Coup d'œil gén.*, p. 2, 8).

« Clément VII... redoutait de voir traiter cette grave question, si franchement abordée et résolue à Constance, entourée de nouvelles lumières, devant lesquelles auraient nécessairement disparu *toutes les prétentions de la cour de Rome* » (p. 239).

« A la même époque, les conciles de Bâle et de Constance manifestaient, dans le clergé, une vive opposition aux *prétentions absolutistes* de la cour de Rome » (*Coup d'œil gén.*, p. 7).

« La doctrine du moyen-âge sur l'*absolutisme papal* n'est qu'une doctrine de circonstance.

« L'Eglise seule est infaillible, et non tel *dignitaire ecclésiastique*, quelle que soit sa position.

« *Tout chrétien doit protester* contre un système qui tend à faire prévaloir, touchant l'autorité, des principes contraires à ceux émis dans l'Evangile.

« L'on ne doit pas rabaisser l'Eglise à une *forme quelconque de gouvernement temporel* » (*Coup d'œil gén.*, p. 27).

A l'époque Karolingienne. « Les papes voulurent, *dès lors, concentrer toute la puissance ecclésiastique* » (*Coup d'œil gén.*, p. 5).

« Au moyen-âge, lorsque la papauté fut parvenue à concentrer *en elle toute la puissance*, elle attaqua les élections (p. 138) ».

J'aurais été assez curieux de connaître les qualifications

dont ces propositions étaient dignes, selon M. le rapporteur.
Il se contente de les citer pour prouver que je prétends : *que les souverains pontifes ont exagéré leurs droits; qu'ils ont eu des prétentions absolutistes; qu'ils se sont appliqués à concentrer toute la puissance ecclésiastique.*

Si M. le rapporteur eût tenu à transcrire exactement mon opinion sur le point en litige, il aurait dû faire remarquer : 1° que je fais en maints endroits de mon ouvrage une distinction fort importante entre les droits du Saint-Siège, reconnus par tous les catholiques, et certaines prérogatives qui n'ont jamais été regardées universellement comme des droits, par les Eglises, et que les théologiens et les évêques français, en particulier, n'ont jamais admis comme tels; 2° il eût dû ajouter que, dans les propositions qu'il citait au concile, il ne s'agissait que de ces dernières prérogatives. En parlant d'une manière générale, comme il l'a fait, M. le rapporteur du concile de la Rochelle a assumé une calomnie sur sa propre conscience, et a fourni une erreur aux Pères du concile comme base de leur jugement.

Les papes, au moyen-âge, n'ont-ils pas prétendu être maîtres absolus de l'Eglise au spirituel et au temporel? N'ont-ils pas réclamé comme de droit une action directe sur les Églises particulières, action dont ils n'avaient pas joui dans les siècles précédents? N'ont-ils pas prétendu être même au dessus des canons, c'est-à-dire de la loi? Ces faits sont incontestés. Seulement les ultramontains regardent comme des *droits* ce que les gallicans regardent comme des prétentions exagérées.

Sous ce rapport, je suis avec ces derniers.

S'ensuit-il que l'on doive me ranger parmi les ennemis du Saint-Siège?

Non; il s'ensuit seulement que je ne suis pas ultramontain.

Si le rapporteur eût été homme de bonne foi, il eût rapproché des propositions qu'il incrimine, des pages nombreuses écrites par moi en faveur des papes, même de ceux qui usèrent le plus largement des prérogatives que je ne regarde pas comme des droits.

Benoît XIV (*Const. sollicit.*) a prescrit de rapprocher les textes d'un auteur, afin de connaître exactement son opinion, et de pencher pour l'interprétation charitable.

M. le rapporteur du concile de la Rochelle fait tout le contraire de ce que prescrit Benoît XIV; il isole les textes et leur donne la plus mauvaise interprétation possible. C'est cependant sur des textes isolés et mal interprétés que le Concile a appuyé ses accusations.

« II. Sur les *concordats*, l'auteur soutient :

« Que les papes les ont faits, non pour le bien de l'Eglise, mais dans leurs propres intérêts : « La cour de Rome... regardait le rétablissement de l'ancienne discipline comme le coup le plus funeste que l'on pût porter à sa *puissance féodale, et, pour le détourner*, elle se hâta de traiter avec les rois. Elle leur ouvrit les portes du sanctuaire (p. 138). » Les papes... cherchèrent à conserver au moins quelques débris d'une puissance qui s'écroulait. Dans ce but, ils s'entendirent avec les rois, firent avec eux des accords ou concordats. (*Coup d'œil gén.*, p. 8). »

« Le clergé de France... s'étonna que les papes... eussent abandonné le spirituel des Eglises pour *quelques avantages temporels* (p. 139). »

Nous n'avons point dit qu'en faisant les concordats, les papes n'avaient eu en vue que leurs propres intérêts, et non le bien de l'Eglise; nous n'avons point scruté leurs intentions; Dieu seul a ce droit. Seulement nous avons rencontré des *faits* qui nous ont prouvé que des motifs d'intérêt n'avaient pas été étrangers à ces conventions. Nous avons constaté ces *faits*. M. le rapporteur peut-il faire que ce qui a existé n'ait pas existé? Rien n'est *brutal* comme un *fait*. Que M. le rapporteur du concile de la Rochelle détruise les *faits*, et les historiens ne les rapporteront plus. En vertu des concordats, les rois ont-ils obtenu dans les choses ecclésiastiques des *droits* que les papes et tout le clergé leur avaient refusés avec énergie jusqu'au XVIe siècle? N'ont-ils pas eu le *droit* de nommer aux évêchés et aux grandes abbayes? N'est-ce pas le pape Léon X qui leur a accordé ce droit?

En retour de ces droits accordés par les papes, ceux-ci n'ont-ils pas reçu des avantages temporels? N'ont-ils pas obtenu en particulier l'abolition des élections? Que M. le rapporteur lise donc les concordats, et les pièces officielles des négociations qui les ont accompagnés. Il verra alors que je n'ai pas dit la centième partie de ce que je pouvais dire, si j'avais tenu à attaquer les papes. Il me tiendra compte alors de ma modération, au lieu de me reprocher d'en avoir trop dit.

« 2° Que les concordats n'ont eu pour résultat que le malheur de l'Eglise (*Coup d'œil gén.*, p. 16). »

Cette opinion a été celle des évêques les plus pieux et les plus savants, et même de plusieurs papes, comme on le voit dans le 8e volume que M. le rapporteur a cru devoir attaquer : quelle qualification mérite cette opinion aux yeux de M. le rapporteur du concile de la Rochelle? Pourquoi aussi s'applique-t-il à parler de tous les concordats en général, lorsque je ne parle que de celui du XVIe siècle dont j'avais à faire l'histoire? Quand on a l'honneur d'être rapporteur d'un concile, il faut prendre garde de présenter aux Pères de ce concile, quelque petit qu'il soit, des données inexactes. M. le rapporteur des *théologiens* du concile de la Rochelle a trop oublié de prendre ce soin. Ne peut-on pas constater que tel ou tel acte, même bon en lui-même ou à cause des circonstances, a eu de mauvais résultats? Quel a été celui du concordat de Léon X et de François Ier pour la France? Les plus saints évêques de France et même des papes, ont reconnu que ce résultat avait été la nomination de ce grand nombre de sujets indignes de l'épiscopat qui remplirent l'Eglise de scandales. M. le rapporteur en a trouvé les preuves dans mon 8° volume. Pourquoi les a-t-il cachées aux Pères du concile de la Rochelle?

« 3° Que les concordats ont donné une sanction aux envahissements de la puissance séculière ; « La cour de Rome... se hâta de traiter avec les rois. Elle leur ouvrit les portes du sanctuaire, où ils n'entraient auparavant que par force ; et c'est ainsi que les prétentions du pouvoir temporel devinrent des droits (p. 138). »

« Les papes s'entendirent avec les rois, firent avec eux des accords ou concordats, et ne craignirent pas de donner ainsi *un caractère de légalité* aux prétentions du pouvoir temporel. Par ces actes, l'ancien droit *fut confisqué au profit* de la cour de Rome et de la royauté (*Coup d'œil gén.*, p. 8). »

« Les partisans de la liberté de l'Église devinrent dès lors des factieux. On dut considérer comme revêtue de la *consécration de la loi* l'action du roi dans les choses religieuses (*Coup d'œil gén.*, p. 8). »

M. le rapporteur me permettra de lui faire trois questions :

1° Avant les concordats du XVIe siècle les papes et les évêques n'ont-ils pas lutté vigoureusement contre les rois qui voulaient donner l'investiture des bénéfices?

2° Le prétendu droit d'investiture réclamé par les rois n'était-il pas considéré comme une sacrilège usurpation?

3° Le concordat de Léon X et de François Ier n'a-t-il pas conféré aux rois de France, non seulement *le droit d'investiture*, mais *le droit de nommer directement* aux évêchés, et à tous les grands bénéfices dits consistoriaux ?

Si M. le rapporteur connaît les éléments de l'histoire ecclésiastique, il répondra *affirmativement* à chacune de ces trois questions, et il justifiera ainsi tout ce qu'il me reproche.

« 4° Que ce sont les papes qui ont créé le Gallicanisme moderne, qui livre les libertés de l'Église au pouvoir laïque :
« Le nouveau Gallicanisme *sacrifia plus ou moins cette liberté au pouvoir temporel* » (p. 5 in fine). « Alors on vit naître le Gallicanisme moderne, qui fut définitivement rendu *légal* par le concordat de Léon X (p. 139 et p. 12 du *Coup d'œil général*). »

« Ce fut le pape Léon X qui signa cet acte de baptême du Gallicanisme moderne, malgré le clergé de France et même malgré les parlements (*Coup d'œil général*, p. 8). »

M. le rapporteur sait probablement que la base du gallicanisme moderne, c'est l'action du pouvoir civil dans les choses ecclésiastiques. Cette action a été combattue par tous les papes, et par les évêques jusqu'au concordat de Léon X avec François Ier. Grâce à ce concordat, les rois eurent une action *légale* dans les affaires ecclésiastiques, puisque cet acte leur conféra *le droit* de nommer aux évêchés et autres grands bénéfices, et leur donna d'autres *droits* qui y sont détaillés. L'action du pouvoir civil rejetée auparavant comme illégitime et sacrilège, devint donc *légale*, puisqu'elle fut consacrée par une *loi* faite par le pape, en sa qualité d'une des parties contractantes. Le premier principe et la base du gallicanisme ressort donc du concordat.

Si M. le rapporteur ne s'était pas contenté de citer, s'il eût prouvé quelque chose, nous aurions aperçu dans son rapport ce qu'il trouve de défectueux dans mes assertions, qui ne sont que des *faits*. Mais il se contente de citer sans émettre son opinion.

Quant au *fait* de l'opposition du clergé de France et des parlements aux concordats, s'il veut le nier, il faut que préalablement il détruise les procès-verbaux des assemblées du clergé pendant un siècle environ, et les rémontrances des parlements. En attendant, il nous permettra d'en tenir compte.

« 5º Que le droit de faire des concordats vient de l'absolutisme, et n'est point compris parmi les droits divins du souverain pontife : « Les Gallicans ecclésiastiques... ont tort d'approuver ces actes (les concordats) *en principe*. Les Ultramontains ont tort de réclamer pour la papauté un *absolutisme* qui répugne aux mœurs des peuples, et, surtout, de le faire considérer comme *droit divin* ; ceux-là seuls ont raison qui... blâment *en principe* des actes législatifs qui n'ont eu pour résultats que le malheur de l'Église (*Coup d'œil général*, pp. 15, 25). »

M. le rapporteur a tort ici d'attribuer aux concordats une conclusion qui se rapporte à l'ultramontanisme en général, et qui n'a point, dans mon livre, la signification qu'il lui donne.

De plus, peut-il légitimement me reprocher de n'avoir point mis parmi *les droits divins* des papes celui de faire des concordats ? Où a-t-il vu que le pape eût ce pouvoir de *droit divin* ? Quel Père de l'Église, quel concile, quel théologien a appliqué à ce droit les passages de l'Écriture sur lesquels on appuie les droits divins des papes ? Les évêques n'auraient-ils pas, aussi bien que le pape, le droit qu'on réclame pour lui seul ?

M. le rapporteur pourrait-il prouver que le pape a le droit de remplacer, par de nouveaux règlements, les institutions qui régissaient depuis un temps immémorial une grande Église comme celle de France, et cela, sans le concours des évêques de cette Église ? S'il le pense, je lui ferai observer que tous les évêques de France pendant des siècles, ont exprimé une opinion contraire à la sienne, et soutenu que le pape était soumis aux canons.

Ne serait-il pas permis de suivre le sentiment des évêques de France ? Suis-je obligé, pour être Catholique, de mettre dans le pape toute l'autorité ecclésiastique ? Ne peut-on être Catholique sans être ultramontain ? Les évêques ne sont pas les simples exécuteurs des volontés du pape ; ils sont de *droit divin* pasteurs et gouverneurs de l'Eglise aussi bien que le pape.

Cette doctrine ne convient sans doute pas à M. le rapporteur du concile de La Rochelle ; mais je dois lui faire observer que, dans les propositions qu'il a indiquées à ce concile, sur les souverains pontifes et les concordats, il n'a rien pu trouver de répréhensible qu'en se plaçant à un point de vue exclusivement ultramontain. A ce point de vue, je suis digne de censure, j'en conviens ; mais alors il faudra, non seulement me censurer, moi simple écrivain, mais aussi tous les anciens évêques de France, et Bossuet en particulier, dont je ne suis que l'humble disciple.

« III. Sur le droit liturgique. — L'auteur, parlant des réformes faites en France au XVIIe siècle, écrit « que les évêques *de tout temps* avaient joui du *droit incontesté* de donner à leurs Églises *respectives* la liturgie qui convenait le mieux aux mœurs et aux goûts des peuples confiés à leurs soins (*Coup d'œil gén.*, p. 4). »

Je l'ai *soutenu* et le *soutiens* encore ; et c'est pour moi un *droit* et un *devoir* de le *soutenir* parce que *c'est la vérité*. L'établissement de *toutes* les liturgies dans *toutes* les Églises le prouvent avec tant d'évidence, que je ne conçois pas que l'on puisse avoir une opinion contraire. Mon assertion est tellement vraie, que les partisans exagérés de la liturgie romaine sont obligés aujourd'hui, pour appuyer leurs idées, d'improviser un *nouveau droit liturgique*. On peut consulter sur ce point l'*Instruction pastorale* que M. Pallu-Duparc, évêque de Blois, a publiée, en donnant la liturgie romaine à son diocèse. Cet auteur ne sera pas suspect à M. le rapporteur du concile de La Rochelle.

S'il faut établir aujourd'hui un *droit nouveau* pour soutenir les nouvelles idées, c'est donc que *l'ancien droit* était contraire. Or, je n'avais pas, en faisant l'histoire des seize premiers siècles, à me préoccuper d'un *droit* que nous voyons encore au berceau, et dont nous connaissons les fondateurs. M. le rapporteur du concile de La Rochelle et le concile lui-même, en notant mon opinion touchant la liturgie, n'ont pas songé qu'ils censuraient avec moi le cardinal Bona, qui s'exprime ainsi :

« Quant au rite et à la manière dont toutes ces choses se font (les choses essentielles de la messe), les paroles dans lesquelles sont conçues ces prières, l'ordre des cérémonies et tout le reste d'une moindre importance, tout cela est différent dans les différentes Églises, parce que ces choses n'ont point été établies par les apôtres ni par les hommes apostoliques, pour être perpétuelles et immuables ; ainsi, il s'y trouve des différences et des changements qui ne rompent point l'unité et ne blessent point les fidèles.

« Comme il n'y a point touchant ces choses de préceptes de Jésus-Christ, *chaque évêque a eu la liberté d'en juger, et de les régler, sauf la foi, comme il l'a jugé à propos. Ce qui paraît à l'un plus convenable paraît souvent à l'autre l'être moins* (1).

« IV. Sur les Ordres religieux :

« Les moines, alors, fiers d'un célibat dont ils ne respectaient guère les règles, s'élevaient souvent avec la plus grande imprudence contre l'état du mariage... Pendant le moyen-âge, cet abus (l'abus de la prière vocale) avait été porté

---

(1) Card. Bona, *Rer. Liturg.* Lib. I, c. LXII.

jusqu'à l'extrême, et les moines avaient surtout contribué à le répandre. Comme leurs règlements les astreignaient à la récitation de leurs offices et qu'ils étaient, pour la plupart, presque fanatiques de leur institut, ils se trouvèrent naturellement portés à appliquer aux autres, dans leurs prédications, des lois auxquelles ils s'étaient obligés. Les simples fidèles, entendant fréquemment les prédicateurs leur recommander les longues prières, se croyaient d'autant plus parfaits qu'ils en récitaient davantage, contrairement aux paroles si explicites de Jésus-Christ lui-même (p. 182). »

« A côté de ces hommes spéculatifs, on remarquait chez eux (les Jésuites) les hommes d'action qui s'emparaient de toutes les conditions sociales... et cherchaient à gagner leurs faveurs. *Pour arriver à ce but*, ils s'efforçaient d'assouplir les règles évangéliques, de manière à les plier suivant les circonstances, et établir un certain accord entre elles et les mœurs légères qui dominaient alors dans la société. De là naquit une société semi-chrétienne qui, sous la direction des Jésuites, alliait les habitudes les plus mondaines avec les pratiques extérieures de la religion (*Coup d'œil*, p. 30). »

« Les figures graves de ces hommes (Arnauld, Nicole) font un contraste étonnant avec celles de leurs contemporains, aux mœurs si légères. Tandis que les Jésuites cherchaient à donner aux règles évangéliques les plus accommodantes interprétations, ils prenaient ces règles dans toute leur sévérité, et cherchaient à les mettre en pratique avec une ferveur digne des chrétiens de l'Eglise primitive.

« Cette sévérité de mœurs se manifestait surtout dans l'opposition qu'ils faisaient aux dévotions nouvelles qui tendaient à étouffer, sous leur ivraie, le bon grain du Christianisme.

« Profondément initiés aux coutumes de l'antiquité chrétienne, les adversaires des Jésuites étaient remplis d'admiration pour le culte si simple et en même temps si sublime des premiers siècles ; mais ils ne dissimulaient pas leur antipathie pour toutes ces inventions religieuses que les Jésuites protégeaient sous prétexte d'entretenir la piété dans les âmes (*Coup d'œil*, p. 32). »

Dans ces passages, je parle des moines dégénérés des XVe et XVIe siècles. Pour être juste, M. le rapporteur aurait dû mettre à côté des quelques mots qu'il a cités, les *pages nombreuses* dans lesquelles j'ai rendu aux institutions monastiques la justice qui leur est due, où je les ai comblées d'éloges, et vengées des attaques dont elles ont été l'objet.

Ces institutions ont dégénéré. M. le rapporteur peut-il le nier? Qu'il lise donc les ouvrages des saints qui ont travaillé à leur régénération, et il verra alors que j'ai été d'une prudence peut-être excessive dans le tableau que je devais faire de la décadence de ces belles institutions. Je constate quelques abus, et M. le rapporteur me désigne au concile de La Rochelle comme ennemi des ordres religieux ! devais-je faire l'apologie de ces abus? car je ne pouvais les nier, sans mauvaise foi ; je ne pouvais les dissimuler tout à fait, sans donner une preuve évidente d'une partialité aussi inutile que ridicule ; qui ne connaît les abus des ordres monastiques depuis le XVe siècle?

J'ai parlé en second lieu, dans les propositions signalées par M. le rapporteur, de la morale relâchée des Jésuites. M. le rapporteur a sans doute oublié les innombrables censures dont les Jésuites ont été l'objet de la part du Saint-Siège et du clergé de France. Il n'y a pas un seul mot dans mes propositions que je ne puisse appuyer sur les autorités les plus respectables ; il en ressort que je n'estime pas les Jésuites ; mais depuis quand est-on obligé de les estimer sous peine d'être noté comme ennemi des ordres religieux? Certes, les Jésuites mériteraient mieux que moi cette qualification. Le père Theiner, consulteur de l'Index, vient de publier, sous les yeux du pape et avec son approbation, un livre dans lequel il prouve tout ce que j'avance, et où il fait la plus savante apologie de la bulle et de la conduite de Clément XIV ; à Rome, on laisse pleine et entière liberté au père Theiner; et en France, on me condamnera parce que je fais aux Jésuites des reproches mérités ?

M. le rapporteur peut avoir pour les Jésuites des sentiments qui ne sont pas les miens; mais a-t-il le droit de me donner comme un ennemi des ordres religieux, parce que je pense, touchant les Jésuites, comme pensait le pape Clément XIV, sans compter les autres papes, les saints évêques et les hommes vertueux qui ont eu la même opinion?

« V. Sur les prières vocales. (Voir le n° IV; premier passage cité). »

A l'endroit indiqué, je ne parle que de l'*abus* de la prière vocale. Jésus-Christ, dans l'Évangile, n'a-t-il pas blâmé cet abus : « Lorsque vous prierez, ne prononcez pas beaucoup de paroles, comme les Païens, qui s'imaginent ainsi obtenir ce qu'ils demandent. Ne faites pas comme eux, parce que votre Père céleste connaît vos besoins avant d'entendre votre demande. Voici comment vous prierez : *Notre Père, etc.* (Matth., ch. VI, V. *et seq.*). »

J'ai blâmé l'*abus* et non la chose.

En me censurant, M. le rapporteur a censuré Jésus-Christ lui-même.

« VI. Sur le changement de la discipline et de la doctrine :

« Ceux-là seuls ont raison, qui... blâment *en principe* des actes législatifs (les concordats) qui n'ont eu pour résultat que le malheur de l'Eglise. A l'exemple des vieux Gallicans du moyen-âge, ils aspirent après ces institutions primitives qui, seules, peuvent rendre à l'Eglise sa liberté, et avec la liberté, la puissance et la paix. C'est en ce sens que nous sommes Gallicans (*Coup d'œil*, p. 16). »

« Le retour à la doctrine des premiers siècles eût remédié à tous les abus de pouvoir consacrés par la théorie absolutiste du moyen-âge, comme le retour pur et simple à la doctrine primitive eût dégagé le dogme chrétien des obscurités dont l'avait entouré le pédantisme philosophique des derniers siècles » (*Coup d'œil*, p. 28). »

Dans les passages cités, il est évident que j'ai voulu dire que la discipline ecclésiastique, au moyen-âge, avait été moins pure que dans les premiers siècles ; que les systèmes des philosophes, à la même époque, avaient comme absorbé les dogmes. Qui ne connaît les systèmes des écoles philosophiques du moyen-âge, touchant les mystères du christianisme? De ce fait que j'expose, aller conclure que je soutiens que *l'Eglise a varié dans sa doctrine*, c'est, je crois, abuser un peu de l'interprétation forcée et peu charitable. Je n'attribue à l'Eglise aucune variation dans ce qui appartient à la foi ; je dis seulement que son enseignement, ses dogmes, étaient défigurés par ceux qui se donnaient la mission de les discuter et de les enseigner dans les écoles.

Je ne vois pas ce que cette opinion peut avoir d'hétérodoxe. Peut-on dire qu'il soit défendu de préférer les canons disciplinaires des conciles des premiers siècles à ceux des conciles du moyen-âge, et de trouver ces derniers moins beaux et moins purs que les premiers ?

M. le rapporteur n'a pas jugé à propos d'expliquer en quoi ces opinions sont défectueuses.

« VII. Esprit de l'auteur dans cette histoire :

« 1º Zèle amer. Voir spécialement p. 208, alinéa 3e, p. 182 ;

« 2º Sorte de complaisance à relever, sans aucun respect, les fautes des supérieurs ecclésiastiques... V. *Coup d'œil général*, p. 13, alinéa 1er, pp. 22, 28 ;

« 3º Injustice à l'égard des défenseurs de l'Eglise. V. *Coup d'œil général*, p. 31 ;

« 4° Partialité en faveur des hérétiques. V. *Coup d'œil général*, p. 33 et pp. 16-30, 323, etc. ;

« 5° Confiance trop grande dans les écrivains protestants. Voir les II⁰ et III⁰ livres, *passim*. »

Voyons les preuves à l'appui de ces assertions.

1ᵉʳ REPROCHE : Zèle amer. Le passage indiqué est celui cité ci-dessus, où il est parlé de la décadence des moines et de l'abus de la prière vocale. Comment trouver de l'*amertume* et du *zèle* dans des paroles aussi simples et aussi modérées ?

Que dirait donc M. le rapporteur des passages que je pourrais lui citer de saint Jérôme, de saint Sulpice-Sevère, de saint Gildas, de saint Pierre-Damien, de saint Bernard, de Pierre-le-Vénérable, de saint Vincent-Ferrier et de tant d'autres saints personnages, sur les vices, les débauches honteuses, l'avarice, l'orgueil qui faisaient comme l'apanage des institutions monastiques dégénérées ? Mes quelques mots sont bien pâles auprès des tableaux peints par les saints avec des couleurs si vives. Je pourrais les citer ; mais tous les hommes instruits ne les connaissent-ils pas ? n'ont-ils pas lu les innombrables canons des conciles, où les mauvais moines sont flagellés avec tant d'énergie ?

En rapprochant l'accusation de M. le rapporteur du passage qu'il cite à l'appui, tout homme équitable en tirera cette conséquence : que j'aurais pu en dire bien davantage, et ne pas m'attendre au reproche qu'il m'adresse.

2ᵉ REPROCHE : Sorte de complaisance à relever, sans aucun respect, les fautes des supérieurs ecclésiastiques.

1ʳᵉ preuve : *Coup d'œil général*, p. XIII, alinéa 1ᵉʳ. Je dis en cet endroit qu'après le concordat les évêchés furent donnés à des abbés de cour qui ne devaient leur dignité qu'à la faveur ; puis j'ajoute ces paroles, qui ont sans doute motivé le reproche :

« La cour romaine ne songea qu'à tirer le plus grand avantage possible des vacances et des collations, en doublant les annates et en se réservant un certain nombre de dîmes ; les taxes de la chancellerie s'accrurent de jour en jour, et l'on ne put obtenir de faveur, même spirituelle, qu'argent comptant. »

Je remarquerai d'abord que je ne parle pas du Saint-Siège ni du pape, mais de la cour romaine, composée d'employés dont les papes les plus vertueux ont connu et avoué les vices, et qu'ils ont cherché à corriger.

Puis j'ajouterai : M. le rapporteur ignorait sans doute que les plus saints personnages ont reproché à la *cour de Rome* son amour de l'argent et ses autres vices, d'une manière plus énergique que moi. Je lui citerai seulement saint Thomas de Cantorbéry et saint Bernard, qui vivaient cependant dans un temps où la cour de Rome était moins vicieuse qu'au XVIe siècle. S'il veut connaître l'état de cette cour au XVIe siècle, il pourra lire le projet de réforme composé par plusieurs cardinaux, d'après les ordres de Paul III, et il s'apercevra que mes quelques lignes ne sont qu'un faible extrait de ce que j'aurais pu citer avec beaucoup moins de ménagement et de prudence, sans être répréhensible.

Revenons à saint Thomas de Cantorbéry et à saint Bernard. Le premier s'exprime ainsi (liv. V, lettre 20) :

« Je ne sais par quelle fatalité malheureuse nous voyons tous les jours Barabbas mis en liberté par la cour romaine, et Jésus-Christ condamné par elle à mort. »

Voici maintenant un passage de saint Bernard, que nous prenons entre mille (liv. du Devoir des évêques, ch. VII, n° 9) :

« Le génie et le caractère de la cour romaine est de s'embarrasser fort peu des suites d'une affaire ; *elle n'est attentive qu'aux avantages qui lui en reviennent ;* elle aime les présents; *l'amour de l'intérêt possède les Romains*; j'en parle sans façon, parce que ce désordre est public; plût à Dieu qu'il le fût moins! Plût à Dieu qu'en le dissimulant, on le pût dérober à la connaissance des hommes! Et si nous parlons, plût à Dieu qu'on refusât de nous croire! Nous voudrions couvrir la nudité de ces nouveaux Noé; mais après qu'ils sont devenus la fable de l'univers, serons-nous donc les seuls à nous taire? Je m'efforce inutilement de cacher une blessure mortelle et profonde, le sang qui rejaillit de toutes parts trahit mes précautions, et souille tout ce que j'applique sur la plaie: mes soins sont inutiles; il ne me reste que la confusion d'avoir voulu dissimuler ce que je ne pouvais dissimuler en effet. »

Je pourrais remplir plusieurs volumes de passages analogues tirés des écrivains ecclésiastiques les plus respectables, et même des écrits des papes.

M. le rapporteur a été bien imprudent de relever notre phrase, si calme et si modérée en comparaison de ce qu'ont dit les saints sur le même sujet. Il aurait dû savoir qu'en me censurant, il censurait tous les pieux personnages qui ont gémi des maux de l'Eglise et des vices de la cour de Rome.

2ᵉ preuve à l'appui du second reproche de M. le rapporteur : *Coup d'œil général*, page XXII.

J'y appelle Borgia ou Alexandre VI *infâme*; et j'affirme que plusieurs papes vendirent des indulgences données à ferme aux moines mendiants. *Quatre lignes sur ce sujet!*

Je ne ferai pas l'injure à mes lecteurs de les croire assez ignorants pour ne pas connaître tout ce qu'il y a eu de dégoûtant et d'infâme dans la vie privée de Borgia et dans ce trafic des indulgences qui a été l'étincelle de l'immense incendie appelé *la Réforme*. Au lieu de me reprocher comme M. le rapporteur, quelques lignes écrites sans passion, ils me tiendront compte de ma réserve. Car j'aurais pu dire sur ce sujet des choses horribles, et que l'on n'aurait pas pu contester. Je ne suis point entré dans les détails, par respect pour l'Eglise ; je n'ai dit que quelques mots pour l'acquit de mon devoir d'historien, et M. le rapporteur base sur ces quelques mots son 2e reproche, de relever *sans respect les fautes des supérieurs ecclésiastiques !*

3e preuve à l'appui de ce 2e reproche : *Coup d'œil général*, page XXVIII.

Dans cette page, je dis que les règles de la plus pure discipline existaient dans l'Eglise au XVIe siècle, mais que, depuis deux siècles, le clergé séculier et les ordres monastiques étaient tombés en décadence sous le rapport des mœurs et de la science, de sorte qu'au XVIe siècle, le mal était arrivé à son comble.

En parlant ainsi, je ne fais qu'abréger ce qui a été dit par les conciles et les écrivains de cette époque ; par le pieux cardinal Julien en particulier; par les Pères du concile de Trente dans leurs discours ; par les papes dans leurs bulles relatives à ce concile ; par tous ceux qui écrivirent seulement quelques pages à cette époque sur les affaires de l'Église. La seule différence qu'il y a entre eux et moi, c'est qu'ils en disent beaucoup plus que moi, et qu'ils le disent avec plus d'énergie.

Si j'ai mérité d'être censuré, pour le passage indiqué par M. le rapporteur du concile de La Rochelle, les papes et tous ceux que j'ai cités l'ont beaucoup mieux mérité que moi. On peut se consoler d'être condamné en pareille compagnie, par le rapporteur d'un concile provincial.

3e REPROCHE : Injustice à l'égard des défenseurs de l'Eglise.

Preuve unique : *Coup d'œil général*, page XXXI.

En cet endroit, je ne parle que des Jésuites, et je leur reproche leur mauvaise morale. Les papes l'ont condamnée, ainsi que le clergé de France, dans son assemblée générale de 1700, et par une foule de mandements.

Je n'aurais donc pas dû respecter ces actes, d'après M. le rapporteur du concile de La Rochelle, et j'aurais dû prendre la défense des casuistes.

Je devais défendre les casuistes, sous peine d'être accusé d'injustice envers les défenseurs de l'Eglise!!

Les lecteurs apprécieront la preuve apportée par M. le rapporteur à l'appui de son reproche.

4° REPROCHE : Partialité en faveur des hérétiques.

1re preuve : *Coup d'œil général*, page XXXIII.

Je dis à l'endroit indiqué que les solitaires de Port-Royal se réunirent pour rivaliser de science et de vertu, et composer leurs ouvrages immortels.

Les solitaires de Port-Royal publièrent en effet les ouvrages que je cite, page XXXIV : La *Perpétuité de la foi*, les traités *des principes de la foi chrétienne*, de l'*Unité de l'Eglise*, etc., etc., qui ne sont pas des œuvres d'hérétiques, comme tout le monde en convient.

Les solitaires de Port-Royal ne furent-ils pas vertueux ? M. le rapporteur n'oserait l'affirmer.

Furent-ils hérétiques ? Bossuet ne le pensait pas ; et la raison qu'il en donnait, c'est qu'ils rejetaient les hérésies condamnées par l'Eglise. Les Jésuites leur ont attribué une hérésie sur la grâce. Je me contenterai de faire remarquer que Arnauld, qui passait pour le chef de l'école de Port-Royal, écrivit sur la grâce, à la prière de Bossuet, contre le père Malebranche. Les ouvrages d'Arnauld furent dénoncés à Rome aussi bien que ceux de Malebranche. Ceux d'Arnauld ne furent pas condamnés, et ceux de Malebranche furent mis à l'index.

Si les solitaires de Port-Royal ne furent pas hérétiques sur la grâce, sur quel point le furent-ils ?

M. le rapporteur a pris pour guides les ouvrages et les accusations des Jésuites ; il pouvait mieux choisir.

On peut blâmer, avec Bossuet, les solitaires de Port-Royal de l'opposition qu'ils firent à certains actes des autorités ecclésiastique ou civile ; mais on ne peut légitimement transformer cette opposition en hérésie.

Les solitaires de Port-Royal ne furent pas hérétiques, de l'aveu de Bossuet qui s'y connaissait, ce me semble (V. le journal de l'abbé Le Dieu, année 1703). Les papes, en condamnant l'hérésie dite *Jansénisme*, ne l'ont attribuée à aucun des solitaires, et ceux-ci ont protesté qu'ils ne la soutenaient pas. Dans le cas où ils seraient hérétiques, je ne les défends pas à ce titre. Donc la première preuve de M. le rapporteur tombe d'elle-même.

2ᵉ preuve : page XVI, du *Coup d'œil général*.

Je n'ai pu découvrir dans cette page *un seul mot* qui ait pu servir, *même de prétexte*, au reproche de *partialité en faveur* des hérétiques.

3ᵉ preuve : page XXX, du *Coup d'œil général*.

Je ne trouve dans cette page que cette phrase qui puisse se rapporter, d'une manière bien éloignée, au sujet en question :

« Nous aurons besoin surtout de nous élever au-dessus des préjugés et des passions, lorsque nous aurons à parler de l'école de Port-Royal, de ses luttes avec les Jésuites sur la matière la plus délicate de la théologie. »

Si cette proposition est répréhensible, il s'ensuivrait que mon devoir d'historien m'eût obligé à écouter sur cette question les préjugés et les passions.

M. le rapporteur a mis en pratique ce mauvais principe, j'en conviens. Mais son exemple ne pourra me séduire ; je croirai toujours qu'il vaut mieux s'en rapporter, en histoire, aux monuments authentiques, qu'aux récits où les passions et les préjugés servent de preuves.

4ᵉ preuve : page 323 du texte.

Dans cette page, j'affirme que Du Moulin était un honnête homme. Qu'il eut tort de confondre les abus qui étaient dans l'Eglise avec l'Eglise elle-même, et de croire qu'il trouverait chez les protestants une doctrine plus pure que dans l'Eglise ; qu'il sortit des bornes légitimes, dans ses attaques contre la cour romaine ; qu'un de ses ouvrages contre les abus fut cause de son exil.

Quelques pages après, je raconte qu'après avoir fait l'expérience du protestantisme, Du Moulin rentra dans l'Eglise qu'il avait quittée et qu'il mourut bon catholique.

De tout cela, M. le rapporteur du concile de La Rochelle conclut que j'ai de la partialité pour les hérétiques.

Ai-je besoin de prouver que cette conséquence va jusqu'au ridicule ?

5ᵉ REPROCHE : « Confiance trop grande dans les écrivains protestants. »

Preuve unique : V. les 2ᵉ et 3ᵉ livres, *passim*.

Pour toute réponse à une attaque aussi vague, je dirai que je n'ai regardé comme certains, dans les deux livres cités, que les faits admis par des écrivains catholiques et protestants. Je ne m'en suis jamais rapporté aux témoignages des seuls protestants. Si M. le rapporteur ou quelque membre du concile de La Rochelle veut citer un fait en particulier, je m'engage à le présenter, accompagné de témoignages catholiques d'une valeur incontestable.

On comprend que je ne puis répondre que d'une manière générale au reproche vague de M. le rapporteur et à la preuve plus vague encore qui lui sert de base.

J'ai donné le texte des deux documents qui ont servi de base aux censures que l'on a faites de l'*Histoire de l'Eglise de France*. J'ai fait connaître les réponses que j'opposai à ces deux documents lorsque je n'étais pas encore orthodoxe.

Aujourd'hui que je le suis et que je n'ai rien à ménager avec une Eglise que j'ai abandonnée de tout cœur, il me serait facile de faire des réponses bien plus énergiques. Je prie de remarquer que, dans les prétendues erreurs qui me sont reprochées, tout se rapporte à des appréciations historiques. Mes censeurs se prétendaient donc plus compétents que moi en histoire ecclésiastique. Avaient-ils fait leurs preuves? Quelles preuves de capacité et de science ce rapporteur du conciliabule de La Rochelle avait-il données? Que ce soit Gauthier, que ce soit Gilet, ces personnages étaient-ils compétents? Le rapporteur du conciliabule s'est inspiré évidemment de la lettre de M. Pallu qui ne devait être connue que de moi, mais dont communication avait été faite à mes ennemis. Eh bien, quelle était la compétence de M. Pallu en histoire ecclésiastique? Il a donné lui-même la preuve de sa crasse ignorance dans sa fameuse *Instruction pastorale sur la liturgie*. Il ne connaissait seulement pas le premier mot d'une question qu'il voulut traiter *ex professo* et mître en tête.

Je suis fâché d'être obligé de le dire, mais M. Pallu n'a obéi qu'à une coterie de prêtres jaloux, ignorants, pleins de mauvaise foi, et le rapporteur du conciliabule de La Rochelle n'a été que l'écho de M. Pallu et des mauvais prêtres ses inspirateurs. Tous n'ont trouvé à reprendre, dans mon ouvrage, que des opinions soutenues, de tout temps, par toute l'Eglise de France. La secte ultramontaine, qui prenait chaque jour plus d'importance, voulut frapper un grand coup, en faisant mettre à l'index quelques ouvrages où la doctrine de l'Eglise de France était admise, mais qu'y a-t-elle gagné? Le *Manuel de droit canonique* de M. Lequeux était, depuis plusieurs années, accepté comme classique dans les séminaires; la théologie de Bailly était classique depuis près d'un demi siècle; l'*Histoire de l'Eglise de France* avait été accueillie avec faveur par l'épiscopat et tout le clergé de France; qu'a-t-on gagné à de telles censures ? On a tout simplement encouragé une secte qui a fait à l'Eglise romaine les blessures les plus graves qu'elle eut encore reçues; qui ont fait sortir la papauté de toutes les bornes, qui lui a fait perdre l'autorité qu'elle voulait agrandir outre mesure.

Je ne regrette pas d'avoir été en butte aux attaques de la secte. J'envisageai de plus près cette papauté qui voulait se donner comme infaillible, même dans les questions historiques, et qui essayait de comprimer la science et l'intelligence. Bientôt je la vis sous son vrai jour. Il n'y avait qu'un fil entre le gallicanisme et l'orthodoxie. Le gallican voulait une papauté soumise aux canons, soumise au concile œcuménique qui était la plus haute autorité dans l'Eglise. Seulement il admettait, en théorie, le pape comme chef de l'Eglise de droit divin. C'était une inconséquence. Un chef *de droit divin* ne peut être soumis ni à une autorité humaine, ni à des lois ecclésiastiques. Les ultramontains ont profité de ce manque de logique pour battre en brèche le gallicanisme. J'étudiai de près leurs arguments. Je lus les ouvrages des plus savants défenseurs de la papauté; je les lus, non pas au point de vue gallican, mais avec la plus entière indépendance. Je fus convaincu que gallicans et ultramontains n'appuyaient leurs thèses que sur des textes faux, altérés, tronqués, mal interprétés et j'arrivai à cette conclusion : que la papauté n'était appuyée ni sur l'Ecriture-Sainte, ni sur la tradition catholique; que l'évêque de Rome n'avait reçu que des conciles de l'Eglise primitive, son titre de premier patriarche; que la papauté n'existait que depuis le neuvième siècle, et n'était qu'une usurpation sacrilège sur les droits de l'Eglise représentée par l'épiscopat.

J'arrivai ainsi à l'orthodoxie avant d'être officiellement orthodoxe.

Ce grand pas une fois fait, je ne pouvais plus voir une Eglise schismatique dans cette vénérable Eglise orientale, touchant laquelle j'avais accepté quelques-uns des préjugés que soutiennent tous les écrivains occidentaux, soit gallicans, soit ultramontains, pour se donner raison dans leurs systèmes touchant la papauté.

C'est ainsi que les attaques injustes de mes ennemis m'ont fait acquérir de nouvelles lumières et m'ont conduit à l'orthodoxie véritable.

Il ne faudrait pas croire que la censure de l'Index ait eu assez d'autorité pour m'isoler dans l'Eglise romaine. A part les quelques évêques que j'ai nommés, et quelques journalistes à la tête desquels brillait Dulac, un pauvre garçon qui n'a pas osé soulever contre moi une seule discussion scientifique, les évêques et les prêtres, en masse, déploraient les mesures que la secte ultramontaine avait provoquées contre mon ouvrage.

Comme la censure de l'Index de Rome a été le grand événement de notre existence, je crois devoir, après avoir exposé les critiques, enregistrer les éloges qui m'ont été adressés.

Aussitôt que les décrets du conciliabule de la Rochelle eurent été publiés, je fis imprimer mon *Supplément* à ce concile. J'y prouvai facilement que l'on m'avait condamné sans m'entendre, et que les membres du conciliabule me devaient une réparation. Je savais bien que je ne l'obtiendrais pas. Je terminai mon *Supplément* par les réflexions suivantes :

« Je m'arrête en déplorant qu'il se soit rencontré, au sein de l'Église, des hommes assez aveugles pour croire faire à Dieu un sacrifice agréable en provoquant la censure d'un ouvrage entrepris pour la gloire et l'utilité de l'Église; je les plains de se croire obligés de chercher continuellement à me nuire. Je leur pardonne, en les assurant toutefois que jamais les rapports clandestins, les accusations malveillantes, les persécutions, ne pourront me faire sortir de mon calme, ni abandonner la cause de la VÉRITÉ.

« On a pu voir, dans ma correspondance avec Monseigneur le cardinal-archevêque de Bordeaux, que j'avais envoyé à Rome les 8e et 9e volumes de l'*Histoire de l'Eglise de France*; que j'avais promis d'envoyer les suivants; que je soumettais mon ouvrage à l'examen de la Congrégation de l'Index, et que j'étais disposé à corriger ce qui me serait indiqué comme répréhensible.

« Lorsque le 10e volume fut publié, je l'adressai à Monseigneur le nonce, avec prière de le faire passer à la Congrégation.

« L'envoi, à Rome, des 8e et 9e volumes, était accompagné de lettres très respectueuses et d'un *Mémoire*, où je proposais des modifications sur quelques endroits qui m'avaient été indiqués comme pouvant donner lieu aux récriminations de mes adversaires.

« Je n'ai reçu de réponse ni à mes lettres ni à mon *Mémoire*; et, sans avis préalable, les 8e, 9e et 10e volumes ont été mis dernièrement à l'Index.

« C'est ainsi que l'on traite à Rome un prêtre et un ouvrage religieux, lorsqu'on y montre la plus grande déférence pour M. Bouillet, membre de l'Université, auteur d'un *Dictionnaire d'Histoire et de Géographie*. M. Bouillet, mis à l'Index, a obtenu de la Congrégation communication de ses griefs, le décret qui le frappait a été annulé, et son ouvrage paraît maintenant avec l'approbation romaine.

« Que l'on compare cependant les reproches faits à ce Dictionnaire par *l'Univers* et ceux qu'adresse à l'*Histoire de l'Eglise de France* le rapporteur du concile de La Rochelle, et l'on sera convaincu que le Dictionnaire de M. Bouillet était plus répréhensible que mon ouvrage.

« Je ne trouve pas mauvais que l'on ait bien traité à Rome M. Bouillet et son Dictionnaire; mais je demande pourquoi on y a moins de considération pour un prêtre que pour un laïque; pourquoi on y garde plus de ménagements pour un *Dictionnaire d'Histoire et de Géographie*, très répréhensible aux yeux de *l'Univers*, que pour un ouvrage religieux dans lequel des adversaires passionnés ne peuvent trouver à reprendre que de rares passages, qu'ils sont obligés d'interpréter avec mauvaise foi pour les trouver répréhensibles ?

« Lorsque je fis mes premières démarches auprès de la Congrégation de l'Index, on me répondit que cette Congrégation ne communiquait jamais ses griefs aux auteurs. Cependant, on les a communiqués à M. Bouillet. La Congrégation a donc cru devoir déroger à ses usages en faveur d'un laïque, et elle ne daigne même pas répondre à un prêtre qui lui soumet humblement des corrections !

« Une telle conduite me dégage des promesses que j'avais faites, et, puisque l'on m'a traité ainsi à Rome, on ne sera point étonné d'y recevoir par d'autres que moi les 11e et 12e volumes de mon ouvrage. »

Quel homme sérieux aurait pu blâmer une telle détermination ?

On va voir que les hommes sérieux étaient pour moi, et que je n'avais contre moi que quelques fanatiques ultramontains.

VI

Approbation de Mgr Fabre des Essarts. — Elle est en complète contradiction avec les assertions mensongères de M. Pallu. — Entretiens *confidentiels* de Mgr Fabre des Essarts et de Mgr Allou, évêque de Meaux, au sujet de ma personne et de mon ouvrage. — Approbation de Mgr le cardinal de la Tour d'Auvergne-Lauraguais, évêque d'Arras. — Quelques mots sur ce grand' évêque. — Approbation de Mgr Robiou de la Tréhannais. — Mgr Cœur, évêque de Troyes. — Nos relations. — Magnifique lettre qu'il m'adresse. — Autres approbations. — Insolences de Dulac de *l'Univers* à propos des approbations que je n'ai pas publiées. — Comment *le Messager de l'Ouest* cherche à expliquer ces approbations. — Caractère de la polémique de Dulac. — Il est désavoué par la rédaction de *l'Univers* elle-même. — Ce que pensaient de mon ouvrage les hommes les plus savants. — Le R. P. Caillau. — L'abbé Delpit et l'abbé de Cassan Floyrac dans *la Gazette de France*. — Petites indiscrétions de l'abbé Delpit sur M. Gousset. — Gousset et Guéranger. — Honte pour l'Eglise de France. — L'abbé de Belot dans *la France centrale*. — Pallu admoneste ce journal-girouette. — M. l'abbé Morel me prie de lui permettre de faire la table générale de mon ouvrage. — Quel était ce vénérable prêtre. — L'abbé Lacarère, prêtre de la Mission. — Mes amis et mes ennemis.

e me suis abaissé jusqu'à répondre à des critiques pleines de mauvaise foi et d'ignorance. J'aurais pu laisser ce soin à ceux qui m'ont approuvé et encouragé. Je vais les citer ; leurs éloges prouveront amplement que mes censeurs de Blois et de la Rochelle n'ont été guidés que par les plus mauvais sentiments. Nous n'avons mendié aucun éloge. Les encouragements que nous avons reçus ont été tout spontanés.

Je commence par mon vénérable évêque diocésain, Fabre des Essarts. J'ai dit qu'il avait auprès de lui des prêtres jaloux, qui ne pouvaient me pardonner d'avoir, très jeune encore, fait un ouvrage considérable, lorsqu'ils n'avaient pu rien faire pendant toute leur vie. Ils intriguèrent pour empêcher Mgr Fabre des Essarts d'approuver mon ouvrage. Obligés de céder devant la volonté épiscopale, ils obtinrent que l'approbation n'aurait pas la forme solennelle des actes de ce genre, et qu'elle ne serait qu'une réponse à une lettre que j'adresserais pour offrir à Mgr l'évêque la dédicace de mon livre. Il fut ainsi fait, et les deux lettres furent publiées en tête du troisième volume.

Les voici :

« *A Sa Grandeur Monseigneur Fabre des Essarts, évêque de Blois.*

« Monseigneur,

« Je dédierais ce livre à Votre Grandeur quand elle n'y aurait d'autre titre que d'avoir été préposée par la Providence au Diocèse auquel j'ai l'honneur d'appartenir.

« Mais Votre Grandeur y a d'autres droits.

« Vous êtes le premier, Monseigneur, qui avez connu mon projet d'écrire l'histoire de notre belle Eglise de France. L'intérêt que vous avez pris aussitôt à mon travail et vos encouragements m'ont soutenu constamment dans la tâche difficile que j'avais entreprise.

« Les témoignages précieux de votre bienveillance, j'oserai dire, Monseigneur, de votre paternelle affection, sont gravés dans mon cœur, et je prie Votre Grandeur d'agréer l'hommage de mon livre comme l'expression de ma vive reconnaissance aussi bien que de mon profond respect.

« Votre très humble et très obéissant serviteur,

« F. GUETTÉE.
« Prêtre du Diocèse de Blois.

« Saint-Denis, 15 mars 1848. »

Voici la réponse de Mgr Fabre des Essarts, dans laquelle j'ai souligné plusieurs passages :

« J'ai reçu votre lettre, mon cher abbé, et j'accepte bien volontiers la dédicace de votre *Histoire de l'Eglise de France*. Les pages *que j'ai parcourues moi-même dans les trois volumes déjà livrés à l'impression et les divers rapports qui m'en ont été faits par des prêtres recommandables*, m'ont convaincu du soin consciencieux que vous avez apporté dans vos recherches, de l'exactitude de la doctrine que vous exposez, et *du bon esprit qui règne dans l'ensemble de votre ouvrage*. Je ne puis dès-lors que donner des éloges à votre zèle et vous encourager de nouveau à persévérer dans la tâche laborieuse et difficile que vous avez entreprise.

« *Les intentions droites dont vous êtes animé* m'inspirent la confiance que vous continuerez votre travail dans le même esprit de sagesse, d'impartialité, et que vous saurez toujours vous tenir en garde contre les écarts si funestes de l'exagération et *de la nouveauté*, devenus néanmoins si communs de nos jours. C'est en persistant avec une religieuse exactitude dans cette ligne de conduite que vous accomplirez une œuvre qui, j'aime à le croire, sera utile à la cause de la Religion, contribuera à l'instruction du Clergé et dissipera bien des préjugés contre l'Eglise de France, si grande et si vénérable à toutes les époques de notre histoire.

« Recevez, mon cher abbé, l'assurance bien sincère de mes sentiments les plus affectueux en Jésus-Christ.

« Signé † M.-A., évêque de Blois.

Blois, le 5 avril 1848. »

Mgr Fabre des Essarts affirme qu'il a lu une partie des trois volumes de mon ouvrage et que des prêtres recommandables lui avaient adressé leurs rapports sur ces volumes.

Son successeur, M. Pallu, dans la lettre qu'on a lu précédemment, ose affirmer que Mgr Fabre des Essarts n'avait lu que *quelques pages* de mon ouvrage; il ose affirmer qu'il ne louait pas les choses que lui, Pallu, avait relevées. La première assertion est un mensonge; la seconde est *idiote*. En effet, Mgr Fabre des Essarts, en reconnaissant *le soin consciencieux apporté dans mes recherches, l'exactitude de la doctrine que j'ai exposée, le bon esprit qui règne dans l'ensemble de mon ouvrage, les intentions droites dont j'étais animé*, n'a-t-il pas condamné d'avance tout ce que M. Pallu a *relevé* dans mon ouvrage? On dirait que ce Pallu s'est appliqué, dans sa lettre, à contredire son prédécesseur. Il était persuadé, sans doute, qu'il était un savant et que Mgr Fabre des Essarts n'était qu'un ignorant. Les Morisset, Doré et Cⁿ lui auront inspiré cette idée. Ils l'avaient inspirée préalablement au *Solitaire*, auteur de la *Biographie du clergé contemporain*, le diacre Barbier, chassé du séminaire d'Orléans, et condisciple de ces messieurs au dit séminaire. Le diocèse de Blois n'ayant été rétabli qu'en 1823, le département de Loir-et-Cher ne formait qu'un diocèse avec celui d'Orléans. Barbier trouva étrange que Mgr de Sausin eut fait venir de son pays M. l'abbé Fabre des Essarts pour l'aider dans son administration, et ne se soit pas contenté des Doré, Morisset et autres de ses amis. Il fit donc un pamphlet ignoble contre M. Fabre des Essarts, qu'il connaissait si peu qu'il ne savait même pas écrire son nom. A ses yeux, comme aux yeux de ses correspondants, M. l'abbé Fabre des Essarts était un ignorant qui passait son temps à soigner sa chevelure, qui ne connaissait même pas les *éléments de la théologie*, ne pouvait écrire *deux mots qui se lient l'un à l'autre*. Cependant, Barbier avoue qu'il eut du succès dans ses études; qu'il fut professeur au séminaire de Valence et qu'il devint principal du collège de cette ville. C'est de là qu'il passa à Blois sur la demande du vénérable Mgr de Sausin qui était du même pays que lui et qui le connaissait bien.

Les impertinences de Barbier étaient mot d'Evangile pour ceux qui entouraient Mgr Fabre des Essarts, et je peux croire que leurs mauvais sentiments à mon égard étaient un écho de ceux qu'ils nourrissaient contre le vénérable évêque qui me témoignait beaucoup d'affection et qui encourageait mes travaux.

Si Mgr Fabre des Essarts n'était pas *un aigle*, comme nous l'avons dit, il ne méritait certes pas le mépris d'un Pallu qui n'était qu'un *âne mitré*, comme disait mon respectable ami Martin de Noirlieu. En voyant ce Pallu se mettre ostensiblement en contradiction avec son prédécesseur, ne doit-on pas en conclure qu'il n'avait pas le sentiment des plus simples convenances? Etait-ce un beau spectacle que celui d'un évêque qui affectait de se mettre en contradiction avec son prédécesseur?

L'approbation de Mgr Fabre des Essarts n'était pas une simple formalité. J'en trouve la preuve dans une lettre que Mgr Allou, évêque de Meaux, m'écrivait trois ans après la mise à l'index de mon ouvrage. Mgr Allou était un de mes premiers approbateurs. Voici un extrait de sa lettre :

« 6 février 55.

« MONSIEUR L'ABBÉ,

. . . .

« Quant à moi, Monsieur l'abbé, je suis bien aise que vous m'ayez fourni l'occasion de vous écrire. J'avais lu avec grand plaisir les deux premiers volumes de votre histoire ecclésiastique et j'avais eu des entretiens *très confidentiels* à votre sujet avec le saint évêque de Blois.

« M'intéressant vivement à votre avenir, j'ai été bien profondément affligé de tout ce qui s'est passé depuis, et je fais des vœux pour que vous fournissiez à tous ceux qui vous aiment les moyens de vous défendre.

« Agréez, Monsieur l'abbé, l'assurance de mon sincère dévouement.

« † AUGUSTE, évêque de Meaux. »

Les mots *très confidentiels* sont soulignés par Mgr Allou lui-même.

Le saint évêque de Blois, comme s'exprimait Mgr Allou, avait donc pour moi et mon ouvrage les sentiments qu'il exprimait dans sa lettre approbative.

C'est en lisant cette lettre approbative que Mgr le cardinal de la Tour d'Auvergne-Lauraguais, évêque d'Arras, eut la pensée d'approuver mon ouvrage. Voici son approbation :

« Hugues-Robert-Jean-Charles DE LA TOUR D'AUVERGNE-LAURAGUAIS, par la miséricorde de Dieu et la grâce du Saint-Siège apostolique, cardinal-prêtre de la Sainte Eglise romaine, du titre de Sainte-Agnès (*extra mœnia*), évêque d'Arras, grand'croix de la Légion d'honneur, décoré du Pallium.

« J'ai eu une très heureuse pensée en promettant de m'unir à l'approbation que donnerait sur l'*Histoire de l'Église de France*, par M. l'abbé Guettée, Mgr l'evêque de Blois. Ce que cet illustre Pontife en dit, suffirait assurément pour se convaincre du mérite de cet ouvrage, si cette même approbation n'invitait point à vérifier par soi-même la haute portée de cette œuvre. Nous nous livrons à cet examen par une lecture sérieuse et suivie, et nous éprouvons déjà, avec un sentiment profond d'admiration, une reconnaissance sincère pour son savant et judicieux auteur. Cette histoire est un monument durable de la gloire de l'Eglise gallicane. A son aide, on apprendra à mieux connaître la fille aînée de l'Eglise catholique. Nous ne nous permettons pas toutefois d'imposer notre jugement à personne, ce privilège est celui des savants ; mais nous serions heureux si l'intérêt que nous inspire cet ouvrage recevait par l'adoption de tous les érudits un assentiment général qui honorerait infiniment l'auteur et nous flatterait nous-même.

« Nous n'hésitons point, en attendant, à le recommander au clergé de notre diocèse.

« Arras, le 28 mai 1850.

« † Ch., Card. DE LA TOUR D'AUVERGNE-LAURAGUAIS,
évêque d'Arras.

Par mandement de Son Éminence,
TERNINCK, ch., sec. gén.

Mgr le cardinal de la Tour d'Auvergne Lauraguais aurait pu occuper le premier siège épiscopal de France. Dès qu'un siège métropolitain était vacant, le gouvernement le lui offrait. Lorsque Mgr Affre mourut victime de sa charité, on offrit au vénérable cardinal l'archevêché de Paris. On y mit tant d'instance qu'il alla à Paris pour refuser positivement l'honneur qu'on lui offrait, et répondre verbalement à toutes les instances. Comme on continuait dans les journaux à dire qu'il accepterait, il écrivit à l'*Ami de la religion* une fort belle lettre dans laquelle il affirmait qu'il resterait jusqu'à sa mort dans sa chère Eglise d'Arras.

Il gouverna cette Église un demi-siècle, entouré de la vénération de ses diocésains.

Si, en arrivant à Paris, j'y avais rencontré comme archevêque ce respectable prélat qui avait approuvé, en si bons termes mon *Histoire de l'Eglise de France*, je n'aurais certainement pas été censuré par la Congrégation de l'Index. Cette boutique y aurait regardé à deux fois avant d'entrer en lutte avec un grand évêque-cardinal qui avait conservé religieusement les grandes traditions de l'Eglise gallicane. Dois-je regretter qu'il n'en ait pas été ainsi? Non.

Protégé par le cardinal de la Tour d'Auvergne Lauraguais, je n'aurais pas eu occasion d'étudier de près les questions sur lesquelles l'Église occidentale était en discussion avec l'Eglise catholique orthodoxe. Je serais resté avec les préjugés que l'on m'avait imposés dès mon enfance, au nom de la foi, et je n'aurais pas eu le bonheur de connaître cette grande et vénérable Eglise qui a conservé si soigneusement les traditions de l'Eglise primitive et vraiment chrétienne.

Donc, en conservant dans mon cœur le respect que j'ai toujours professé pour le saint cardinal qui m'aimait et m'approuvait, je ne puis regretter de ne l'avoir pas eu pour évêque quand j'arrivai à Paris.

Parmi mes approbateurs, je dois compter Mgr Robiou de la Tréhannais, ancien évêque de Coutances. C'était un vétéran de l'Episcopat, et un fidèle gardien des traditions de l'Église de France. J'étais arrivé au douzième volume de mon ouvrage et la Congrégation de l'Index avait doublé ses censures, lorsque Mgr Robiou de la Tréhannais m'écrivit les deux lettres suivantes :

« Rennes, le 20 novembre 1856.

« MONSIEUR L'ABBÉ,

« Permettez à un vieil évêque de vous transmettre *confidentiellement* son opinion sur l'œuvre importante que vous venez de publier sous le nom d'*Histoire de l'Eglise de France*.

« Cette production si remarquable par son *orthodoxie inattaquable*, par la solidité des preuves qui lui servent d'appui et le bon esprit qui s'y rencontre à chaque page, me paraît destinée à dissiper entièrement les nuages qu'un esprit de *coterie* a essayé d'amonceler autour des antiques traditions françaises recueillies par l'ancien épiscopat, en 1682.

« Ce serait une erreur de s'imaginer que nos évêques

actuels auraient déserté les enseignements que leur ont transmis leurs devanciers. Je crois les connaître assez pour assurer que l'immense majorité de ces prélats repousse avec énergie les nouvelles doctrines dont le journal *l'Univers* s'est fait, de nos jours, le zélé et infatigable propagateur. Grand nombre d'entre eux, il est vrai, se tiennent à l'écart et n'osent manifester au dehors leur manière de penser. Ils croient que la *prudence* leur en fait un devoir ! Le journal *l'Univers* exerce aujourd'hui une si grande influence sur le clergé de second ordre, que ses premiers pasteurs paraissent avoir à redouter l'espèce de censure que ce même journal exerce quelquefois sur quelques-uns d'entre eux. Ce motif est le seul qui tient nos évêques dans la réserve à ce sujet ; mais, à quelques rares exceptions près, tous nos vénérables prélats professent avec vous, Monsieur l'abbé, que le Saint-Père est le chef de l'Eglise universelle ; qu'il a, *de droit divin*, primauté d'honneur et de juridiction sur toutes les Eglises particulières ; que le siège sur lequel il est assis est le centre essentiel de l'unité catholique, dont on ne peut se séparer sans cesser de faire partie de l'Eglise ; mais aucun d'eux ne croit à l'*absolutisme* de la cour de Rome ; pas même à celui du Souverain-Pontife, dans lequel ils reconnaissent de divines prérogatives, mais prérogatives expliquées *par les canons de l'Eglise*, dans des bornes peut-être trop peu précisément formulées par ces mêmes canons ; enfin, nos évêques croient avec les conciles de Constance, de Bâle et de Florence, avec toute l'antiquité, que les lois de ces saintes assemblées, qui représentaient l'Eglise universelle, atteignent et obligent le Pontife-Romain comme tous les autres membres de l'Eglise. Ils sont attachés, *par des liens de conscience*, à la papauté ; ils la respectent sincèrement et désirent sa prospérité autant, et plus peut-être, que les ardents zélateurs des nouvelles doctrines, sans toutefois la séparer du corps des autres évêques. Ils connaissent tous ces

paroles de saint Cyprien : « Episcopatus unus est cujus a sin-
« gulis, *in solidum* pars tenetur ».

« Il me reste une grâce à vous demander, Monsieur l'abbé : je serais heureux, avant de mourir, de voir le complément de votre ouvrage ; je veux dire les *Mémoires pour servir à l'Histoire de l'Eglise de France, depuis le Concordat de 1801 jusqu'à nos jours*. Vous les avez promis, Monsieur l'abbé, à la fin du 12ᵉ volume de votre histoire. J'attends, avec bonheur, la réalisation de cette promesse.

« Veuillez agréer l'assurance du bien respectueux attachement avec lequel j'ai l'honneur d'être, Monsieur l'abbé,

« Votre très humble et obéissant serviteur,

« † L. J., anc. év. de Coutances. »

« MONSIEUR L'ABBÉ,

« Il n'y a rien d'étonnant, rien qui doive surprendre l'homme de foi dans la conduite que le *parti* tient à l'égard de l'auteur de l'*Histoire de l'Eglise de France*. Cette coterie a pour objet de présenter au public, *comme vérité*, l'opinion insoutenable qui donne au chef de l'Eglise le pouvoir *le plus absolu* sur toutes les affaires qui la concernent. Cette prétention si notoirement contraire aux documents de l'histoire, si formellement opposée aux enseignements que l'Eglise a donnés *à Constance, à Bâle et même à Florence*, exalte ses partisans et les emporte loin des bornes de la raison et surtout de la divine charité.

« Nos *brouillons* veulent, à tout prix, faire triompher leur système reproduit, de nos jours, par *M. de Maistre*, et par le trop célèbre *Lamennais*. Ce qui m'étonne, ce n'est pas seulement l'abdication que font de leurs droits les plus sacrés quelques-uns de nos prélats, en adoptant l'*ultramontanisme moderne;* mais ce que je renonce à expliquer, c'est leur rupture si tranchée avec les nobles et catholiques traditions de nos pères !

« Prions Dieu avec ferveur, Monsieur l'abbé, et notre Divin Maître les environnera du secours de sa grâce et leur montrera la vérité où elle est.

« Ce qui les entraîne au delà du vrai et du juste, ce n'est pas seulement l'aveuglement qui accompagne toujours la passion exaltée, mais c'est aussi le triste laisser-aller que le pouvoir temporel a si malheureusement adopté comme règle de conduite dans toute cette affaire. Osons espérer que bientôt il en sera autrement.

« On assure que le nouveau ministre de l'instruction publique et des cultes est remarquable par la connaissance approfondie qu'il a du droit public ecclésiastique et qu'il veut l'accomplissement des lois. S'il manifeste avec fermeté cette opinion, vous verrez bientôt les plus zélés partisans des nouvelles doctrines les abandonner ; vous verrez surtout M. l'archevêque de Paris soutenir de tout son pouvoir, honorer et récompenser les défenseurs généreux et zélés de nos antiques doctrines.

« Quant aux mémoires qui doivent faire suite à l'*Histoire de l'Eglise de France*, ne serait-il pas possible d'écrire les noms propres, en se contentant de publier les faits sans appréciation trop tranchée.

« Dans ce cas, les dangers que vous redoutez existeraient-ils encore ?

« Savez-vous si votre *Histoire de l'Eglise de France* est connue en haut lieu. Il serait peut-être bon que vous la fissiez parvenir jusque-là. Avez-vous quelques relations avec MM. du ministère ? avec M. Rouland fils, chef du cabinet ? Le courageux directeur de Marie-Thérèse pourrait peut-être vous faciliter l'entrée des bureaux du ministre.

« Je me suis permis (*ceci est très confidentiel*, comme tout le reste), je me suis permis de dire un mot de *votre Histoire* en haut lieu. Mais je n'ai plus aucun crédit. Je n'entretiens de relations avec le pouvoir que pour obtenir l'érection canonique du chapitre impérial. Jusqu'ici mes efforts sont restés sans effet, encore bien qu'on me laisse espérer un succès ! ! !

« Veuillez agréer, Monsieur l'abbé, la nouvelle assurance de mon bien respectueux attachement en Notre-Seigneur.

« † L. J., anc. év. de C.

« Rennes, le 28 novembre 1856. »

Mgr Robiou de la Tréhannais était, comme on l'a vu, très partisan du pouvoir de la papauté ; il n'apercevait pas la contradiction qui existe entre une papauté divine, centre divin d'unité, et une papauté soumise aux lois de l'Eglise. L'Eglise de France avait conservé de très bonnes doctrines qui lui venaient de l'ancienne orthodoxie, mais la papauté avait fini par lui imposer quelques dogmes de son invention. De là la contradiction qui existait dans le gallicanisme. L'épiscopat se débattait contre les entreprises sans cesse réitérées de la papauté, mais il craignait toujours de dépasser les bornes et d'arriver à une rupture qu'il considérait comme un schisme. Les théologiens gallicans parlaient comme les évêques, et moi, simple historien, absorbé par d'innombrables recherches et lectures spéciales, j'avais accepté ce que théologiens et évêques regardaient comme un dogme de foi. Cette doctrine me fit commettre quelques erreurs ; cependant, elle n'influa pas sur mes études au point de me faire abandonner les traditions orthodoxes conservées par l'Eglise de France, et que mes adversaires m'ont reprochées comme autant d'erreurs.

Ces reproches m'honorent ; je suis heureux que les circonstances m'aient permis de compléter mes croyances orthodoxes, au point de me trouver d'accord avec la véritable *Eglise catholique orthodoxe*.

Parmi les évêques de France qui m'ont encouragé, même après les censures de l'Index, je dois mentionner Mgr Cœur, évêque de Troyes. Ce vénérable évêque fut le plus grand orateur chrétien en France, pendant le XIXe siècle. Pendant ce siècle, on a entendu un grand nombre de prédicateurs et de conférenciers célèbres; nous ne contestons pas leurs mérites divers, quoiqu'on les ait beaucoup surfaits; mais ils n'étaient pas orateurs. Lacordaire lui-même, fit voir qu'il ne l'était pas, lorsqu'il voulut parler à l'assemblée constituante de 1848. Mgr Cœur surpassa tous les prédicateurs, et il ne s'humilia jamais jusqu'à solliciter les éloges intéressés de telle ou telle coterie. Toute sa vie, il resta dans une noble indépendance. Dès le séminaire ses condisciples l'appelaient *le petit aigle*. Petit aigle devint grand, et s'il n'atteignit pas l'envergure de l'aigle de Meaux, il fut un de ceux qui en approchèrent le plus.

Mgr Cœur ne me connaissait encore que de réputation, lorsqu'il suivait avec un vif intérêt mes diverses publications. Son frère, qui était en même temps son vicaire-général, m'écrivait souvent et me faisait connaître la sympathie que Mgr de Troyes éprouvait pour moi. Il m'écrivit : « Monseigneur a une haute estime pour votre talent; et, pour votre personne une affection sincère. Son plus grand désir serait de vous voir heureux et honoré ».

Je fis la connaissance personnelle de Mgr Cœur ; lorsqu'il venait à Paris, dans son petit appartement de la rue de l'Est, il m'invitait à de bonnes et intéressantes causeries dans lesquelles l'excellent évêque me parlait avec une franchise, un laisser-aller que je n'avais encore rencontré chez aucun autre évêque.

Dans une de ses lettres, l'abbé Cœur m'écrivit : « Monseigneur a reçu le XIe volume de votre bel ouvrage et je sais qu'il le lit avec un ardent intérêt. Il admirait, hier encore, la profondeur et la pénétration de votre jugement sur le grand siècle. Vous l'avez ravi par la manière dont vous parlez de Bossuet. »

Monseigneur voulut me donner lui-même la preuve des sentiments qu'il éprouvait pour moi, et il m'écrivit la lettre suivante :

ÉVÊCHÉ
DE TROYES.

« Troyes, le 25 janvier 1855.

« TRÈS VÉNÉRABLE ET DOCTE ABBÉ,

« Tout ce qu'on a pu vous dire, en mon nom, est bien faible auprès de ce que je sens. J'ai pour vous de l'admiration et une sorte de tendre respect. On ne peut donner moins à tant de rares qualités que Dieu a mises en vous. Nous avons force gens qui déclament et s'enrouent sous prétexte d'histoire ; vous seul êtes historien : et votre caractère est digne de votre talent. La vérité imprime à ceux qui l'aiment le sceau propre de sa majesté : elle l'a mis sur votre front, un jour on vous rendra justice, quand on sera revenu de cette agitation maladive, au calme du bon sens.

« Que Dieu vous garde, Monsieur et docte abbé, pour le salut de l'avenir et le bien de l'Eglise !

« † P.-L., évêque de Troyes. »

Quand on a reçu une pareille lettre d'un des plus grands évêques de France, on peut se consoler des insultes de quelques *pierrots* comme Pallu, Cousseau, Baillès et l'*odorant* Villecourt.

D'autres évêques avaient pour moi beaucoup d'estime et de sympathie, mais ils n'osaient pas parler haut. Mgr Robiou de la Tréhannais en a donné la vraie raison dans ses lettres.

Plusieurs m'écrivaient pour me demander des renseignements et terminaient leurs lettres par une formule analogue à celle-ci : « Veuillez agréer, Monsieur l'abbé, l'assurance de tous mes sentiments de respectueuse considération :

« CHARLES, évêque de Montpellier. »

On n'écrit pas ainsi à un prêtre, dont l'ouvrage aurait été justement censuré.

Je ne dis rien des approbations reçues avant la censure de mon ouvrage par l'Index. Elles étaient nombreuses et dépassaient le chiffre de quarante. J'aurais pu en compter un plus grand nombre, si j'avais pris des compliments pour des approbations, comme j'en aurais eu le droit. Mais, après la censure de mon ouvrage, je ne pouvais user de ces approbations. Comme me l'a écrit Mgr Robiou de la Tréhannais, les évêques étaient, pour la plupart, sous le joug de la secte ultramontaine, et si j'avais publié leurs lettres approbatives, je leur aurais fourni l'occasion de protester contre la publication de lettres qui n'étaient pas destinées à la publicité, et de déclarer qu'ils se soumettaient au décret de l'Index. C'est ce qu'aurait voulu un reptile venimeux, Dulac de *l'Univers*. Il eut l'insolence d'écrire que je n'avais pas reçu les approbations dont j'avais fait mention. Il me rabaissait jusqu'à sa catégorie. Il comprenait bien que je ne pouvais publier les lettres sans l'assentiment de ceux qui me les avaient écrites, et il abusait de ma situation d'honnête homme pour m'adresser ses impertinences. M. Sibour me demanda un jour mes lettres approbatives ; je les lui remis. Quelques jours après, il me les rendit en me demandant de lui en laisser quelques-unes. Je ne pouvais les lui refuser ; je ne sais ce qu'il en a fait. Pour les autres, je les confiai à un libraire qui m'acheta pour onze mille francs d'exemplaires de mon ouvrage. Il devait les mettre entre les mains de ses voyageurs qui en useraient dans les diocèses dont les évêques m'avaient approuvé. Quant à Dulac, je ne m'humiliai jamais jusqu'à prendre au sérieux ses impertinences. Il était si peu sûr de lui, lorsqu'il soulevait cette question, qu'il se rangea à l'avis d'un M. Follioley qui essaya d'expliquer les fameuses approbations dans un journal intitulé : *le Messager de l'Ouest*. Ce M. Follioley annonça un jour que j'avais, en effet, reçu de nombreuses lettres approbatives, et qu'il tenait ce renseignement *d'un évêque*. L'*Histoire de l'Eglise de France*, ajoutait-il, a été envoyée à tous les évêques de France à titre gratuit. Les évêques ont cru devoir remercier l'auteur et lui faire quelques compliments. Telle est l'origine des fameuses lettres approbatives. Il n'y a qu'un petit inconvénient à cette théorie : c'est qu'elle est bâtie sur une assertion absolument fausse. Mon ouvrage n'a été envoyé gratis à aucun évêque de France : ceux qui l'ont reçu n'avaient à me faire, par conséquent, ni remerciements, ni compliments pour ma gracieuseté. L'évêque qui a renseigné M. Follioley n'était pas lui-même très bien renseigné, et n'avait certainement pas reçu gratis un exemplaire.

Si je n'ai pas publié les lettres approbatives, il faut s'en référer aux motifs que j'ai exposés ci-dessus et qui reçurent l'approbation de M. Sibour.

Dulac avait manqué son coup, et n'avait pas le bonheur de voir mes anciens approbateurs défiler sous ses yeux avec des désaveux plus ou moins explicites de leurs anciennes approbations. Comme les ultramontains auraient été heureux de voir leur système imposé à une foule d'évêques, dont la réserve leur était si désagréable! L'ultramontanisme ne s'était pas encore imposé comme dogme, et la plupart des évêques refusaient de se soumettre au joug de Gousset et de Guéranger. Cependant, les événements postérieurs ont prouvé que j'avais bien jugé les évêques en ne comptant pas sur un acte tant soit peu énergique de leur part. En publiant leurs lettres, j'aurais fourni aux ultramontains une belle occasion de chanter sur tous les tons que l'épiscopat français était avec eux. Je n'ai pas voulu leur donner cette satisfaction.

Dulac avait des attaques de nerfs dès qu'il entendait prononcer mon nom. Il faut dire que je ne lui laissais pas la liberté de m'insulter et que je répondais à toutes ses injures par des articles qui avaient le don de le surexciter au suprême degré. Il m'avait déclaré dès le début, que *l'Univers* n'accepterait de moi aucune réponse. Il voulait donc m'attaquer et me refuser tout droit de réponse dans son journal. Je ne lui laissai pas la consolation de se poser en vainqueur vis-à-vis de ses lecteurs ; à toutes ses attaques, j'envoyais ma réponse par ministère d'huissier, conformément à la loi. Il essayait de répliquer, et aussitôt il recevait une nouvelle réponse par la même voie. Il devint furieux et se plaignit de mes procédés. *Encore M. l'abbé Guettée et son huissier*, s'écriait-il, comme si ce n'était pas lui qui m'obligeait à me servir d'un huissier. Je ne lui répondais, ajoutait-il, que pour faire de la réclame dans son journal. Je ne tenais pas plus à la réclame dans *l'Univers* que dans les autres journaux, il le savait bien. La grande thèse de Dulac était celle-ci : que le gallicanisme est condamné par le pape ; que les évêques de France ont adhéré à l'ultramontanisme dans quelques conciles provinciaux tenus depuis 1848. C'était pauvre. Avant 1848, les évêques, ne pouvant se réunir en concile, demandaient à grands cris la liberté de réunion. La République de 1848 leur donna cette liberté. Dans quelques provinces ecclésiastiques les évêques se réunirent. Que firent-ils? Rien. Les actes sont là, pour prouver qu'ils ne savaient que faire de cette liberté qui leur était octroyée. Ils renouvelèrent quelques règlements déjà en vigueur, et ils firent quelques *courbettes* devant l'idole de Rome. Voilà tout.

Dulac voyait dans ces courbettes l'abolition du gallicanisme. Il en concluait que la Congrégation de l'Index avait, en France, une autorité souveraine, et que je devais faire acte de soumission publique, sous peine d'être en révolte contre le pape et contre l'Eglise. Le conciliabule de La Rochelle fournit surtout à Dulac une magnifique occasion de m'attaquer. Je n'eus pas de peine à répondre à toutes ses théories qui attestaient chez lui la plus crasse ignorance. Mes réponses intéressaient vivement des abonnés de *l'Univers*, qui m'écrivaient que mes articles les instruisaient sur des questions qui n'avaient pas encore été aussi bien traitées, et qui me priaient de les continuer.

Les collaborateurs de Dulac eux-mêmes comprenaient que leur defroqué n'avait pas le beau rôle. Un d'entre eux, M. Jules Gondon allait quelquefois aux soirées de M. Garcin de Tassy. Cet excellent homme, qui était pour moi un ami sincère, recevait dans son salon des hommes de toutes les opinions. M. Jules Gondon y fut bien accueilli. M. Garcin de Tassy suivait avec le plus grand intérêt ma polémique avec Dulac. M. Jules Gondon étant allé en soirée chez lui, il le fit causer sur cette polémique. M. Gondon ne se gêna pas pour lui dire, qu'elle n'était pas à l'honneur de *l'Univers*. Dulac, ajouta-t-il n'est pas de force à lutter contre M. l'abbé Guettée, un vrai savant. Dulac est battu, *archi-battu*; nous l'engageons à en finir avec cette polémique, mais il s'obstine. Il faudra bien cependant que cela finisse bientôt. En effet, Dulac ne répondit pas un seul mot à la dernière réponse que je lui adressai. Il m'ôta ainsi le droit d'écrire dans *l'Univers*. Je n'y tenais pas, mais je voulais écraser l'impertinent qui m'avait si souvent insulté. C'est ce qui eut lieu, et Dulac, en s'éclipsant est convenu de sa défaite.

On aurait pu croire que Dulac, ex-membre de la Congrégation de Solesmes, aurait au moins soulevé contre moi une question historique, et essayé de prouver que je m'étais trompé sur tel ou tel point. Il s'en garda bien. Il aimait mieux faire remarquer qu'un libraire vendait mon ouvrage au rabais, ce qui le transportait d'aise. Il s'agissait du libraire qui m'avait acheté pour onze mille francs d'exemplaires. Comme il me les avait bien payés, il était libre d'en faire ce qu'il voulait, même de les donner gratis. Dulac voyait dans le rabais du libraire un symptôme de décadence de l'opération tout entière. Je ne daignai pas répondre à cette sottise. J'aurais pu cependant m'amuser aux dépens de Dulac et des deux volumes qu'il avait publiés sur la papauté. Passant un jour devant l'étalage d'un libraire en vieux, au coin de la rue de la Banque et de la place de la Bourse, je m'arrêtai pour *bouquiner* selon mon habitude. Mon attention fut attirée sur une vraie colonne de brochures, toute une édition évidemment. C'était l'ouvrage de Dulac. Le libraire m'offrit les deux volumes pour *cinq sous*. C'est beaucoup trop cher, lui dis-je; vous avez acheté tout le paquet au poids et à bon compte, car le papier n'est pas bon même pour les épiciers; je n'en voudrais pas à un sou le volume. Le libraire sourit et m'avoua que pour se débarrasser de son acquisition, il allait mettre l'ouvrage *à la fonte*. Dulac avait obtenu un beau succès, comme on voit, et pouvait bien regarder comme un symptôme de décadence pour l'*Histoire de l'Eglise de France*, le prix de 40 francs qu'un libraire avait fixé pour sa librairie, ce qui n'empêchait pas l'ouvrage d'être vendu 72 francs par d'autres libraires.

Aux insultes de Dulac, je puis opposer les éloges que les hommes les plus doctes m'adressaient.

Depuis que j'avais commencé ma publication, M. l'abbé Caillau, bien connu par ses ouvrages et, en particulier, par ses éditions des Pères de l'Eglise, rendait compte de mes volumes dans la *Bibliographie catholique*. Avant de mourir, il put encore rendre compte de mon cinquième volume. Voici le début de son article :

« Nos articles précédents (tome VII, pages 15 et 174, et
« tome IX, page 359) ont dû suffisamment fixer nos lecteurs
« sur *le mérite de cet excellent ouvrage*; le seul devoir qui
« nous reste à remplir est de constater le *soin consciencieux*
« *de l'auteur à marcher toujours dans la droite voie, à*
« *maintenir partout les vrais principes, et à ne pas se laisser*
« *détourner par la difficulté des temps qu'il est obligé de*
« *parcourir, de cette scrupuleuse exactitude, de cette*
« *inexorable impartialité qui font le caractère distinctif du*
« *véritable historien*. Or, toujours appuyé sur les pièces
« originales, collecteur fidèle des anciennes chartes et des
« narrations anciennes, *auteur et non copiste*, M. l'abbé
« Guettée a su se maintenir dans ce volume à la hauteur qu'il
« avait atteinte dans les précédents, et c'est avec le plus
« grand intérêt que nous l'avons suivi dans le cours des cent
« trente ans qu'il déroule avec ordre et clarté devant nos
« yeux (1096 à 1226). »

Après avoir analysé le volume, M. l'abbé Caillau s'exprimait ainsi :

« On ne finit un volume de cet *intéressant ouvrage* qu'avec
« le désir d'avoir bientôt le suivant à sa disposition. Espé-
« rons que, sans nuire à la perfection du travail, les autres
« volumes se succéderont aux époques fixées. On en promet
« un tous les trois mois, et on nous assure que l'ouvrage sera
« complet à la fin de l'année 1852. *Ces douze volumes seront*
« *un monument glorieux élevé en l'honneur de l'Eglise de*
« *France*; le nom de M. l'abbé Guettée y restera gravé pour
« recueillir les éloges de nos successeurs, après sa mort,
« comme, durant sa vie, il aura reçu le témoignage de notre
« juste satisfaction. »

Je puis bien opposer les éloges d'un prêtre aussi pieux que savant aux impertinences d'un Dulac.

Dans la *Gazette de France*, M. l'abbé Delpy, collaborateur de M. de Lourdoueix, parla ainsi de mon ouvrage :

« Dans la situation toute spéciale qui est faite aujourd'hui à l'Église de France, il est de notre devoir de signaler à nos lecteurs les travaux sérieux des hommes qui ont eu le courage d'entrer dans la lice pour défendre la vérité.

« Parmi ces travaux, celui que l'on peut, à notre avis, mettre au premier rang, est la belle et remarquable *Histoire de l'Eglise de France* de M. l'abbé Guettée. L'érudition, le style, la narration facile, et surtout les connaissances théologiques et philosophiques de l'auteur font de son livre un livre à part, qui, par le fond comme par la forme, se distingue de toutes ces productions indigestes qui encombrent de nos jours les bibliothèques ecclésiastiques.

« On est étonné, en lisant son livre, des immenses études qu'il a dû faire, et ce qui plaît surtout, c'est que son érudition ne fatigue pas. Peut-être cet avantage, peu ordinaire aujourd'hui, vient-il de ce que M. l'abbé Guettée ne tient pas à paraître érudit, bien qu'on sente partout qu'il l'est à un degré éminent. Ce sentiment résulte principalement de l'ensemble de ses récits, qui ne sont pour ainsi dire qu'un reflet de tous les monuments historiques de notre Eglise. »

J'allai remercier l'abbé Delpy de son article si flatteur pour moi. Cet honorable ecclésiastique avait connu M. Gousset à Périgueux. Lorsqu'il était évêque de ce diocèse, M. Gousset avait conçu l'idée de publier deux cours de théologie en français, l'un de théologie dogmatique, l'autre de théologie morale. Comme toutes les théologies classiques étaient en latin, M. Gousset choisit les traités qui lui convenaient dans telle ou telle de ces théologies, et les donna à traduire aux professeurs de son séminaire. Ces messieurs se déchargèrent de ce travail sur leurs élèves, de sorte que ce sont en réalité les élèves du séminaire de Périgueux qui firent les théologies de M. Gousset. Nous voulons bien croire que le *docte* évêque revit le travail, surtout pour le *bourrer* d'ultramontanisme et de la doctrine immorale que Liguorio avait copiée dans les casuistes. M. Gousset aimait à copier; c'est ainsi qu'il avait copié des extraits de Lamennais pour en enrichir les anciens ouvrages théologiques qu'un libraire de Besançon publiait. Ce copiste devint son Eminence le cardinal Gousset, archevêque de Reims. Ce fut lui qui dirigea l'épiscopat français dans les sentiers théologiques, tandis que Guéranger, supérieur de la Congrégation de Solesmes, les dirigeait dans les sentiers liturgiques. Quand on songe à l'influence que Gousset et Guéranger exercèrent sur l'Eglise de France, on est vraiment honteux pour cette grande Eglise, autrefois la plus orthodoxe, la plus savante, la plus illustre de l'Occident!

La *Gazette de France* inséra un second article en faveur de l'*Histoire de l'Eglise de France*. Il était signé de mon ami l'abbé de Cassan-Floyrac. Il fallait du courage alors pour prendre si ouvertement mon parti contre *l'Univers* et son Dulac. L'abbé de Cassan avait du caractère et écrivit l'article suivant que j'oppose aux impertinences de Dulac :

« M. Dulac s'évertue dans *l'Univers* à rappeler à ses lecteurs que l'*Histoire de l'Eglise de France*, par M. l'abbé Guettée, a été mise à l'index. Comme cette même histoire avait été approuvée par deux évêques français, M. Dulac espère sans doute faire ressortir par là l'*unité de l'Eglise*. Dans notre temps, du reste, et depuis que messieurs de *l'Univers* influent tant, dit-on, sur nos affaires, ce n'est pas le seul exemple qui pourrait être cité.

« Nous répondrons à M. Dulac :

« 1° Qu'il ignore complètement la valeur et la signification de l'Index;

« 2° Que nous, gallicans catholiques, nous reconnaissons aux congrégations romaines le droit de mettre à l'index un ouvrage, non seulement pour une seule proposition erronée, mais encore pour une seule proposition inopportune, ne fût-elle inopportune qu'à Rome.

« Et de là, la sagesse de nos pères, qui, d'accord sur ce point avec le Saint-Siège, exigeait pour que l'Index fût reçu en France, l'approbation des évêques. Aussi voyons-nous dans les théologiens, même Italiens, que l'Index n'est pas reçu en France.

« Il suit évidemment de là que lorsqu'un ouvrage est à l'index, nous ne pouvons le lire qu'avec précaution ; mais il ne s'ensuit nullement que nous ne devons pas le lire. Exceptons toutefois les causes d'hérésies ou de licence de mœurs. Dans ces deux cas les fidèles doivent *s'abstenir*.

« Les papes et les prélats italiens n'ont pas pensé autrement, puisque Benoît XIV cite très souvent comme autorité, le jugement du grand canoniste Van Espen, dont tous les ouvrages sont mis nominativement à l'index.

« M. Dulac nous répondra peut-être que Benoît XIV, en sa qualité de pape, avait le droit de décider par lui-même, dans des livres condamnés, ce qui s'y trouve de bien ou de mal. C'est déjà reconnaître ce que je soutiens, qu'un auteur, pour être à l'index, n'est pas au carcan, ainsi qu'on voudrait le faire accroire chez nous, et que des ouvrages ainsi censurés peuvent être utiles, même à des papes.

Mais voici un autre auteur ecclésiastique qui n'est point pape, mais évêque et théologien, ce qui le rend doublement suspect sans doute à M. Dulac. Qu'il se rassure toutefois, ce théologien, cet évêque a été fort loué et fort approuvé par des papes : c'est saint Liguori. Eh bien ! saint Liguori, qui a écrit une théologie élémentaire et par conséquent à l'usage des jeunes gens, cite à chaque page des auteurs mis à l'index. Il invoque leur témoignage, leur autorité. Quel scandale ! quelle ignorance de la tradition ! Que M. Dulac cherche bien, et il trouvera, j'en suis sûr, que saint Liguori était abonné à la *Gazette de France.*

« Quoi qu'il en soit, voilà quelle est sur ce point la tradition de l'Eglise ; car ce que saint Liguori a fait, tous les théologiens l'ont fait et le font encore.

« Concluons que les défauts qui peuvent se rencontrer dans l'histoire de M. Guettée n'empêchent point qu'elle ne soit à la fois *un monument catholique national. Cet ouvrage est surtout mieux pensé et mieux écrit et plus savant, sans comparaison, que tous ceux dont nous régalent messieurs de* l'Univers.

« Et à ce propos, M. Dulac devrait se rappeler qu'il a composé, il y a peu d'années, — avant le 2 décembre toutefois, — un écrit qui a pour titre : *l'Eglise et l'Etat,* écrit dont le titre même est menteur ; il aurait dû bien plutôt être intitulé : *l'Eglise-Etat,* car l'Etat y est perpétuellement dominé et absorbé par l'Eglise. Là, le pape est *le roi des rois et le seigneur des seigneurs :* Rex regum et Dominus dominantium. — Avis au gouvernement.

« Il n'y a pas jusqu'au droit à l'insurrection qui n'y soit proclamé en principe, non pas, il est vrai, à la volonté du peuple, mais bien au gré du pape ; et comme le *Journal des Débats* crut devoir reprocher à M. Dulac cette dépendance dans laquelle il plaçait les gouvernements, l'ultramontain répondit qu'on pouvait être tranquille, que Grégoire XVI et Pie IX n'entendaient pas autoriser la révolte. Mais si un nouveau pape jugeait à propos de l'autoriser !... Demandez à messieurs de *l'Univers.*

« Du reste, les arguments par lesquels M. Dulac soutient le droit à l'insurrection sont identiquement les mêmes que ceux du ministre protestant Jurieu ; ils produiraient le même résultat.

« La Sacrée-Congrégation de l'Index n'a probablement pas

lu ce livre, puisqu'elle ne l'a point noté, et M. Dulac triomphe, et M. Dulac nous veut imposer comme autant de dogmes, ses opinions *pendant qu'il croit accabler sous le poids de son dédain honorable un écrivain de la taille de M. Guettée.* Il sied bien vraiment à messieurs de *l'Univers* de parler de traditions alors qu'ils s'efforcent de transformer l'Eglise catholique qui est l'Eglise de la tradition en une Eglise d'absolutisme ! Pensent-ils, par hasard, qu'il nous sera défendu de parler avec saint Cyprien et Bossuet, et qu'ils peuvent parler à leur aise avec Jurieu ?

« Que l'Index de Rome soit comme le grand Homère qui sommeille quelquefois ; pour nous, après avoir rendu aux congrégations romaines le respect que nous leur devons, quand il s'agira de nos idées et de nos mœurs nationales, ou de notre dignité d'homme, nous nous occuperons avant tout de n'être pas mis à l'index de la France, à l'index du bon sens.

« L'abbé de CASSAN-FLOYRAC. »

M. l'abbé de Cassan comprenait bien les démarches si humbles que j'avais faites vis-à-vis de l'Index ; je voulais bien croire, comme lui, que mon ouvrage n'était pas parfait ; mais, du moins, je devais connaître les critiques, avant de les admettre comme fondées, et corriger. Au fond, la Congrégation de l'Index n'avait pas lu mon livre ; elle l'avait censuré sur les notes de Pallu, endossées par le Consulteur Gauthier. L'abbé de Cassan le savait bien et ne parlait que pour la forme des défauts supposés de mon ouvrage. Il m'avait communiqué son article, chez notre ami commun Martin de Noirlieu, et je n'avais fait aucune observation. Il admirait mon livre et son article avait principalement pour but de mettre Dulac dans l'embarras.

Cet article fut inséré dans la *France Centrale* de Blois,

journal qui avait plusieurs fois changé d'avis à mon égard. Il était alors dirigé par le frère de mon ami, M. l'abbé de Belot, qui écrivit les lignes suivantes, pour servir de préambule à l'article de l'abbé de Cassan :

« La *Gazette de France*, dans son numéro du 29 septembre donnait les plus grands éloges à l'ouvrage si remarquable de M. l'abbé Guettée, l'*Histoire de l'Eglise de France*. Cet article, à ce qu'il paraît, a soulevé les critiques et provoqué les colères de *l'Univers*; il ne nous appartient pas, à nous autres laïcs, de nous mêler de ces querelles si tristes au fond comme dans la forme qui depuis plusieurs années déjà se produisent trop souvent entre gens de bien, fidèles et croyants : mais cependant, tout indignes que nous sommes, nous ne cesserons d'avoir toujours la plus grande admiration pour cette illustre Eglise de France, le plus beau fleuron de la couronne du Père commun des fidèles, sans diminuer en rien notre attachement à l'Eglise romaine. Nous aimons aussi à rendre hommage au talent vrai et profond avec lequel M. l'abbé Guettée a su écrire cette longue et instructive *Histoire de l'Eglise de France*, disons mieux, celle de la religion chrétienne dans notre pays.

« Quoi qu'il en soit, nous pensons qu'il y a quelque gloire pour le clergé de notre diocèse, que l'un de ses membres ait entrepris et mené à fin une entreprise digne, par ses recherches et ses travaux, du beau temps des bénédictins, et que le pays, le clergé et nos lecteurs liront avec le plus grand intérêt l'article suivant contenant une réponse tout à la fois forte et spirituelle aux opinions un peu absolues de *l'Univers.* »

Ces lignes que M. l'abbé de Belot publia par l'organe de son frère, qui en prit la responsabilité, sont certainement très modérées; mais M. l'évêque de Blois, Pallu, pouvait-il laisser la liberté de m'adresser quelques éloges? Il saisit donc sa meilleure plume et écrivit de sa propre main une rectification pour la *France centrale*. Une personne, qui avait ses entrées à l'imprimerie, m'écrivit que la rectification était bien écrite par *Sa Grandeur* elle-même, la voici :

« Mgr l'évêque de Blois a bien voulu nous faire part de la peine profonde qu'il avait ressentie en lisant un article de notre numéro du 5 octobre.

« Cet article, extrait de la *Gazette de France*, et relatif à l'*Histoire de l'Eglise de France* de M. l'abbé Guettée, condamnée par un décret de l'Index, le 22 janvier 1852, est précédé de quelques lignes où il est dit que *le pays, le clergé et nos lecteurs le liront avec le plus grand intérêt*.

« Monseigneur nous a déclaré qu'il ne pouvait considérer que comme l'effet de l'inadvertance l'insertion de cet article dans notre journal. Il lui serait trop douloureux de penser que la rédaction de la *France centrale* pût ne tenir aucun compte des décisions que le pape a confirmées de son autorité suprême, se complaire à louer, recommander propager ce que le Souverain-Pontife a blâmé, condamné, interdit ; à trouver bien qu'on dise, à cette occasion, que l'*Index de Rome, comme le grand Homère, sommeille quelquefois*, et qu'on oppose à l'Index de Rome l'*Index de la France* et l'*Index du bon sens*.

« Attachés comme nous le sommes à la foi catholique et à l'autorité de notre premier pasteur, nous déclarons une fois pour toutes que notre intention ne sera jamais d'admettre dans notre journal rien qui puisse blesser les *intérêts de la religion ou l'autorité du Souverain-Pontife*, et contrister le cœur de notre évêque. Nous regrettons que cet article ait été reçu de confiance et inséré dans notre journal. »

La prose de *Monseigneur* parut dans la *France centrale* sous la signature de *Renard*. M. de Lourdoueix, ancien ami et collaborateur de l'abbé de Genoude, catholique sérieux et de meilleur aloi que tous les sectaires de *l'Univers*, prit la défense de ses collaborateurs l'abbé Delpy et l'abbé de Cassan Floryac; il mit à leur place Dulac et le Renard de la *France centrale*. L'abbé Delpy, outre l'article que nous avons cité, s'était prononcé comme l'abbé de Cassan Floryac contre les doctrines ultramontaines relatives à l'Index. L'*Univers* jeta feu et flammes contre les écrivains de la *Gazette de France*. Ses foudres ne leur firent pas grand mal, et n'effrayèrent pas mes amis qui me donnaient chaque jour des témoignages de leur sympathie.

Nous ne pouvons ni les nommer, ni les citer tous. Voici, une lettre d'un curé qui s'était fait connaître par quelques ouvrages :

« *A Monsieur l'abbé Guettée.*

« Monsieur l'abbé,

« Ayant pour Paris une occasion sûre, j'en profite pour céder à un besoin que je ressens depuis longtemps, c'est celui de vous exprimer mes vives sympathies pour vous, pour vos ouvrages et pour votre fermeté.

« Les grands courages, les nobles caractères sont bien rares de nos jours.

« Ils n'en sont que plus remarquables et plus dignes d'admiration.

« Et c'est là, Monsieur l'abbé, le sentiment qu'éprouve pour vous, votre très humble et dévoué serviteur.

« Ch. Paul Sausseret,
« Curé de Dampierre de l'Aube. »

Un prêtre très pieux de Toulouse, ne laissait passer aucune occasion de me féliciter à l'occasion de la publication de mes divers ouvrages. C'était l'abbé Lacarère, prêtre de la Congrégation de la Mission. Non seulement il souscrivait à mes ouvrages, mais il faisait de la propagande en ma faveur, et m'avertissait des tristes menées de mes adversaires. Ce bon prêtre était outré de tout ce que l'on faisait contre moi. La piété la plus sincère inspirait ses lettres, mais il m'écrivait avec une telle franchise que je ne pourrais publier ses lettres, sans nuire à la Congrégation dont il faisait partie, et qui a peut-être conservé des membres aussi pieux et aussi orthodoxes que lui.

M. l'abbé Dauphin et son ancien professeur de philosophie à Oullins, l'abbé Bourgeat, étaient aussi pour moi des amis qui me soutenaient dans mes épreuves et approuvaient mes ouvrages. Lorsqu'ils eurent vendu leur collège d'Oullins aux dominicains, ils se retirèrent à Paris et me donnèrent des preuves nombreuses d'une amitié dont je me trouvais d'autant plus honoré, qu'il fallait un vrai courage pour affronter la haine de mes adversaires parmi lesquels se distinguaient les jésuites.

Je les payai avec de gros intérêts en publiant leur histoire *vraie*.

Parmi mes amis les plus dévoués était un ancien prêtre, M. Morel, qui fut successivement vicaire-général de Mgr Affre archevêque de Paris, et curé de la paroisse de Saint-Roch. C'était un homme des plus vénérables. Il avait quitté la paroisse de Saint-Roch, et vivait de sa fortune personnelle lorsqu'il vint me faire visite, et me demander mon amitié. Je fus profondément touché de la visite de ce prêtre éminent, que je connaissais de réputation. Je savais que l'on avait pensé à lui pour l'évêché de Blois à la mort de Mgr Fabre des Essarts. Ce n'est pas lui qui aurait écouté la sotte coterie qui s'empara de M. Pallu.

Les relations les plus cordiales furent bientôt établies entre le vénérable prêtre et moi. Il admirait mes ouvrages et ne se gênait pas pour flageller M. Sibour, qui n'avait pas su me soutenir. Lorsque je faisais imprimer le douzième volume de l'*Histoire de l'Eglise de France*, le respectable M. Morel me demanda comme une grâce de faire la table générale de tout l'ouvrage. J'y consentis bien volontiers, et la table qui a été publiée est de lui.

Je pourrais nommer encore beaucoup de mes amis, tous fort honorables et prêtres distingués. D'après ceux que j'ai nommés, on peut les comparer à mes adversaires ; la conclusion sera que je puis être fier de tels amis qui étaient aussi éclairés et aussi respectables que mes adversaires étaient hypocrites et ignorants.

VII

M. Sibour à Rome pour la définition de l'Immaculée-Conception. — Précautions qu'il prend à mon égard avant son départ. — Belle déclaration ultramontaine rédigée par M. l'abbé Darboy. — Je ne l'accepte pas. — L'archevêque m'envoie son valet de chambre pour me demander ma correspondance avec l'archevêché. — On se moque de lui a Rome. — Il prend l'engagement de persécuter les Gallicans. — Son homonyme Sibour fait évêque de Tripoli. — Darboy, protonotaire apostolique. — Promesse du cardinalat faite à l'archevêque. — A son retour, il embouche la trompette ultramontaine. — Il persécute Lequeux, Prompsault et Laborde. — Moyens qu'il prend pour arriver à m'ôter ma place. — Ses intrigues échouent. — Il m'annonce que je dois me retirer. — Conditions que je mets à ma retraite. — Belle attestation que l'on me donne. — Je me retire. — Ma *première lettre à Mgr Sibour*. — Grand émoi à l'archevêché. — On m'enlève et on me rend immédiatement l'autorisation de dire la messe. — L'archevêque m'invite à l'aller voir. — Notre entrevue. — Vérités que je lui dis. — Il se fâche, puis il s'apaise et me promet de me donner une place digne de moi après un certain délai. — Il est assassiné par le prêtre Verger.

M l'archevêque Sibour était bien connu à Rome; on savait qu'il était très fier de son titre d'archevêque de Paris, très vaniteux et très avide d'honneurs. En ne lui envoyant pas d'invitation pour se rendre à Rome avec les autres évêques pour le décret de l'Immaculée-Conception, on était persuadé qu'il ferait des démarches pour être invité, et qu'alors on aurait mille moyens de le gagner à la cause ultramontaine. En effet, M. Sibour écrivit à Rome pour se plaindre de n'avoir pas été invité.

Aussitôt on lui adressa une invitation, et, pour flatter sa vanité on lui annonça qu'il aurait ses appartements au Vatican. Il fut radieux; mais, avant de partir il voulut prendre ses précautions vis-à-vis de M. Lequeux et de moi. Pour les autres prêtres frappés des censures de l'Index, l'abbé Prompsault et l'abbé Laborde, il pensa n'avoir pas besoin de s'en occuper, ils étaient sacrifiés d'avance. L'archevêque savait bien que, pour plaire à Rome, il devrait abandonner ceux qu'il avait encouragés; il en prit la résolution sans que sa conscience se fût inquiétée de cette injustice.

M. Lequeux était allé deux fois à Rome pour arranger ses affaires avec la Congrégation de l'Index, et c'est lui qui, à son second voyage, avait emporté, pour les remettre à la Congrégation de l'Index mes 8e, 9e et 10e volumes. Il n'obtint rien, ni pour lui ni pour moi. C'était un parti pris à Rome de nous tuer moralement, et nous n'avions, ni l'un ni l'autre, assez d'argent pour séduire les membres de la Sacrée-Congrégation. C'est grâce à ses largesses que la librairie Hachette avait pu obtenir, moyennant quelques corrections, la permission de vendre avec approbation son dictionnaire de Bouillet, qui fourmille encore d'erreurs. M. l'abbé Lequeux n'avait pas d'argent, ni moi non plus, il fallut donc renoncer à notre réhabilitation.

M. l'archevêque savait bien que pour être agréable à Rome, il devrait nous sacrifier. Il s'y décida; seulement, quelque chose le gênait à mon égard. Pendant deux ans qu'il m'avait encouragé, j'avais eu avec l'archevêché une correspondance fort active, et il savait que j'avais entre les mains des pièces à l'aide desquelles je pourrais prouver qu'il m'avait encouragé à résister à l'Index, et que mes lettres à quelques journaux avaient été rédigées de concert avec l'autorité épiscopale. Il osa m'envoyer un jour son valet de chambre me demander toute la correspondance que j'avais eue avec l'archevêché. Je fus outré d'une telle démarche faite d'une manière si inconvenante. Un instant je fus sur le point de refuser ; mais je songeai que, à l'instant même on pouvait m'ôter ma place, sous un prétexte quelconque, et que je me trouverais dans une situation des plus difficiles. Je me décidai donc à obéir. Je montai dans mon cabinet, je mis seulement quelques lettres de coté, et je fis un rouleau du reste. Je le remis au valet de chambre chargé de la triste mission de l'archevêque. Comme cet homme n'était chargé d'aucune lettre, je ne lui en remis aucune. On n'avait pas voulu me faire remettre une lettre qui aurait été nécessairement compromettante. Quelle ignominie! Celui qui s'en rendait coupable était ce même archevêque qui m'avait reçu si pompeusement, qui m'avait promis une place si distinguée quand j'aurais mis *le pied dans l'étrier* ; qui m'avait engagé à faire à la Congrégation de l'Index une guerre à outrance, qui avait approuvé mes lettres publiées dans *l'Univers*, qui avait résisté aux instances de la nonciature, de Pallu, des *trois pierrots* du conciliabule de La Rochelle, et d'autres encore. L'ambition lui avait enlevé tout sens moral. Il voulait être cardinal!!! Quelle gloire pour lui s'il avait pu s'habiller en rouge, au lieu de s'habiller en violet! Cette perspective lui souriait tellement qu'il ne reculait devant aucune lâcheté.

Cependant, il aurait voulu emporter à Rome une belle déclaration ultramontaine signée de moi et contenant l'acte de ma soumission à la Congrégation de l'Index. Il avait peut-être conservé pour moi un peu d'affection, et peut-être espérait-il ainsi me sauver sans se compromettre lui-même. Je fus donc un jour invité par M. Darboy à me rendre chez lui pour affaire qui me concernait. Je me rendis chez mon ex-ami pour lequel je n'avais jamais pu ressentir le plus petit sentiment d'affection. En me recevant, il chercha à faire l'aimable et me dit que Monseigneur me demandait de signer une pièce dont il avait besoin. Je lui rappelai que je lui en avais déjà remis une dont Monseigneur avait été satisfait. « Il en veut une autre », répondit Darboy, qui me présenta cette pièce, écrite sur un grand papier de luxe. Je la lus, mais, sans respect pour le beau papier, je biffai tout ce qui n'était pas orthodoxe ; je remplaçai quelques phrases par d'autres, et je dis : « Voilà tout ce qu'on peut exiger de moi, conformément au droit canonique ».

« Je ne puis accepter cela », me répondit Darboy. « Cependant, lui dis-je, c'est conforme à ce que Mgr l'archevêque m'a demandé jusqu'ici ». « Allons trouver Monseigneur, reprit Darboy, et soumettons-lui votre rédaction ».

Il me conduisit par des chemins détournés jusqu'au cabinet de l'archevêque qui nous reçut immédiatement. Après avoir lu ma rédaction, l'archevêque se contenta de dire : « Ce n'est pas cela que j'aurais voulu obtenir de vous ». « Ma conscience, lui répondis-je, me défend de faire d'autres concessions ». « Alors, reprit l'archevêque, restons-en là ». Et la belle déclaration de Darboy fut sans doute mise au panier.

L'archevêque partit pour Rome accompagné de Darboy et de son homonyme Sibour, curé et vicaire-général honoraire. L'archevêque fut reçu par le pape et par son entourage avec une distinction affectée ; il en fut si flatté qu'il fut tout de suite gagné, non seulement à la cause de l'Immaculée Conception, mais à celle de l'ultramontanisme le plus exagéré. On lui assigna auprès du pape, pour le jour de la grande cérémonie, une place honorifique : il portait le bougeoir avec une bougie allumée. C'est la fonction d'un séminariste auprès de l'évêque dans les offices solennels. On disait tout bas et en riant : qu'on lui avait fait porter le bougeoir parce qu'il avait besoin de lumières. Le pauvre Sibour se gonflait, il se croyait déjà presque cardinal. Il obtint pour son homonyme le titre d'évêque de Tripoli de Syrie, et pour Darboy le titre de protonotaire apostolique. Ce titre lui donnait le droit de s'habiller en violet, comme un évêque. Il fut très flatté de cet honneur, seulement, il n'osa s'habiller de la même couleur que l'archevêque, et se contenta d'un beau gland à son chapeau.

Quant à l'archevêque, il n'obtint rien pour lui, mais on lui fit comprendre qu'il serait cardinal dès qu'il aurait mis à la raison les gallicans de son diocèse, spécialement M. Lequeux, l'abbé Prompsault, l'abbé Laborde et moi.

De retour à Paris, l'archevêque ôta à M. Lequeux, du moins en apparence, son titre de vicaire-général et ne lui laissa qu'une place de chanoine de Notre-Dame pour subvenir à ses besoins. L'abbé Laborde n'appartenait pas au clergé diocésain ; on donna ordre de lui refuser dans toutes les sacristies les vêtements sacerdotaux pour dire la messe ; l'abbé Prompsault fut privé de son titre d'aumônier des Quinze-Vingt, dont il remplissait les fonctions depuis trente ans. On ne lui accorda aucune pension. Devenu aveugle quelque temps après, il mourut à l'hôpital ecclésiastique connu sous le nom d'infirmerie Marie-Thérèse. L'abbé Laborde mourut quelque temps après à l'hôpital de la Charité.

Il ne restait que moi à sacrifier. On chercha les moyens de m'atteindre. On mit plus d'un an à les chercher.

D'abord on me fit quitter l'hôpital Saint-Louis et l'on m'envoya à l'hôpital de la Pitié, dans l'espérance que bientôt j'entrerais en lutte avec un confrère qui s'était battu avec mon prédécesseur. Cet aumônier était fou et mourut fou furieux dans une maison de santé. Je ne me battis pas avec lui, mais à peine étais-je arrivé qu'il me regarda de travers et se permit à mon égard des grossièretés. Je n'y fis aucune attention et je remplis mes fonctions sans m'occuper du pauvre fou.

Je fus donc fort étonné de recevoir un jour de M. le vicaire-général chargé des hôpitaux, un billet dans lequel il me mandait chez lui. Je connaissais le personnage, et tout le clergé de Paris le connaissait bien. C'était un homme de profonde immoralité. Chaque soir, il mettait de côté l'habit ecclésiastique et se rendait, tantôt au théâtre, tantôt à Cythère, tantôt à Sodome. Il fut pris avec d'autres hauts personnages dans la fameuse réunion du quartier de l'Ecole militaire. On étouffa l'affaire pour ne pas compromettre de hauts personnages pris avec lui. Mais il dut quitter son titre de vicaire-général et se contenter du titre de chanoine. Il était encore dans toute la splendeur de son titre de vicaire-général lorsqu'il me manda chez lui. Il me reçut avec sa grossièreté habituelle me disant que je me conduisais mal à l'égard de mon confrère. Je lui tournai le dos et me retirai vers la porte. Il me suivait en disant qu'il avait à me parler. Je ne lui répondis pas, j'ouvris sa porte et je la lui fermai sur le nez. J'écrivis aussitôt à l'archevêque que s'il avait des observations à me faire au sujet de mon confrère, je le priais de m'indiquer un vicaire-général moins grossier et qui voulût bien faire une enquête. On savait que l'on n'avait rien à me reprocher et l'archevêque n'insista pas.

On eut recours à un autre moyen pour me trouver en faute. J'avais pour servante une femme honorable qui était entrée chez moi à Blois sur la recommandation du marquis de Montpezat et du comte de Juigné, et avec autorisation de Mgr Fabre Des Essarts.

Cette dame me suivit à Paris où elle avait des relations avec la famille du comte de Montalembert dont elle était *sœur de lait*. Je ne sais comment on apprit cela à l'archevêché de Paris. M. Sibour de Tripoli bâtit là dessus une jolie intrigue. Par l'entremise d'une dame, parente de M. de Montalembert, il pria ma servante de l'aller voir à l'archevêché, en lui recommandant de ne m'en rien dire. Elle ne tint aucun compte de la recommandation et me demanda si elle devait se rendre à l'invitation. « Allez-y, lui dis-je, et nous verrons bien ce que cela signifie. » Elle alla donc voir *Monseigneur de Tripoli* qui lui parla à peu près en ces termes : « M. l'abbé Guettée n'est pas dans une position très solide ; nous devons, dans son intérêt et pour son bien, prendre une décision à son sujet ; nous savons que vous êtes très honorable et nous avons pensé à vous procurer une autre place. La famille de Montalembert s'occupe de vous, et nous avons pensé à vous faire nommer directrice d'un asile de jeunes filles. Vous serez mieux là que chez l'abbé Guettée. Revenez me voir dans huit jours et nous causerons plus longuement. » Il la congédia en lui mettant dans la main une somme de cinquante francs. De retour chez moi, ma servante me dit qu'elle ne voulait pas de la place qu'on lui offrait et qu'elle rendrait les cinquante francs qu'on lui avait donnés. « Gardez-les, lui dis-je, vous en avez besoin, et vous retournerez dans huit jours voir *Monseigneur de Tripoli.* » Elle suivit mon conseil. Sibour de Tripoli crut qu'il avait gagné sa confiance et lui demanda qu'elle était ma conduite privée, et s'il n'y aurait pas quelques reproches à me faire.

L'honnête femme répondit qu'elle ne savait pas ce qu'on aurait à me reprocher et demanda un peu de temps pour réfléchir à la proposition qu'on lui avait faite relativement à la direction d'un asile. *Monseigneur de Tripoli* lui remit une nouvelle somme de cinquante francs, en la priant de lui rendre visite lorsqu'elle aurait pris une décision. En rentrant chez moi, elle se mit à pleurer, en me disant qu'on me voulait du mal, qu'elle ne retournerait pas à l'archevêché, et qu'elle ne voulait pas de la place qu'on lui offrait. Je la laissai libre. Ne la voyant plus à l'archevêché, on comprit que l'on avait fait fausse route, et que je connaissais probablement l'intrigue.

On y renonça donc.

Quelque temps après je reçus de l'archevêque lui-même l'invitation de me rendre chez lui. J'y allai et je le trouvai dans son cabinet avec *Monseigneur de Tripoli, Monseigneur Darboy*, et le pauvre père Lequeux qui n'avait cependant plus rien à faire à l'archevêché, du moins officiellement. Je saluai l'archevêque, et je ne daignai pas jeter un simple regard sur ses acolytes. L'archevêque me fit asseoir à côté de lui et prit un ton solennel pour me dire : « Monsieur l'abbé, on vous accuse d'être janséniste ; dites-moi franchement si vous acceptez les cinq propositions de Jansenius condamnées comme hérétiques. — Je répondis : Je n'admets aucune des cinq propositions, et je défie qui que ce soit de trouver dans mon ouvrage un seul mot sur lequel on pourrait s'appuyer pour m'attribuer cette doctrine. — Alors, dit l'archevêque, en regardant M. Lequeux, M. l'abbé Guettée ne peut être accusé de jansénisme. » M. Lequeux prit alors la parole et s'embarrassa dans une foule de considérations fort obscures pour prouver qu'on pouvait être janséniste de quatre manières. Le bon homme m'agaçait les nerfs : « Vous oubliez, lui dis-je, une cinquième manière qui est la seule vraie : Les jansénistes sont de bons chrétiens qui n'aiment pas les jésuites. Maintenant, Monsieur Lequeux, permettez-moi de m'étonner que ce soit vous qui preniez ici la parole pour m'accuser. Vous êtes mon confrère en Index, et cela seul devrait vous engager à laisser la parole à Monseigneur l'archevêque, ou à Mgr de Tripoli, ou à M. l'abbé Darboy. Ils doivent être aussi doctes que vous, et ils n'ont pas été classés parmi les écrivains suspects d'hétérodoxie. Je suis fâché, à cause de votre âge, de vous donner cette leçon, mais il me semble que vous la méritez. Vous savez mieux que tout autre combien j'ai cherché à être agréable à Monseigneur l'archevêque dans mes réponses à *l'Univers* ; que j'ai subi toutes les corrections faites à mes articles par vous et par Monseigneur l'archevêque ; que je me suis toujours conduit en prêtre soumis et ami de la paix. Avez-vous oublié nos relations très fréquentes ? »

L'archevêque m'arrêta, se leva et me dit : « Ne vous fâchez pas, mon cher abbé. La question est terminée, on n'y reviendra pas. »

Je saluai l'archevêque et me retirai; ses acolytes avaient l'air assez embarassé, surtout Lequeux qui ne s'attendait pas à la mercuriale qu'il venait d'entendre.

On fut donc obligé de chercher autre chose pour me retirer mes fonctions. Comme on ne trouva rien à me reprocher, l'archevêque en fut réduit à me demander ma démission. Il m'avait encore appelé à l'archevêché pour me faire cette proposition. Je lui répondis : « Monseigneur, je n'ai pas de démission à donner. C'est vous qui m'avez offert une place dans votre clergé; celle que j'occupe ne devait être que transitoire, il est vrai, mais je ne devais la quitter que pour en occuper une *plus digne de mes mérites*, ce sont vos expressions. Vous pouvez me retirer ma place, mais si je donnais ma démission, je reconnaîtrais indirectement que j'aurais des torts, et vous savez bien qu'on n'a rien à me reprocher. Si vous me retirez ma place, vous agirez arbitrairement, et tous les torts seront de votre côté. — J'en ai le droit, dit fièrement l'archevêque. — Non, Monseigneur vous n'en avez pas *le droit*, vous en avez seulement le pouvoir; si vous l'exercez ce sera contre le droit. — Nous verrons, ajouta-t-il, et il me congédia ».

Enfin, le grand jour de l'injustice arriva, et je fus averti par un vicaire-général, que je devais quitter ma place le plus tôt possible, dans un délai de quinze jours au plus. Je répondis que l'époque fixée n'était pas celle du terme des locations et que j'avais encore deux mois à attendre pour trouver un logement. Je savais bien où aller, mais je voulais que l'on sût que si l'on m'ôtait ma place, ce n'était pas parce que j'avais commis quelque délit qui imposait mon expulsion. On consentit *très gracieusement* à ma demande.

Je posai une autre condition à mon départ : c'est qu'on me remettrait une attestation écrite que l'on n'avait rien à me reprocher. Je ne voulais pas d'une attestation imprimée comme on en donne à tous les prêtres dont on veut se débarrasser. Une attestation écrite avait son importance. On se soumit à ma demande, et Monsignor Darboy fut chargé de me remettre l'attestation *écrite* que j'avais demandée. Elle était conçue en ces termes :

(Place des armes.)

« MARIA-DOMINICUS-AUGUSTUS SIBOUR, miseratione divinâ et sanctæ Sedis Apostolicæ gratiâ, Archiepiscopus Parisiensis.

« Omnibus quorum interesse poterit fidem facimus et testamur, Dilectum nobis in Christo Magistrum Renatum Franciscum Guettée, Diocesis Blesensis Presbyterum.

« Nobis optime notum, pium esse et probum, moribus viro ecclesiastico dignis commendabilem; nullis eum pœnis, censuris aut sententiis ecclesiasticis, saltem quæ ad nostram notitiam pervenerint, innodatum esse, nihilque Nobis obstare videri quominus, in locis per quos illum transire aut in quibus commorari contigerit, sacrosanctum Missæ sacrificium celebrare ipsi permittatur à Superioribus Ecclesiasticis.

« Datum Parisiis, sub signo Vicarii nostri Generalis, sigillo nostro, ac Secretarii Archiepiscopatûs nostri subscriptione, anno Domini millesimo octingentesimo quinquagesimo sexto die vero mensis aprilis quinta.

« G. DARBOY, vic. gen.
« De Mandato Illustrissimi et Reverendissimi
(Place du sceau.) « D. D. Archiepiscopi Parisiensis.
« E. SUQUET,
« Præsb. Sec. »

Il était donc reconnu par écrit que : « bien connu à l'archevêché, j'étais pieux et honnête, recommandable par des mœurs dignes d'un homme ecclésiastique ; que je n'étais frappé par aucunes peines, censures ou sentences ecclésiastiques et que rien ne s'opposait à ce que je fusse admis à célébrer la messe partout ou je me rendrais, avec l'assentiment des supérieurs ecclésiastiques ».

L'époque de ma retraite arrivée, je fis imprimer une *première lettre à Monseigneur Sibour, archevêque de Paris* La voici :

« Non lædas servum in veritate operantem. » « Ne mal-« traite pas le serviteur qui travaille dans la vérité ». (Eccl. VII, 22).

Jésus-Christ a dit :

« Heureux ceux qui souffrent persécution pour la justice, car le royaume des cieux est à eux.

« Vous serez heureux lorsque les hommes vous maudiront et vous persécuteront, et diront faussement toute sorte de mal contre vous, à cause de moi.

« Réjouissez-vous et tressaillez de joie, parce que votre récompense sera grande dans les cieux.

« Gardez-vous des hommes, car ils vous flagelleront dans leurs synagogues.

« Le disciple n'est pas au dessus du Maître, ni le serviteur au dessus de son Seigneur.

« Il suffit au disciple d'être comme son Maître, et au serviteur d'être comme son Seigneur. S'ils ont appelé Béelzébub le père de famille, combien plus ses serviteurs !

« Ne les craignez donc point, car rien de caché qui ne soit révélé, et rien de secret qui ne soit connu. »

(*Évangile selon S. Mathieu*, ch. V et X.)

Paris, 14 avril 1856.

MONSEIGNEUR,

Au moment de quitter un ministère que vous m'aviez confié, il y a cinq ans environ, avec tant d'empressement, je dois vous rappeler quelques faits que vos nombreuses préoccupations vous ont sans doute fait oublier.

Vous savez bien, Monseigneur, que je n'ai quitté mon diocèse d'origine que pour travailler plus facilement à la composition de l'histoire de notre illustre Eglise de France, et que je m'étais acquitté, dans ce diocèse, des fonctions qui m'avaient été confiées, de manière à mériter l'estime et les éloges de mes supérieurs. Depuis que je suis à Paris, j'ai rempli un ministère pénible et qui répugnait à ma nature, à l'hôpital Saint-Louis et à celui de Notre-Dame-de-Pitié. Des épidémies cruelles ont sévi pendant ce temps, et j'ai fait mon devoir avec modestie, sans rechercher les louanges de personne, sans me préoccuper de ce que vous pensiez de moi; car, Dieu merci, je ne suis pas ambitieux, Monseigneur, et je n'ai eu pour diriger mes actes que les seuls motifs qui soient dignes du prêtre.

Tandis que je ne songeais qu'à mon ministère et à l'*Histoire de l'Eglise de France*, mon travail fut dénoncé sournoisement à la Congrégation de l'Index, qui le nota, sans tenir compte des règles que lui avait si sagement prescrites le savant pape Benoît XIV.

Je n'aurais pas cru, jusqu'alors, à la possibilité de telles intrigues. Je me reposais, pour ce qui touche à l'orthodoxie de mes opinions, sur des études approfondies, des intentions droites; sur les approbations et encouragements de quarante-deux évêques de France.

Je n'avais pas reçu de lettre de vous, Monseigneur, comme de ces quarante-deux évêques; mais la manière dont vous m'avez parlé de mon livre, à mon arrivée à Paris, m'autorise bien à dire que vous étiez au nombre de mes approbateurs.

La mise à l'index de l'*Histoire de l'Eglise de France* vous surprit, comme elle dut m'étonner moi-même. Je vis facilement d'où le coup partait ; nous en causâmes confidentiellement à plusieurs reprises : vos paroles sont encore présentes à ma mémoire. Aurais-je besoin de vous les rappeler, Monseigneur ? Non-seulement vous m'avez parlé à cœur ouvert de l'injustice dont j'étais victime ; mais vous m'avez engagé à m'entendre avec trois ecclésiastiques que je pourrais nommer, pour lutter contre les prétentions de la cour de Rome et de la Congrégation de l'Index en particulier. Je composai un ouvrage en ce sens ; mais un des prêtres auxquels vous m'aviez adressé me dissuada de le publier, en me disant que vous m'abandonneriez dans la lutte. Quelque temps après, un de vos valets se présenta chez moi, avec une lettre dans laquelle on me demandait de votre part la correspondance que j'avais eue avec l'archevêché, relativement aux affaires de ma mise à l'index. Je regardai cette demande comme un outrage, Monseigneur. Je fus sur le point de refuser. Après quelques instants de réflexion, je remis à votre valet *une partie* de cette correspondance qui vous causait tant d'inquiétude, afin d'éviter un conflit pénible ; mais je compris que j'avais bien fait de suivre le conseil qui m'avait été donné de ne pas publier mon ouvrage contre la Congrégation de l'Index.

Le journal *l'Univers* m'insulta à propos du décret de cette Congrégation. Les lettres que j'adressai à cette feuille ont été modifiées par le vicaire-général que vous aviez spécialement chargé de mon affaire ; elles vous ont été communiquées en ma présence. J'eus même l'honneur d'être invité à me rendre à l'archevêché pour en causer avec vous. Je vous trouvai, Monseigneur, dans ces circonstances, fidèle à la doctrine de l'Eglise gallicane ; j'en étais très heureux, car cette doctrine est vraie et conforme à l'enseignement de la sainte antiquité chrétienne.

En 1853, le concile de La Rochelle, dans lequel on proposa de censurer Bossuet, attaqua le huitième volume de l'*Histoire de l'Église de France*. A cette occasion, vous m'avez demandé, Monseigneur, une déclaration qui me mît en règle vis-à-vis du Saint-Siège et de vous, afin de pouvoir répondre à mes adversaires, s'il en était besoin. Je rédigeai cette déclaration, de concert avec M. l'abbé Darboy, selon vos désirs; elle mérita votre approbation. Je vous proposai, dans le même temps, de soumettre mon ouvrage à l'examen d'une commission, et l'on me répondit, en votre nom, que vous ne le jugiez pas à propos.

Après cette réponse, je dus être fort étonné, Monseigneur, de recevoir peu de temps après le voyage que vous fîtes à Rome, à la fin de l'année 1854, une lettre dans laquelle on disait de votre part : « Que vous étiez obligé de « soumettre mon ouvrage à l'examen d'une commission, et « que vous espériez que je vous épargnerais cette peine en « me retirant dans mon diocèse d'origine. » A cette condition, on me promettait que mon ouvrage ne serait pas examiné par votre commission. Je compris dès lors, Monseigneur, que je ne serais pas longtemps dans les cadres du clergé officiel de Paris. Mon parti fut bientôt pris; je répondis que vous pouviez faire examiner mon livre par ceux qu'il vous plairait de choisir; que je donnerais aux juges que vous me désigneriez les éclaircissements qu'ils désireraient; que vous pouviez me retirer le ministère que vous m'aviez confié quand cela vous conviendrait, sans vous préoccuper de savoir si je resterais à Paris, ou si je me retirerais dans mon diocèse d'origine.

Quelque temps après, je fus cité à comparaître pardevant vous, Monseigneur. Vous étiez assisté de Mgr de Tripoli, de M. Lequeux et de M. Darboy. Le grand-vicaire, qui porta la parole, fut convaincu par moi de n'avoir que des idées fausses et incomplètes sur les questions qu'il avait soulevées. Son embarras me fit peine ; je n'aurais pas cru que, dans la position où il se trouvait lui-même, et après les témoignages d'affection qu'il m'avait donnés, il se fût chargé de la mission qu'il remplit en cette circonstance. Il ne pouvait rendre bonne une mauvaise cause ; je me défendis avec énergie, et vous ne prîtes alors aucune résolution ; mais je m'aperçus facilement que j'étais un embarras pour vous, et qu'il fallait m'attendre à quitter bientôt le ministère.

Sur ces entrefaites, les décrets du concile de La Rochelle, tenus en 1853, furent publiés. Ils sont remplis d'outrages et de calomnies contre ma personne et contre mon ouvrage. Il me fut d'autant plus facile de me défendre, que j'avais en ma possession le *Rapport* d'après lequel le concile avait jugé. Je n'avais pu obtenir cette pièce directement du président de l'assemblée de La Rochelle, mais la Providence me l'avait mise entre les mains. Je fis imprimer ma défense, et, pour ne point donner à votre administration un prétexte qu'elle eût saisi avidement pour m'ôter mes fonctions, je vous demandai humblement l'autorisation de la publier.

M. Buquet, vicaire-général, fut chargé de me répondre que si je voulais me défendre contre les inculpations du concile de La Rochelle, je devais préalablement donner ma démission. Pourquoi avez-vous posé cette condition, Monseigneur? N'est-ce pas un droit naturel que celui de défendre sa réputation? Ne deviez-vous pas désirer ma complète justification? N'aviez-vous pas pensé que ces instances réitérées touchant ma démission étaient un outrage gratuit que vous faisiez à un frère dans le sacerdoce? Je l'ai bien senti, cet outrage, Monseigneur ; mais j'ai compris aussi que l'on voulait m'amener à me retirer moi-même du saint ministère, afin de pouvoir dire ensuite qu'on n'était pour rien dans cette résolution, dont j'aurais porté seul, en apparence, la responsabilité. Je réponds à votre grand-vicaire que je ne donnerais pas ma démission. Il fut convenu que je vous remettrais six exemplaires de ma défense, et que l'écrit ne recevrait pas de publicité. Je souffris de cette décision ; mais je ne voulais contribuer en rien à la mesure que je prévoyais devoir être bientôt prise.

Depuis quelque temps j'étais averti que vous étiez sollicité, à mon sujet, par des hommes qui, ne pouvant me vaincre par la science et la raison, croyaient pouvoir faire appel aux dénonciations et provoquer des moyens violents. Ces sollicitations n'étaient pas nouvelles ; car, il y a quelques années, vous m'aviez communiqué un *Post-scriptum* haineux d'une lettre d'un évêque qui n'a à me reprocher que de bons procédés à son égard.

La défense que je fis contre les inculpations du concile de La Rochelle vous convainquit sans doute, Monseigneur, qu'il m'était d'une facilité extrême de justifier mon ouvrage, et qu'il fallait trouver un autre prétexte pour m'ôter l'humble position où je faisais quelque bien.

Un de vos grands-vicaires se chargea de soulever une question qui avait tout juste l'élévation de son esprit. On pourrait susciter la même difficulté à tous les prêtres de Paris, à peu près sans exception ; et, jugée avec la plus grande rigueur, elle pourrait donner lieu, tout au plus, à un déplacement. Mais cet homme ne put trouver mieux, malgré le zèle qu'il a déployé en cette circonstance. Il ne pouvait faire un plus bel éloge de ma conduite.

Je vous adressai, Monseigneur, une note devant laquelle disparaissait d'elle-même la pauvre question soulevée contre moi. J'avais lu, autrefois, vos *Institutions diocésaines*, et je m'imaginais que, fidèle à vos doctrines, vous alliez donner suite, judiciairement, à l'affaire sur laquelle je ne désirais que la lumière et l'impartiale justice. Mes espérances ont été trompées ; et, après avoir fait un livre dont la pensée dominante, fort juste et très louable, est que l'évêque doit avoir recours aux jugements réguliers pour éviter l'erreur et l'arbitraire, après, dis-je, avoir fait ce livre en faveur des jugements ecclésiastiques, vous n'avez pas voulu laisser juger ma cause.

Vous n'avez donc pas réfléchi, Monseigneur, que l'on verrait là une contradiction entre votre conduite et vos principes d'autrefois ; que l'on dirait et surtout que l'on penserait que, de parti pris, vous vouliez condamner l'innocence?

De tout ce que je viens de dire, Monseigneur, il résulte que vous avez entièrement changé de sentiments à mon égard dans le cours d'un bien petit nombre d'années. Quand je descends au fond de ma conscience et que je l'interroge pour savoir si j'ai fourni le moindre motif à ce changement, ma conscience me répond que je n'ai rien fait qui ait pu vous contrister ni vous causer de la peine. L'*Histoire de l'Église de France* est aussi orthodoxe aujourd'hui qu'elle l'était lorsqu'elle avait votre approbation, et je n'aurais certes jamais pensé qu'un travail entrepris avec des vues aussi pures, poursuivi avec tant de persévérance, eût pu devenir, à vos yeux, un motif de prendre contre moi une mesure qui, de sa nature, est infamante, et que je suis obligé de considérer comme injuste.

Donc, Monseigneur, après *dix-sept ans* d'un ministère irréprochable ; après une vie consacrée uniquement aux fonctions sacerdotales et à l'étude des sciences ecclésiastiques ; après des recherches opiniâtres qui ont eu pour principal résultat l'*Histoire de l'Église de France*, sans compter d'autres travaux appréciés par les hommes les plus compétents, vous me trouvez indigne de remplir les humbles fonctions d'aumônier d'hôpital !

Croyez-le bien, Monseigneur, je ne regrette pas cette

place d'aumônier d'hôpital. Ce n'est certes pas avec goût que je me rendais, nuit et jour, auprès de ces infortunés que l'indigence force à rendre leur dernier soupir dans les tristes asiles de la charité officielle. Je n'aurais pas abandonné mon poste; mais vous me rendez service en m'enlevant au triste et continuel spectacle de toutes les misères humaines. Il n'en est pas moins vrai, Monseigneur, que ce n'est point pour m'être agréable que vous me retirez mes fonctions, et que vous ne vous êtes point préoccupé de savoir si les émoluments qui y sont attachés ne m'étaient pas strictement nécessaires.

Trouvez-vous, Monseigneur, que ce soit une chose toute naturelle que de réduire un prêtre honorable et studieux à la mendicité? A votre défaut, la Providence me viendra en aide, elle qui nourrit les oiseaux du ciel, et qui donne au lis des champs sa parure. J'ai confiance qu'elle ne m'abandonnera pas.

Vous me direz peut-être, Monseigneur, que je ne suis pas originaire de votre diocèse et que vous ne me devez rien. Dites-moi, Monseigneur : ne m'avez-vous pas adopté le jour où vous m'avez admis dans votre clergé? N'y a-t-il pas eu, ce jour-là, entre vous et moi, un contrat tacite qui m'obligeait à remplir dignement le ministère qui m'était confié, et qui vous obligeait à me traiter avec charité et justice? La plupart des prêtres qui exercent le saint ministère dans le diocèse de Paris, depuis vos grands-vicaires jusqu'aux diacres d'office, n'appartiennent pas à ce diocèse; pensez-vous avoir pour cela le droit de ne pas reconnaître les services rendus par l'immense majorité de votre clergé? Vous auriez alors, Monseigneur, de singulières idées sur la justice. J'ai été fidèle au contrat qui nous liait. Demandez à votre conscience, Monseigneur, si vous y avez été aussi fidèle.

C'est assez pour aujourd'hui, je m'arrête.

Je vous prierai seulement, en finissant, Monseigneur, de

songer que bientôt peut-être vous rendrez compte de votre administration à CELUI aux yeux duquel les grandeurs d'ici-bas ne sont que des titres à un jugement plus sévère, à une sentence plus rigoureuse. Vous n'êtes pas éternel, Monseigneur. Les honneurs dont vous jouissez, et ceux qui vous sont, dit-on, promis, disparaîtront avec vous; et la mort n'épargnera pas plus votre palais somptueux que la cabane du pauvre. Alors, vous aurez un successeur qui tiendra peu de compte de la manière dont vous aurez considéré les choses. Dieu le chargera peut-être de me faire justice, s'il ne vous inspire pas à vous-même la pensée de réparer, avant de mourir, la faute que vous avez commise à mon égard.

Quoi qu'il arrive, je serai fidèle à mes convictions, et je mériterai ainsi l'estime de ceux mêmes qui ne partageraient pas mes opinions sur tous les points.

Il est si rare de rencontrer aujourd'hui, Monseigneur, des hommes qui ne flottent pas à tout vent de doctrine !

Je vous prie, Monseigneur, de ne pas trouver mauvais que je donne à cette lettre la plus grande publicité. On ne peut ôter à personne le droit de défendre son honneur aussi bien que sa vie.

J'ai l'honneur d'être, Monseigneur,
Votre très humble serviteur,

L'abbé GUETTÉE,

J'envoyai à M. Sibour un exemplaire de cette lettre, ainsi qu'à plusieurs vicaires-généraux. Je reçus en conséquence de M. Bautain, vicaire-général promoteur, le billet suivant :

« Paris, 22 avril 1856.

« MONSIEUR L'ABBÉ,

« Après la lettre que vous venez de publier, j'ai le regret de vous signifier que la permission de célébrer, qui vous avait été accordée pour le diocèse de Paris, vous est retirée à partir de ce jour.

« Recevez, etc.

« L. BAUTAIN,
« Vicaire-général promoteur. »

M. L. Bautain ne se souvenait plus sans doute qu'il avait subi lui-même l'affront qu'il m'infligeait, et pour des ouvrages et des actes plus répréhensibles que ma lettre à M. Sibour.

J'écrivis le jour même, au soir, une lettre à M. Sibour. Je cherchai à lui faire comprendre que ma lettre était *une défense* et non pas *une attaque* contre son administration. Je m'étendis surtout sur la peine que me causait le billet de Bautain, et je lui proposai de lui remettre les exemplaires de ma lettre, pour lui prouver que, si je voulais me défendre, je ne tenais pas à faire du bruit.

Le lendemain, à midi, M. Sibour m'envoya son valet de chambre avec cette lettre :

« Paris, le 23 avril 1856. »

« Je suis touché, monsieur Guettée, des sentiments que vous m'exprimez dans votre lettre d'hier, et *je désire vous en témoigner ma satisfaction.* Venez me voir ce soir à sept heures et demie.

« Je vous rends la permission de dire la sainte Messe.

« Comme un témoignage de vos sentiments actuels, que je serai heureux de faire connaître à mon administration, il est nécessaire, en effet, que vous fassiez déposer au secrétariat de l'archévêché les exemplaires de votre lettre, comme vous le proposez. »

Je me rendis à l'archévêché. Il fut convenu que je retirerais ma lettre, et que, dans un bref délai, on me conférerait de nouvelles fonctions ecclésiastiques.

Il était bien évident que j'avais été victime d'une injustice de la part de M. Sibour. En effet, quelqu'idée que l'on ait d'une censure de l'Index, on est bien obligé de convenir que cette censure n'emporte pas la note d'hérésie pour l'ouvrage censuré, encore moins pour l'auteur, dont *la personne* n'est réellement pas en cause. Un écrit peut être censuré par l'Index à cause de certaines opinions, quand bien même ces opinions ne seraient inopportunes qu'à Rome. Or, des opinions inopportunes à Rome peuvent être fort licitement soutenues en France ; de plus, des opinions ne peuvent fournir matière à un jugement contre celui qui les soutient, à moins qu'elles ne soient en opposition avec la doctrine de l'Eglise.

Or, ai-je soutenu des opinions de cette nature dans l'*Histoire de l'Église de France?*

C'est une question que l'autorité ecclésiastique n'a jamais examinée.

Quand bien même cet examen aurait été fait, il aurait encore été nécessaire de me faire connaître les erreurs qui m'étaient reprochées, et de se convaincre que j'y persistais, avant de sévir contre moi ; car tout homme peut se tromper : il n'y a de coupable que l'opiniâtreté dans l'erreur constatée et connue.

Non seulement je n'ai pas été convaincu de persister opiniâtrement dans telle ou telle erreur, mais jamais l'autorité ecclésiastique ne m'en a indiqué une seule dans tous mes ouvrages. J'ai donc été privé de ma position par M. Sibour contre toute justice.

La dernière entrevue que j'eus avec M. l'archevêque ne fût pas absolument pacifique. Il essaya de justifier la mesure qu'il avait prise contre moi, l'appuyant sur les difficultés que la cour de Rome lui suscitait à cause de ma résistance à la Congrégation de l'Index. Il me fournissait ainsi l'occasion de revenir sur le passé. Je lui rappelai qu'il avait encouragé ma résistance ; que je serais entré en lutte contre la Congrégation si j'avais suivi ses conseils ; je lui remis en mémoire tout ce qu'il avait dit lorsque j'étais allé lui annoncer la mise à l'index de mon ouvrage : « Voilà ce que vous étiez il y a deux ans, Monseigneur, et aujourd'hui vous vous donnez un démenti formel, vous voulez que je sois ultramontain. L'êtes-vous vous-même, Monseigneur? Je ne le crois pas, malgré votre mandement rempli de phrases si retentissantes. On ne change pas si vite d'opinion, à moins qu'on n'ait aucune conviction. Vous faites l'ultramontain aujourd'hui parce que vous espérez être cardinal, mais vous ne le serez pas, Monseigneur. A Rome on s'est moqué de vous ; on vous fera commettre des injustices dont on espère profiter, mais on se moquera toujours de vous. » L'archevêque devint rouge, il se redressa et me dit : « Monsieur, jamais un prêtre ne m'a parlé de la sorte. » — « Vous ne le direz plus à l'avenir, Monseigneur. Vous n'avez rencontré jusqu'ici que des flatteurs ; vous avez devant vous aujourd'hui un prêtre qui vous dit la vérité. Vous m'avez assuré autrefois de votre affection, je n'ai pas démérité. Vous me sacrifiez sans motif raisonnable, je suis autorisé à vous parler avec franchise ; je ne manque pas au respect que je vous dois. Je peux dire que, parmi les prêtres qui vous ont flatté, il n'y en a pas un qui ait pour vous l'affection respectueuse que je conserverai malgré vos injustices. » — « Et moi aussi je vous aime, dit Monseigneur ; personne ne regrette plus que moi ce que je suis obligé de faire contre vous ; mais cela n'aura qu'un temps. Prenez patience, mon cher monsieur Guettée ; bientôt vous rentrerez dans mon clergé, et c'est alors que je vous dédommagerai amplement de la peine que je vous cause aujourd'hui. »

Nous nous séparâmes sur ces bonnes paroles. Je ne revis plus l'archevêque Sibour, qui, six mois après, était assassiné par un prêtre nommé Verger, en pleine cerémonie à l'église de Saint-Étienne-du-Mont, près le Panthéon. Comme on a cherché à me compromettre au sujet de ce crime si lamentable, je dois entrer dans quelques détails que personne n'a connus aussi bien que moi.

VIII

Verger, ses antécédents. — Comment mon ami Parent du Châtelet fit sa connaissance. — Confidences de Verger. — Comment il est traité par l'archevêque. — Je vois Verger chez M. Parent du Châtelet. — M. du Châtelet et moi faisons placer Verger dans une cure du diocèse de Meaux. — Il vient me voir pour me demander des livres. — Il me fait une seconde visite pour me les rapporter. — Ses attaques contre le tribunal de Melun. — L'évêque de Meaux est obligé de lui ôter sa place — Il revient à Paris. — M. du Châtelet lui adresse des reproches. — Il vient chez moi et me prie d'insérer un *factum* dans mon journal *l'Observateur catholique*. — Il se jette à mes genoux et me fait peur. — Il était fou. — Ni M. Parent du Châtelet ni moi nous n'entendons plus parler de lui. — Les journaux nous apprennent son crime. — M. Parent du Châtelet regrette de ne l'avoir pas pris chez lui, pensant qu'il aurait peut-être empêché le crime. — Procès de Verger. — Je suis cité comme témoin à décharge. — Infamie des gens de l'archévêché qui espéraient me compromettre. — Ma comparution. — Demandes et réponses. — Impossible d'en abuser. — Mes ennemis se rabattent sur mon titre de *témoin à décharge* qu'ils confondent avec celui de défenseur. — Cette sottise fait son chemin. — Verger est condamné à mort et exécuté. — Cette sentence est injuste. — On a guillotiné un fou. — On devait l'enfermer dans une maison d'aliénés.

ERGER était un jeune prêtre de trente ans. A son arrivée à Paris, il fut professeur à l'Institution de l'abbé Joliclerc ; il fut ensuite attaché à une paroisse de Paris. C'était un très beau jeune homme, fort bien fait, doué d'une figure douce et distinguée. Son regard était d'une grande vivacité. Il y avait, dans sa physionomie, quelque chose de vague ; ma première impression, en le voyant, fut qu'il n'avait pas la tête très solide.

Je le vis pour la première fois chez mon respectable ami Martial Parent du Châtelet.

Verger avait loué une petite chambre, dans la maison de M. Parent du Châtelet. Il était en redingote et on le prit pour un étudiant. Le lendemain il sortit en soutane, et l'on vit qu'il était prêtre. M. Parent du Châtelet avait pour principe de ne pas louer à des prêtres, quoiqu'il fût profondément religieux. Ses parents avaient eu jadis tant de difficultés avec des locataires ecclésiastiques, qu'il s'était imposé la règle de n'accepter aucun prêtre comme locataire. Il fit en conséquence donner immédiatement congé à Verger, pour le terme suivant.

Ce malheureux jeune homme n'avait dans sa chambrette qu'un mauvais grabat. Après avoir reçu congé, il fut deux jours sans sortir. Il faisait froid, il n'avait rien ni pour se chauffer ni pour se nourrir. Le troisième jour, une brave et honnête femme, sa voisine, fut inquiète et se rendit à l'appartement de M. Parent du Châtelet pour l'avertir de ce qui se passait. Cet excellent homme envoya aussitôt un domestique à la chambre de Verger. On le trouva à demi-mort de faim et de froid. M. du Châtelet le fit aussitôt descendre dans son appartement auprès d'un bon feu et lui fit servir un bouillon, et quelque temps après un excellent dîner. Verger, réconforté et plein de reconnaissance pour un propriétaire aussi bon et aussi charitable, put parler. M. du Châtelet lui demanda naturellement comment il se faisait qu'il fut dans un tel dénuement; il croyait, à cause de sa beauté, que probablement il avait été interdit pour quelqu'affaire de femme. Verger alors lui raconta son histoire. Attaché à la paroisse de ***, il avait trouvé là un curé qui l'avait reçu avec beaucoup d'affection. Après quelques mois, le curé le logea dans une petite chambre où il ne pouvait se rendre sans traverser celle du curé. Il ne comprenait pas bien pourquoi le curé l'avait ainsi logé; il le comprit lorsque, pendant une nuit, le curé entra dans sa chambre et lui fit des propositions infâmes. Verger le repoussa avec horreur; le curé recommença à plusieurs reprises. Alors

Verger, pour se débarrasser de lui, écrivit à l'archevêque pour le prier de le placer dans une autre paroisse. Il ne disait pas pourquoi il demandait ce changement. Il savait que le curé était très influent à l'archevêché, et il craignait de l'accuser.

L'archevêque fit venir Verger chez lui et voulut savoir pourquoi il voulait quitter la paroisse à laquelle il était attaché. Verger hésitait; l'archevêque lui promit de garder pour lui ce qu'il dirait et de n'en point faire part à son conseil. Alors Verger se décida à parler, et raconta les propositions infâmes que le curé lui avait faites.

L'archevêque manqua à sa parole, et rapporta à son conseil ce que Verger lui avait dit. Il y avait dans ce conseil plusieurs personnages aussi immoraux que le curé, ses amis, et peut-être ses compagnons de débauche. Ils se prononcèrent contre Verger, et crièrent à la calomnie. Le pauvre jeune homme fut alors privé de sa place. On ne lui en donna pas une autre, et on le jeta sur le pavé de Paris sans aucune ressource.

Quoique Verger fût originaire de Paris, il avait été ordonné prêtre dans le diocèse de Meaux. Il sollicita son *exeat* de Meaux pour revenir à Paris. En lui ôtant sa place, on le renvoyait à Meaux, et l'évêque de Meaux refusait de le reprendre.

Ce fut alors qu'il loua une chambrette chez M. Parent du Châtelet.

Cet excellent homme, qui connaissait bien Paris et le clergé parisien, prit très discrètement quelques informations pour s'assurer si Verger lui avait dit la vérité. Il en fut bientôt persuadé. Alors il résolut de garder son malheureux locataire et de lui donner tout ce dont il avait besoin.

Il lui proposa un jour de le faire nommer curé dans une paroisse du diocèse de Meaux. Il connaissait le premier vicaire-général, qui avait été curé dans la paroisse où il avait son château, et moi, j'étais en bons termes avec Mgr Allou, évêque de Meaux. Verger ayant consenti à quitter Paris, fut nommé curé et partit avec un mobilier, une bibliothèque et de l'argent, le tout donné par M. Parent du Châtelet.

Il me fit visite avant de partir pour me remercier de l'intérêt que je lui portais et m'emprunter quelques livres.

Il revint un jour à Paris, me fit une seconde visite pour me rendre mes livres. C'est dans une de ces visites que, le voyant toujours très excité contre l'archevêque de Paris, je cherchai à l'apaiser en lui racontant que l'archevêque l'avait traité un jour devant moi de *mauvais prêtre*, mais qu'il avait aussitôt retiré cette expression injuste, sur une simple observation que je lui avais faite.

Verger en parut satisfait. Mais il avait sur le cœur ce qu'il appelait *la félonie de l'archevêque*, qui avait pris un engagement qu'il n'avait pas tenu : « Je suis, disait-il, victime de cette *félonie* ». En disant cela, on voyait dans son regard, d'ordinaire si doux, quelque chose de terrible.

Le séjour dans un village n'allait pas au caractère de Verger. Il quittait souvent sa paroisse pour aller à Melun, et il se rendait chaque fois aux séances du tribunal. Il assista un jour au jugement d'un pauvre homme qui fut sévèrement condamné. A ses yeux il était innocent; aussitôt il fit imprimer une lettre dans laquelle il s'attaquait violemment aux juges et leur reprochait leur injustice. Plainte fut portée à l'évêque de Meaux, qui se crut obligé d'ôter à Verger la paroisse qu'il lui avait accordée. M. Parent du Châtelet et moi nous en fûmes avisés.

Verger, de retour à Paris, alla chez M. du Châtelet qui lui fit des reproches sur sa conduite et lui dit : « Comment voulez-vous que je m'occupe de vous ? Qui vous empêchait de vous tenir tranquille dans votre paroisse ? » En sortant de la maison de M. du Châtelet, Verger vint chez moi. C'était la troisième visite qu'il me faisait. J'en eus peur ; ses yeux brillaient d'une manière étrange; il me pria de lui venir en aide pour publier une attaque virulente contre l'archevêque de Paris. Comme je refusais, il se jeta à mes genoux. Pour me débarrasser de lui, je lui promis tout ce qu'il voulut. Dès qu'il fut sorti, je donnai ordre de ne plus le recevoir. Je ne le vis plus. Il ne se présenta plus chez M. Parent du Châtelet. Nous ne savions ce qu'il était devenu, lorsque les journaux nous apprirent, un mois environ après nos dernières entrevues, qu'il avait frappé l'archevêque d'un coup de poignard et l'avait tué, au milieu d'une cérémonie religieuse à l'église de Saint-Étienne-du-Mont.

M. Parent du Châtelet accourut chez moi et ses premières paroles furent celles-ci : « Comme je regrette de n'avoir pas reçu le malheureux ! Peut-être aurais-je empêché cet horrible crime ! » Je ne sais s'il l'aurait empêché, car Verger était absolument fou, et, si nous avions continué nos relations avec lui, peut-être nous aurait-il compromis, malgré notre honorabilité bien connue.

Je n'avais pas à me louer de l'archevêque, mais je puis dire que, dans le clergé de Paris, il n'y eut pas un seul prêtre qui ait été aussi douloureusement impressionné que moi par sa mort déplorable. M. du Châtelet et d'autres amis qui avaient lu ma *Première lettre à Mgr Sibour* me rappelaient le dernier paragraphe et me disaient : « Vous avez été prophète ! » J'aurais pu en avoir la prétention; l'ânesse de Balaam l'avait bien été. Mais tout en n'ayant aucune prétention au don de prophétie, j'étais frappé de la coincidence entre ce que j'avais dit et l'événement épouvantable qui venait d'avoir lieu.

Verger, arrêté et emprisonné, fut bientôt mis en jugement. Je pensais quelquefois qu'il pourrait me demander dans sa prison, car il était furieux contre tous les autres prêtres, et j'étais probablement le seul qu'il aurait écouté à ses derniers moments. Je ne reçus aucun avis, et je jugeai qu'il était de mon devoir d'attendre que je fusse appelé.

Je reçus seulement une assignation pour me rendre au palais de justice le premier jour de l'audience, en qualité de *témoin à décharge*. M. du Châtelet était assigné comme *témoin à charge*. Pourquoi cette différence? Verger avait fait citer M. du Châtelet comme *témoin à décharge* aussi bien que moi ; mais il était laïc, l'archevêché n'avait sur lui aucune prise ; tandis que moi, prêtre persécuté par M. Sibour, d'horribles prêtres de l'archevêché pensèrent que je devrais nécessairement me compromettre par ma déposition en faveur de Verger. La haine de prêtre va loin. Verger avait demandé au moins cent *témoins à décharge*. Je fus SEUL assigné! car faut-il mentionner une pauvre fille que je vis dans la salle des témoins, et qui ne savait absolument rien du crime de Verger. Elle s'était confessée à lui et lui avait prêté une petite somme d'argent. Voilà tout ce qu'elle avait à dire. Quant j'entrai dans la salle des témoins, elle était sur le point de se trouver mal et un imbécile de gendarme la regardait d'un air effrayant. Une marchande d'oranges ayant passé dans la salle, j'en achetai deux pour la pauvre fille, qui me faisait compassion, et je priai le gendarme de ne pas l'effrayer plus longtemps puisqu'elle n'avait pas affaire à lui. Pandore voulut m'effrayer aussi, mais il perdit son temps, et je l'avertis que s'il ne circulait pas, j'irais trouver son chef. Il fila. La pauvre fille fut appelée avant moi. Je ne la revis plus. Quand je fus appelé, tous les yeux se fixèrent sur moi. J'étais entouré, à l'audience d'un grand nombre de prêtres *témoins à charge*, et que Verger avait refusé de laisser sortir.

Comme en rentrant chez moi, je pris note exacte des demandes qui me furent faites et de mes réponses, je vais les copier textuellement :

« *M. le président Delangle*. — Accusé, qu'avez-vous à demander au témoin?

« *Verger*. — Je demande à M. l'abbé Guettée s'il se souvient d'une conversation qu'il aurait eue avec M. Sibour, dans laquelle l'archevêque m'aurait traité de *mauvais prêtre*, et aurait retiré cette expression sur une observation que M. l'abbé Guettée lui aurait faite?

« *M. l'abbé Guettée*. — Je me souviens parfaitement de cette conversation.

Le nom de M. Verger ayant été prononcé dans cette conversation, M. Sibour le traita de *mauvais prêtre*. Je me permis alors de lui dire : « Ce mot est bien dur, Monseigneur ; « pensez-vous que M. Verger mérite réellement ce titre? Je « ne le connais pas, il est vrai, je ne l'ai vu qu'une fois; mais « il m'a semblé être un bon prêtre. — Vous avez raison, « répondit l'archevêque; le terme dont je me suis servi est « trop dur. On n'a rien eu à reprocher à M. Verger quant à « son ministère, et je suis bien aise que l'évêque de Meaux « lui ait donné une paroisse ».

« *M. le procureur impérial Weisse*. — Comment, monsieur l'abbé, pouviez-vous prendre la défense d'un homme qui avait fait une brochure *diffamatoire* contre le clergé? L'auteur d'une telle brochure ne peut être un bon prêtre.

« *M. l'abbé Guettée*. — Je vous ferai observer, d'abord, monsieur, que je suis ici témoin et que je n'ai à répondre, selon ma conscience, qu'aux questions qui me sont faites, sans avoir besoin de justifier ma manière de voir. Je veux bien dire, cependant, qu'à l'époque où je faisais mon observation à Mgr Sibour, j'ignorais complètement l'existence de la brochure dont vous parlez. Depuis, j'en ai entendu dire bien des choses contradictoires ; mais M. le procureur impérial sait bien que personne ne l'a lue, puisqu'elle a été imprimée en Belgique et qu'on l'a saisie à son entrée en France. On en parle donc sans la connaître. Les uns en disent beaucoup de mal, d'autres affirment qu'elle n'était qu'une défense légitime contre l'arbitraire dont l'auteur prétend avoir été victime.

S'il en était ainsi, il aurait pu l'avoir faite sans mériter pour cela le titre de mauvais prêtre, car un prêtre, comme tout autre homme, peut se défendre lorsqu'il croit être victime d'une injustice.

« *M. le président Delangle*. — C'est là, monsieur l'abbé, votre manière de penser?

« *M. l'abbé Guettée*. — Oui, monsieur le président, c'est ma manière de penser, et celle, je crois, de tout homme raisonnable et juste.

« *M. le président Delangle*. — Accusé, avez-vous autre chose à demander au témoin.

« *Verger*. — Non, monsieur le président; je n'ai qu'à remercier M. l'abbé Guettée d'avoir parlé selon sa conscience.

« *M. l'abbé Guettée*. — Alors, monsieur le président, je puis me retirer?

« *M. le président Delangle*. — Si l'accusé y consent, je ne m'y oppose pas.

« *Verger*. — M. l'abbé Guettée peut se retirer. »

Pour sortir je devais passer devant le banc où se trouvait l'accusé. Il se leva lorsque je passai et me salua très profondément.

Aurait-on pu croire qu'une déposition comme la mienne aurait donné occasion de dire que je m'étais constitué le *défenseur* de Verger? C'est cependant ce que dirent mes ennemis de l'archevêché. J'allai m'en plaindre à M. Buquet, premier vicaire-général, qui me dit : « Ceux qui vous accusent savent bien qu'ils mentent. Vos réponses aux questions qui vous ont été faites ont été fort convenables, et en toute cette triste affaire, vous vous êtes conduit avec la sagesse que j'attendais de vous. Un ami de Mgr Sibour n'aurait pas mieux répondu. — Je n'étais pas son ennemi, monsieur le vicaire-général, et ce n'est pas moi qui aurais ri, comme l'ont fait un grand nombre de prêtres, lorsque le malheureux archevêque était sur son lit de parade.... J'en suis persuadé, mon cher abbé, me répondit M. Buquet; je vous connais assez pour être persuadé que la mort terrible de l'archevêque vous a fait de la peine, quoique vous ayez eu à vous plaindre de lui. — J'en ai été très douloureusement affecté, monsieur le vicaire-général, vous pouvez en être certain. Devant une mort aussi épouvantable, je n'ai aucune peine à oublier tous mes griefs ».

Les hommes infâmes qui voulaient absolument m'attaquer abusaient du titre de *témoin à décharge* que l'on m'avait imposé par l'assignation que j'avais reçue. Ils disaient que *je m'étais porté comme témoin à décharge* et donnaient ainsi une preuve de la plus noire malice. Qui donc se porte soi-même comme témoin, soit à charge, soit à décharge, dans un procès quelconque? Un témoin est légalement *assigné* par la justice; s'il ne se rend pas au tribunal sur cette assignation légale, la loi autorise le magistrat à avoir recours à la force publique contre lui, et le témoin récalcitrant devient passible d'une condamnation. *J'ai été assigné*, par la justice elle-même, à comparaître en qualité de témoin, *je ne me suis donc pas porté comme tel.*

Ai-je maintenu, après l'assassinat, l'éloge que j'avais fait de Verger avant son crime? Ai-je adressé une seule louange à Verger devant le tribunal? Interrogé *sur mes souvenirs*, j'ai rappelé simplement *ces souvenirs*. On m'a posé une question, j'y ai répondu; à cela se bornait mon rôle de *témoin*. Je ne devais pas plus injurier Verger que lui adresser de louanges. Je n'ai fait ni l'un ni l'autre, parce qu'un témoin qui se respecte doit à la justice *la vérité.*

Si l'on m'avait demandé ce que je pensais du caractère de Verger, et si j'avais jugé à propos de répondre, j'aurais dit : « Verger est fou : c'est dans un accès de folie furieuse qu'il a commis son crime. Faites-le examiner par des médecins compétents, et je suis persuadé que vous l'enverrez plutôt dans une maison de fous qu'à la guillotine ».

C'est ainsi que Verger aurait été traité, s'il se fût agi d'un assassinat ordinaire; mais il s'agissait de l'assassinat d'un archevêque de Paris!!

Verger fut donc condamné à mort, et fut porté presque mourant sur la guillotine.

Je me suis bien gardé de me rendre à son exécution. Je n'ai jamais vu la guillotine, et j'espère bien ne la voir jamais.

IX

M. Lequeux. — *Jansénisme et jésuitisme.* — Feu contre feu. — Messire Pallu et Messire Baillès convaincus d'ignorance crasse. — Fondation de l'*Observateur catholique.* — Attaques contre le nouveau dogme de l'Immaculée-Conception. — M. le cardinal Gousset et M. Malou, évêque de Bruges, réfutés. — Mgr Clausel de Montals, évêque de Chartres vient à Paris pour me féliciter. — Les Sulpiciens empêchent mon entrevue avec le vénérable évêque. — Pourquoi les Sulpiciens sont devenus ultramontains. — Suite de mes attaques contre l'ultramontanisme et l'Immaculée-Conception. — Publication des *Mémoires* et du *Journal* de l'abbé Ledieu sur Bossuet. — MM. Poujoulat et Dulac convaincus d'ignorance. — Publication de l'*Histoire des Jésuites.* — Pourquoi on n'a pas mis cet ouvrage à l'index. — Attaques contre les dévotions nouvelles. — Mgr Van Santen, archevêque d'Utrecht, se prononce en ma faveur. — Après sa mort, les représentants de la vieille Eglise de Hollande défendent la papauté contre moi. — Singulière situation de cette Eglise. — Je n'ai aucune peine à réduire au silence ses théologiens. — Cette Eglise, qui aurait pu avoir un si bel avenir, se meurt faute de science et de logique.

a guerre continuait entre les journaux dits religieux et moi. Quelques grands journaux de Paris donnaient le ton, et tous les journaux de province s'inspiraient de leurs attaques; j'étais un révolté, un schismatique, un hérétique; mais on se gardait d'entamer avec moi une discussion sérieuse. Cependant M. Lequeux, qui avait sur le cœur la mercuriale prononcée contre lui en présence de l'archevêque Sibour, voulut se venger et plaça comme annexe aux *Mémoires de Picot,* dont il donnait alors une édition, une dissertation sur le jansénisme; elle était dirigée contre moi. Je lui répondis d'une

manière tellement péremptoire que Pallu lui-même dit à M. l'abbé Léon Garapin : « Comment M. Lequeux a-t-il pu se décider à attaquer M. l'abbé Guettée sur cette question ? Il voulait donc être battu ». En effet, il le fut si bien, dans ma brochure intitulée : *Jansénisme et jésuitisme*, qu'il ne voulut pas continuer la lutte. Sans se rendre, il m'écrivit que ses occupations l'empêchaient de me répondre. Elles ne l'avaient pas empêché de m'attaquer.

Messire Pallu, que je viens de nommer, se lança alors comme écrivain. Il publia une instruction pastorale sur la liturgie romaine ; un libraire la publia en brochure, et je pus alors apprécier la science de celui qui l'avait pris de si haut pour me reprocher mes prétendues erreurs. J'eus tout de suite l'idée de lui rendre un service analogue à celui qu'il m'avait rendu, et je relevai ses erreurs et contradictions dans une lettre *très respectueuse*, ainsi conçue :

« MONSEIGNEUR,

« Permettez-moi de soumettre à Votre Grandeur les réflexions qui m'ont été inspirées par votre belle *Instruction pastorale* sur la liturgie romaine. C'est un devoir, pour tous les fidèles, d'écouter les leçons des pasteurs et de les interroger : car il est écrit : *Interroge tes pères, et ils te répondront*. C'est pour accomplir ce devoir que je soumets à Votre Grandeur les difficultés qui se sont élevées dans mon esprit en étudiant ces belles pages que vous avez adressées d'abord simplement au clergé et aux fidèles de votre diocèse, mais qui ont dépassé ces humbles limites, grâce à *une publicité aussi peu attendue qu'elle avait été peu recherchée* de votre part, et aux *éminents suffrages* dont elles ont été honorées.

« C'est vous, Monseigneur, qui m'apprenez que votre *Instruction pastorale* a été *accueillie avec tant de faveur*;

je ne puis donc en douter ; je dois croire aussi que les *éminents suffrages* dont elle a été honorée lui étaient justement dus ; on aurait peine à comprendre, après cela, comment je ne m'ensevelis pas dans le plus respectueux silence, si je n'avouais, à ma honte, que j'ai été gallican ! Je n'ai même pu me résoudre encore à faire abjuration de mon horrible et infâme *hérésie*, tant il est difficile de se défaire du vieil homme pour se revêtir du nouveau, créé dans la pureté ultramontaine. Un écrivain (1), qui comme moi, gémit de n'avoir pu encore secouer ses préjugés, s'écriait dernièrement avec l'accent du désespoir :

Tantæ molis erat Romanam condere gentem !

« Oh ! oui, il est bien pénible, ce travail de transformation du gallicanisme à l'ultramontanisme ! je m'efforce chaque jour de l'opérer en moi ; j'ai lu, dans ce but, les œuvres si pleines de science que nos ultramontains ont produites ; et j'espère vous convaincre en cette lettre, Monseigneur, que j'ai bien profité des enseignements contenus dans votre magnifique *Instruction pastorale*.

« Je ne vous suivrai pas, Monseigneur, dans toutes vos sublimes inspirations ; il faut laisser aux aigles les vastes plaines de l'air ; et ceux qui, comme moi, n'ont pas d'ailes doivent se résoudre à marcher sur la terre le mieux qu'il leur est possible.

« J'ai donc lu, Monseigneur, votre *Instruction pastorale* sur la liturgie romaine. Je l'ai admirée comme je le devais ; j'ai applaudi aux éloges désintéressés que vous a prodigués le journal infaillible ; mais, votre enseignement étant diamétralement opposé aux *hérésies* gallicanes, Votre Grandeur ne

---

(1) Le spirituel auteur des *Lettres cardinales*, Cassan de Floyrac.

sera pas étonnée que les préjugés d'un vieux gallican comme moi se soient parfois révoltés. Mon cœur était avec vous, mais mon esprit était rebelle. *Proh! dolor!* O préjugés gallicans!

« Votre premier chapitre, Monseigneur, est plein de poésie, il ravit l'âme. Comme vous prouvez bien que la prière publique est nécessaire à l'Eglise et au prêtre! Dans votre enthousiasme lyrique, vous vous élevez bien au dessus de la sphère grammaticale, et l'on sent que pour vous le mot n'est rien; ainsi vous dites (p. 2) : « Par la prière publique, la religion chré- « tienne *devient* vraiment digne de Dieu. » Je croyais la religion chrétienne digne de Dieu par elle-même, parce qu'elle vient de Dieu, parce que sa doctrine est l'expression du verbe éternel du Père incarné et immolé pour rendre perpétuellement à Dieu un hommage digne de lui; je croyais que la religion chrétienne n'avait pas besoin de *devenir* digne de Dieu, par la raison qu'elle fut digne de lui dès le commencement; j'avouerai, la rougeur au front, que je ne puis pas encore comprendre comment le chant du peuple fidèle et le bréviaire du prêtre sont cause que la religion elle-même *devient* digne de Dieu. Mais, Monseigneur, vous l'avez dit.

« Votre Grandeur nous apprend encore (p. 3) que : « La liturgie est l'*expression* des prières de l'*Eglise entière* ».

« La liturgie ne serait-elle pas plutôt l'ensemble, la collection des prières ecclésiastiques que l'*expression* de ces prières? En elle-même, la prière est l'*expression* d'un sentiment; mais la liturgie est-elle l'expression des prières? Est-elle surtout l'expression des prières de l'*Eglise entière*? Il suivrait de là, Monseigneur, qu'une prière aurait besoin d'appartenir à l'*Église entière* pour faire partie de la liturgie. Or, j'ai cru jusqu'à présent que Pie V lui-même avait respecté les liturgies particulières de certaines Eglises, l'Ambroisienne ou la Mozarabique, par exemple, même les liturgies de Paris, de Lyon et autres qui étaient antérieures de plus de deux cents ans à la bulle *Quod a nobis?* Ces liturgies particulières, n'étant pas l'*expression des prières de l'Eglise entière*, n'étaient pas, selon vous, des liturgies légitimes ; comment se fait-il donc, Monseigneur, que Pie V lui-même les ait respectées ? Aurait-il eu, par hasard, des tendances gallicanes ? Je serais tenté de le croire, et je douterais de son salut s'il n'avait pas été canonisé dans toutes les règles ; sa bonne foi lui aura servi d'excuse devant Dieu. En effet, son ignorance liturgique devait être invincible, puisqu'en son temps on ne possédait encore ni votre *Instruction pastorale*, ni les *Institutions* de dom Guéranger, ni les fines observations de M. Meslé, ni les profonds articles de M. Dulac, de *l'Univers*, ni le dictionnaire de M. Pascal. Ces illustres personnages sont les flambeaux lumineux qui nous ont inondés de science liturgique ; or, parmi ces gloires, vous n'êtes pas, Monseigneur, la moins brillante ; votre humilité me pardonnera cette petite flatterie, aussi sincère qu'elle est méritée.

« Ce qui fera surtout l'admiration de la postérité, Monseigneur, c'est que la savante école à laquelle vous appartenez a trouvé le moyen de refaire l'histoire entière de la liturgie ; et, ce qui est plus étonnant encore, de la refaire sans *aucun fait*. Autrefois, on voulait des faits pour faire une histoire quelconque. O préjugés ! des faits ! mais les faits tuent comme la lettre, l'esprit seul vivifie ; aussi, Monseigneur, êtes-vous très spirituel dans votre *Instruction pastorale* ; et si, par hasard, vous affirmez que vous allez vous appuyer sur des *faits*, vous prouvez bien vite que vous n'attachez pas à ce mot le sens ordinaire, que vous ne vous abaissez pas jusqu'à nous donner cette pâture grossière des faits historiques, bonne seulement pour les encroûtés du gallicanisme. Les estomacs ultramontains veulent quelque chose de plus délicat, une substance éthérée, comme l'ambroisie, ou bien encore l'émanation d'une fleur. C'est sur un fait aussi aériforme que vous appuyez, Monseigneur, votre distinction des deux époques liturgiques : celle de *formation* et celle d'*unité*.

« Vous établissez cela, Monseigneur, dans votre troisième chapitre, en tête duquel vous avez soin d'inscrire cette majestueuse proposition (p. 5) :

« Les évêques n'ont *jamais* eu, relativement à cet objet important (la Liturgie), une autorité sans règle et *sans subordination*. Cette VÉRITÉ de la théologie et du droit canon va nous apparaître à la lumière de l'histoire de l'Eglise. »

« Qu'est-ce qu'une vérité de la théologie, Monseigneur? Il me semble que c'est un dogme révélé et défini par l'Eglise. Qu'est-ce qu'une vérité du droit canonique? Une loi formelle, revêtue de toutes les conditions requises pour qu'elle oblige. Vous dites donc, Monseigneur, que c'est une vérité de foi que les évêques n'ont jamais eu qu'un pouvoir secondaire relativement à la liturgie? Vous dites donc qu'il existe dans le droit canonique une disposition formelle qui ne leur laisse que ce pouvoir secondaire? Vous auriez bien dû, Monseigneur, nous démontrer clairement que votre dogme a pour lui le *témoignage toujours et partout uniforme*, qui est, selon saint Vincent de Lérins, le critérium de tout dogme catholique; il n'eût pas été inutile non plus peut-être de citer le texte d'une loi dont personne n'avait entendu parler avant la publication de votre *Instruction pastorale*. Mais ce petit oubli, certainement involontaire, ne m'empêche pas d'apprécier votre proposition comme elle le mérite. C'est là, on peut le dire, une improvisation capable de faire mordre la poussière à tous les gallicans, passés, présents et futurs; une vérité de la théologie et du droit canonique!!! Songez-y donc, gallicans! ne vous y trompez pas, cela veut dire que vous êtes des *hérétiques* et des *insurgés*. Que faire, Monseigneur, de cette race maudite, toute souillée de révolte contre votre vérité et votre loi? Il n'y a qu'un moyen d'en purger la terre, c'est de la livrer à la Sacrée-Congrégation du Saint-Office, qui brûlera les corps pour sauver les âmes. Heureux les gallicans! si, grâce à leur chétif sacrifice, Dieu leur épargne les feux éternels !

« J'arrive, Monseigneur, à votre distinction des deux époques liturgiques ; vous dites donc (p. 5) :

« Il faut distinguer deux époques dans l'histoire de la « liturgie : l'époque de la formation des *diverses* liturgies, et « l'époque de l'unité dans la liturgie. »

« Vous admettez donc qu'il y eut primitivement dans l'Eglise *diversité liturgique*? Vous ne pouviez guère, en effet, Monseigneur, nier ce fait, qui n'est pas moins visible dans l'histoire ecclésiastique que le soleil dans la nature ; mais ne voyez-vous pas combien ce fait favorise le système gallican? Il est vrai que vous vous hâtez d'affirmer (p. 9) que les évêques avaient alors des *pouvoirs extraordinaires* qu'ils n'ont plus aujourd'hui. Mais, Monseigneur, qui vous a dit cela? où avez-vous vu que les pouvoirs exercés par les premiers évêques ne leur avaient pas été conférés par leur ordination et leur institution canonique, ou que l'ordination et l'institution ne confèrent plus aujourd'hui les mêmes pouvoirs qu'autrefois? Vous dites bien haut que votre assertion est un *fait* et un *principe* sans la connaissance duquel on ne comprend rien à l'histoire de l'Eglise ; comment se fait-il alors que tous ceux qui ont écrit cette histoire n'y aient même pas songé?...

« Hélas! je me suis oublié! J'ai raisonné! Maudit vieil homme qui l'emporte toujours sur le nouveau que je voudrais si bien former en moi! Pardon, Monseigneur, j'admire votre *fait-principe* à l'aide duquel vous expliquez si bien la diversité liturgique dont les gallicans ont tant parlé. Mais votre *fait-principe* n'est pas un de ces faits brutaux qui résistent au génie lui-même : c'est un fait d'un genre particulier, un fait aimable, bien élevé, complaisant, qui s'assouplit quand on veut, qui se transforme au moindre signe, qui se prête, de la meilleure grâce, aux besoins d'une cause. C'est un fait qui s'invente et ne s'impose pas ; enfin, c'est un fait *à l'ultramontaine* imaginé tout exprès pour faire comprendre l'histoire. Aussi est-il en même temps *principe*; non pas principe impitoyable qui a sa formule dans la lettre, mais dans l'esprit, un principe subtil, pur, et que n'a jamais souillé le contact d'un Gratien. Or, ce *fait-principe* aide non seulement à comprendre l'histoire, mais il a de plus l'immense avantage de faire comprendre l'ÉTAT COMPARATIF DE L'ANCIEN DROIT COMMUN ET DU NOUVEAU. Pourquoi faut-il qu'il ne me fasse pas comprendre aussi parfaitement cette admirable phrase ! elle me semble bien belle pourtant.

« J'ai encore un scrupule, Monseigneur, touchant votre distinction des deux époques liturgiques : c'est que tous les faits la condamnent, comme vous en conviendrez tout à l'heure. Mais, grâce à votre *Instruction pastorale*, je commence à voir que c'est une étrange opinion que celle de ces gens qui prétendent que l'histoire doit être composée de faits bien authentiques, et que ces faits doivent être d'autant plus solidement prouvés que l'on veut appuyer sur eux des opinions controversées. Arrière ce gallicanisme qui ne sait que raisonner et prouver ! L'ultramontanisme se contente de parler, et veut qu'on obéisse les yeux fermés. Il faut avouer que son principe est bien plus beau et plus fécond pour l'intelligence.

« Après quelques phrases un peu vaporeuses (pardonnez-moi cette expression, Monseigneur) touchant la formation des liturgies, vous passez vite à ce que vous appelez les *règles* de l'unité liturgique et les *preuves* de l'autorité suprême du Saint-Siège en matière de liturgie.

« Voyons d'abord les *règles* d'unité.

« La première consiste dans l'obligation où étaient les prêtres d'obéir à leur évêque dans l'ordre des offices (p. 11).

« Quelle pénétration que la vôtre, Monseigneur ! Un gallican oserait dire que cette obligation d'obéir à l'évêque de chaque diocèse, au moment où, de votre aveu, existait la *diversité liturgique*, était l'obstacle le plus direct à l'établissement de l'unité ; mais un gallican raisonne, et vous, Monseigneur, vous ne vous abaissez pas jusque-là.

« La seconde *règle*, ou *loi* d'unité, vous la trouvez, Monseigneur, dans la fidélité de chaque évêque à conserver la liturgie de son Eglise (p. 11).

« Un gallican dirait encore que cette fidélité à conserver des liturgies particulières était, pour l'établissement de l'unité, un obstacle d'autant plus insurmontable qu'elle était plus grande.

« Mais un gallican est un raisonneur, c'est convenu ; et un Romain pur comme vous, Monseigneur, se contente de parler.

« La troisième *règle*, ou *loi* d'unité liturgique, d'après vous, Monseigneur, c'est que des évêques, réunis en conciles provinciaux, firent des prescriptions touchant des formules liturgiques, et défendirent d'adopter celles qui n'auraient pas leur approbation.

« Ces évêques me semblent user bien largement de leur *pouvoir secondaire* ; qu'en dites-vous, Monseigneur? Un gallican trouverait certainement encore dans cette *règle* d'unité une preuve de diversité : mais, non seulement vous y voyez le contraire, mais vous affirmez, de plus, que les évêques, dans ces conciles, *limitaient leur pouvoir liturgique*. Comme Votre Grandeur sait pénétrer au fond des choses et en tirer des idées toutes neuves, inattendues, contraires à tout ce que les autres y trouvent!

« Maintenant, Monseigneur, *paulò majora canamus*. Voyons les preuves qui établissent, d'après Votre Grandeur, l'action du *pouvoir suprême* du Saint-Siège dans les choses liturgiques.

« 1° « Le pape saint Victor intervint dans la question de la Pâque. » (P. 13.)

« Quelle preuve accablante! Le pape Victor veut que l'Eglise d'Orient célèbre la Pâque le même jour que l'Eglise de Rome; l'Eglise d'Orient refuse positivement; et voilà comment est prouvé invinciblement le *pouvoir suprême* du Saint-Siège sur la liturgie!

« 2° « Le Bréviaire romain mentionne, dans la légende des papes des premiers siècles, ce qu'ils firent pour la liturgie. » (P. 13.)

« Ces légendes ne disent à peu près rien, et, de plus, elles sont apocryphes; mais elles n'en prouvent pas moins le *pouvoir suprême*, on le comprend parfaitement.

« 3° « Le pape saint Innocent, au cinquième siècle, représentait la nécessité de s'en tenir à la tradition liturgique. » (P. 13.)

« Or, il y avait *variété* précédemment; il fallait donc que chaque Église fût fidèle à sa liturgie, ce qui devait l'empêcher de s'entendre avec les autres pour en adopter une commune.

« Cependant, Monseigneur, votre argumentation n'en est pas moins satisfaisante.

« 4° « Saint Grégoire *autorise* l'apôtre de l'Angleterre à établir quelques rites convenables à l'état de son nouveau troupeau. » (P. 14.)

« Voici, Monseigneur, le fait auquel Votre Grandeur fait allusion :

« Saint Augustin, apôtre de l'Angleterre, part de Rome et traverse les Gaules pour se rendre au lieu de sa mission. Pendant son voyage, il remarque une grande diversité dans les liturgies des Eglises qu'il visite, et il écrit à saint Grégoire pour lui demander quelle liturgie il choisira pour la nouvelle Eglise qu'il va fonder. Le pape saint Grégoire, réformateur de la liturgie romaine, lui répond qu'il devra composer sa liturgie de tout ce qu'il a trouvé de mieux dans celles des Eglises qu'il a visitées.

« Voilà le fait dans toute sa simplicité ; vous n'y voyez qu'une simple *autorisation* d'établir quelques rites. Aussi avez-vous bien soin d'avertir que, jusqu'à vous, Monseigneur, le fait avait été mal apprécié. Je remercie pour mon compte Votre Grandeur de la précaution qu'elle daigne prendre ; mais elle aurait bien dû expliquer comment ce fait a été mal apprécié, et les raisons qui l'ont déterminée à lui donner un sens différent de celui qui a été généralement adopté jusqu'à notre temps. Tous ceux qui ont lu la lettre de saint Grégoire n'ont pu jusqu'ici s'empêcher de croire que ce grand et saint pape n'avait été partisan ni de l'unité liturgique, ni du *pouvoir suprême* du Saint-Siège dans les choses liturgiques. Je crois donc, Monseigneur, que vous devrez avoir recours à toutes les ressources de votre subtile et ingénieuse logique pour convaincre tout le monde que, jusqu'à vous, personne n'a compris la lettre de saint Grégoire.

« Mais que dis-je ? vous l'affirmez, n'est-ce pas assez ? Oui, c'est assez pour les ultramontains. Quant aux gallicans, valent-ils la peine qu'on s'en occupe ?

« Avant de passer avec vous, Monseigneur, à l'époque d'*unité liturgique*, je me permettrai de faire une réflexion sur une phrase que je trouve à la page 8 de votre *Instruction*.

« Ne croyez pas, dites-vous, qu'on ait alors (au cinquième siècle) composé ces liturgies comme de nouveaux livres. Non : on mit par écrit tout ce que l'on conservait principalement par tradition.

« J'aurais vivement désiré, Monseigneur, que Votre Grandeur eût daigné corroborer cette assertion au moins d'une preuve. J'ai lu, en effet, quelque part que saint Venerius, de Marseille, a fait composer, au cinquième siècle, de nouveaux livres liturgiques par le prêtre Musœus ; Salvien, à la même époque, fit aussi de nouveaux livres de liturgie ; avant eux, saint Hilaire, de Poitiers, avait composé un livre d'hymnes ; Claudien Mamert, par ordre de son frère saint Mamert, de Vienne, rédigea une liturgie tout entière ; dans le même temps, saint Sidoine Apollinaire composait des préfaces et des messes. Je pourrais citer encore d'autres faits semblables, si je tenais à passer pour un savant ; de tout cela on serait assez porté à conclure que votre proposition, Monseigneur, n'est pas aussi exacte qu'on pourrait le désirer. Qu'en pense Votre Grandeur ?

« Pour résumer ce que vous avez dit, Monseigneur, sur la première époque liturgique, que vous appelez époque de formation, il est certain : 1° que, dans les huit premiers siècles de l'Eglise, il y eut *diversité liturgique* ; car vous fixez vous-même au neuvième siècle ce que vous appelez l'*époque d'unité*; 2° que les évêques, pendant les huit premiers siècles, ont donné à leurs Eglises des liturgies particulières ; 3° que Votre Grandeur a oublié de prouver que les évêques, en donnant ces liturgies, ont agi, comme elle le prétend, en vertu de pouvoirs *extraordinaires* que les évêques n'ont plus aujourd'hui.

« Vous comprendrez, Monseigneur, que cet oubli devra être réparé, et vous tiendrez sans doute à appuyer cette *vérité de la théologie et du droit canonique* sur des témoignages si nombreux, si formels, si authentiques, qu'elle apparaîtra radieuse, *à la lumière de l'histoire ecclésiastique*, comme vous l'aviez promis.

« J'entre maintenant à votre suite, Monseigneur, dans le sanctuaire vénérable que vous appelez l'*époque d'unité*.

« Vous dites un mot de Pépin et de Charlemagne, qui furent, dites-vous, les auxiliaires de la papauté dans l'établissement de l'unité liturgique ; vous auriez pu ajouter, Monseigneur, que Charlemagne, tout en adoptant quelques livres de chant romain, faisait composer d'autres livres liturgiques, et que, dans le courant du neuvième siècle, Amalaire constata qu'il n'y avait aucun rapport entre les livres liturgiques de Rome et ceux de France. Il suivrait de là que l'amour prétendu de Charlemagne pour l'unité liturgique n'aurait pas obtenu de résultats durables. Je pourrais, Monseigneur, vous en donner bien d'autres preuves ; mais cette peine serait inutile, car Votre Grandeur l'avoue de cette manière à la page 17 : « Les ordres religieux, dites-vous, et principalement ceux de Saint-Dominique et de Saint-François d'Assise, aidèrent beaucoup à *l'établissement de l'unité liturgique* » Votre Grandeur daignera remarquer que les ordres de Saint-Dominique et de Saint-François d'Assise ne naquirent que dans le courant du treizième siècle, et que les ordres religieux antérieurs, comme les Clunistes et les Cisterciens, avaient des liturgies particulières. Ce ne fut donc qu'à la fin du treizième siècle et au commencement du quatorzième qu'ils purent *travailler*, comme vous le dites, *à l'établissement de l'unité liturgique*. S'ils travaillèrent à cet *établissement*, c'est que cette unité n'était pas encore *établie* ; qu'en pensez-vous, Monseigneur ? C'est donc avec raison que je n'ai pas pris la peine de vous exposer les raisons pour lesquelles je ne pouvais admettre votre *unité* du neuvième au quatorzième siècle ; vous avouez vous-même qu'elle n'exista pas plus à cette époque que dans les huit premiers siècles de l'Église.

« Maintenant, quel fut le résultat des travaux des Dominicains et des Franciscains ?

« Je suis encore heureux, Monseigneur, de pouvoir vous citer : « La liturgie romaine, dites-vous, devint la liturgie de *presque* toute l'Eglise latine, et les *usages particuliers à beaucoup de diocèses* n'empêchaient pas que le fond de la liturgie ne fût romain. »

« Ainsi, Monseigneur, l'*unité si belle* qu'auraient établie les ordres de Saint-Dominique et de Saint-François n'empêchait pas que des Eglises entières n'eussent des liturgies particulières, et que *beaucoup de diocèses* n'eussent des *usages particuliers.*

« D'après Votre Grandeur, le quatorzième siècle aurait donc été l'époque de cette *Belle unité liturgique.* Elle ne dura pas longtemps, à ce qu'il paraît ; car vous nous dites, aussitôt qu'au seizième siècle Paul IV et le concile de Trente durent songer à la réforme de la liturgie. Vous auriez pu dire encore, Monseigneur, que tous ceux qui alors s'occupèrent de cette réforme s'accordèrent sur ce point : que, depuis deux cents ans, les abus les plus déplorables s'étaient introduits dans les offices de l'Église et dans les livres liturgiques. Il faudrait en conclure que les quatorzième et quinzième siècles furent une époque de confusion et de désordre liturgique ; cependant, Monseigneur, c'est l'unique place que vous ayez trouvée dans l'histoire pour y placer *votre unité.* Il faut avouer que cette pauvre unité a du malheur. Malgré les efforts héroïques de Votre Grandeur pour lui trouver une petite place, tous les siècles la repoussent, et, par une fatalité plus grande encore, vous êtes condamné à prouver vous-même que cette place n'existe pas pour elle. Les papes eux-mêmes s'appliquent, pour ainsi dire, dans leurs bulles à lui ôter ces quatorzième et quizième siècles, où vous espériez qu'elle pourrait se cacher en paix. Où la placerons-nous donc, Monseigneur ? Exista-t-elle, du moins, depuis que saint Pie V eut réformé la liturgie romaine ? Oui, répondez-vous, à la page 21 : « Vers la fin du seizième siècle, l'unité liturgique se trouvait établie, *autant que possible*, dans l'Église latine et dans la France elle-même ».

« Est-ce bien vrai, cela, Monseigneur ? Pour ne parler que de la France, qui nous est plus connue que les autres Églises, je ne vois que trois provinces ecclésiastiques qui adoptèrent les livres liturgiques de saint Pie V ; celle de Bordeaux, où la liturgie romaine était déjà en usage auparavant, et celles de Narbonne et d'Aix. Les autres Églises conservèrent leurs liturgies particulières, et les conciles de Rouen, de Reims et de Tours se contentèrent de décider qu'on réformerait ces liturgies, selon l'esprit du concile de Trente et du Saint-Siège, c'est-à-dire qu'on éliminerait tout ce qui était apocryphe, ridicule ou scandaleux. L'évêque de Paris ayant voulu, à la fin du seizième siècle, adopter les livres romains, son chapitre protesta contre cette résolution, et la Sorbonne, dont vous admirez, Monseigneur, les *beaux principes liturgiques* (p. 25), donna en cette occasion une consultation dans laquelle elle adopta des principes diamétralement opposés à ceux de Votre Grandeur.

« La réforme prescrite à la fin du seizième siècle pour les liturgies particulières s'effectua aux dix-septième et dix-huitième. Voilà pourquoi, Monseigneur, on voit naître à cette époque ces nouveaux livres liturgiques contre lesquels, à l'exemple de dom Guéranger, vous faites éclater une si sainte colère. Je respecte votre indignation, Monseigneur, et je me contenterai de faire remarquer à Votre Grandeur une expression qui n'est pas aussi exacte qu'on pourrait le désirer. Vous appelez la réforme liturgique des dix-septième et dix-huitième siècles un *événement inouï dans l'histoire de la liturgie*. Ce que j'ai eu l'honneur de vous dire précédemment démontre assez que cet *événement* est *ordinaire* et non pas *inouï* dans l'histoire de la liturgie ; c'est là sans doute ce que vous avez eu l'intention de dire.

« Autant que possible, Monseigneur, il faut interpréter les choses avec bénignité et charité ; Benoît XIV a prescrit cette règle aux consulteurs de l'Index, et tout chrétien doit en agir ainsi pour obéir à la raison en même temps qu'au devoir de la charité fraternelle. Je pense donc qu'il faut mettre le mot *inouï* sur le compte de l'imprimeur et excuser l'ignorance liturgique de ce pauvre homme, qui n'est pas obligé d'en savoir aussi long qu'un évêque en histoire ecclésiastique.

« J'en ai fini, Monseigneur, avec la théorie liturgique, qui remplit les trente premières pages de votre *Instruction pastorale*.

« Je ne dirai qu'un mot à Votre Grandeur touchant son examen de la question liturgique dans son diocèse de Blois. Pensez-vous, Monseigneur, qu'il soit bien de dire tout crûment aux fidèles de ce diocèse que vos prédécesseurs *dépassèrent les limites de leur pouvoir liturgique* (p. 34)? de leur apprendre que M. de Sausin, un des évêques les plus respectables de notre temps et qui jouissait d'une grande réputation de science et de sainteté dans votre diocèse de Blois, a cherché, jusqu'à la mort, à soutenir l'œuvre des évêques qui *dépassèrent les limites de leur pouvoir*? Pensez-vous qu'il était bien, au début de votre épiscopat, d'aller faire, du haut d'une petite brochure, le procès à de vieux évêques qui avaient, Monseigneur, la même autorité que vous? Croyez-vous que vous n'affaiblissez pas votre propre autorité aux yeux des fidèles en attaquant celle de vos prédécesseurs, qui ne fait qu'un tout moral avec la vôtre? Je ne nie point le droit que vous aviez d'adopter pour votre diocèse les livres de la liturgie romaine; mais, je dis, Monseigneur, que Votre Grandeur pouvait le faire sans infliger un blâme public à des évêques qui n'ont eu que le tort de penser autrement que vous. Vous êtes, Monseigneur, un grand évêque, un liturgiste habile, un théologien profond; je veux bien le croire; mais on peut être tout cela sans se poser en juge infaillible des vivants et des morts.

« Maintenant, que dirai-je, Monseigneur, du reste de votre *Instruction pastorale?* Votre Grandeur, dans l'espace de quatre-vingts pages, n'a pas épargné les phrases pour nous prouver que rien dans le monde n'égale le Bréviaire romain. Le Bréviaire romain surpasse tous les autres livres en éloquence, en onction, en images, en sentiments. Le plus petit mot du Bréviaire romain, que dis-je? une simple lettre du Bréviaire romain, surpasse en beauté tout ce que vous pourriez trouver ailleurs. *Oh! ah!* c'est admirable quand on le rencontre dans le Bréviaire romain. Le Bréviaire romain est un *poème épique!* Heureux Italiens! ils avaient déjà le *Roland furieux* et la *Jérusalem délivrée*; ils peuvent joindre à ces deux chefs-d'œuvre le Bréviaire romain! Le Bréviaire parisien est composé de psaumes, de passages de l'Écriture sainte et des Pères, comme le Bréviaire romain! mais ce qui est beau dans le romain est détestable dans le parisien; le parisien possède des légendes comme le romain, mais, fi donc! il a osé en ôter les faits apocryphes, qui font toute la beauté des légendes romaines! Le parisien possède des hymnes comme le romain! mais il a osé préférer celles de Santeuil et de Coffin à celles du Bréviaire romain! Quelle profanation! préférer des odes pieuses, aussi riches de poésie que celles d'Horace, aussi belles de sentiment que les chants prophétiques, à des rapsodies qui n'ont ni pensées, ni style, ni poésie! Mais ces rapsodies sont belles, parce qu'elles sont dans le Bréviaire romain; et les hymnes de Santeuil sont détestables parce qu'elles sont dans le parisien. Monseigneur d'Astros (1) et M. l'abbé Laborde (2) ont été vraiment par trop simples de prouver que, sous tous les rapports, les livres de la liturgie parisienne sont bien supérieurs aux livres romains. Ces théologiens ne savaient pas le premier mot de

---

(1) *L'Église de France injustement flétrie, etc.*, par Monseigneur d'Astros, archevêque de Toulouse. Ce livre est une réfutation savante et digne des Institutions liturgiques de D. Gueranger.

(2) *Lettres parisiennes.* Ce livre, fort savant, contient un parallèle très bien fait et complet du Bréviaire parisien et du Bréviaire romain.

la question. Ils auraient bien dû comprendre, comme vous, Monseigneur, que tout ce qui est romain est bon, parce que c'est romain ; que tout ce qui est parisien est mauvais, parce que c'est parisien.

« Avec ce principe et des points d'admiration, vous avez su habilement vous soustraire, Monseigneur, à une discussion qui n'eût pas été digne de Votre Grandeur. Je sais, Monseigneur, que vous n'aviez rien à craindre dans cette discussion. Personne plus que moi n'admire la science dont nous possédons, dans votre *Instruction pastorale*, un impérissable monument. Mais les raisonnements des gallicans eussent entravé l'élégante rapidité de votre style. Il valait mieux vous en rapporter exclusivement à Dom Gueranger ; transporter toutes ses idées (les gallicans disent ses *erreurs)* dans votre *Instruction pastorale;* les enseigner du haut de votre chaire épiscopale, passer condamnation sur tout le reste, et prouver ainsi au monde catholique que la cause du Bréviaire romain est gagnée.

« J'ai l'honneur d'être,
« Monseigneur,
« de Votre Grandeur,
« Le très humble et très obéissant serviteur. »

Cette lettre était certainement assez respectueuse. Je la fis imprimer et envoyer en brochure à Messire Pallu, qui ne souffla mot et se garda bien de la faire mettre à l'index.

Mon ami, M. Léon Garapin m'écrivit : « Personne à l'évêché ne parle de votre lettre. Pour moi, si j'étais évêque, je serais bien humilié si je m'étais mis dans le cas d'en recevoir une pareille ».

Il fallait bien prouver à Messire Pallu qu'il n'était qu'un ignorant, puisqu'il s'érigeait si majestueusement en censeur de ceux qui savaient quelque chose.

Je rendis le même service à Messire Baillès, un des trois pierrots du conciliabule de La Rochelle. Il publia aussi une instruction pastorale sur l'index.

Ce factum était principalement dirigé contre moi. Je dus y répondre. Je prouvai donc à Baillès qu'il ne savait pas ce que c'est que l'Index ; qu'il en a fait une histoire remplie d'erreurs et de contradictions ; que jamais l'Index n'a été reçu en France ; que, pour prouver le contraire, Baillès n'avait avancé que des faits faux et des textes inexacts ; que cet apologiste de l'Index n'avait été, par conséquent, qu'un mauvais avocat de la Sacrée-Congrégation.

L'instruction pastorale de Baillès était de même force que celle de Pallu. Ce *pierrot* du concile de la Rochelle aurait voulu donner une preuve de son ignorance crasse qu'il n'aurait pas mieux réussi.

J'entrai en lutte, à la même époque, contre le cardinal de Bonald, archevêque de Lyon. Ce prélat se croyait un grand homme parce qu'il avait pour père l'écrivain de ce nom, qui avait obtenu une certaine célébrité sous la monarchie de la branche aînée ; mais il se trompait ; son père ne manquait pas de talent, mais le fils n'en avait pas du tout.

Mon ami l'abbé Prompsault ayant fait un petit volume sur le *Siège du pouvoir dans l'Église*, M. le cardinal de Lyon fit un mandement pour le condamner. Prompsault était gallican ; le cardinal de Bonald lui opposa l'ultramontanisme. Je prouvai au cardinal que sa doctrine ultramonaine était absolument fausse ; que l'autorité qu'il réclamait pour le pape était contraire à l'Écriture Sainte, à la tradition, à l'histoire ecclésiastique.

Ma lettre au cardinal archevêque de Lyon était un témoignage fort clair en faveur de l'étude que j'avais faite de la papauté. Depuis que l'on me persécutait à propos de l'Index, j'avais étudié non seulement l'histoire de cette congrégation mais celle de la papauté. Mes lettres à Baillès et au cardinal de Bonald prouvèrent que mes études avaient été sérieuses et devenaient de jour en jour plus indépendantes ; j'avais laissé de côté cette timidité qui m'avait fait humilier devant M. Sibour et devant la congrégation de l'Index ; j'abordais avec la plus entière indépendance les questions que j'étudiais, et, je n'avais qu'un but : celui de connaître et d'exposer l'exacte vérité.

Après avoir publié mes *Lettres à quelques évêques*, je pensai qu'il vaudrait mieux publier une Revue dans laquelle je pourrais faire une guerre plus vive aux ultramontains. Je fondai donc l'*Observateur catholique*. Par prudence, et pour m'éviter de nouveaux désagréments, je ne signai pas d'abord mes articles. Des amis, comme MM. Parent du Châtelet, Guélon, Poulain, etc., etc., signaient pour moi. On ne se trompait pas sur la valeur de ces signatures et, dès que le premier numéro parut, Rome le mit à l'index. Ce décret me fit rire, et je fis observer à mes abonnés qu'ils ne devaient pas trop s'effrayer de la censure, puisque chaque numéro ne pourrait être censuré qu'après son apparition, c'est-à-dire quand ils l'auraient lu. Au lieu de m'arrêter dans la guerre que je déclarais à l'ultramontanisme, la censure de l'Index ne fit que m'encourager, en me prouvant que je frappais juste. Déjà, dans ma lettre au cardinal de Bonald j'avais écrit que le système papal était le plus grand obstacle à l'union avec les autres églises chrétiennes, particulièrement avec l'Église orientale. J'étais lancé sur la voie, et chaque numéro apportait la preuve des progrès que je faisais dans la doctrine vraiment catholique-orthodoxe. J'attaquais avec vigueur les mandements hétérodoxes des évêques, les nouvelles inventions dites religieuses. Le nouveau dogme de 1854 me fournit surtout l'occasion de faire les études les plus approfondies sur la question de l'Immaculée-Conception. M. le cardinal

Gousset publia un gros volume pour en faire l'apologie ; je ne laissai debout aucun de ses raisonnements, aucun de ses textes. Il avait osé attribuer à l'Église orientale la doctrine papale sur cette question. Je lui prouvai qu'il n'en était rien et que des fidèles de cette Église, consultés par moi, m'avaient prouvé qu'ils ne comprenaient même pas la question. Ils s'imaginaient que le pape avait décidé que Marie était immaculée, en ce sens qu'elle avait conçu Jésus-Christ sans le concours d'un homme. Quand je leur eus expliqué que le décret du Pape signifiait que Marie avait été conçue elle-même sans être atteinte par le péché originel, ils affirmèrent que, pour leur Église, une telle doctrine était hérétique.

On pense bien que le cardinal Gousset n'osa pas répondre à mon travail, et reçut en silence les coups que je lui donnai. Il prévoyait qu'il n'aurait pas le dernier mot avec moi. Il en fut de même de M. Malou, évêque de Bruges, qui inventa, pour défendre la décision du pape, le système de la *tradition occulte*. Je poursuivis cet évêque et ses systèmes hérétiques avec vigueur. Il reçut aussi les coups sans mot dire. Mes ouvrages contre le faux dogme de 1854 firent du bruit, et le vénérable évêque de Chartres, Monseigneur Clausel de Montals fit, malgré son grand âge, le voyage de Paris pour me féliciter et m'encourager. Je connaissais ce respectable évêque et ses écrits. Quand il se rendit à Paris, il prit un logement au séminaire de Saint-Sulpice. Il ne savait pas que cette congrégation de Saint-Sulpice s'était ralliée à l'ultramontanisme. Rome l'avait menacée de mettre à l'index les ouvrages de son supérieur, M. Carrière, et cela avait suffi pour lui faire abandonner le gallicanisme pourtant si mitigé de son ancien supérieur Emery. Quand on sut à Saint-Sulpice que Mgr Clausel de Montals voulait me voir et m'encourager, on mit tout en œuvre pour empêcher le rendez-vous. Je me présentai au séminaire, mais on me dit que Monseigneur était tellement fatigué du voyage, que je devais mettre ma visite au lendemain. Je me présentai le lendemain ; et l'on me dit que Monseigneur avait eu peur d'être tout à fait malade à Paris et qu'il était retourné chez lui.

J'appris que tout cela était faux, et que Mgr Clausel de Montals avait été désolé de ne m'avoir pas vu. Je lui écrivis que je m'étais présenté deux fois à son rendez-vous, et comment les Sulpiciens avaient trouvé moyen de m'empêcher de le voir. Mgr. Clausel de Montals était arrivé à l'extrême vieillesse ; il mourut peu de temps après. Si tous les évêques de France avaient été aussi saints et aussi savants que Mgr. Clausel de Montals, Rome n'aurait pas réussi à répandre ses nouveaux dogmes, son nouveau culte, ses inventions de toutes sortes. Je m'appliquais à poursuivre tout cela dans l'*Observateur catholique*; je prouvais que, par toutes ses dévotions nouvelles, Rome remplaçait le christianisme par le paganisme ; que le respect pour la Sainte-Vierge devenait une *mariolâtrie*; que le culte du Sacré-Cœur était hérétique ; que les prétendues révélations de Jésus-Christ à la fille Alacoque étaient immorales et formaient une insulte à Jésus-Christ lui-même; je poursuivais les prétendues prophétesses dont les récits étaient allégués en preuves des nouvelles erreurs; j'eus même la patience de lire attentivement les livres de la sœur Emmerich et de Marie d'Agréda, afin de les mettre en contradiction l'une avec l'autre. On croirait que les livres de ces deux hystériques ont été faits pour se contredire ; elles se contredisent en effet même sur les plus petits faits et les plus petites circonstances de la vie de Jésus-Christ et de la famille à laquelle il appartenait. Les deux *inspirées*, malgré leurs évidentes et innombrables contradictions, ont toujours leurs partisans dans l'Eglise papiste qui est possédée de l'esprit d'erreur. On y avait dès lors admis la *conjuration du silence*, à propos de mes publications, mais si l'on n'osait pas entreprendre de polémique contre moi, on essayait de m'intimider. Le directeur de la presse au ministère de l'intérieur, un nommé Salles, fut chargé de me dompter. Ce Salles avait été préfet de Troyes. Lorsqu'il fut nommé directeur de la presse, Mgr Cœur l'alla trouver pour lui recommander de ne pas obéir aux dénonciations qui lui seraient faites certainement au sujet de mes ouvrages. Salles promit tout ce que Mgr. Cœur lui demanda et ne tint rien.

Je reçus un jour de lui un billet dans lequel il me priait de passer à son cabinet. Je m'y rendis avec le libraire chargé de la vente de mes ouvrages et des abonnements à l'*Observateur catholique*. A mon entrée dans son cabinet, Salles se leva en singeant un air majestueux qui ne lui allait pas du tout. Sans prendre la peine de saluer, ni moi, ni mon libraire, il me dit : « Monsieur, je vous ai appelé pour vous faire des observations touchant l'indigne revue que vous publiez. Il n'y a qu'un mauvais prêtre qui puisse attaquer ainsi tout ce que les catholiques respectent ». Je lui répondis : « Je croyais, Monsieur, qu'on ne rencontrait qu'au quartier Mouffetard des insulteurs de votre espèce ; il paraît qu'on en rencontre aussi dans les ministères ». En prononçant ces paroles, je m'avançai pour prendre mon chapeau que j'avais déjà déposé sur un meuble. Mon libraire crut que j'allais donner un soufflet à Salles et il s'enfuit à toutes jambes. Il paraît que Salles s'était attendu à la même correction, car il avait fait un mouvement qui effraya mon libraire. Je n'avais pas eu du tout la pensée de donner à Salles le soufflet qu'il méritait ; je n'ai jamais frappé personne. Je voulais tout simplement prendre mon chapeau et m'en aller, ce que je fis. Salles me suivit en me disant : « J'ai des ordres, je dois les exécuter ». Je lui répondis dans l'antichambre, en présence de ses garçons de bureau stupéfaits : « Monsieur, je ne m'abaisse jamais jusqu'à répondre aux insolents », et je me retirai.

Je trouvai dans le rue mon libraire pâle comme un mort. « Qu'avez-vous, lui dis-je? — J'ai cru, me répondit-il, que vous alliez donner un soufflet à ce monsieur et que nous allions être arrêtés ». Je me moquai de lui et je n'entendis plus parler de Salles qui portait bien son nom.

Je continuai donc l'*Observateur catholique* où je combattais les fausses doctrines, les faux miracles, les fausses révélations, le faux culte, les immoralités des casuistes, et toutes les cérémonies ridicules au moyen desquelles l'Église papiste voulait rétablir le vieux paganisme des Grecs et des Romains.

Je faisais chaque jour des progrès dans la connaissance de la papauté et j'en étais arrivé, en suivant la doctrine des Pères de l'Église primitive et les décrets des premiers conciles œcuméniques, à constater : que l'évêque de Rome n'avait aucune autorité de droit divin; qu'il avait reçu des conciles le titre de premier patriarche ; qu'il avait voulu en abuser et exercer une juridiction sur l'Église entière ; qu'il avait fini par ériger cette doctrine en dogme au neuvième siècle et par établir ce qu'on a appelé depuis la papauté. Je constatai qu'à partir de ce fait, les papes avaient favorisé l'établissement de nouvelles doctrines en Occident, en particulier l'hérésie cachée sous les expressions *Filioque*, ajoutées à l'ancien symbole.

J'étais devenu orthodoxe, sans avoir lu un seul livre orthodoxe, et uniquement d'après mes études sur les Pères de l'Église, les décrets des premiers conciles œcuméniques, et les faits incontestables de l'histoire de l'Église.

En faisant ces études, je prenais de nombreuses notes dans le but de publier un jour une grande histoire de l'Eglise.

J'en prenais aussi pour faire une *Histoire des jésuites* que je publiai au moment où je rédigeais l'*Observateur catholique*. Elle parut en trois volumes in-8°. Je n'y admis que des documents et des faits dont les jésuites eux-mêmes ne pouvaient nier l'authenticité.

Mon *Histoire des jésuites* était un véritable réquisitoire contre cette affreuse société qui a rempli le monde de ses erreurs, de ses intrigues, de ses vilenies. Outre les notes que j'avais prises en travaillant à mon *Histoire de l'Église de France*, j'eus à ma disposition une bibliothèque très riche en ouvrages favorables ou hostiles à la fameuse Compagnie, et j'en profitai largement. Je pus même me procurer des pièces appartenant aux archives secrètes du Vatican.

Les jésuites m'avaient fait menacer de terribles représailles si j'osais publier l'ouvrage que j'avais annoncé. J'ai dit plus haut que le frère de mon vénérable ami Léon Garapin s'était fait jésuite. Il écrivit à son frère que j'aurais à me repentir de mon audace et que l'on déchaînerait contre moi le fameux Crétineau-Joly, auteur responsable d'une prétendue histoire des jésuites dont les bons Pères lui avaient fourni tous les éléments, et dont il leur fit payer très cher la publication sous son nom. Je connaissais toutes les circonstances de cette publication et ce que pensaient les jésuites de Crétineau-Joly. J'avais appris tout cela d'un jésuite qui se trouva, en même temps que moi, dans la librairie des frères Guyot, qui vendaient l'*Histoire des jésuites* de Crétineau-Joly et mon *Histoire de l'Église de France*. Je n'étais pas à l'index alors, et les Guyot, mes libraires devenus depuis si respectables jésuites, ne ménageaient pas leurs expressions au sujet des bons pères, lorsqu'ils étaient sûrs de n'être pas entendus par eux. Tandis que le jésuite, chargé de la publication de Crétineau-Joly, parlait à cœur ouvert de ce personnage qui avait un peu trop spéculé sur leur caisse, j'étais dans une pièce où Guyot m'avait laissé pour recevoir le bon père dans son cabinet. Il avait laissé la porte de son cabinet ouverte, et je pus entendre toute la conversation. Quand le bon père fut parti, Guyot vint à moi riant comme un fou, et ajouta quelques renseignements à ceux que le bon père avait donnés.

Je savais bien que Crétineau-Joly, en publiant son *Histoire des jésuites* et son *Clément XIV*, s'était moqué d'eux, mais je n'étais pas fâché d'apprendre, de la bouche d'un jésuite, les détails de cette spéculation.

On pense que je fus bien édifié, lorsque le Général de la Sainte Compagnie publia, dans les journaux, une note où il déclarait que la Compagnie n'avait jamais été pour rien dans les publications de Crétineau-Joly. Je n'avais pas besoin de cette déclaration solennelle pour apprécier à sa valeur la moralité du *petit troupeau choisi*, comme disait mon cher Père Fantin. J'avais appris à connaître ce *petit troupeau*.

Lorsque mon ami Léon Garapin m'eut communiqué la lettre de son frère Alexandre, je lui répondis que je n'avais pas peur du terrible Crétineau-Joly, et que, s'il m'attaquait, je saurais lui répondre. La Sainte Compagnie se le tint pour dit ; je publiai mes trois volumes sans avoir été attaqué ni par Crétineau-Joly, ni par qui que ce fût ; les bons pères ne firent même pas mettre à l'index un ouvrage que l'on peut considérer comme le plus terrible réquisitoire contre eux. La mise à l'index aurait été, en effet, un moyen de donner de la publicité à mon ouvrage dans un parti où il fallait absolument qu'il fût ignoré.

L'*Histoire des jésuites* devait paraître à la librairie Didot, où je m'étais fait connaître par mes articles publiés dans l'*Encyclopédie du XIXe Siècle*. Lorsque je proposai mon manuscrit aux Didot, ils ne répondirent qu'à leur grand regret, ils ne pouvaient publier mon ouvrage : « Nous devons, me dirent-ils, ménager le gouvernement qui soutient nos grandes publications grecques et qui pourrait, à l'instigation des jésuites, nous retirer sa souscription ». Alors je publiai l'ouvrage avec l'aide de quelques amis, et l'édition de 2,000 exemplaires fut placée en peu de temps.

J'essayai depuis d'en faire une seconde édition. Je fis des

traités avec deux libraires qui, au moment de s'exécuter, me déclarèrent ne pouvoir tenir leurs engagements. J'aurais pu les poursuivre en justice, mais je n'avais pas grande confiance dans les juges qui auraient été chargés de l'affaire, et je ne fis pas de procès.

J'espère qu'un jour un libraire ne se laissera pas effrayer par les jésuites et donnera une seconde édition de mon livre, le plus savant et le plus sérieux qui ait été publié sur l'horrible compagnie qui a détruit en Occident l'esprit chrétien, et qui s'est mêlée à toutes les intrigues qui ont couvert de nombreux pays de sang et de ruines.

Il n'est pas rare de rencontrer aujourd'hui des gens qui s'imaginent se donner de l'importance, en disant que le jésuitisme et une vieille question dont on ne doit tenir aucun compte de nos jours. Ces gens *dits sérieux* ne sont que des imbéciles, qui n'ont pas la plus légère notion du jésuitisme et des jésuites. Les jésuites sont partout; le jésuitisme a pénétré dans toutes les classes de la société et y fait d'épouvantables ravages. Ceux qui n'en parlent que d'un air dédaigneux en sont eux-mêmes les victimes sans s'en douter.

On rencontre souvent des gens fort entichés de leur importance et qui vous disent sottement : « Je ne mange pas de jésuite ». Qu'est-ce que cela prouve ? La nourriture serait, en effet, assez malsaine pour qu'on s'en prive; mais est-ce *manger du jésuite* que d'exposer les moyens astucieux et immoraux dont se servent les bons pères pour s'emparer d'une influence sociale dont ils abusent, et pour éclairer ceux qu'ils exploitent ? Mon *Histoire des Jésuites* est écrite sans passion; les documents authentiques y abondent et ils sont si incontestables que la fameuse Compagnie n'a jamais osé les attaquer. Quelques-uns de ces espions crasseux et hypocrites que la Compagnie emploie, se sont présentés chez moi pour me faire causer au sujet de mon ouvrage et des sources où j'avais puisé certains documents; mais ces cuistres n'ont pas eu de succès. Si j'avais vécu au bon vieux temps où les jésuites jouaient impunément du couteau ou du poison, j'aurais certainement dû prendre beaucoup de précautions; mais je n'en ai jamais pris d'autre que de laisser toujours la porte de mon cabinet ouverte, et d'éliminer promptement les cuistres qui s'étaient introduits chez moi comme des reptiles.

S'ils n'ont pu me faire de mal ostensiblement, les bons pères m'en ont fait le plus qu'ils ont pu par ces calomnies qu'ils savent si bien répandre partout. D'un établissement central part le mot d'ordre; des établissements secondaires, le mot est donné aux congrégations qui dépendent presque toutes de la Compagnie; des congrégations le mot d'ordre passe à toutes les associations, et, par elles, à tous les affiliés, à tous les dévots et dévotes. La calomnie ainsi établie défie toutes les réfutations. Le seul moyen à prendre contre elle, c'est de s'en moquer et de continuer avec énergie la lutte qui vous en a rendu digne.

C'est le moyen que j'ai employé. A toutes les insinuations des reptiles, j'ai répondu par des attaques directes, accablantes, très solides. J'ai prouvé ainsi à l'horrible Compagnie et à ses sectaires que je n'avais pas peur d'eux et que je les méprisais. Quelques personnes ont pu me trouver quelquefois trop rude pour certains adversaires; c'est qu'elles ne savaient pas quels ennemis j'avais à combattre. On ne peut lutter avec avantage contre l'hypocrisie et le mensonge que par la franchise et la vérité, sans se préoccuper si la franchise et la vérité pourront sembler trop rudes aux yeux des gens timides, qui voudraient tout ménager parce qu'ils ne se trouvent pas sur la brèche et n'ont pas à combattre.

Dites-moi, cher lecteur, si vous étiez obligé de vous battre avec des loups enragés, conserveriez-vous assez de sang-froid pour ménager vos coups et rendre votre défense polie et bénigne ? Vous lutteriez avec énergie, vous ne ménageriez pas vos coups, et vous feriez bien.

Je publiai encore contre mes adversaires un autre ouvrage qui les mit en fureur : *Les Mémoires et Journal de l'abbé Ledieu sur la vie et les ouvrages de Bossuet, évêque de Meaux.*

Ce grand homme a eu des faiblesses; il en a eu vis-à-vis de Louis XIV, sans toutefois approuver ce que ce roi fit de mal; il en eut vis-à-vis de Rome, et croyait que l'on ne devait pas faire schisme avec la papauté; mais au milieu des luttes, fort vives de son temps, entre gallicans et ultramontains, entre jésuites et jansénistes, il sut conserver une position supérieure et indépendante, tout en faisant parfois des concessions de circonstance, pour plaire à son grand roi. Louis XIV avait aussi pour Bossuet les sentiments d'un profond respect, et acceptait de lui des remontrances qu'aucun autre n'aurait pu lui adresser.

Sans se rallier à l'école de Port-Royal, Bossuet professait des doctrines conformes à celles de cette savante et illustre école, et détestait les doctrines jésuitiques. Le père Quesnel ayant publié son ouvrage intitulé : *Réflexions morales sur le Nouveau Testament*, les jésuites en firent grand bruit.

Ils y trouvaient, en effet, sous des formes très pieuses, la réfutation de toutes leurs doctrines sur la dévotion et sur les cas de conscience. On soumit à Bossuet l'ouvrage du père Quesnel; il l'approuva et fit une préface qui devait être mise en tête de l'ouvrage.

Les jésuites n'en devinrent que plus hostiles à l'ouvrage, et travaillèrent si bien contre lui qu'ils décidèrent Rome à faire la fameuse bulle *Unigenitus*, dans laquelle on accusa Quesnel de toutes les erreurs. Les jansénistes reçurent dès lors le titre de *Quesnellistes*, et une nouvelle hérésie fut improvisée.

Seulement, une chose gênait les jésuites : l'approbation donnée par Bossuet à l'ouvrage que Rome condamnait comme hérétique. On n'osait pas dire que Bossuet avait manqué d'intelligence en approuvant un livre que Rome avait condamné si rigoureusement. On répandit alors cette légende : que Bossuet n'avait pas fait, pour être imprimée, sa fameuse préface, et qu'après réflexion, il l'avait condamnée. Le cardinal de Beausset, historien de Bossuet, mit surtout cette légende en circulation. Ce personnage eut entre les mains les manuscrits de Bossuet, et ceux de son secrétaire l'abbé Ledieu. Les circonstances me mirent entre les mains les mêmes manuscrits, parmi lesquels je trouvai les notes autographes du cardinal-historien. J'y trouvai la preuve qu'il avait sciemment falsifié les manuscrits, et qu'il n'y avait pris que ce qui lui convenait. J'en étais là de mes études lorsque Poujoulat eut l'idée de publier ses *Lettres sur Bossuet*. Poujoulat se croyait un homme de haute capacité, un grand écrivain religieux surtout. Les légitimistes l'adulaient. Cependant, c'était un pauvre écrivain qui essaya de tous les genres religieux et ne réussit en aucun. Quand je lus ses lettres sur Bossuet, j'y trouvai, outre mille autres erreurs, la légende que le cardinal de Beausset avait mise en circulation. J'en écrivis au *Journal des Débats*, qui admit ma lettre.

Ce journal avait alors pour principal rédacteur un petit myope nommé Sylvestre de Sacy. Il s'était imaginé qu'il était allié à la fameuse famille des Le Maistre de Sacy, une des gloires de la magistrature et de l'école de Port-Royal. Il n'en était rien, mais il s'appliquait à le faire croire en rééditant de petits ouvrages religieux qui sortaient de l'école de Port-Royal. C'est à cette disposition que je dois l'insertion dans le *Journal des Débats* de ma lettre où je prouvais que Bossuet avait réellement approuvé le livre du père Quesnel, et que sa préface était bien destinée à l'impression.

Dulac, de *l'Univers*, se hâta de prendre parti pour Poujoulat; mais je le réduisis au silence par une brochure que je publiai sur la question. Poujoulat vérifia lui-même les textes du manuscrit de Ledieu que j'avais cités, et qui fut très gracieusement mis à sa disposition. Il convint, en particulier, que j'avais raison; mais il n'était pas homme à en convenir en public. Dulac, qui ne s'était occupé de la question que sur les données de Poujoulat, ne reconnut pas davantage son erreur. Mes deux antagonistes se renfermèrent dans un silence prudent.

Lorsque j'eus en ma possession les manuscrits de Bossuet et de Ledieu, je me rendis à la Bibliothèque nationale pour étudier les autres manuscrits que j'y pourrais trouver sur le même sujet. Je trouvai le manuscrit des *Mémoires de l'abbé Ledieu*; on n'était pas certain de leur authenticité; je la fournis en disant qu'ils étaient de la même écriture que le *Journal* dont l'authenticité n'était pas contestée, et d'autres notes dont j'étais en possession et qui étaient également de l'abbé Ledieu. Je commençai alors la publication de ces manuscrits qui démentent le cardinal de Beausset et les autres écrivains qui avaient travaillé d'après lui.

Je démontrai aussi que Bossuet fut hostile aux jésuites et à leurs doctrines; que s'il fut gallican trop timide, il se montra néanmoins ennemi de l'ultramontanisme. Il se montra surtout ennemi des jésuites dans la censure des casuistes. Dans cette censure, on ne nomma pas les auteurs; mais l'abbé Ledieu, qui écoutait toujours aux portes, connaissait les auteurs censurés, et il fit *la Clef de la censure*, pour ouvrir tous les secrets dont on s'était entouré en cette affaire. Cet ouvrage de Ledieu existe en manuscrit dans la Bibliothèque du séminaire de Meaux. J'aurais voulu le publier et j'allai, dans ce but, faire visite au bon évêque Allou, qui me renouvela, en cette circonstance, ses témoignages d'amitié. Il n'osa m'accorder ce que je lui demandais avant d'avoir consulté son entourage. L'entourage se prononça contre la publication de la *Clef de la censure*, dans la crainte d'éveiller la susceptibilité des *bons pères jésuites*. Je le regrette, car ma publication des manuscrirs de Ledieu eût alors été complète, et complète aussi ma démonstration que Bossuet détestait les jésuites.

Il n'appartenait pas non plus à l'école de Port-Royal. Cependant les doctrines enseignées par cette illustre école avaient son approbation, comme le prouvent ses ouvrages et en particulier la préface destinée à l'ouvrage du père Quesnel. Lorsque j'eus l'heureuse chance de retrouver une grande partie des manuscrits de Bossuet dans une vente publique (1), j'acquis la preuve que l'*Avertissement sur les Réflexions morales* du père Quesnel avait été composé et revu avec soin par Bossuet, et qu'il avait préparé et annoté la dernière copie *destinée à l'impression*. Il n'y a plus moyen aujourd'hui de dire honnêtement ce qu'avait dit le cardinal de Beausset : que Bossuet n'avait pas fait son *Avertissement* pour être imprimé. C'est tout le contraire qui est vrai. Ce fait est de la plus haute gravité pour les discussions théologiques qui avaient lieu alors, et pour déterminer le vrai caractère de Bossuet dans ces discussions.

Bossuet jouissait d'une telle autorité dans les luttes doctrinales, que les jésuites auraient bien voulu faire croire qu'il était pour eux. Le cardinal de Beausset essaya de le faire croire, même en *falsifiant* le *Journal* de Ledieu et les autres documents qu'il eut sous les yeux. Il laissa même dans les

---

(1) N'ayant pas d'argent pour aborder la vente de ces manuscrits, je priai mon ami Parent du Châtelet de les acheter. Il les acheta à un prix dérisoire ; les vendeurs ne savaient pas ce qu'ils vendaient. M. Parent du Châtelet en fit présent à la Bibliothèque nationale.

manuscrits des notes écrites par lui-même, et qui prouvent qu'il fit ces falsifications sciemment et de propos délibéré. Depuis que je le prouvai dans ma publication des manuscrits de l'abbé Ledieu, le parti jésuitico-ultramontain s'est acharné après la mémoire de Bossuet et a publié contre ce grand homme des ordures ignobles. J'ai dit que les trois pierrots du conciliabule de la Rochelle, qui m'ont honoré de leur haine, de concert avec le sieur Pallu leur ami, auraient voulu se coaliser pour arracher une plume à l'Aigle de Meaux. Les autres membres du conciliabule n'osèrent pas se charger d'une besogne aussi honteuse.

Pendant qu'on imprimait mon ouvrage sur Bossuet, un fanatique de jésuitisme, nommé U. Maynard, allait souvent chez Didier, mon éditeur, pour le menacer de faire une guerre des plus redoutables à ma publication. Toutes ses menaces se réduisirent à un article ignare publié dans la *Bibliographie catholique*. Je réduisis à néant, sans aucune difficulté, le fameux article de U. Maynard, et ma réfutation parut dans la *Bibliographie catholique*, qui avait publié auparavant les articles du savant abbé Caillau sur mon *Histoire de l'Église de France.*

Tous les grands journaux de Paris rendirent compte de ma publication des manuscrits de Bossuet et en firent les plus grands éloges.

L'Observateur catholique ne s'arrêtait pas dans sa publication, et poursuivait sa course à travers mes grandes publications. Les ultramontains m'avaient en horreur, ce qui me plaisait beaucoup.

Ici un petit épisode. L'éditeur des *Mémoires et Journal de l'abbé Ledieu* était Didier, qui intitulait sa maison *Librairie académique*. Pour le brave éditeur, un académicien devait absolument mettre son nom sur les plus importantes de ses publications. Il me proposa donc un jour de faire précéder mon travail d'une préface signée de M. Sylvestre de Sacy, qui venait d'être nommé *immortel*.

Cet immortel n'ayant aucun titre littéraire, avait été obligé de faire imprimer en deux volumes ses articles publiés dans le *Journal des Débats*, pour prouver qu'il avait fait quelque chose. Sans cela, son bagage littéraire aurait été le même que celui du baron Pasquier, qui, selon *le Charivari*, était entré à l'Institut précédé d'une énorme voiture de papier blanc, traînée par quatre chevaux. Le petit myope Sylvestre, dit *de Sacy*, aurait dû, je pense, se hâter de joindre son nom au mien pour la publication des manuscrits de Ledieu, et trouver que je lui faisais honneur en consentant à accepter sa préface et son nom. Le petit myope Sylvestre n'en jugea pas ainsi. Il voulut bien accepter mon travail, mais à la condition qu'il lui serait attribué à lui seul et que son nom seul apparaîtrait sur la publication.

Cette impertinence ne valait qu'une réponse ; je la lui adressai et je refusai sa préface et son nom.

Voyez-vous ce petit *Sylvestre* se gonflant dans sa nullité et refusant de mettre son nom à côté de celui de l'auteur de l'*Histoire de l'Église de France!* Je dégonflai cette grenouillle, et je lui fis comprendre que ce n'était pas son nom qui aurait illustré le mien, mais le mien qui aurait illustré le sien. Le petit *immortel* a vu mourir ses œuvres, avant de mourir lui même, et l'auteur de l'*Histoire de l'Église de France* voit ses œuvres vivre avec lui ; plusieurs lui survivront.

L'Observateur catholique me fit d'autres ennemis, sur lesquels je ne comptais pas, c'est-à-dire ceux que les jésuites et consorts appellent *jansénistes*. Lorsque je faisais l'éloge de l'école de Port-Royal, ils battaient des mains et m'exaltaient, mais dès qu'ils me virent réduire la papauté à ses proportions orthodoxes, ils m'adressèrent des observations. Qui l'aurait cru ?

La situation des jansénistes, représentés principalement par l'ancienne Église de Hollande, est assez singulière vis-à-vis de la papauté. Lorsqu'un évêque est élu, il adresse au pape une lettre de communion ; le pape répond par une excommunication, et prétend que les excommuniés n'appartiennent pas à l'Église ; qu'ils sont hérétiques, schismatiques, etc., etc. Les excommuniés prétendent qu'il ne sont séparés de l'Église qu'en apparence, puisqu'ils en appellent du pape au concile général ou œcuménique. Qu'est-ce que le concile général pour eux? L'assemblée des évêques de l'Église romaine convoqués par le pape, présidés par le pape, approuvés par le pape dans leurs décisions. Ils savent bien que leur appel n'a aucune signification. Ils doivent même en avoir la démonstration aujourd'hui, puisqu'en 1869-70 le pape a assemblé à Rome un concile qui réunissait toutes les conditions d'un vrai concile œcuménique tel que les jansénistes de Hollande l'acceptent. Ils se sont adressés à ce concile pour obtenir justice contre la papauté ; le concile ne leur a même pas répondu et a décidé qu'il fallait croire à l'infaillibilité papale transformée en dogme. Ils devaient bien s'attendre à cette décision, mais ils feignaient de ne pas la prévoir. Aujourd'hui, qu'ont-ils à dire? Qu'on n'a pas voulu les entendre? Mais si le concile qu'ils doivent appeler *œcuménique* d'après leurs principes, n'a pas voulu les entendre, c'est qu'il les condamnait et n'attachait aucune importance à leurs revendications. Cela doit leur suffire pour apprécier la papauté, son prétendu concile œcuménique, et ses décisions hérétiques. Leurs *distinguo* n'ont plus aucune valeur.

En face de l'ancienne Église de Hollande, et en opposition avec elle, le pape établit d'abord des *vicaires apostoliques* ; il les transforma ensuite en évêques attachés à des sièges déterminés, ce qui fit que l'Église de Hollande fut double ; qu'on éleva autel contre autel, épiscopat contre épiscopat, et cela en présence d'une majorité protestante qui se moquait des jansénistes et des papistes.

Il n'y avait qu'un moyen, pour les jansénistes, de sortir de la situation illogique où ils se trouvaient : c'était d'en revenir à la notion orthodoxe de la papauté.

J'essayai de leur faire comprendre, dans *l'Observateur catholique*, que c'était pour eux l'unique planche de salut, l'unique moyen de donner à leur Église l'importance qu'elle aurait dû avoir. Les jansénistes me reprochèrent mes tendances anti-papistes. Le vénérable archevêque d'Utrecht, Van Santen, se déclara pour moi ; je possède de lui plusieurs lettres. Si ce respectable évêque n'avait pas été si vieux et n'était pas mort sur ces entrefaites, je crois que nous nous serions parfaitement entendus et que la vieille Église hollandaise aurait renoncé à sa théorie illogique sur la papauté. Après sa mort, on en revint à des reproches ridicules et on écrivit à *l'Observateur catholique* des lettres en faveur de la théorie papale-gallicane. Je demandai à mes correspondants des preuves en faveur de leur théorie. On me renvoya à la *Théologie de Lyon*.

Qu'est-ce que c'est que la *Théologie de Lyon* ? Un cours de théologie destiné aux séminaires, comme la *Théologie de Bailly*, la *Théologie de Poitiers* et autres abrégés qui se ressemblent et sont copiés les uns sur les autres. Je n'eus aucune peine à prouver que la *Théologie de Lyon* n'avait cité en faveur de la théorie gallicane de la papauté que des textes falsifiés et sans aucune valeur, cités dans tous les abrégés de théologie gallicans ou ultramontains.

Comme je réduisais à sa juste valeur le fameux texte de saint Irénée, un Lyonnais, appartenant à l'Eglise anti-concordataire, dite *petite Église*, vint à la rescousse de l'Eglise de Hollande. Ce pauvre homme avait copié le texte dans une traduction française publiée sous les auspices de l'abbé de

Genoude, lequel n'avait jamais lu le texte très probablement. Je prouvai à mon pauvre *anti-concordataire* que saint Irénée avait dit tout le contraire de ce qu'il lui attribuait d'après l'abbé de Genoude, et qu'il ferait bien de chercher d'autres preuves en faveur de la papauté.

N'est-il pas très drôle d'avoir rencontré comme défenseurs de la papauté, des jansénistes et des anti-concordataires condamnés par la papauté? Ils voulaient absolument que la papauté fût le centre d'unité de l'Eglise, *par droit divin*, et ils condamnaient les actes de la papauté, et la papauté les condamnait eux-mêmes.

Mes adversaires réduits au silence, ne cherchèrent pas à détruire mes preuves; mais ils restèrent dans leurs préjugés. J'ai vu, dans cette obstination, une preuve de l'influence mortelle que la papauté a exercée sur les consciences. Moi-même j'en avais été victime; mais je dois dire que je professai franchement et ouvertement la vérité dès qu'elle me fut connue.

Si l'Eglise de Hollande avait eu la même loyauté, elle ne serait pas tombée dans l'état misérable où elle se trouve aujourd'hui; elle n'avait qu'un pas à faire dans la vérité pour se trouver en union avec la vénérable et apostolique Eglise catholique-orthodoxe d'Orient. Elle serait devenue, en Occident, un centre d'orthodoxie autour duquel auraient gravité les catholiques scandalisés des entreprises hétérodoxes de la papauté, et les protestants restés chrétiens. Une grande Eglise catholique-orthodoxe aurait existé en Occident; elle aurait donné la main à la grande Eglise catholique-orthodoxe d'Orient, et l'Eglise papiste n'aurait plus été qu'une secte méprisée pour ses doctrines anti-chrétiennes, et ses pratiques païennes.

Au lieu de cet avenir brillant, le clergé hollandais a fait à son Eglise une situation ridicule, illogique. Cette Eglise tombe chaque jour plus bas; elle se disloque, se débat dans le vide ; ses fidèles l'abandonnent; elle n'existerait plus si elle n'avait quelques finances pour se soutenir. Tel est le résultat de ses théories contradictoires sur la papauté.

X

M. Morlot, successeur de M. Sibour sur le siège de Paris. — Ses antécédents. — Il ameute l'aristocratie légitimiste de Dijon contre M. Rey, premier évêque nommé par Louis-Philippe. — M. Morlot abandonna ses beaux principes politiques, mais resta fidèle au beau sexe. — Ses amours épiscopales à Orléans. — Il devient archevêque de Tours et cardinal. — Réunion épiscopale en 1848. — Il est nommé archevêque de Paris. — M. Buquet, premier vicaire-général, l'engage à réparer l'injustice de M. Sibour à mon égard. — Il engage l'*Ami de la Religion* à m'attaquer à propos de jansénisme. — Il engage également l'abbé Lavigerie à m'attaquer dans son cours de Sorbonne. — L'abbé Sisson, directeur de l'*Ami de la Religion*, avoue que son journal est battu. — Il me demande la paix au nom de l'archevêque. — Promesses de Morlot. — Comment il les tient. — L'abbé Lavigerie battu. — Il est obligé d'abandonner son cours sur le jansénisme. — Quelques détails sur ce cours. — L'archevêque veut venger l'*Ami de la Religion* et l'abbé Lavigerie. — Il entreprend de me faire chasser de Paris par la police. — La loi sur les *ouvriers sans ouvrage*. — Je me moque de ses intrigues. — Tout ce que fit Morlot contre moi était dirigé par Darboy. — Morlot passait son temps avec les *Belles crinolines*. — Petite historiette.

evenons à l'archevêché de Paris.

Je ne sais si l'archevêque Sibour aurait tenu les promesses qu'il m'avait faites ; je crois cependant qu'il les aurait tenues dès qu'il aurait été persuadé que Rome se jouait de lui, et qu'il ne serait pas cardinal. Peu m'importe, du reste, et je ne suis pas fâché d'être sorti d'une Église dans laquelle j'aurais été obligé d'accepter les erreurs communes, en luttant contre ma conscience.

En brisant ma position, dans cette Eglise on me donna la liberté et j'en usai pour arriver à la vérité.

Le successeur de M. Sibour fut l'archevêque de Tours nommé Morlot. Il était fils d'un pâtissier de Dijon. Sa vraie position aurait été celle de pâtissier comme son père et de vendre des *Nonnettes*. On le mit au séminaire et il devint prêtre. Il n'avait aucune capacité et un caractère très humble vis-à-vis de ses supérieurs. C'était un double titre pour arriver, car les évêques de France, fort médiocres pour la plupart, n'aiment pas à s'entourer d'hommes capables qui pourraient les éclipser. Morlot devint donc peu à peu chanoine et vicaire-général. Il se montrait très légitimiste, ce qui lui attira les sympathies de toute l'aristocratie dijonnaise. On l'invitait à toutes les fêtes du grand monde ; il se plaisait beaucoup au milieu des femmes les plus décolletées, et ne songeait pas, comme Tartuffe, à leur offrir son mouchoir en disant :

Cachez, cachez ce sein que je ne saurais voir.

Quand la révolution de 1830 renversa Charles X et mit Louis-Philippe sur le trône, il se montra légitimiste enragé. L'évêque de Dijon étant mort, Louis-Philippe nomma M. Rey pour occuper ce siège. C'était le premier évêque qu'il nommait. Morlot et toute l'aristocratie s'élevèrent contre le pauvre évêque et le considérèrent comme une brebis galeuse. Morlot lui fit tant de misères, au moyen de l'aristocratie, qu'il fut obligé de donner sa démission.

M. Morlot était tourmenté du désir de l'épiscopat. Lui et ses amies cédèrent sur les principes, et c'est ainsi que sous des gouvernements usurpateurs, M. Morlot fit si bien son chemin qu'il devint successivement évêque d'Orléans, archevêque de Tours et cardinal. Quelle preuve de capacité avait-il donnée ? Il avait mis une petite préface à un livre de prières composé par une dame; ensuite il avait pris la peine de lire un catéchisme composé par Couturier et d'en éliminer les demandes afin qu'on pût le lire couramment. Je ne pense pas que ces belles œuvres littéraires l'aient désigné à l'attention du gouvernement pour en faire un évêque; mais il avait des protectrices qui le firent monter vite. Ce que je ne puis comprendre, c'est le zèle de ces dames en faveur d'un protégé qui n'était ni beau ni spirituel. Mais il était si aimable, et il savait si bien donner l'absolution aux jolies pénitentes coupables de péchés mignons! Il en commettait lui-même, à ce qu'il paraît, et de grandes dames étaient devenues amoureuses du fils du pâtissier. On en parla à Orléans, lorsqu'il en fut devenu évêque, et il eut même avec une dame une correspondance très intéressante, m'a-t-on dit. Cette dame mourut sans avoir détruit cette correspondance, qui tomba en héritage à un magistrat protestant. Un vieux prêtre de mes amis connaissait l'existence de cette correspondance et il était reçu dans la famille du magistrat protestant. Il en causa et fit tout son possible pour qu'elle lui fût confiée. Mais le magistrat ne voulut pas s'en dessaisir sous prétexte qu'il était inutile de donner du scandale; je ne sais ce qu'elle est devenue. C'est vraiment dommage qu'une si belle œuvre littéraire soit perdue.

Morlot était archevêque de Tours en 1848.

On agitait alors une foule de questions ecclésiastiques, et le clergé secondaire, sous le souffle révolutionnaire de l'époque, remuait beaucoup de questions qui n'étaient pas du goût de l'épiscopat. Mgr Fabre des Essarts me demanda un mémoire sur ces questions et partit pour Tours afin d'en parler avec M. Morlot et avec M. Bouvier, évêque du Mans. Mon mémoire était trop libéral pour être accepté tel qu'il était. On accepta les chapitres, mais on s'appliqua à atténuer les choses de manière à ce que tout parût comme ce qu'il y avait de mieux dans le meilleur des mondes. De retour à Blois,

Mgr Fabre des Essarts, fit copier le mémoire de la petite assemblée de Tours et le fit autographier chez son imprimeur. Il était bien entendu qu'aucun exemplaire ne serait tiré en dehors du nombre strictement prescrit. L'imprimeur en tira un pour moi et je le possède encore. Il prouve que les évêques savaient bien qu'il y avait quelque chose à faire ; mais que, dans l'intérêt de leur autorité, il valait mieux laisser les choses dans l'état où elles étaient et se contenter de quelques mots pour répondre aux aspirations de leur clergé.

Les choses ne se seraient pas passées aussi facilement si le fils de Verhuel et de la reine Hortense n'avait pas eu la fantaisie de tuer la République, à laquelle il avait juré fidélité, et ne se fût couronné empereur sous le titre de Napoléon III. Les évêques respirèrent et se prosternèrent tous devant le nouveau souverain, qui saurait réduire leur clergé s'il osait se révolter contre leur despotisme. Morlot, le légitimiste, qui avait encensé Louis-Philippe, encensa le faux Napoléon, et l'encensa si bien qu'il devint archevêque de Paris, sénateur, membre du conseil privé, etc., etc., et qu'il vit tomber annuellement dans sa caisse des centaines de mille francs.

Un si haut personnage pouvait-il s'occuper de moi ?

Cependant M. Buquet, premier vicaire-général de Paris, osa lui dire que Mgr Sibour avait commis une injustice à mon égard, et qu'il ferait bien de la réparer dès son arrivée à Paris. Mais à l'archevêché il y avait un autre vicaire-général qui fut bientôt le confident et le conseiller de Morlot, c'était Darboy. Ces deux hommes étaient bien faits pour s'entendre. Darboy, qui m'avait si humblement demandé mon amitié, était devenu mon ennemi parce que je lui avais dit quelques vérités. Il influença Morlot qui, au lieu de me rendre justice, s'en rapporta à Darboy pour me tourmenter.

Darboy s'empara de l'idée de M. Lequeux et m'accusa de jansénisme. Il s'entendit avec l'abbé Sisson, alors directeur de *l'Ami de la Religion*, et ce journal publia contre moi plusieurs articles. Il s'entendit aussi avec l'abbé Lavigerie, qui est aujourd'hui un grand personnage, cardinal-archevêque d'Alger et de Carthage. Il était alors un jeune abbé, très coquet et pimpant. Il n'avait aucun titre, aucun grade pour être professeur à la Sorbonne; mais il professait tout de même, grâce à l'archevêché de Paris. Il fut convenu qu'il interromprait son cours d'histoire ecclésiastique à la Sorbonne, et traiterait du jansénisme. J'en fus averti. Je me rendis à son cours, qui devait durer deux ans. Dès la première leçon, je fus certain qu'il ne durerait pas aussi longtemps. Il était bien impossible d'être aussi prétentieux et aussi pauvre que l'abbé Lavigerie sur le sujet qu'on l'avait chargé de traiter. Dès la première leçon je pris des notes, et je relevai les plus grosses erreurs du professeur. Je voulais seulement mettre ma réfutation dans *l'Observateur catholique* sous la signature de M. Parent du Châtelet; mais cet excellent homme jugea que mes réfutations devaient paraître chaque semaine, le jour où l'abbé Lavigerie donnerait sa leçon; ce qui fut fait. Donc, chaque semaine, en arrivant à la Sorbonne, le professeur pouvait lire la réfutation de la leçon précédente; il la trouvait sur son bureau dans son cabinet, et un libraire la distribuait à tous ceux qui venaient au cours. Ils n'étaient pas nombreux d'abord, mais dès qu'on apprit que je réfuterais la leçon chaque semaine, les auditeurs accoururent et la salle était comble. Chacun, en attendant le professeur, lisait ma réfutation et ne se gênait pas pour dire que le professeur n'était pas de force à lutter avec moi. On s'amusait beaucoup des erreurs grossières que je mettais en relief. Quand le professeur arrivait dans la salle, il était facile d'apercevoir son état nerveux. J'avais oublié, un jour, d'ôter mon chapeau, je n'étais préoccupé que de mes papiers. Aussitôt il en fit la remarque d'une voix tremblotante; j'ôtai aussitôt mon chapeau et je saluai le professeur de la manière la plus respectueuse. Je me trouvai un jour entouré de quelques jeunes gens amis de l'abbé Lavigerie. Ils se penchaient jusque sur mes épaules pour lire les notes que je prenais. Je leur dis simplement : « Ne vous donnez pas tant de peine pour vous approcher, je vous communiquerai mes notes et vous pourrez les lire à votre aise ». Ils eurent honte, me laissèrent tranquille et ne revinrent plus se placer auprès de moi. L'abbé Lavigerie feignit un jour de croire qu'on voulait troubler son cours. Quand les auditeurs arrivèrent, ils aperçurent un vrai déploiement de forces. On en rit, et l'on crut que le brave professeur aurait été enchanté de faire constater un petit trouble afin d'interrompre un sujet qu'il avait entamé un peu trop à la légère. Mais ses adversaires étaient des gens pacifiques, les plus pacifiques de ses auditeurs. On se montrait M. Parent du Châtelet qui signait les réfutations, mais tous disaient que c'était moi qui en étais l'auteur. Dès que j'arrivais, tous les yeux étaient braqués sur moi. En attendant le professeur, je préparais mon cahier de notes sans dire un mot à qui que ce fût.

Mes critiques étaient sérieuses et courtoises ; mais le professeur, dès la deuxième leçon, affirma avec émotion qu'il maintiendrait la notion qu'il avait donnée du jansénisme, *malgré les injures et les injustices de quelque part qu'elles lui vinssent*. Je répondis : « M. l'abbé était ému en prononçant ces paroles. Nous sommes vraiment bien fâché de causer à notre professeur la moindre peine, mais qu'il considère, s'il lui plaît, que nous ne l'avons point injurié et que nous n'avons point été injuste à son égard. Lui avons-nous reproché des doctrines qu'il n'avait pas soutenues ? Non, puisqu'il déclare les maintenir malgré nos observations. L'avons-nous injurié ? Nous ne le pensons pas. S'il y avait une seule injure dans nos premières observations, nous la retirerions aussitôt.

Ainsi, que M. l'abbé Lavigerie ne voie pas en nous des ennemis, mais des auditeurs sérieux, qui se croient permis d'opposer leurs recherches aux siennes. Il n'a certainement aucune prétention à l'infaillibilité; donc, la critique de son cours est permise. Son cours est public, on peut le critiquer publiquement; ainsi, pas d'émotion, pas de gros mots à propos de nos observations, qui seront toujours calmés, solides et modérées ». C'est précisément parce que nos critiques avaient ces qualités, que le jeune professeur s'en montrait plus ému. Il essaya de répondre à nos observations dans un petit imprimé où il affirmait qu'il ne nous répondrait pas. En effet, il ne répondit rien : mais comme il s'était montré très irrité, je terminai la critique de la deuxième leçon par cette petite observation : « Nous ferons tout notre possible pour ménager le système nerveux de M. l'abbé, qui a fait trop voir à son auditoire qu'il était fort irritable. Nous serions désolé de lui fournir l'occasion de manquer aux convenances et à cette modestie qui va si bien à un jeune ecclésiastique ».

Je ne puis, dans ces *Souvenirs,* revenir sur les questions théologiques et philosophiques que l'abbé Lavigerie voulait enseigner sans les connaître. Je me contenterai donc d'indiquer quelques détails à propos desquels j'humiliai parfois le jeune professeur. En tête de ma critique de la quatrième leçon, je dis : « M. l'abbé Lavigerie va de plus fort en plus fort dans son cours d'histoire ecclésiastique. Il n'est guère possible de débiter plus d'erreurs historiques et doctrinales qu'il ne l'a fait dans sa quatrième leçon. Il est vraiment déplorable d'entendre un jeune prêtre attaquer, au nom de l'Eglise, les principes fondamentaux de la doctrine catholique, et donner comme le jansénisme, la plus pure doctrine de saint Augustin, de saint Thomas, de Bossuet, de tous les grands docteurs catholiques. Le jeune professeur vous débite les hérésies les plus monstrueuses avec un air de satisfaction qui ne peut qu'impressionner très péniblement les hommes sérieux qui l'écoutent ».

Cette compassion méritée avait le don de froisser son amour-propre et ses prétentions si peu justifiées. Dans sa cinquième leçon, il revint d'une manière très nerveuse sur nos *injures* et nos *calomnies*. Seulement, il ne put en indiquer une seule. Il fit cependant distribuer à sa cinquième leçon, sa troisième et sa quatrième, *considérablement diminuées et corrigées par l'auteur*. Il avait tenu compte d'un grand nombre de nos critiques, mais sans en convenir.

Au début de mes critiques sur la septième leçon, je constatai que, chaque semaine, M. le professeur devenait plus passionné. Je dis : « Avant de commencer nos observations sur la septième leçon de M. Lavigerie, nous devons remarquer que le jeune professeur devient plus violent et moins impartial à mesure que nous le réfutons ; ses gestes deviennent plus animés, sa voix plus accentuée. Ses petites colères ne nous effrayent ni pour l'illustre école de Port-Royal ni pour nous. Seulement, dans la dernière leçon, nous avons vraiment eu pitié de son bureau ; qu'il l'épargne davantage, ce malheureux ; pourquoi le frapper si fort et si souvent ? Son innocence ne peut être mise en doute par personne. M. Lavigerie voudrait-il punir sur lui ses fautes contre l'histoire, la justice et la charité ? Son procédé ne serait pas plus honnête que celui de Louis XIV faisant pénitence de ses adultères sur le dos des jansénistes et des protestants, comme disait le duc de Saint-Simon ».

Pour faire l'histoire de Port-Royal, M. Lavigerie n'avait pris pour guides que les pamphlets les plus dégoûtants des jésuites. Il nous était facile de lui opposer des écrits plus respectables ; cela le mettait en colère, et, plus il était battu, plus il se démenait. Nos critiques avaient le don de le rendre presque épileptique. Il abandonna ses leçons sur le prétendu jansénisme, et en donna avis au début de sa dixième leçon. Cependant, il avait annoncé que ce cours durerait *deux ans*. Il comptait sans nos critiques. A dater de la dixième leçon, il réduisit son cours à une étude sur Pascal. Je continuai mes critiques. Il essaya de me répondre dans un petit cahier qu'il distribua au début de sa onzième leçon. Comme dans ses petits cahiers précédents, il dissimulait mes critiques et atténuait ce qu'il avait dit de trop erroné. Il ne répondait absolument à rien. Seulement, au début de sa onzième leçon, il déclara qu'il ne prenait aucun souci de mes critiques, parce que : « Il n'y a que les petits hommes qui se préoccupent des petits écrits ». M. l'abbé Lavigerie se plaçait ainsi parmi les *grands hommes*. C'était assez comique. Depuis lors, il a bien fait tout son possible pour passer *grand homme*. A-t-il réussi ? Nous nous permettons de répondre négativement. M. Lavigerie sera grand homme quand on adjugera ce titre aux intrigants qui ont abusé de toutes les occasions pour se mettre en évidence et faire parler d'eux, aux ambitieux dont toute la vie se résume dans un ardent désir de se faire remarquer, et qui, en réalité n'ont rien fait d'utile.

Le cours de M. Lavigerie, qui devait durer *deux ans*, ne dura que *treize semaines*. Les treize leçons qu'il donna ne sont qu'un résumé très mal fait des assertions de quelques pamphlétaires jésuites sur les doctrines et les origines du jansénisme.

L'archevêque de Paris, qui l'avait lancé contre nous, l'arrêta court, lorsqu'il vit qu'il était solidement réfuté.

M. l'archevêque agit de même avec *l'Ami de la Religion* et son rédacteur en chef, l'abbé Sisson. Il fut convenu que dans son journal, l'abbé Sisson me ferait attaquer et m'attaquerait lui-même au sujet du jansénisme.

L'abbé Jager entra le premier en ligne. Je connaissais cet ignare et grossier personnage. Je ne me serais jamais abaissé jusqu'à répondre aux sottises qu'il avait copiées dans les pamphlets des jésuites ; je protestai seulement d'une manière générale contre l'accusation de jansénisme. L'abbé Sisson voulut dire son mot à ce sujet ; j'en profitai pour donner à *l'Ami de la Religion* une leçon qu'il méritait bien.

J'ai parlé plusieurs fois de jansénisme, et les lecteurs de mes *Souvenirs* ne sont pas au courant, sans doute de cette vieille question. Il l'auront bientôt comprise en lisant ma polémique avec *l'Ami de la Religion*. Ce journal était plus sérieux que *l'Univers* qui n'avait jamais su que me dire, par l'organe de son Dulac, que j'étais un revolté parce que je ne me soumettais pas à l'Index, et qui n'admettait mes reponses que sur l'ordre d'un huissier. L'abbé Sisson fut plus sérieux ; il discuta de son mieux des questions théologiques, et aucun huissier n'eut à s'interposer entre nous.

Nous avions protesté contre l'accusation de jansénisme que Jager nous avait jetée à la tête, et nous avions mis cet ecclésiastique au défi de trouver dans nos ouvrages *une seule proposition janséniste*.

M. l'abbé Sisson prit la parole à l'occasion de ce défi : « M. l'abbé Guettée, dit-il (1), proteste contre l'accusation de jansénisme, nous l'en félicitons. Mais d'où vient alors qu'il s'attache avec tant d'ardeur A SOUTENIR ET A DÉFENDRE LES HOMMES *qui ont professé* cette erreur et *les livres* qui la contiennent ? POUR SE LAVER D'UNE ACCUSATION AUSSI GRAVE, *il ne suffit pas de repousser la doctrine des cinq propositions*, il faut encore : 1° admettre avec l'Eglise que CETTE DOCTRINE EST RÉELLEMENT CONTENUE DANS LES ÉCRITS de Jansénius et de Quesnel ; 2° reconnaître l'autorité dogmatique obligatoire des bulles pontificales *Vineam Domini sabaoth* et *Unigenitus*. »

---

(1) *Ami de la Religion*, 23 juin 1857.

M. l'abbé Sisson ne détermine pas le sens de ces bulles. Il veut qu'on les admette d'une manière générale, sous peine d'être janséniste. Il veut, en outre, que l'on admette la question de fait aussi bien que la question de droit, et de la même manière, sous peine, d'être janséniste. Enfin, sous la même peine on ne peut *défendre les hommes* qui ont professé le jansénisme ou les livres qui le contiennent. Il affirme, en outre, que ce sont là *des doctrines et des décisions qui portent* LE SCEAU DE L'INFAILLIBILITÉ DIVINE. *Tous les catholiques*, ajoute-t-il, *sont unanimes sur ce point.*

Laissons de côté les questions incidentes dont M. l'abbé Sisson a accompagné ses réflexions; nous ne nous occupons ici que du reproche de jansénisme qu'il a soulevé contre nous.

Voici la réponse que nous lui avons adressée, et qui a été insérée dans *l'Ami de la Religion* (numéro du 30 juin 1857) :

« Paris, le 23 juin 1857.

« MONSIEUR L'ABBÉ,

« Vous m'avez posé avec gravité, dans votre numéro de ce jour, plusieurs questions auxquelles je m'empresse de répondre.

« Vous dites que dans ma lettre en réponse à M. Jager, j'ai mal posé la question et que *je ne réponds pas à la vraie portée des articles* de cet ecclésiastique, en le défiant de trouver une seule proposition janséniste dans mes ouvrages. Il me semble, Monsieur, que si j'enseigne le jansénisme dans mes ouvrages, on devra l'y trouver, et que si on l'y trouve, on pourra en extraire des phrases jansénistes, puisque je ne puis écrire ni enseigner qu'au moyen de phrases. Il me semble donc que j'ai très nettement posé la question.

« Si je vous ai bien compris, il n'y aurait rien dans mes

ouvrages de favorable à la doctrine des cinq propositions, c'est-à-dire au *Jansénisme proprement dit;* mais 1º je m'attacherais avec ardeur à soutenir et à défendre les *hommes* qui ont *professé* cette erreur et les *livres* qui la contiennent; 2º pour me laver de l'accusation de jansénisme, il ne suffit pas, dites-vous, de repousser la doctrine des cinq propositions, il faut encore se soumettre aux bulles *Vineam Domini* et *Unigenitus*. Ainsi, Monsieur, d'après vous, on peut être janséniste de trois manières. Vous voulez bien admettre que je rejette la doctrine de la grâce nécessitante contenue dans les cinq propositions condamnées par Innocent X; et vous avez eu raison de penser ainsi, Monsieur; je rejette cette doctrine, non seulement à titre de catholique, mais de philosophe.

« Me voilà donc déchargé, même par vous, de la plus lourde part de jansénisme; car vous ne pouvez refuser de convenir que l'hérésie de la grâce nécessitante ne soit la vraie doctrine connue sous ce nom.

« Vous m'accusez d'être janséniste parce que j'ai défendu les *hommes* qui ont *professé* cette erreur et les *livres* qui la contiennent. Sur ce point, Monsieur, vous vous faites illusion. D'abord, on ne peut être hérétique pour défendre des *hommes*, quels qu'ils soient; on ne peut l'être qu'en soutenant avec opiniâtreté une doctrine condamnée par l'Eglise. De plus, Monsieur, je n'ai pu défendre les hommes qui ont *professé* le jansénisme, par la raison bien simple que je n'en ai point rencontré dans l'histoire qui l'aient *professé*. Il en est beaucoup qui en ont *été accusés*, mais ils ont toujours protesté qu'ils rejetaient l'hérésie de la grâce nécessitante. Prenons un exemple : j'ai défendu dans mon *Histoire de l'Eglise de France* la mémoire du docteur A. Arnauld. Arnauld a passé pour le chef du jansénisme; cependant j'ai lu, dans ses ouvrages, qu'il adhérait sans restriction à la bulle d'Innonocent X contre la doctrine des cinq propositions; j'ai remarqué qu'il avait écrit sur la grâce contre le père Malebranche, à la prière de Bossuet; que les ouvrages d'Arnauld sur la grâce, après un examen sévère fait à Rome, n'avaient pas été censurés, tandis que ceux de son adversaire, dont on n'a cependant jamais fait un hérétique, l'avaient été ; j'ai vu que le pape Innocent XI aimait Arnauld et correspondait avec lui par son premier ministre, le cardinal Cibo; que ces éminents personnages ne lui ont adressé aucun reproche sur sa doctrine, qu'ils l'ont loué au contraire de son courage et de sa patience au milieu des persécutions.

« De ces faits et de beaucoup d'autres que je ne mentionne pas pour abréger, j'ai conclu que le *fameux chef* du jansénisme n'avait pas été janséniste; que sa personne n'avait pas été condamnée comme telle; que ses écrits sur la grâce avaient été regardés, même par les congrégations romaines, comme orthodoxes.

« J'ai cru alors pouvoir me déclarer en faveur d'un homme que Bossuet appelait *grand*; qui composa avec Nicole la *Perpétuité de la foi*; qui fit dans son exil cette magnifique *Apologie des catholiques* que le cardinal Maury signale comme un chef-d'œuvre de la plus haute éloquence; enfin, qui publia plus de cent ouvrages dans lesquels on n'a jamais relevé que deux propositions, dont une seule lui appartenait, et qu'il a expliquée d'une manière orthodoxe.

« Je n'ai donc pris la défense d'Arnaud qu'au point de vue de l'orthodoxie. Je pourrais en dire autant de tous les autres que j'ai loués dans mon ouvrage. *Aucun* n'a été condamné *personnellement* comme janséniste; aucun n'a *professé* le jansénisme, tous ont affirmé au contraire qu'ils condamnaient cette hérésie. Je n'ai loué que leurs vertus et leurs talents. J'ai peine à croire qu'en disant la vérité sur ces deux points, j'aie pu être janséniste.

« Mais ces hommes de talent, ces hommes vertueux, n'ont-ils pas soutenu que les cinq propositions n'étaient pas dans Jansénius ? Oui, ils l'ont soutenu ; c'est-à-dire qu'ils ont déclaré qu'après avoir lu l'*Augustinus*, il leur semblait qu'on pouvait bien interpréter ce livre d'une manière orthodoxe; qu'on le devait même par respect pour Jansénius, qui était un évêque très pieux, très savant, et qui avait donné des preuves de son orthodoxie dans ses autres ouvrages, par exemple dans ses *Commentaires* sur le Pentateuque et sur les Évangiles.

« Mais, dites-vous, c'est précisément en cela qu'ils ont été hérétiques; car l'Église a déterminé le sens de l'*Augustinus*; elle a été infaillible dans cette décision, et on ne peut interpréter l'*Augustinus* autrement qu'elle sans être hérétique.

« Je vous ferai remarquer, Monsieur, que votre raisonnement, fût-il vrai de tous points, ne prouverait qu'une chose : c'est qu'il faudrait trouver une autre désignation que celle de jansénisme pour caractériser l'hérésie de ceux qui tiendraient à interpréter l'*Augustinus* d'une manière orthodoxe; car n'est-ce pas abuser un peu des mots que de nommer jansénistes ceux qui ne veulent pas voir l'hérésie appelée jansénisme dans Jansénius lui-même? Il faudrait, pour parler avec exactitude, ne donner ce titre qu'à ceux qui ont *professé* cette hérésie et qui l'ont soutenue *opiniâtrement*. On n'a jamais reconnu comme hérétiques, dans l'Église, que ceux qui ont soutenu ouvertement et avec opiniâtreté une doctrine opposée à un dogme révélé et défini. Il est évident que ceux qui ont cherché dans l'*Augustinus* un sens orthodoxe n'ont pas professé la doctrine des cinq propositions condamnées et ne l'ont point professé avec opiniâtreté.

« Mais, dites-vous, ils sont du moins hérétiques en ne se soumettant pas à la bulle *Vineam Domini*, qui a condamné du même coup le silence respectueux et ceux qui ne croient pas *intérieurement* que les cinq propositions sont dans le livre de Jansénius. C'est là votre argument pour prouver mon prétendu jansénisme et condamner tous ceux qui contestent l'infaillibilité de l'Église dans la décision des faits dogmatiques.

« En lisant attentivement mes ouvrages, Monsieur, vous vous convaincrez que je n'ai pas plus attaqué cette bulle de Clément XI en elle-même que celles d'Urbain VIII, d'Innocent X ou d'Alexandre VII. Seulement, comme historien, j'ai constaté et prouvé qu'on avait voulu abuser et qu'on avait en effet abusé de ces bulles. Tout en admettant ces actes sans difficulté, un historien a bien le droit de constater les abus que tel ou tel parti en a faits. De cette constatation des abus conclure au rejet des bulles, c'est un paralogisme insoutenable.

« J'admets donc sans difficulté la bulle *Vineam Domini*; mais, Monsieur, ne lui donnez-vous pas un sens qu'elle n'a pas en disant que l'on est hérétique si l'on ne croit pas d'après cette bulle à l'infaillibilité de l'Église dans la décision des faits dogmatiques? Vous regardez la question comme décidée : cependant Clément XI n'en a fait aucune mention dans sa bulle ; il y déclare simplement qu'on ne doit pas seulement une soumission extérieure aux constitutions apostoliques, mais une soumission intérieure, même dans les questions de fait. De là, M. Jager a tiré cette conclusion : que le pape a décidé l'infaillibilité des constitutions apostoliques. Et sa raison, c'est qu'une autorité infaillible seule peut exiger une adhésion intérieure. Cette conclusion lui paraît *claire comme le jour*, et il ajoute que le moindre séminariste pourrait nous en démontrer la légitimité.

« Je crois, Monsieur, que Bossuet avait au moins autant de pénétration que nos séminaristes d'aujourd'hui. Eh bien, Bossuet réclamait tout ce que réclame la bulle *Vineam*

Domini avant la publication de cette bulle, et il ne croyait pas du tout à l'infaillibilité de l'Eglise dans la décision des faits dogmatiques. Clément XI, avant de donner sa bulle, avait, par un bref daté du 12 février 1703, donné une décision analogue à celle de cette bulle. Bossuet adhéra sans difficulté à ce bref, comme le rapporte l'abbé Le Dieu dans son *Journal*. Cependant, il est certain que Bossuet rejetait comme une erreur l'infaillibilité de l'Église dans la décision des faits dogmatiques, et qu'il blâme Fénélon et Godet des Marais d'avoir soutenu cette opinion. Bossuet voulait une adhésion *intérieure*, même pour des décisions non infaillibles, parce que la soumission purement extérieure lui paraissait entachée d'hypocrisie; mais, comme il le disait fort bien, il ne demandait qu'un *acte d'humilité*, de respect sincère pour l'opinion des chefs de l'Église, mais non pas un *acte de foi* comme à une définition de l'Eglise elle-même.

« La conséquence que vous tirez de la bulle *Vineam Domini* en faveur de l'infaillibilité dans les faits dogmatiques, n'est donc pas aussi claire que veut bien le dire M. Jager. De plus, ce n'est qu'une *conséquence*. Or, un acte législatif doit se prendre tel qu'il est; on n'a pas le droit de lui faire dire ce qu'il ne dit pas expressément. Ce n'est qu'en vertu de l'interprétation particulière que vous donnez à la bulle de Clément XI, que vous regardez comme décidée la question en litige, et non en vertu de la bulle elle-même qui n'en dit absolument rien. Or, votre interprétation, Monsieur, n'est ni rigoureuse ni claire, comme le prouve l'exemple de Bossuet, qui ne manquait certes pas d'intelligence; de plus, elle n'est pas de foi.

« Vous avez donc tort, Monsieur, de donner le titre d'hérétique à ceux qui n'entendent pas, comme vous, la bulle *Vineam Domini*; je pourrais ajouter que votre interprétation, loin d'être de foi, est très erronée : car, Monsieur, un dogme révélé peut *seul* être l'objet d'une définition dogmatique. Or, la question de fait, en ce qui concerne le livre de Jansénius, a-t-elle été révélée? Vous ne prétendez pas certainement que Jésus-Christ ait révélé que les cinq propositions étaient dans ce livre : l'Église n'a donc point défini et n'a pu définir cette question comme un point de foi; elle n'a point défini qu'elle était infaillible dans de telles questions. Clément XI n'en a pas même fait mention dans la bulle sur laquelle vous vous appuyez; vous ne pouvez, sans erreur, tirer de cette bulle une conséquence qui n'irait à rien moins qu'à ébranler la base même de la foi chrétienne.

« Je ne suis donc point hérétique en n'admettant pas votre interprétation de la bulle *Vineam Domini*; je ne suis point non plus janséniste, car la question du jansénisme et celle de l'infaillibilité de l'Eglise n'ont entre elles aucun rapport : je ne suis donc janséniste à aucun titre.

« Quant à la bulle *Unigenitus*, j'ai cru être respectueux pour le Saint-Siège en prouvant que c'était abuser de cet acte que de l'interpréter comme les Jésuites et de le donner comme la consécration du Molinisme. Je me suis appuyé, dans mon appréciation, sur la décision antérieure de tous les papes et de Clément XI lui-même, qui avaient décrété que la doctrine de saint Augustin sur la grâce était celle du Saint-Siège. Or, Molina a donné sa doctrine comme opposée à celle de saint Augustin, et les meilleurs théologiens, Bossuet en particulier, en ont toujours pensé comme Molina lui-même. De là, j'ai dû conclure que la bulle *Unigenitus* ne condamnait, comme la bulle *In Eminenti*, que la doctrine de la grâce nécessitante. J'y ai adhéré en ce sens, et je n'ai blâmé que les abus qu'on a faits de cette bulle, les intrigues et les violences dont elle a été l'occasion.

« Ceux qui ont lu mon livre ne peuvent douter que telle ne soit ma véritable opinion sur la bulle *Unigenitus*.

« Vous avez dit, Monsieur, que je m'étais déclaré pour les *livres* jansénistes. Ayez la bonté d'en désigner un en particulier. Peut-être avez-vous eu en vue celui du père Quesnel. Je vous prie de remarquer, Monsieur, que la question *de fait* n'a pas été agitée à propos des *Réflexions morales :* que ni l'Eglise ni les papes n'ont décidé qu'ils condamnaient les cent et une propositions *dans le sens de l'auteur*. Ainsi, même d'après vos principes, on peut interpréter le livre du père Quesnel dans un autre sens que celui qui a été condamné par la bulle *Unigenitus*. Vous savez que, pendant un grand nombre d'années, ce livre fut lu avec grande édification par tout le clergé de France; que le cardinal de Bissy lui-même, étant évêque de Toul, le recommanda à ses prêtres; que Bossuet en a pris la défense contre l'auteur du *Problème ecclésiastique*. Les *Mémoires et Journal* de l'abbé Le Dieu contiennent sur ces faits des renseignements précieux. Je fais ces remarques pour vous faire voir l'étrange exagération de ceux qui croient qu'on ne peut parler du livre du père Quesnel que pour insulter à la mémoire de cet écrivain, et qu'on ne peut en dire du bien sans être janséniste.

« De ces observations, je conclus que vous avez eu grand tort, Monsieur, en disant que j'ai méconnu l'autorité de l'Église et que je n'ai pas condamné le jansénisme avec l'Église et comme l'Église. Cette question, comme vous le dites fort bien, a des proportions de la plus haute gravité; c'est pourquoi il eût été désirable que vous eussiez approfondi davantage mes écrits avant de me jeter à la tête des accusations comme celles que vous avez formulées.

« Agréez, etc.

« L'abbé GUETTÉE,
« Auteur de l'*Histoire de l'Église de France.* »

Cette lettre était, ce semble, fort catégorique : on n'est

point janséniste pour soutenir que des hommes ont été orthodoxes; on n'est point janséniste pour interpréter tel ou tel livre d'une manière orthodoxe. L'Église, en interprétant d'une manière hétérodoxe un livre qu'elle a condamné, n'a pas obligé tous les fidèles, sous peine d'hérésie, à voir des hérésies où elle en a vu; on peut admettre d'une manière générale les constitutions apostoliques en donnant à ces actes l'interprétation que l'on trouve la plus juste et la plus respectueuse pour les papes, dès que ceux-ci n'ont pas eux-mêmes fixé d'interprétation particulière.

Toute cette doctrine est conforme aux brefs d'Innocent XII. Elle n'est, du reste, que la conséquence de ce principe catholique : que, pour être formellement hérétique, il faut soutenir *opiniâtrement* et *ouvertement* une doctrine opposée à un dogme *révélé et défini*. C'est pour cela qu'Innocent XII a si clairement ordonné de ne donner le titre de *janséniste* qu'à ceux qui soutiendraient de vive voix ou par écrit quelqu'une des cinq propositions condamnées par Innocent X, comme contenant le jansénisme, c'est-à-dire la doctrine de la grâce nécessitante.

M. l'abbé Sisson n'a pas respecté cet ordre. Il établit différentes catégories de jansénistes, malgré la défense du même pape.

M. l'abbé Sisson n'a trouvé notre réponse à ses réflexions ni assez nette ni assez précise. Il l'a accompagnée des observations suivantes :

« 1° Il (M. l'abbé Guettée) nous reproche d'avoir compris dans le terme de *jansénisme* d'autres doctrines que celle de la *grâce nécessitante*. A cela nous répondons que le jansénisme est tout un *système* d'erreurs dont le développement a été successif, et dont les unes servent à appuyer les autres. C'est ainsi que Quesnel a été condamné pour ses doctrines sur l'Eglise aussi bien que pour celles qui ont rapport à la grâce, au libre arbitre et à l'ordre naturel tout entier. Le mot *jansénisme* désigne d'une manière générale tout cet ensemble d'erreurs, et l'usage l'a parfaitement consacré.

« 2° Nous accordons très volontiers à M. Guettée qu'on n'est point hérétique par cela seul qu'on défend un homme, fût-il hérétique, d'ailleurs. NOUS N'AVONS NI DIT, NI INSINUÉ RIEN DE SEMBLABLE. Mais ce que nous avons fait entendre, et ce dont tout le monde conviendra avec nous, c'est que s'attacher, comme le fait M. l'abbé Guettée, à défendre l'orthodoxie des docteurs reconnus du jansénisme, c'est se rendre légitimement *suspect* de partager leurs erreurs.

« 3° Notre but n'a point été et ne saurait être, quant à présent, de discuter sur les sentiments d'Arnauld et de plusieurs autres hommes considérables engagés dans le jansénisme. Ce sont là des thèses de détail, et trop secondaires pour que nous en embarrassions notre marche. Nous nous bornons à Jansénius et Quesnel, dont les livres ont été solennellement condamnés par l'Eglise.

« 4° M. Guettée nous parle de l'opinion que Bossuet aurait eue sur la question de l'infaillibilité dans les faits dogmatiques. Nous ne nous occupons point ici de Bossuet, ni d'aucune autre opinion individuelle. Il s'agit de ce que l'Eglise croit et admet. Nous ferons remarquer cependant que Bossuet n'a pu interpréter la bulle *Vineam Domini* et n'en tirer aucune conclusion, puisqu'il est mort deux ans avant que cette bulle existât (1).

« Arrivons maintenant au point essentiel.

« En terminant notre article du 23 juin, nous avions posé à M. l'abbé Guettée cette question :

---

(1) Mais la question des faits dogmatiques était soulevée avant cette bulle, et Bossuet vivait en 1703, époque où elle fut soulevée par le bref de Clément XI. M. Sisson l'avait sans doute oublié.

« M. l'abbé Guettée juge-t-il et condamne-t-il les doc-
« trines et les livres du jansénisme, comme les a jugés et
« condamnés l'Eglise, et particulièrement, comme les ont
« jugés et condamnés les bulles *Vineam Domini sabaoth* et
« *Unigenitus?* »

« Nous le répétons, c'est ici surtout que la pensée de M. l'abbé Guettée ne se traduit point par des propositions très précises. Il nous dit d'une manière vague comment il n'admet pas les bulles en question ; mais il n'explique pas suffisamment en quel sens il reconnaît leurs décisions. En tout cas, nous ne voyons pas comment les opinions qu'il professe se concilient avec les déclarations solennelles qu'elles contiennent. Exposons successivement les unes et les autres...

« Quelle est maintenant l'attitude de M. l'abbé Guettée vis-à-vis des décisions de cette bulle ?

« M. l'abbé Guettée nous assure bien qu'il *n'attaque point* cette bulle *en elle-même*, qu'il l'*admet sans difficulté*; mais lorsque nous cherchons le sens et l'application de ces vagues paroles, nous ne trouvons plus rien ; au contraire, nous voyons M. l'abbé Guettée tout occupé à montrer que le seul principe en vertu duquel le pape Clément XI a pu exiger, sous peine d'anathème, l'obéissance intérieure aux bulles de ses prédécesseurs, est un principe *très erroné!* Bien plus encore, en soutenant, comme il le fait dans sa lettre que *jamais il n'a rencontré dans l'histoire des hommes qui aient professé le jansénisme*, que la *vérité* est qu'aucun des prétendus jansénistes n'a professé cette erreur, et en louant l'école de Port-Royal d'avoir cru qu'on *pouvait* et même qu'on *devait* interpréter l'*Augustinus* dans un sens orthodoxe, ne combat-il pas ouvertement la bulle *Vineam Domini*, laquelle, cependant, frappe d'anathème tous ceux qui, d'une manière quelconque, pensent ou insinuent que le livre de Jansénius ne contient pas la doctrine hérétique que le pape Innocent X y a condamnée ?

« C'est avec une profonde douleur que nous écrivons ces lignes ; mais le devoir nous les arrache ; et nous supplions M. l'abbé Guettée de réfléchir à la position terrible que lui fait, dans sa solitude, cette sentence apostolique si solennelle, si claire et si irréfragable.

« A la question de la bulle *Vineam Domini sabaoth* se rattache celle de l'infaillibilité de l'Eglise dans les faits dogmatiques. Il est évident, en effet, que, sans cette infaillibilité, l'acte suprême et accepté de l'Eglise entière, par lequel Clément XI a exigé sous peine d'anathème l'adhésion intérieure, complète et sincère, au Formulaire d'Alexandre VII, serait un acte de tyrannie insupportable, ainsi injurieux à l'Eglise que contraire à la sainteté de Dieu.

« Cependant, Clément XI a-t-il, dans sa bulle *Vineam Domini*, défini cette infaillibilité, ou cette infaillibilité a-t-elle été, depuis, solennellement proposée par l'Eglise enseignante ?

« NOUS N'AVONS JAMAIS RIEN AVANCÉ DE SEMBLABLE. L'infaillibilité de l'Eglise dans les faits dogmatiques n'a jamais été l'objet d'une définition expresse et directe. Mais de ce que cette sanction définitive manque à cette doctrine *s'ensuit-il qu'elle ne fasse pas partie de l'enseignement de l'Église proposé par la voie ordinaire!* Que M. l'abbé Guettée ouvre les traités de théologie enseignés dans les séminaires du monde catholique tout entier, qu'il consulte tous les juges de la foi. Pour nous, nous ne connaissons pas un théologien autorisé qui n'établisse cette thèse, aujourd'hui complètement dégagée des premières incertitudes, comme aussi nous ne connaissons aucun évêque du monde catholique qui ne proclame cette vérité, sans laquelle, témoin la résistance indomptable des jansénistes, il n'est plus de *véritable soumission* aux constitutions apostoliques, l'*autorité de l'Église* devient un objet de dérision, et l'*hérésie* voit protéger son empire (Clément XI).

« Nous ne voulons point résoudre ici la question de savoir si les décisions sur les faits dogmatiques doivent être crues de foi divine ou ecclésiastique. Dans tous les cas, *il y a infaillibilité de privilège divin*; soutenir le contraire, dit le savant et pieux Liebermann, ce n'est sans doute point être *strictement hérétique*, mais c'est enseigner une *erreur* et une *témérité* qui méritent *à juste titre les peines dont l'Eglise frappe les rebelles*.

« A l'égard de la bulle *Unigenitus*, nous serons très court.

« M. l'abbé Guettée déclare y avoir adhéré en ce sens qu'elle *ne condamne que la grâce nécessitante*. C'est beaucoup trop peu. Cet acte pontifical, qui a un caractère dogmatique obligatoire dans toute l'Eglise, condamne tout un système d'erreurs contenues dans les *Réflexions morales* de Quesnel. C'est ainsi que, sans parler des erreurs sur l'Eglise, nous y trouvons aussi condamnées un grand nombre d'erreurs, sur les forces du libre arbitre et l'ordre naturel en général. Ce n'est plus reconnaître la bulle que de ne point accepter ces diverses condamnations sans en omettre une seule.

« M. l'abbé Guettée nous avertit que la *question du fait* n'a pas été agitée à propos des *Réflexions morales*, et que, par conséquent, d'après nos propres principes, on est libre d'interpréter le livre du père Quesnel dans un autre sens que celui qui a été condamné par la bulle *Unigenitus*.

« Ces assertions nous étonnent. Nos principes n'admettent pas du tout cette liberté d'interprétation. En condamnant la distinction du droit et du fait pour l'*Augustinus*, Clément XI l'a condamnée pour tous les autres cas semblables. Il l'a condamnée pour des raisons générales indépendantes des circonstances particulières de l'hérésie janséniste ; il suffit de se rappeler les raisons qu'il a données et les qualifications énergiques dont il l'a flétrie, et dont l'a encore flétrie, il y a soixante ans, le pape Pie VI. Du reste, il suffit de lire le texte même de la bulle *Unigenitus* pour être convaincu *qu'il n'y a liberté pour personne d'interpréter dans un sens orthodoxe* les cent-et-une propositions condamnées *in globo*. Après avoir énuméré les notes qu'il leur inflige et avoir déclaré en particulier qu'elles *renouvellent les hérésies condamnées dans les fameuses propositions de Jansénius*, et qu'elles les renouvellent *dans le sens même où celles-ci ont été condamnées*, l'illustre pontife ajoute :

« Mandantes omnibus utriusque sexus Christi fidelibus,
« ne de dictis propositionibus *sentire*, docere, prædicare
« *aliter* præsumant, quam in hac eadem nostra constitutione
« continetur; ita ut quicumque illas, vel illarum aliquam
« conjunctim, vel divisim, docuerit, *defenderit*, ediderit, aut
« de eis, etiam disputative, publice, aut privatim tractaverit,
« *nisi forsitan impugnando*, ecclesiasticis censuris, aliisque
« contra similia perpetrantes à jure statutis pœnis *ipso facto*
« absque alia declaratione subjaceat. »

« De ce qui précède, nous sommes fondé à conclure que M. l'abbé Guettée ne juge et ne condamne pas les doctrines et les livres du jansénisme, comme les a jugés et condamnés l'Eglise, et particulièrement comme les ont jugés et condamnés les bulles *Vineam Domini* et *Unigenitus*.

« Loin de nous la pensée d'avoir voulu affliger son âme et troubler sa vie ! Dieu nous est témoin que nous n'avons fait ce travail que sous l'empire d'une amère tristesse. Que M. l'abbé Guettée en croie cette franchise qu'il a bien voulu nous reconnaître, lorsque nous l'assurons que c'est pour nous une grande douleur de le savoir en opposition avec l'Eglise et avec le successeur de celui de qui l'Eglise chante aujour-

d'hui même dans le monde catholique tout entier : « Tu es
« Petrus et super hanc petram ædificabo Ecclesiam meam.
« Tu es pastor cvium, princeps apostolorum, tibi traditæ
« sunt claves regni cœlorum. »

Nous avons adressé, en réponse à cet article, la lettre suivante à M. l'abbé Sisson.

« Paris, le 30 juin 1857.

« MONSIEUR L'ABBÉ,

« Dans votre numéro de ce jour, vous trouvez que ma dernière lettre n'a été ni assez nette ni assez précise. Je vais tâcher de vous satisfaire pleinement dans celle-ci.

« D'abord, n'oublions pas le point de départ de la discussion qui s'est élevée entre nous. Vous m'avez reproché d'être janséniste, c'est-à-dire *hérétique*, tout en convenant que je ne soutenais pas la doctrine des cinq propositions qui constituent le jansénisme proprement dit.

« Vous m'avez reproché d'être janséniste de deux autres manières : en défendant *les hommes* qui ont *professé* le jansénisme, et en ne croyant pas à l'infaillibilité de l'Eglise sur les faits dogmatiques, conformément à la bulle *Vineam Domini*. Je vous ai prouvé qu'on ne pouvait être janséniste ou hérétique, ce qui est la même chose, *en défendant des hommes* et en professant telle ou telle opinion sur une question *non définie*. Vous convenez aujourd'hui que cette question n'a pas été définie et qu'on n'est point hérétique en défendant des hommes quels qu'ils soient. Seulement vous ajoutez qu'en défendant l'orthodoxie *des docteurs reconnus du jansénisme*, c'est-à-dire de Jansénius et de Quesnel, je suis *suspect* de jansénisme ; et qu'en niant l'infaillibilité de l'Eglise sur les faits dogmatiques, je nie un dogme qui, quoique non défini d'une manière expresse, appartient cependant à l'*ensei-*

gnement de l'Eglise. En conséquence, je ne puis éviter, d'après vos principes, la note de *témérité*, en niant cette partie de *l'enseignement de l'Eglise, proposé*, dites-vous, *par la voie ordinaire*. Je reviendrai tout à l'heure sur ces expressions. Pour le moment, je constate seulement qu'on ne peut être *formellement* hérétique sans nier avec opiniâtreté un dogme révélé et défini ; qu'on ne mérite d'être appelé publiquement hérétique que si on l'est *formellement*. D'où je conclus que vous avez eu tort de m'appeler *janséniste*, puisque ce titre est équivalent à celui d'hérétique.

« Suis-je du moins suspect d'hérésie, ou téméraire, comme vous le dites aujourd'hui? Je ne suis, Monsieur, ni l'un ni l'autre. Voici pourquoi :

« Je serais, d'après vous, suspect de jansénisme, parce que *je défends l'orthodoxie des docteurs reconnus du jansénisme*. Tous les théologiens qui admettent votre opinion sur les faits dogmatiques conviennent que ni le pape ni les évêques ne prétendent, en censurant un livre dans le sens de l'auteur, affirmer que l'auteur ait réellement admis, dans son for intérieur, les erreurs qu'ils ont trouvées dans son livre. « Il faut soigneusement remarquer, dit Bailly (*sedulo notandum*), que ces paroles des papes : Dans le sens de Jansénius, dans le sens de l'auteur, signifient seulement : *dans le sens du livre de tel auteur.* » Bailly cite les papes eux-mêmes en faveur de cette opinion. Baston, auteur de la *Théologie de Rouen*, s'exprime de la même manière, ainsi que Régnier, dans leurs *Traités de l'Eglise*. Le père Perrone, qui ne doit pas vous être suspect, s'exprime sur ce point avec beaucoup de netteté. « Le sens de l'auteur, dit ce théologien jésuite, n'est pas le sens *subjectif* et *personnel* dont DIEU SEUL EST JUGE, mais le sens objectif tel qu'il résulte du livre lui-même ».

« De là il résulte, Monsieur, qu'un historien qui croit, d'après des documents certains, que tel auteur condamné pour tel de ses ouvrages n'a pas en réalité et dans son for intérieur admis les erreurs que l'autorité ecclésiastique a condamnées dans son livre peut très bien le dire, sans se rendre *suspect* des erreurs condamnées; pourvu qu'il ne s'élève pas ouvertement contre l'interprétation de l'autorité ecclésiastique, et qu'il ne prétende pas que *le livre* a été injustement condamné, on ne peut lui reprocher de prendre parti pour l'erreur et de manquer de soumission pour l'autorité qui l'a condamné.

« Vous devez savoir, Monsieur l'abbé, que tous les théologiens qui admettent votre opinion sur l'infaillibilité dans les faits dogmatiques distinguent ces faits de ceux qu'ils nomment *personnels*. *Tous* conviennent que l'Église n'est pas infaillible sur ces faits *personnels*, et disent, avec saint Thomas, *qu'elle peut être trompée par de faux témoins.* Or, Monsieur, je n'ai jamais défendu que les *intentions* des personnes, et je n'ai jamais prétendu mieux interpréter tel ou tel livre que l'autorité ecclésiastique. Je me suis tenu dans le domaine des *faits personnels* en défendant *les personnes*. Je ne puis donc être regardé comme suspect des erreurs dont j'ai cru innocents ceux dont j'ai cherché à réhabiliter la mémoire contre les calomnies dont ils ont été l'objet à l'occasion de la condamnation de leurs livres. Le bon sens tout seul ne dit-il pas que je ne puis être suspect d'erreur en plaidant l'orthodoxie de tel ou tel personnage historique? On peut soutenir que j'ai eu tort d'avoir d'eux une opinion aussi favorable, en opposant à mes preuves des preuves plus décisives; mais on passe les bornes de la saine théologie, en prétendant que je suis suspect d'hérésie en défendant des hommes qu'on a voulu à tort faire passer pour hérétiques dans leur for intérieur.

« Maintenant, suis-je *téméraire* en me prononçant contre l'infaillibilité dans les faits dogmatiques, ou, en d'autres termes, cette infaillibilité, quoique non définie, appartient-elle *à l'enseignement de l'Église proposé par la voie ordinaire?* Vous l'affirmez, Monsieur ; et vous apportez en preuve les traités de théologie enseignés dans le monde entier, et tous les juges de la foi que vous me proposez de consulter.

« On n'a pas besoin, Monsieur l'abbé, de consulter chaque évêque en particulier pour connaître l'*enseignement de l'Église*. Cet enseignement résulte d'actes officiels publics de leur nature et dûment promulgués. Ces actes existent-ils? L'*enseignement de l'Église* est constaté ou peut l'être ; s'ils n'existent pas, l'enseignement de l'Église n'existe pas réellement sur telle ou telle question. *Les traités de théologie enseignés dans les séminaires* n'attestent point l'enseignement de l'Église. Le sentiment commun des théologiens est bien donné comme une preuve à l'appui de certaines thèses ; mais jamais on n'y a vu une preuve péremptoire en faveur d'une opinion : à plus forte raison n'y a-t-on pas vu un moyen de constater l'*enseignement de l'Église*. L'enseignement de l'Église résulte de l'Écriture sainte et de la tradition *catholique ;* il n'est que la doctrine permanente et unanime conservée par tous les siècles chrétiens comme un dépôt sacré confié à l'Église par son divin auteur, et non pas la doctrine souvent contradictoire qui est enseignée dans les *traités de théologie*, où sont entassées mille questions dont les unes appartiennent à la foi, dont les autres restent dans le domaine des opinions libres.

« A Rome, on ne pense pas comme vous, Monsieur l'abbé, sur l'importance des livres classiques de théologie, puisqu'il y a peu de temps, on y a censuré la *théologie* de Bailly, enseignée depuis un demi-siècle environ dans la plupart des séminaires du monde chrétien. Le *Manuel de droit canonique* de M. l'abbé Lequeux était aussi *classique* dans un très grand nombre de séminaires de France et de l'étranger ; cependant il a été censuré. Ces deux ouvrages étaient approuvés par la congrégation de Saint-Sulpice, vouée spécialement à l'éducation des ecclésiastiques. Aux yeux de la cour de Rome, les livres classiques les plus autorisés ne prouvent donc rien touchant *l'enseignement de l'Église*.

« Je pourrais en outre, Monsieur l'abbé, opposer aux théologiens que vous auriez à citer en faveur de votre opinion d'autres théologiens qui jouissent dans l'Église d'une très haute considération. Les cardinaux jésuites Bellarmin et Pallavicin, le cardinal Baronius, les jésuites Petau et J. Sirmond, Bossuet, ce sont là des noms auprès desquels les vôtres pourraient bien être très pâles. Les personnages que je viens de nommer se sont prononcés ouvertement contre l'infaillibilité de l'Église sur les faits dogmatiques.

« De plus, Monsieur, les théologiens les plus favorables en apparence à cette infaillibilité ne l'admettent pas comme vous d'une manière générale. Ils ont compris qu'on ne pouvait, sans ébranler le principe même de la foi chrétienne, soutenir que l'Église est infaillible dans les questions non révélées comme sur les dogmes dont le dépôt a été confié par Jésus-Christ à son Église. Ils ont donc distingué l'infaillibilité *de privilège* dont jouit l'Église dans la constatation ou définition des vérités non révélées, de l'infaillibilité dont elle jouit, selon eux, dans la décision des faits dogmatiques, et qu'ils ont appelée infaillibilité *morale*. Or, Monsieur, qu'est-ce en réalité qu'une infaillibilité morale que l'on doit distinguer de l'infaillibilité dont l'Église jouit en vertu du *privilège* que lui a donné Jésus-Christ ? N'est-ce pas un de ces mots vagues plus propres à entretenir la discorde qu'à exprimer une vérité ? Au lieu de s'en servir, ne vaut-il pas mieux dire tout simplement avec Bossuet, et conformément à la bulle *Vineam Domini*, que l'on doit aux constitutions apostoliques une *soumission intérieure* et non pas seulement un respect purement extérieur ou simplement apparent ? Par là, on se trouve d'accord avec la bulle *Vineam Domini;* on n'introduit pas dans l'enseignement théologique un mot vague et indéterminé dont il est très facile d'abuser en le prenant d'une manière générale, comme vous l'avez fait; de plus, en rejetant ce mot, on enlève l'obstacle qui empêche tous les catholiques de s'entendre. Soyez assuré, Monsieur, que même les partisans les plus décidés du *silence respectueux* ne se montreraient pas difficiles sur la *soumission intérieure*, dès qu'ils ne verraient plus sous ce nom *l'infaillibilité*, qu'on ne peut admettre d'une manière proprement dite sans attaquer la base de la foi, comme vos théologiens eux-mêmes en conviennent par leur distinction entre les deux infaillibilités.

« Vous vous êtes attaché, Monsieur, dans vos dernières réflexions, à prouver que l'infaillibilité ressortait nécessairement de la bulle *Vineam Domini;* qu'elle n'était qu'une conséquence de la soumission intérieure que réclame cette bulle pour les constitutions apostoliques. Vous admettez en même temps qu'il n'y est point parlé d'infaillibilité, et que la question n'y a pas été définie expressément.

« Je vous ai déjà fait remarquer, Monsieur, qu'on doit prendre les actes législatifs, purement et simplement, sans en rien retrancher, sans y rien ajouter. La bulle *Vineam Domini* ne parle pas d'infaillibilité : donc, vous n'avez pas le droit de dire que c'est une obligation d'admettre cette opinion pour obéir à cette bulle. Vos rapprochements de textes et vos commentaires ne prouvent pas que la bulle ait dit ce qu'elle n'a pas dit en effet.

« De plus, Monsieur l'abbé, votre conclusion n'est pas rigoureuse, elle est même très fausse. Pourquoi la soumission intérieure supposerait-elle l'infaillibilité? Ne peut-on pas croire intérieurement sans être appuyé sur un témoignage infaillible? Vous soutenez contre les traditionalistes que la raison nous fait connaître avec certitude plusieurs vérités;

or, la raison humaine est-elle infaillible ? Vous croyez intérieurement et d'une manière absolue qu'il existe une ville nommée Pékin : eh bien ! vous appuyez-vous sur des témoignages infaillibles pour le croire ? Vous croyez intérieurement que la terre tourne autour du soleil; cependant vos sens vous disent que c'est le soleil qui tourne autour de la terre ; et les savants qui vous disent le contraire ne sont pas plus infaillibles que vos sens. De ce que la bulle *Vineam Domini* prescrive une soumission intérieure pour les constitutions apostoliques, il ne s'ensuit donc pas qu'elle proclame indirectement l'infaillibilité de l'Église dans les faits dogmatiques.

« Je crois donc, Monsieur, être beaucoup mieux que vous dans le sens de la bulle *Vineam Domini* en la prenant à la lettre, en admettant purement et simplement avec elle que tout catholique doit une soumission intérieure aux actes qui émanent de l'autorité de l'Église, de quelque nature qu'ils soient. Je ne sais si vous trouverez cette déclaration assez nette et assez précise. Il me semble qu'il serait à peu près impossible d'en donner une qui jouisse mieux de ces qualités.

« Me voici arrivé à la bulle *Unigenitus*. Vous trouvez que j'ai accordé *beaucoup trop peu* à cet acte ? Pourquoi ? parce que je me suis borné à la question de la grâce nécessitante, tandis que la bulle condamne bien d'autres erreurs dont l'ensemble forme, d'après vous, le jansénisme. Il ne s'agit ici que de s'expliquer pour s'entendre. Je croyais, moi, que le premier principe de l'hérésie dite jansénisme était la grâce nécessitante, et que toutes les erreurs sur la grâce et le libre arbitre qui sortent de ce principe comme de leur source formaient un tout qui, *seul*, était appelé *jansénisme* ; c'est encore là ma conviction, je vous l'avoue ; mais dès que vous avez une autre opinion, je la tolérerai bien volontiers; je tolère même celle du duc de Saint-Simon, qui disait que trop souvent le jansénisme était le *pot au noir* à l'aide duquel on barbouillait ceux qu'on voulait perdre. Vous voyez que je suis très tolérant pour les opinions libres. Si je n'avais parlé que de la grâce nécessitante à propos de la bulle *Unigenitus*, c'était à cause de mon opinion sur le jansénisme, et par suite du reproche vague de jansénisme qui m'était adressé par vous.

« Comme je n'ai admis dans mes ouvrages aucune des erreurs condamnées, vous ne me demandez, sans doute, Monsieur l'abbé, aucune explication, sur telle ou telle proposition condamnée par la bulle *Unigenitus*. Seulement, il me semble que vous condamnez toute explication qu'on en voudrait donner. Je ne suis pas sûr d'avoir bien saisi votre opinion sur ce point. Vous n'avez écrit que quelques phrases assez vagues qui donneraient à penser que le sens de la bulle *Unigenitus* est tellement déterminé qu'il faut y adhérer sans se permettre la plus simple observation sur les propositions condamnées.

« Si telle est votre opinion, Monsieur l'abbé, elle est fausse et exagérée. Veuillez réfléchir que l'on peut abuser d'une bulle et lui donner une portée qu'elle n'a pas réellement. C'est ce qui est arrivé à la bulle *Unigenitus* plus qu'à toute autre. Vous connaissez certainement les intrigues et les violences dont elle a été le prétexte; les fausses interprétations que les jésuites lui ont données. Les choses allèrent si loin, que les évêques de France réunis par le roi pour recevoir la bulle, et qui montrèrent le plus de zèle pour son acceptation, se crurent obligés de composer un *corps de doctrine* destiné à déterminer le sens dans lequel certaines propositions étaient condamnées. Parmi les évêques acceptants, les uns publièrent avec la bulle ce *corps de doctrine*; les autres firent des mandements qui avaient le même but. Vous voyez, par cet exemple, Monsieur l'abbé, que l'on peut déterminer le sens dans lequel on entend les propositions condamnées par la bulle *Unigenitus*. Voilà pourquoi je l'avais déterminé, quant à moi, dans ma dernière lettre, au sujet de la grâce nécessitante. Vous me demandez quelque chose de plus général ; je vous l'accorderai sans difficulté : je condamne donc, sans exception, toutes les erreurs contraires à la doctrine catholique condamnées par la bulle *Unigenitus* comme par toutes les autres ; dans ma conviction, Clément XI n'a eu pour but que de condamner des erreurs dans cette bulle ; et je condamne, avec les évêques de France, les interprétations erronées que certain parti a données à cette bulle.

« Je ne peux croire, Monsieur l'abbé, qu'après de telles déclarations, vous éleviez encore quelque soupçon au sujet de mon orthodoxie. La *tristesse* avec laquelle vous avez parlé de mon *opposition avec l'Église et avec le pape* pourrait faire croire aux personnes peu éclairées que je suis sur le penchant de l'abîme de l'hérésie, tandis qu'en réalité je ne suis en discussion qu'avec vous sur la manière d'interpréter une bulle. Il est dangereux, Monsieur l'abbé, de se poser, comme vous l'avez fait, en interprète infaillible de l'enseignement de l'Église. J'aurais pu prendre ces allures à votre égard ; mais à Dieu ne plaise que j'usurpe des droits qui sont ceux de l'Église, non des simples particuliers ! Défendez votre opinion, rien de mieux ; essayez de faire voir qu'elle est plus conforme que la mienne à l'enseignement de l'Église, vous en avez le droit ; mais laissez de côté ces mots d'hérétique, ou de janséniste, de suspect d'hérésie ou autres analogues. L'Église seule a le droit de prononcer de pareils mots.

« Veuillez publier cette lettre dans un de vos prochains numéros.

« Agréez, Monsieur l'abbé, l'assurance de mes sentiments d'estime et d'affection.

« L'abbé GUETTÉE. »

Au lieu d'insérer cette lettre, M. l'abbé Sisson m'honora d'une visite dans laquelle il me dit qu'il avait vu S. E. Mgr le cardinal Morlot; que Son Éminence désirait la fin de la lutte engagée entre l'*Ami de la Religion* et moi, et qu'elle était dans l'intention de me donner, dans son clergé, une position qui me mît à même de consacrer mes talents, d'une manière plus directe, à la défense de la vérité et de l'Église, à une condition cependant, c'est que je ferais le sacrifice de la précédente lettre. M. Morlot reconnaissait donc qu'une réponse tant soit peu raisonnable était impossible, et l'abbé Sisson en convenait.

M. le premier vicaire-général Boquet s'était joint à l'abbé Sisson pour solliciter ma réintégration dans les cadres du clergé de Paris. Pour tenir sa parole, à sa manière, M. Morlot consentit à me confier un ministère, mais à condition que je me rendrais à Rome pour arranger mes difficultés avec la Congrégation de l'Index. Je ne pus admettre cette condition. Je savais d'avance que ce voyage serait inutile; M. l'abbé Lequeux, étant vicaire-général de Paris, et recommandé chaudement par plusieurs évêques, avait fait à Rome deux voyages pour négocier, avec la Congrégation de l'Index, la correction de son *Manuel de droit canonique*; et ces deux voyages furent sans résultat. Cependant, ce *Manuel* ne contient guère que ce que l'on trouve dans les ouvrages du même genre, à l'exception de ce qui touche au gallicanisme; sur cette dernière question, M. Lequeux va moins loin que Bossuet. Si l'on ajoute à cela que M. l'abbé Lequeux avait fait sa soumission extérieure au décret de l'Index, et qu'il était l'homme de toutes les soumissions à l'égard des supérieurs ecclésiastiques, on sera obligé de convenir que s'il n'a pu réussir à satisfaire la Congrégation de l'Index, je le pourrais bien moins encore, moi qui soutiens, avec toute l'Eglise de France, que cette Congrégation ne jouit chez nous d'aucune juridiction, et qui aurais à m'entendre avec elle sur un ouvrage de douze gros volumes in-8°, dans lesquels sont traitées mille questions diverses sur lesquelles les Français ne s'entendront jamais avec les Italiens.

Je ne pouvais donc consentir à faire à Rome un voyage qui aurait été complètement inutile. Morlot le savait bien, c'est pour cela qu'il l'avait mis comme condition à l'exécution de la promesse qu'il avait faite.

Je la fis connaître à l'abbé Sisson qui me répondit qu'on ne m'en parlerait plus; que j'étais dans mon droit en ne me soumettant pas à l'Index; qu'il me suffirait d'écrire à Son Éminence une lettre dans laquelle je l'assurerais de mon orthodoxie, de la disposition où j'ai toujours été de corriger, dans mes ouvrages, les erreurs qui me seraient signalées.

Je comptais peu sur le résultat que M. l'abbé Sisson me promettait comme conséquence d'une telle démarche; cependant je cédai, non pas pour obtenir une place dont je n'avais pas besoin, mais pour donner une preuve de plus de l'esprit de conciliation qui m'a toujours animé. J'écrivis, dans les bureaux mêmes de l'*Ami de la Religion*, à Mgr le cardinal, une lettre que je communiquai préalablement à M. l'abbé Sisson et qu'il se chargea de faire mettre à la poste. Sur sa demande, je lui sacrifiai la lettre que l'on a lue en réponse à ses observations, et il fut convenu que je la remplacerais par une autre beaucoup plus courte, dans laquelle, *sans rien sacrifier de mes convictions*, je m'exprimerais de manière à ce qu'il pût y adhérer, et déclarer la paix conclue entre nous.

Je fis la lettre de concert avec l'abbé Sisson. Il l'inséra en la noyant dans une foule de réflexions analogues à celles qu'il avait déjà faites.

Après avoir ainsi recommencé la polémique, il déclara que, sur *de sages conseils*, il *suspendait la controverse*.

J'aurais pu la reprendre et publier la lettre accablante dont j'avais fait le sacrifice. L'abbé Sisson me supplia de n'en rien faire. Je le vis plusieurs fois et toujours il me faisait espérer justice de M. Morlot qui n'y songeait guère. Bientôt, je ne vis plus l'abbé Sisson qui m'avait avoué, dans sa dernière visite, que Morlot ne voulait pas tenir ses promesses.

Je n'en avais pas été étonné.

La campagne de l'archevêque contre moi à propos de jansénisme avait échoué aussi pitoyablement que celle de Lequeux. Mais au lieu de le reconnaître, on résolut de pousser jusqu'au bout l'injustice commencée par l'archevêque Sibour.

A la fin de l'année, je dus, conformément aux règlements diocésains, me présenter à l'archevêché pour faire renouveler mon *celebret*, c'est-à-dire la permission de dire la messe. Celui qui était alors chargé de donner cette permission était un certain V... En vertu de sa charge de *promoteur*, il était chargé de faire des admonestations aux prêtres accusés de quelque faute.

Le choix du personnage était vraiment bien fait. En quittant sa province pour se rendre à Paris, il avait emmené une jeune femme mariée, avec laquelle il vivait en adultère. Le mari y consentait, mais à condition que V... lui donnerait de l'argent. Le *vertueux* prêtre avait une certaine fortune. Il ne fut donc pas confondu avec le peuple ecclésiastique et posa en prêtre aristocratique. Cela lui ouvrit les portes de l'archevêché, déjà riche en hommes aussi *vertueux* que lui. Les vices de V... ne pouvaient effrayer Morlot, qui avait passé toute sa vie au milieu des femmes. Il était donc promoteur et vicaire général, lorsque Darboy inspira à Morlot l'idée de me persécuter. V... était digne d'être l'homme des hautes œuvres de ces deux bons amis. Il m'écrivit cet élégant billet, le 28 décembre 1857 :

« Archevêché de Paris.

« M. l'abbé Guettée est prié de passer, demain, au cabinet du promoteur, de midi à deux heures. »

C'est bien ainsi qu'écrit un goujat.

Afin de donner à l'entretien que j'eus avec V... un caractère authentique, j'écrivis la lettre suivante à Morlot :

« Paris, 29 décembre 1857.

« Monseigneur,

« Je me suis rendu à l'archevêché chez M. le promoteur et d'après l'invitation qui m'avait été adressée par lui, hier, 28 décembre.

« Je dois vous rendre compte, de la manière la plus exacte, de ce qui s'est passé entre M. le promoteur et moi.

« M. le promoteur m'a dit : « Je vous ai mandé, monsieur, pour vous faire savoir que le Conseil a décidé que l'on ne vous continuerait pas le *celebret*. » — J'ai répondu : « Sur quels motifs le Conseil s'est-il appuyé pour prendre cette décision ? » — Réponse de M. le promoteur : « Vos ouvrages ont causé du scandale, et plusieurs évêques et prêtres éminents sont scandalisés de ce que vous avez un *celebret*. Vous nous causez des ennuis, des embarras ; Monseigneur a le droit d'ôter le *celebret* aux prêtres qui ne sont pas du diocèse de Paris. » — J'ai répondu : « Je suis venu à Paris avec l'autorisation des supérieurs ecclésiastiques du diocèse de Blois, d'où je suis originaire ; ces supérieurs ne me réclament pas. J'ai exercé pendant cinq ans le ministère à Paris, en qualité d'aumônier ; Mgr Sibour ne m'a ôté cette place que temporairement, sous la pression d'une coterie qui m'a déclaré la guerre, et après m'avoir donné une attestation *manuscrite* qui rend hommage à mon caractère sacerdotal ; et dans laquelle on déclare que je puis être autorisé à dire la messe partout où je résiderai. C'est donc une injustice de m'ôter le *celebret* à Paris, où je réside depuis neuf ans. Mes ouvrages n'ont pas causé de scandale, seulement on en fait à leur occasion. Je ne vous cause ni ennuis, ni embarras; je ne vous demande rien qu'une autorisation à laquelle a droit tout prêtre honorable. On n'a pas jugé mes ouvrages. Est-ce parce que l'un d'eux a été mis à l'index, que l'on prend cette mesure contre moi? » — M. le promoteur a répondu : « Non, ce n'est pas à cause de cette mise à l'index. Monseigneur n'a pas à juger vos livres; c'est à l'évêque de Blois à vous juger. Du reste, des hommes impartiaux ont examiné vos livres à Paris et les ont trouvés répréhensibles. » — J'ai répondu : « Je n'ai pas été appelé à donner d'explications; on m'a jugé sans m'entendre, sans même m'avertir. Si certaines personnes ont trouvé à reprendre dans mes livres, d'autres les trouvent irréprochables, et parmi ces derniers il y a des évêques. Je puis vous communiquer confidentiellement, et à l'instant même, des lettres qui vous le prouveront. » — M. le promoteur a répondu : « Je n'ai pas besoin de les voir. Vous n'êtes pas du diocèse de Paris; Monseigneur a le droit de vous ôter le *celebret* sans vous juger. » — J'ai répondu : « Non, monsieur, Monseigneur n'a pas ce droit. La mesure qu'il prend contre moi est infamante de sa nature et équivaut à un interdit. » — M. le promoteur a répondu : « Pas du tout, elle n'équivaut pas à un interdit. Monseigneur est-il obligé de donner des *celebret* à tous les prêtres de France et de Navarre? » — J'ai répondu : « Il n'a pas le droit d'en refuser aux prêtres honorables qui résident à Paris. En les refusant, il commet un acte injuste, arbitraire, contraire au droit. » — M. le promoteur a dit : « Si vous prouvez cela, vous pourrez prouver qu'il ne fait pas jour en plein midi. » — J'ai répliqué : « Je le prouverai. Je suis un homme pacifique, mais je sais me défendre quand il le faut. On veut me faire quitter Paris, on n'y parviendra pas. J'y resterai comme citoyen, si je n'y reste pas comme prêtre. J'assisterai à la messe, si je ne la dis pas. Monseigneur commence la guerre, je me défendrai. » — M. le promoteur a ajouté : « Je communiquerai vos observations au Conseil, ce soir, et je vous en écrirai demain. »

« Sur cela, je me suis retiré.

« J'ai cru devoir, Monseigneur, vous donner textuellement cette conversation. Il faut que les motifs qui vous ont déterminé à me refuser l'autorisation de dire la messe soient authentiquement connus, puisqu'ils doivent être le point de départ des procédures qui vont commencer. M. le promoteur ne me les ayant notifiés que de vive voix, je dois prendre un moyen de les avoir par écrit. Il me répugne encore d'employer le ministère d'un huissier pour vous mettre en demeure de me les faire connaître de cette manière, quoique cet officier public soit le seul dont on puisse se servir, depuis qu'il n'y a plus d'officiers de justice ecclésiastique. J'ai pensé qu'en vous donnant moi-même connaissance des motifs exprimés de vive voix par M. le promoteur, j'agirais d'une manière plus respectueuse et qui aurait le même caractère légal qu'une sommation, dans les circonstances exceptionnelles où se trouve le clergé de France.

« Je n'ose espérer une réponse qui infirme les dires de M. le promoteur ; mais, j'ai l'honneur de vous déclarer, Monseigneur, que je regarderai votre silence comme un aveu de tout ce que m'a dit cet ecclésiastique, car vous êtes obligé de le désavouer, s'il n'a pas traduit exactement votre pensée.

« J'affirme sur l'honneur que tout ce que j'ai rapporté dans cette lettre est la vérité.

« J'ai l'honneur d'être, Monseigneur, votre très humble serviteur.

« L'abbé GUETTÉE. »

Malgré l'opinion du *docte* et *vertueux* V..., je prouvai que M. Morlot avait agi à mon égard d'une manière anti-canonique, illégale, despotique et absolument arbitraire. Ce fut l'objet d'un *mémoire à consulter*, que je publiai à l'appui de mon double appel au pape et au gouvernement français. L'appel au pape, prescrit par les canons de l'Eglise de France, ne fut rédigé que pour la forme ; je savais bien qu'on n'en tiendrait aucun compte. Mon appel au gouvernement était plus sérieux. Je crois qu'on le lira avec intérêt.

« *Requête et mémoire adressés à Son Excellence M. le Ministre des cultes, par M. l'abbé Guettée, en appel comme d'abus d'une décision de M. Morlot, cardinal-archevêque de Paris.*

« Monsieur le Ministre,

« Je lis dans la loi organique du Concordat :

« Art. 6. Il y aura recours au Conseil d'Etat, *dans tous* « *les cas d'abus* de la part des supérieurs et autres personnes « ecclésiastiques.

« Les cas d'abus sont :

« L'usurpation ou l'excès de pouvoir ;

« La contravention aux lois et règlements de la Répu-« blique ;

« L'infraction des règles consacrées par les canons reçus « en France ;

« L'attentat aux libertés, franchises et coutumes de « l'Eglise gallicane ;

« Et toute entreprise ou tout procédé qui, dans l'exercice « du culte, peut compromettre l'honneur des citoyens, trou-

« bler arbitrairement leur conscience, dégénérer contre eux
« en oppression, ou en injure, ou en scandale public.

« Art. 8. *Le recours compétera à toute personne intéres-*
« *sée.* A défaut de plainte particulière, il sera exercé d'office
« par les préfets.

« Le fonctionnaire public, l'*ecclésiastique* ou la personne
« qui voudra exercer ce recours, adressera un mémoire,
« détaillé et signé, au conseiller d'Etat chargé de toutes les
« affaires concernant les cultes, lequel SERA TENU de prendre,
« dans le plus court délai, tous les renseignements convena-
« bles, et sur son rapport, l'affaire sera suivie et définitive-
« ment terminée dans la forme administrative, ou renvoyée,
« selon l'exigence des cas, aux autorités compétentes. »

« En conséquence de ces dispositions, René-François
Guettée, prêtre, domicilié à Paris, rue de l'Arbalète, 35, a
l'honneur de vous adresser, avec cette requête, un *Mémoire
détaillé et signé,* duquel il résule que M. François-Nicolas-
Madeleine Morlot, cardinal-archevêque de Paris :

« A commis contre lui un excès de pouvoir ;

« Qu'il a enfreint les règles consacrées par les canons reçus
en France ;

« Qu'il a commis un attentat contre les libertés, franchises
et coutumes de l'Eglise gallicane ;

« Que par ces *excès, infraction* et *attentat*, il a *compromis
l'honneur* du requérant et *troublé arbitrairement sa conscience;* que l'acte qu'il s'est permis *a dégénéré contre* le
requérant *en oppression, en injure et en scandale public.*

« En conséquence, René-François Guettée, prêtre, conformément à l'art. 8 de la loi organique, qui déclare que le
recours au conseil d'Etat *compète à toute personne inté-
ressée,* et en particulier à l'*ecclésiastique,* porte plainte contre
M. François-Nicolas-Madeleine Morlot, cardinal-archevêque
de Paris, et en appelle comme d'abus de l'acte illégal, arbi-

traire et despotique qu'il s'est permis contre le requérant, comme il résulte du mémoire ci-joint.

« J'ai l'honneur d'être, monsieur le Ministre,
de Votre Excellence,
Le très humble et obéissant serviteur.
L'abbé GUETTÉE. »

MÉMOIRE

Le 28 décembre 1857, M. Véron, promoteur et vicaire général de M. François-Nicolas-Madeleine Morlot, cardinal-archevêque de Paris, adressa à M. Guettée, prêtre, domicilié à Paris, le billet suivant :

« Archevêché de Paris.

« Monsieur l'abbé Guettée est prié de passer demain au cabinet du promoteur, de midi à deux heures, »

Je me rendis, au jour et à l'heure indiqués, au cabinet de M. le promoteur vicaire général. Il m'annonça que M. l'archevêque, de l'avis de son conseil, ne jugeait pas à propos de me continuer l'autorisation de célébrer la messe dans les églises de son diocèse. Interpellé sur les motifs de cette résolution, M. le promoteur me déclara qu'on agissait ainsi sur les plaintes de certaines personnes scandalisées de mes écrits. Je fis observer à M. le promoteur que, si mes écrits étaient jugés répréhensibles par certaines personnes, ils étaient approuvés par d'autres ; je lui offris de lui donner à l'instant même, communication des lettres par lesquelles des évêques de France approuvaient mes écrits. M. le promoteur refusa de les voir ; me déclara que M. l'archevêque de Paris ne voulait pas juger mes écrits, et que, sans jugement, il pouvait me refuser l'autorisation de célébrer la messe dans son diocèse

Je donnai connaissance à M. Morlot, cardinal-archevêque de Paris, de la décision que m'avait communiquée son vicaire général promoteur, afin qu'il pût désavouer cet ecclésiastique, s'il n'avait pas suivi exactement ses intentions. Cette lettre est jointe au présent mémoire, avec mon acte d'appel au pape comme pièce justificative. M. l'archevêque ne me répondit pas.

Il a été ainsi acquis que M. le vicaire général promoteur avait exécuté les ordres de M. l'archevêque et traduit exactement ses motifs et ses raisons.

Dans ce refus d'autorisation de dire la messe, il y a une question purement ecclésiastique que j'ai portée au tribunal du pape, afin qu'il la fît juger sur les lieux, conformément aux libertés, franchises et coutumes de l'Eglise gallicane.

Il y a, en outre, dans ce refus d'autorisation, de nombreux cas d'abus que mon devoir m'oblige de dénoncer à M. le ministre des cultes, le priant de me faire rendre justice, ou de porter ma cause au conseil d'Etat, tribunal compétent pour en juger.

PREMIER CAS D'ABUS

Il y a dans le refus que m'a fait M. Morlot un *excès de pouvoir*.

Cet excès existe évidemment chaque fois que celui qui agit n'est pas fondé en *droit*; qu'aucune *loi* ne l'autorise, et qu'il blesse, au contraire, par son acte, les lois les plus claires et les plus certaines.

Or, M. Morlot ne pourrait appuyer sur aucune loi la décision qu'il a prise contre-moi; en la prenant, il a lésé un droit strict, puisque, n'ayant jamais été ni interdit, ni suspens de mon ordre, je jouis de tous mes droits sacerdotaux.

Je l'ai prouvé surabondamment dans le *Mémoire à con-*

sulter pour la question ecclésiastique ; lequel est joint au présent *Mémoire* comme pièce justificative.

Il y a donc eu *excès de pouvoir* de la part de M. Morlot.

DEUXIÈME CAS D'ABUS

La décision de M. Morlot est contraire *aux règles consacrées par les canons reçus en France.*

Je l'ai prouvé dans la deuxième partie du même *Mémoire à consulter.*

TROISIÈME CAS D'ABUS

Le refus que m'a fait M. Morlot équivaut à un interdit ou à une suspense *ab Ordine;* car ceux-là seulement peuvent perdre leurs droits sacerdotaux qui ont été frappés de ces condamnations canoniques ; j'ai donc été véritablement *condamné* par M. Morlot à la peine la plus grave qui puisse être prononcée contre un prêtre. M. Morlot ayant refusé et refusant de me juger, tout en me condamnant, son acte est un *déni de justice.*

Or, dans notre ancien droit civil canonique, le *déni de justice* était regardé comme contraire aux libertés, coutumes et franchises de l'Eglise gallicane et constituait un cas d'abus.

La nouvelle législation civile ecclésiastique ne contredit point l'ancienne sous ce rapport. On peut d'autant mieux s'en référer à cette ancienne législation, que la raison sur laquelle elle était appuyée est de tous les temps.

Le premier devoir du souverain, disaient les savants jurisconsultes Forget et Fevret, est de veiller à ce que la justice soit rendue à tous ses sujets de tous les états, qualités et conditions. Aussi les anciens parlements, gardiens des lois, recevaient-ils les appels comme d'abus pour les *dénis de justice.*

Leur droit ayant été contesté, fut fixé par un arrêt du 27 août 1701.

Le Conseil d'Etat, dans l'esprit de nos nouvelles institutions, a été investi des droits des anciens parlements, pour recevoir les appels des ecclésiastiques comme de tous les autres citoyens qui seraient victimes de l'*abus* d'autorité ou de l'arbitraire épiscopal.

Je suis donc fondé en droit et en raison en appelant comme d'abus du *déni de justice* de M. Morlot à mon égard, et en le dénonçant comme un *attentat aux libertés, franchises et coutumes de l'Eglise gallicane.*

QUATRIÈME CAS D'ABUS

La décision de M. Morlot *a compromis mon honneur*.

Il n'y a, en effet, pour le public, aucune différence entre un prêtre qui, par suite d'un refus arbitraire ne peut dire la messe, et celui qui a été interdit par suite d'un jugement régulier et d'une condamnation méritée. Pour le commun des fidèles, l'un et l'autre sont des *prêtres interdits*; et qui ne sait qu'un *prêtre interdit* est, pour l'immense majorité, un prêtre coupable, jugé indigne d'exercer ses fonctions pour des fautes graves; un être dégradé que l'on fuit avec une espèce d'horreur? Le prêtre interdit est rejeté de tous; il ne peut trouver la plus humble position sans dissimuler son caractère sacerdotal; dès qu'il est connu comme prêtre interdit, il est rejeté ignominieusement; c'est un paria au milieu de la société.

La mesure de M. Morlot ne peut avoir d'autre résultat à mon égard que de me faire classer parmi ces parias de la société; et cela sans avoir jamais subi d'autre censure (1)

---

(1) Je l'ai prouvé dans mon *Mémoire à consulter* à l'aide de pièces officielles et authentiques.

qu'une mise à l'index de l'un de mes ouvrages, censure illégale, non reconnue en France ; qui n'a été portée en réalité que contre les opinions de l'Eglise gallicane dont je me suis constitué le défenseur, comme le doit tout Français qui respecte les lois de son pays ; censure qui n'atteint jamais la personne, même selon les usages ultramontains, et qui ne peut nulle part, surtout en France, servir de base à un acte tel que celui que s'est permis M. Morlot. C'est cependant sur cette mise à l'index seulement que se sont appuyées les personnes qui ont eu la conscience *assez délicate* pour se *scandaliser* de me voir dire la messe, et qui ont cru devoir provoquer contre moi un excès de pouvoir, contraire aux canons de l'Eglise, aux coutumes de notre Eglise gallicane, et infamante de sa nature.

M. Morlot aurait dû apprécier une telle *délicatesse* de conscience, et ne pas fouler aux pieds la loi qui lui défend, sous peine d'abus, de *compromettre l'honneur d'un citoyen* qu'il doit considérer comme son frère dans le sacerdoce.

CINQUIÈME CAS D'ABUS

Par sa décision M. Morlot a *arbitrairement troublé ma conscience*.

Je le dis bien haut : je n'ai écrit que par suite d'une conviction profonde. J'ai cherché consciencieusement la vérité et je l'ai dite avec sincérité. Les preuves sur lesquelles je me suis appuyé n'ont point été ébranlées. Je ne pourrais renoncer à mes opinions sans renier ma raison et mon intelligence ; je ne pourrais les désavouer que dans deux cas : 1° Si l'on détruisait mes preuves ; 2° si l'on me prouvait que mes opinions sont contraires à la doctrine de l'Eglise catholique. Renoncer, en dehors de ces deux cas, à des sentiments laborieusement acquis et qui forment comme une foi scientifique, ce serait prouver que je ne fais aucun cas de la vérité; ce serait trafiquer de ma conscience et de mes convictions, les subordonner à mon intérêt.

Je ne saurais me résoudre à agir ainsi, et l'on ne peut m'en faire une obligation. Je suis même convaincu qu'il est plus honorable pour moi d'être persécuté à cause de mes convictions, que de les plier aux exigences des circonstances, et de les subordonner à quelques profits ou honneurs.

Mais malgré la voix de ma conscience, qui m'atteste qu'une telle conduite est plus digne d'un prêtre de Jésus-Christ qu'une conduite inspirée par l'ambition et l'intérêt, je suis troublé en me voyant honni, persécuté, interdit, dégradé pour ainsi dire, par ceux qui devraient me soutenir et m'encourager. Je vois *quelques* évêques, des représentants de Jésus-Christ, des chefs de l'Eglise, qui prétendent que je me trompe; qui assurent que l'honnêteté de mes convictions n'est que de l'entêtement; que mon amour de la vérité n'est que l'amour de l'erreur; que je ne puis en conscience me déclarer pour la doctrine de l'Eglise gallicane; qui me dénoncent, qui m'injurient, qui demandent qu'on me traite en prêtre interdit; je vois un cardinal-archevêque qui, acceptant ces dénonciations, me refuse, en conséquence, une autorisation qui ne peut être refusée qu'aux prêtres *interdits* ou *suspens* de leur ordre, ou *vagabonds*, ou *inconnus* (1).

Si ces quelques évêques dénonciateurs, si le cardinal-archevêque qui s'est fait l'exécuteur trop complaisant de leur volonté, m'avaient jugé et convaincu d'erreur contre la doctrine de l'Eglise; s'ils m'avaient trouvé persistant opiniâtrement dans les erreurs dont j'aurais été atteint et convaincu,

---

(1) J'ai prouvé dans mon *Mémoire à consulter* (deuxième partie), que ces cas étaient les *seuls* où un prêtre pouvait être privé de son *droit* de célébrer.

alors, je le reconnais, on aurait dû me condamner, m'interdire et m'éloigner de l'autel.

Mais je ne vois de leur côté que des exigences déraisonnables ; je n'ai été ni accusé, ni condamné ; ni convaincu d'erreurs, ni d'opiniâtreté dans ces erreurs : bien plus, des évêques savants et respectables ont loué mon orthodoxie.

Mais, malgré ces approbations, un prêtre, convaincu que les évêques ont été établis par Dieu pour régir et gouverner son Eglise, ne peut, sans avoir la conscience troublée, se trouver dans l'obligation de lutter contre plusieurs d'entre eux, parce qu'ils sont revêtus d'une dignité qu'il vénère et qu'il a toujours respectée. Je suis convaincu qu'il ne faut confondre l'autorité ni avec ceux qui en sont revêtus, ni avec le despotisme et l'arbitraire ; que ce despotisme est aussi coupable que la révolte ; qu'il n'y a pas révolte contre l'autorité, dès qu'on ne fait qu'user des droits les plus sacrés que les dépositaires de l'autorité doivent eux-mêmes respecter ; mais, malgré, dis-je, ces convictions, et à cause même de ces convictions, je ne puis être victime du despotisme, sans avoir la conscience profondément troublée. L'arbitraire dont je suis victime, est pour moi un scandale, une tentation épouvantable. D'un côté, on m'ôte injustement les droits de mon sacerdoce, on ne respecte pas en moi le caractère du prêtre ; de l'autre, on m'en laisse toutes les obligations ; cependant, les devoirs et les droits sont corrélatifs. Les lois ecclésiastiques n'ont été établies par l'Eglise que pour rendre le sacerdoce plus vénérable, et rendre plus utile l'exercice du saint ministère. Ces lois sont sages et vénérables ; mais il n'en est pas moins vrai qu'elles supposent le prêtre exerçant son ministère, et vivant de son ministère. Si le prêtre coupable n'en est pas délié, c'est qu'il ne peut évidemment bénéficier de son crime ; mais l'Eglise, en bonne mère, avait compris que ce coupable, rejeté d'un côté du sein du clergé, et de l'autre ne pouvant rentrer dans la classe commune, ne devait pas être abandonné dans son malheur, et elle avait chargé l'évêque de sa subsistance. Mais un prêtre honorable, qui n'a qu'un tort : celui d'avoir écrit selon ses convictions et selon les lois de son pays; un prêtre qui s'est toujours fait un devoir de respecter l'orthodoxie ; qui n'a jamais été ni jugé ni condamné ; qui n'a jamais eu de démêlés avec l'autorité ecclésiastique pour l'exercice de son ministère ; un prêtre dont la science et les mœurs ecclésiastiques sont reconnues (1) : un tel prêtre peut-il être chassé ignominieusement de l'autel en vertu d'un refus illégal, arbitraire, despotique, et jeté au milieu du monde avec ses obligations ecclésiastiques, sans pouvoir vivre de son ministère, et sans pouvoir obtenir, dans un monde honorable, une position qui lui fournisse un moyen honnête de vivre? Un tel prêtre peut-il subir un pareil traitement sans être horriblement et arbitrairement troublé *dans sa conscience?*

SIXIÈME CAS D'ABUS

On ne peut nier que le refus de M. Morlot ne *dégénère en oppression, en injure, en scandale public.*

Sous ce triple rapport, cet acte renferme un sixième cas d'abus clairement fixé par l'art. 6 de la loi organique du Concordat.

N'est-ce pas *opprimer* un prêtre, n'est-ce pas l'*injurier* gravement que de le classer illégalement et despotiquement parmi les coupables flétris par un jugement infamant? Un prêtre privé de ses droits sacerdotaux est dans une position analogue à celle du citoyen privé de ses droits civils et poli-

---

(1) Mon *Mémoire à consulter* (1re partie) contient les *faits* qui me concernent.

tiques. Ce serait une infamie de priver un citoyen honorable de l'exercice de ses droits civils ; n'aurai-je pas le droit de traiter aussi rigoureusement l'acte qui me prive illégalement de l'exercice de mes droits sacerdotaux ?

Dans l'état où l'on m'a mis, j'ai été obligé de m'éloigner de la plupart des prêtres, mes amis, dans la crainte de les compromettre aux yeux de l'administration ecclésiastique. L'effet de la mesure prise par M. Morlot est donc de m'isoler, de me séquestrer, de m'emprisonner au milieu de la société ; de me faire supporter toutes les rigueurs d'une sentence redoutable, quoique je sois innocent. N'est-ce pas là une *oppression ?* n'est-ce pas me faire une *injure* publique, et des plus cruelles, que de dire, par un acte, public de sa nature :
« Ce prêtre est indigne de monter à l'autel ; ce prêtre est un
« si grand coupable qu'il mérite d'être privé des droits les
« plus sacrés de son sacerdoce ». Telle est la traduction littérale de la décision de M. Morlot.

Cette *oppression*, cette *injure*, ne constituent-elles pas un *scandale public ?* N'est-il pas souverainement scandaleux de voir un évêque assez peu soucieux de la justice pour traiter en coupable un prêtre qu'il ne veut pas juger ? un prêtre qu'il est obligé d'estimer ; auquel il n'a rien trouvé à reprocher ? Ce prêtre doit se défendre ; c'est son droit, c'est son devoir. Pour se défendre, il doit prouver le despotisme dont il est victime ; le faire toucher du doigt, le flétrir.

De là résulte un grave scandale ; mais ce scandale doit-il retomber sur celui qu'on a mis dans la nécessité de se défendre, ou sur celui qui abuse de son autorité pour faire une victime ?

La réponse n'est pas douteuse.

RÉSUMÉ

Le refus que m'a fait M. le cardinal Morlot, archevêque de Paris, de m'autoriser à dire la messe est donc :

1º Un excès de pouvoir ;

2º Une infraction aux règles consacrées par les canons reçus en France ;

3º Un déni de justice, et, à ce titre, un attentat aux libertés, franchises et coutumes de l'Eglise gallicane ;

4º Ce refus est une entreprise, un procédé qui compromet mon honneur ;

5º Qui trouble arbitrairement ma conscience ;

6º Qui dégénère contre moi en oppression, en injure et en scandale public.

La décision de M. Morlot contient donc *six* des *cas d'abus* exprimés dans l'art. 6 de la loi organique du Concordat.

En conséquence, j'en appelle à qui de droit *comme d'abus* : c'est mon droit et mon devoir.

Paris, ce 1er février 1858.

RENÉ-FRANÇOIS GUETTÉE.

M. Roulland, ministre des cultes, me pria poliment de passer chez lui, pour causer de mon affaire. Il avait étudié les questions de droit ecclésiastique. Il me donna raison sur tous les points, et me dit même que mes appels et mon *Mémoire à consulter* étaient des *chefs-d'œuvre* de logique. Mais il ajouta : « Comment voulez-vous, monsieur l'abbé, que nous exercions des poursuites contre Mgr le cardinal-archevêque de Paris ? Jamais l'empereur ne les autoriserait. » — Je répondis : « L'empereur manquerait à son devoir en se mêlant d'une affaire dans laquelle, d'après la loi, il n'a rien à voir. La loi est faite aussi bien pour M. Morlot que pour tout autre évêque qui abuse de son pouvoir ; et, le devoir, monsieur le ministre, que la loi vous impose, doit être sacré pour vous. » — « Je ne le conteste pas, ajouta M. Roulland, mais si vous saviez combien de plaintes, souvent fondées, nous recevons au ministère, de la part des prêtres contre les évêques ! Si vos appels et votre *Mémoire à consulter* étaient connus du clergé secondaire, les plaintes se multiplieraient et nous ne saurions plus où donner de la tête. J'espère, monsieur l'abbé, que vous ne donnerez pas beaucoup de publicité à ces ouvrages. Vous êtes un homme très sérieux, ennemi du scandale et ami de la paix. Je vous en prie, laissez passer l'injustice dont vous êtes victime. Les circonstances pourront changer en votre faveur. »

Je ne promis pas au ministre de tenir dans l'ombre mes *appels* et mon *Mémoire*. Je vis bien que je n'obtiendrais pas justice de la part du gouvernement, et les politesses de M. Roulland furent le tout résultat que j'obtins de mon appel comme d'abus. La loi si formelle que j'invoquais n'était pas faite pour le cardinal archevêque de Paris qui payait en bassesses, vis-à-vis du pseudo-empereur, les honneurs et l'argent qu'il en recevait.

Quant à M. Morlot qui, par sa décision, s'attaquait à mon honneur sacerdotal, il se moquait de l'honneur d'un prêtre comme de la première nonnette fabriquée par monsieur son père ; Darboy, son conseiller, s'en moquait autant que du premier pot de moutarde vendu dans l'épicerie paternelle ; le *docte* et *pieux* V. ne s'en souciait pas plus que du sien. Il continua si bien ses adultères et ses versements d'argent au mari, qu'il dépensa sa fortune personnelle et tout l'argent qu'il put se procurer. Il fit, en outre, des dettes si considérables, qu'un grand scandale était sur le point d'éclater en plein archevêché. Alors on jugea qu'il était temps de placer V. à la tête d'une des plus riches paroisses de Paris, afin de lui fournir les moyens de payer ses dettes si *saintement* contractées. Un de ses prédécesseurs, aussi *moral* que lui, avait fait une belle fortune dans cette paroisse; pourquoi n'en ferait-il pas autant?

Mais les créanciers le harcelèrent tellement qu'il ne put y tenir plus longtemps. Un matin, on le trouva mort. Le bruit courut dans le clergé de Paris qu'il s'était empoisonné. On vendit jusqu'à son dernier rabat, mais l'argent recueilli n'était rien en comparaison des dettes. C'est ainsi que paya ses dettes le grossier personnage qui était chargé des hautes œuvres de Morlot-Darboy.

Ces deux Dijonnais, nonnette et moutarde, n'en faisaient vraiment qu'un. Peut-être que la nonnette se serait contentée de ce qui avait été fait contre moi; mais la moutarde ne trouva pas que ce fut assez piquant.

Donc, un beau jour je reçus de la préfecture de police un petit papier qui m'indiquait un rendez-vous dans cette horrible maison où je n'avais jamais mis le pied. L'employé qui me reçut me dit *en rougissant :* « Monsieur l'abbé, nous avons reçu de l'archevêché de Paris une note dans laquelle on nous prie de vous appliquer la loi *sur les ouvriers sans ouvrage* et de vous expulser de Paris ».

Je dois rendre justice à l'employé de la préfecture de police; je voyais bien que c'était malgré lui qu'il faisait la honteuse commission dont il avait été chargé. Je lui répondis : « Ayez la bonté, Monsieur, d'écrire à messire l'archevêque que je ne suis pas un ouvrier, que l'ouvrage ne me manque pas, que je ne lui ai jamais rien demandé, que je ne lui demanderai jamais rien. Si je le gêne à Paris, il peut lui-même se retirer; personne n'y perdra rien. Quant à la préfecture, je lui déclare que je n'obéirai pas à ses injonctions ». Là-dessus je me retirai.

Je prévis bien que l'archevêché ne s'arrêterait pas en si beau chemin. Je pris mes précautions. J'achetai une petite maison dans les environs de Paris, je m'y installai, et je conservai quelques obligations de chemins de fer.

A peine avais-je pris ces dispositions, que je reçus un nouveau papier de la préfecture. Je me rendis de nouveau dans l'horrible maison où l'on me dit que l'archevêché insistait et que je devais quitter Paris dans les vingt-quatre heures. Je me mis à rire et je répondis : « C'est toujours en vertu de la loi sur *les ouvriers sans ouvrage ?* — Oui, me répondit-on. — Vous écrirez, répondis-je, à messire Morlot, que M. l'abbé Guettée n'est pas un ouvrier, quoique je travaille plus que lui et les siens ; vous ajouterez que je suis propriétaire, que je suis logé dans une maison m'appartenant, ce que lui et les siens ne pourraient pas dire ; vous direz encore que je suis rentier, et que si mes rentes ne sont pas aussi grosses que les pensions qu'il reçoit sans les gagner, elles sont bien à moi ; enfin vous écrirez à messire Morlot que je suis homme de lettres, titre qu'il n'a jamais pu obtenir, et que je travaillerai encore à Paris pour la bonne cause qui m'attire les persécutions des ignorants et des hypocrites. Quant à la préfecture de police, je la préviens qu'elle aura à m'expulser par la force de ma maison. — Pourriez-vous, Monsieur l'abbé, me dit l'employé, me communiquer l'acte de propriété de votre maison ? — Parfaitement, monsieur ». Je l'avais apporté avec moi. Après avoir jeté un coup d'œil sur cette pièce, il me dit : « Monsieur l'abbé, vous pourrez rester tranquille chez vous. La préfecture n'a plus à s'occuper des sollicitations de l'archevêché. En effet, la nonnette et la moutarde furent obligés de subir mon séjour à Paris. La moutarde y reviendra, quand elle aura coiffé la mitre de la nonnette.

Morlot laissa sans doute à Darboy les relations avec la préfecture. Il avait bien autre chose à faire. Chaque jour l'archevêché était rempli de dames qui gouvernaient le diocèse de Paris. M. Buquet, premier vicaire général, était humilié de voir toutes ces *crinolines*, comme il disait, papillonner autour de l'archevêque et faire nommer leurs préférés aux places les plus importantes.

Un premier vicaire, fort respectable, et déjà vieux, voyant une foule de jeunes gens investis de places supérieures à la sienne, alla un jour trouver M. Buquet pour savoir si l'on avait quelque chose à lui reprocher, puisqu'on ne lui donnait aucun avancement. M. Buquet lui répondit : « Mon cher abbé, on n'a rien à vous reprocher ; vous êtes un prêtre instruit et respectable. Mais que voulez-vous? Les vicaires généraux ne dirigent pas le diocèse sous la nouvelle administration ». Après un moment de silence, il ajoua : « Connaissez-vous une belle crinoline! » Le prêtre répondit : « Je ne comprends pas ce que vous voulez me dire. — Mon cher abbé, ajouta M. Buquet, ce sont les femmes qui font le choix des ecclésiastiques. Si vous connaissez une femme belle et aimable, priez-la de vous recommander à l'archevêque et vous réussirez. Par moi, vous n'aurez aucun succès ».

Telle était l'administration de Morlot, qui ne s'occupait que des belles *crinolines* et laissait à Darboy les vilaines besognes.

XI

La Sacrée-Congrégation de l'Institut de France. — M. de Salvandy reconnaît que j'ai mérité le prix Gobert. — Pourquoi l'Institut ne peut me l'accorder. — Singulière théorie historique de M. de Salvandy. — La Sacrée-Congrégation du Palais de Justice. — Le testament de mon ami Parent du Châtelet reconnu légal excepté en ce qui me concerne. — Pourquoi. — Juges et héritiers me doivent solidairement cinq mille francs et les intérêts. — Je n'ai aucun mérite en abandonnant le tout aux pauvres. — M. le procureur impérial essaie de me faire peur. — Darboy, archevêque de Paris, ne veut pas que je prenne le titre d'abbé. — Je me moque de l'archevêque et de son procureur. — Je n'ai jamais été *interdit*. — Que signifie ce mot. — Les journaux cléricaux me l'infligent à propos d'une brochure qui n'est pas de moi. — Je les poursuis. — Par extraordinaire le tribunal me rend justice grâce au premier président Benoît-Champy. — L'archevêché lui-même déclare que je n'ai jamais été interdit.

e n'ai jamais eu la pensée d'entrer à l'Institut. Je savais bien que je ne serais admis dans aucune des classes de cette Société scientifique et littéraire, quoique j'aie écrit plus et mieux que la plupart de ceux qui en font partie. Je n'ai jamais eu la pensée de concourir pour les prix qu'il distribue chaque année. Cependant, je concourus une fois pour obéir aux instances d'un respectable membre de l'Institut, mon ami M. Garcin de Tassy. Dans l'idée de cet excellent ami, l'Institut ne pourrait refuser le prix Gobert à un ouvrage comme l'*Histoire de*

l'Église de France, plus savant que tous ceux qui étaient depuis bien des années admis au concours.

Je déclarai franchement à M. Garcin de Tassy que je ne recevrais pas le prix quand bien même mon ouvrage serait encore plus savant et mieux écrit; mais M. Victor Leclerc fut de l'avis de M. Garcin de Tassy. Je dus céder et j'adressai à l'Institut les cinq exemplaires exigés par les règlements. Je vis partir avec peine mes soixante volumes, bien certain que je n'en tirerais pas grand'chose. Je n'en fis pas le sacrifice de bon cœur.

L'Institut fit choix du vicomte de Rougé pour faire le rapport sur mon ouvrage. M. de Rougé s'excusa en disant qu'il n'était pas compétent. En effet, c'était un égyptiologue dont les études n'avaient aucun rapport avec l'*Histoire de l'Église de France*. Il me pria très poliment de ne pas considérer son refus comme un acte d'hostilité contre mon ouvrage.

Sur son refus, l'Institut chargea du rapport sur mon livre M. le comte de Salvandy, ancien ministre de l'instruction publique, sous le règne de Louis-Philippe. M. de Salvandy accepta. Un mois ou deux après, il m'écrivit et me pria de passer chez lui. Je me rendis à l'invitation.

Je trouvai un homme qui avait l'air d'être très content de lui, et persuadé de son haut mérite. Il me dit : « M. l'abbé vous avez fait un grand et bel ouvrage. En voyant vos douze volumes, ma première impression a été que je n'aurais pas le courage de les lire. Eh bien, je les ai lus avec le plus grand intérêt. Vous méritez le prix Gobert, certainement; mais je dois vous dire avec la même franchise que l'Institut ne pourra pas vous l'accorder. Il ne peut se mettre en contradiction avec l'Index de Rome et avoir l'air de lui donner une leçon. Vous le comprenez certainement ». Je répondis : « M. le comte, je ne le comprends pas du tout. Pour l'Institut et même pour l'Eglise de France, l'Index n'existe pas. Quand il s'agirait entre l'Index et moi d'une question d'orthodoxie et non d'une question d'ultramontanisme, l'Institut n'aurait pas à intervenir ; ce qui est de sa compétence c'est la valeur historique de mon livre. Sur cette question l'Index n'a rendu ni pu rendre aucune décision. L'Institut en se prononçant en ma faveur, ne se met donc pas en contradiction avec l'Index ; quand même il prendrait une décision en contradiction avec celle d'une congrégation romaine, je ne vois pas quel inconvénient il y aurait à cela. L'Institut de France doit-il s'humilier devant une assemblée composée de quelques moines de Rome, et conformer ses décisions aux siennes ? » — « Non, dit M. de Salvandy, mais il y a certaines convenances à observer. — Lesquelles, répondis-je ? — Je ne veux pas, reprit M. de Salvandy, discuter sur ce point ; je vous dirai seulement que je comprends la censure dont votre ouvrage a été frappé. Vous êtes trop franc. Ainsi, après avoir fait de la Saint-Barthélemy un récit très exact et du plus haut intérêt, vous ajoutez qu'en apprenant les massacres des protestants, le pape fit chanter un *Te Deum* solennel dans l'Église de Saint-Pierre de Rome. On est étonné de lire un tel fait dans l'ouvrage d'un ecclésiastique. — Le fait est-il vrai, Monsieur le comte ? — Oui, certainement. — Alors, il vaut mieux qu'il soit constaté par un ecclésiastique, que d'être passé sous silence. Si je n'en avais rien dit, on aurait pu en conclure que je voulais le cacher et que mon ouvrage n'était pas une histoire, mais une apologie du clergé. Si les papes et le clergé ont commis des fautes, il vaut mieux les signaler avec indépendance que de les laisser exploiter par les ennemis de l'Église, et faire croire que l'Église est responsable des fautes de quelques-uns de ses pasteurs. Voilà pourquoi j'ai voulu être franc dans mon ouvrage. Dans ma franchise, je n'ai pas dépassé les bornes ; j'aurais pu dire des choses horribles sur les mœurs du clergé et des moines au moyen-âge ; je me suis contenté de quelques réflexions générales, et mon ouvrage, malgré sa franchise, peut-être lu par tout le monde sans qu'il en résulte aucun scandale. — Certainement, Monsieur l'abbé, votre ouvrage est très moral et bien religieux, mais je n'en persiste pas moins dans mon opinion, que l'Institut ne peut vous décerner le prix Gobert. Il devra cependant vous donner un témoignage flatteur pour le travail si remarquable que vous avez fait. — Je vous ferai remarquer, Monsieur le comte, que l'Institut ne pourra m'accorder ce témoignage sans se compromettre autant que par le prix Gobert, vis-à-vis de la Congrégation de l'Index. Quant à moi, je refuserai positivement tout ce que l'Institut voudrait m'accorder en dehors du prix pour lequel j'ai concouru, et que je mérite, m'avez-vous dit. J'aurai ce prix ou rien. — Je ferai mon rapport, Monsieur l'abbé, et l'Institut jugera ».

M. de Salvandy fit ce rapport et, tout en se prononçant contre le prix Gobert, aurait voulu que l'Institut m'accordât quelque chose, une mention honorable, par exemple. Mes amis Garcin de Tassy et Victor Leclerc se prononcèrent contre le rapport et dirent qu'on devait m'accorder le prix que je méritais ou rien; car, en m'accordant autre chose on me mettait à un rang d'infériorité vis-à-vis de mes concurrents, injure que je ne méritais pas et contre laquelle je protesterais certainement.

Devant ces considérations, l'Institut ne m'accorda rien ; ce qui ne m'étonna pas. Il y avait, dans ses rangs, bon nombre d'écrivains ennemis de la religion, et qui auraient mieux mérité que moi les censures de l'Index; ils firent cause commune avec les ultramontains et les politiques, et la Sacrée-Congrégation de l'Institut devint une succursale de la Sacrée-Congrégation de l'Index. Elle sanctionna la singulière théorie historique de M. de Salvandy, un pauvre historien, un pauvre écrivain, mais qui devait être un grand personnage puisqu'on en avait fait un ministre de l'instruction publique et un membre de l'Institut.

Cette vénérable et sacrée congrégation de l'Institut de France aurait dû, au moins, me rendre les soixante volumes que je lui avais adressés conformément à ses règlements. Elle les garda et je ne sais ce qu'ils sont devenus.

Qui aurait pu croire que l'influence jésuitique se serait fait sentir jusque sous la coupole de l'Institut?

Elle s'exerça contre moi, même au Palais de Justice.

Mon respectable ami Martial Parent du Châtelet, étant mort, on ouvrit son testament, sur lequel il m'avait mis pour une somme de 5,000 francs. Le testament, attaqué par ses gendres, fut reconnu valable et légal par le tribunal, qui admit même un legs fait à un vieux prêtre, confesseur de M. Parent du Châtelet, quoique la loi invalide les legs faits aux confesseurs.

Le legs de 5,000 francs qui m'était fait fut seul annulé, sous prétexte qu'il était fait, sous mon nom, à une association non autorisée. Je demandai quelle était cette congrégation, on ne me répondit pas, et on ne pouvait, en effet, me répondre, car je n'ai jamais fait partie d'aucune association, autorisée ou non. Je fis observer qu'on devait faire la preuve de ce qu'on affirmait; j'ajoutai que l'on ne pouvait pas me répondre, et je prouvai de la manière la plus évidente que je n'appartenais à aucune association.

Sans entrer dans la question, le tribunal prononça que le legs qui m'était fait était et demeurait annulé.

Le tribunal s'était transformé, pour moi, en Sacrée-Congrégation du Palais de Justice, ou plutôt *d'injustice*. Dès qu'il s'agissait de me nuire soit à l'Institut, soit au Palais *dit* de Justice, tous les moyens étaient bons.

Il n'en est pas moins certain que les héritiers de mon ami Parent du Châtelet, et les juges qui leur ont octroyé si gracieusement 5,000 francs qui ne leur appartenaient pas, me doivent solidairement cette somme avec les intérêts.

Comme je suis persuadé qu'ils n'acquitteront jamais leur dette, je ne fais aucun sacrifice en transférant tous mes droits aux pauvres.

Je revis le Palais de *l'injustice* à l'occasion d'un billet peu poli que je reçus du procureur impérial. Je fus fort surpris d'être mandé au parquet de ce monsieur, que je ne connaissais pas du tout et avec lequel je n'avais rien à démêler. Introduit dans son cabinet, le susdit monsieur s'adressa à moi d'une manière grossière, comme si j'avais été un criminel. Je le regardai avec mépris et, sans lui répondre, je me dirigeai vers la porte. Il se leva alors et me dit : « Restez, j'ai à vous parler ». Je répondis : « Monsieur, je ne réponds jamais aux gens grossiers; si vous avez quelque chose à me dire, vous m'écrirez poliment et je vous répondrai ». Le susdit monsieur s'adoucit subitement. « Rentrez, monsieur, me dit-il, je vous en prie », et il m'approcha un fauteuil. Alors je consentis à m'asseoir et à l'écouter. Le crime dont j'étais accusé était de joindre à mon nom le titre d'*abbé*. C'était Darboy, devenu archevêque de Paris, qui m'avait dénoncé pour cela au procureur impérial. « Je ne sais, monsieur, me dit le procureur, si vous avez droit à ce titre, mais l'archevêque de Paris prétend que vous n'y avez pas droit, et j'ai dû vous mander à ce sujet. » Je répondis : « Monsieur, j'ai droit à ce titre aussi bien que mon ex-ami Darboy, qui a recours aujourd'hui à tous les moyens, même aux plus ignobles, pour satisfaire sa haine. Je ne tiens pas à ce titre, et j'avais déjà songé à y renoncer; mais dès que Darboy prétend que je n'y ai pas droit, je le conserverai aussi longtemps que cela me conviendra. Je suis un prêtre *integri statûs*, et personne ne pourra jamais prouver que j'aie perdu aucun de mes droits sacerdotaux. Je continuerai donc à ajouter à mon nom le titre d'abbé, selon l'usage ».

Le procureur me fit quelques questions sur mes anciennes relations avec l'archevêché. J'entrai dans des détails qui, évidemment, l'intéressaient. Après une assez longue séance, pendant laquelle M. le procureur impérial fut charmant pour moi, nous nous quittâmes bons amis, et il daigna me serrer la main.

Ce petit fait prouve jusqu'à quel degré Darboy était enragé après moi. Je n'avais pas peur de lui; je me contentais de le mépriser. Il savait bien que je n'ai jamais été interdit et que j'ai toujours joui, par conséquent, de tous mes droits sacerdotaux, mais lui et les siens me traitaient secrètement de *prêtre interdit*, afin de me nuire et de donner une fausse opinion de moi. Je le savais et je me tenais sur mes gardes, bien décidé à poursuivre ceux contre lesquels j'aurais des preuves juridiques.

L'occasion se présenta bientôt. Un de mes amis, M. Faugère, un des plus hauts fonctionnaires du ministère des affaires étrangères, avait publié une brochure intitulée : *Rome et les évêques de France*. On avait pris l'habitude de me charger de tous les péchés d'Israël, parce que, en effet, j'en avais commis un certain nombre, en publiant des brochures qui ne plaisaient pas du tout à la secte ultramontaine. On m'attribua donc la brochure de M. Faugère. Pour nuire à la brochure et à celui qu'on en donnait comme l'auteur, une de ces Correspondances qui sont adressées aux journaux de province et de l'étranger, annonça que la brochure n'avait pas l'importance qu'on voulait lui attribuer, puisqu'elle était l'œuvre de M. Guettée, *un prêtre interdit*. J'eus ainsi entre les mains une preuve de la diffamation que l'on répandait clandestinement et par tous les moyens et procédés jésuitiques. Plusieurs journaux ultramontains publièrent la correspondance parisienne. Ayant appris que j'allais les poursuivre, ils se hâtèrent de rejeter sur cette correspondance la diffamation dont ils s'étaient rendus coupables et à demander pardon. Je le leur octroyai volontiers ; mais je poursuivis devant les tribunaux l'auteur de la correspondance et *la France centrale*, qui n'était plus entre les mains de M. de Belot, et qui me diffamait sous l'inspiration de l'évêché. Le rédacteur de ce journal et l'évêché de Blois savaient bien cependant que je n'avais jamais été *interdit*, que je n'avais jamais mérité de l'être ; ils me diffamaient donc avec une insigne mauvaise foi.

Le mot *prêtre interdit* signifie, dans l'Eglise romaine, un prêtre dégradé de son sacerdoce pour ses crimes ou pour les fautes les plus graves contre les devoirs sacerdotaux. Je ne pouvais donc laisser passer une pareille diffamation et je citai devant les tribunaux le directeur de la Correspondance qui en avait accepté la responsabilité, et *la France centrale* qui avait reproduit la diffamation de cette correspondance.

Je l'avoue, j'avais peu d'espoir dans un bon résultat. Le palais de justice m'avait prouvé qu'il n'était pour moi que le palais d'*injustice* et que je ne pouvais compter sur son impartialité. Heureusement que le premier président, M. Benoît-Champy s'intéressa à mon affaire et la réserva pour la première chambre du tribunal civil qu'il présidait. Il avait connu Lamennais et savait comment ce grand écrivain avait été traité par ses adversaires, quoiqu'il valût beaucoup mieux qu'eux. Il prit sur ma personne et mes écrits, les renseignements les plus précis. Son fils disait à mon avocat, M. Emile Jay : « M. l'abbé Guettée ne se doute pas quelle enquête sérieuse mon père fait sur sa personne et ses ouvrages. Il attache la plus grande importance à son affaire ».

La France centrale fut défendue par M. Andral, petit-fils de M. Royer-Collard. Je l'avais connu encore enfant au château de la Ferté-Beauharnais. Etant vicaire de Saint-Aignan, j'étais allé plusieurs fois chez M. Royer-Collard qui se montrait étonné qu'un jeune prêtre de vingt-quatre ans connût si bien les questions philosophiques. Il prenait plaisir à causer avec moi. Quand j'avais quitté M. Royer-Collard, je faisais une partie de billes avec son petit-fils, et je gagnais presque toujours. J'avais perdu de vue M. Andral, lorsque je le retrouvai au palais de justice, faisant de l'avocasserie contre moi pour défendre sa cliente. Il avoua que je n'avais jamais été *interdit*, mais que mes allures pouvaient donner lieu de croire que je l'étais, puisqu'on me rencontrait partout habillé d'une manière excentrique, avec un gros cigare à la bouche.

Le fait est que j'étais toujours tout de noir habillé, et que je ressemblais si bien à un prêtre, que des enfants me disaient souvent, lorsqu'ils me rencontraient : « Bonjour, monsieur le curé ». Quant au fameux cigare, je puis affirmer que non seulement il ne toucha jamais mes lèvres, mais que je ne fumai jamais la plus petite cigarette. L'argument de M. Andral était une vraie plaisanterie, et mon avocat s'en moqua si bien que M. Andral en fût honteux.

Afin de prouver au tribunal, d'une manière démonstrative, que je n'avais jamais été *interdit*, j'écrivis à M. l'abbé Buquet, premier vicaire général de l'archevêché, pour le prier d'attester que je n'avais jamais été frappé d'aucune censure et que je n'avais jamais été *interdit*.

M. Buquet m'avait toujours témoigné beaucoup d'intérêt. Il blâmait la faiblesse de M. Sibour, qui m'avait trahi, et il avait essayé de faire comprendre à M. Morlot qu'il devait réparer l'injustice dont j'avais été victime. A cause de moi, on le tenait en suspicion sous l'administration Sibour. C'est ce qui explique le post-scriptum d'une lettre de M. Lequeux transcrite précédemment. Darboy avait trop d'influence sous MM. Sibour et Morlot pour qu'on me rendît justice. Ce petit homme, grincheux et méchant, m'avait voué une haine dont il me donna toutes les preuves qui pouvaient être à sa disposition. S'il ne me fit pas plus de mal, c'est qu'il ne le pouvait pas. Pourquoi ne me suis-je pas prosterné à ses pieds ? Pourquoi l'ai-je remis plus d'une fois à sa place ? C'était un crime qu'il fallait bien me faire expier.

M. Buquet me répondit très poliment que je n'avais jamais été ni interdit ni frappé d'aucune censure dans le diocèse de Paris. Je remis sa lettre à mon avocat. M. Andral lui en demanda communication et *la perdit* (sic). Je fus donc obligé de m'adresser de nouveau à M. Buquet qui m'adressa une copie de sa première lettre.

Mon avocat, M. Emile Jay, avait entre les mains des lettres épiscopales, comme celle de Mgr Cœur. Il en donna lecture au tribunal ; j'avais rédigé pour lui des notes tirées des plus savants canonistes. Sa plaidoirie avait attiré à la première chambre une foule d'avocats soucieux de s'éclairer sur une question si nouvelle pour eux.

M. Andral n'est qu'un avocat de trente-sixième ordre, quoique, sous la présidence de Mac-Mahon, M. de Broglie l'ait bombardé vice-président du Conseil d'Etat. Il fut fort embarrassé pour répondre à mon avocat. Il dit que n'ayant pas un client savant comme son confrère, il ne pouvait pas faire tant de science, et il se contenta de plaider les circonstances atténuantes, en prétendant que *la France centrale* n'avait pas eu de mauvaises intentions en me diffamant.

Le tribunal ne fut pas séduit par ses *éloquentes* considérations, et condamna mes adversaires comme *diffamateurs de mauvaise foi*. Je n'avais pas demandé de dommages et intérêts. Mes adversaires durent seulement publier le jugement et le faire insérer dans plusieurs journaux. Ils appelèrent du jugement, qui fut confirmé par la cour d'appel.

C'était la première fois que j'obtenais justice.

XII

Comment je fis la connaissance de M. l'archiprêtre Joseph Wassilieff. — L'intermédiaire entre nous fut M. Serge Souchkoff. — Circonvenu par les jésuites, M. S. Souchkoff s'adresse à M. J. Wassilieff, qui lui communique *l'Observateur catholique*. — M. S. Souchkoff me fait visite et m'engage à voir M. J. Wassilieff. — Je fais visite à M. l'archiprêtre. — Notre conversation théologique. — Nos relations deviennent plus fréquentes. — Fondation de *l'Union chrétienne*. — Mgr Léontius vient à Paris consacrer la nouvelle église russe orthodoxe. — Mes rapports avec lui. — Je suis admis à titre de prêtre dans l'Eglise orthodoxe de Russie. — Je publie *la Papauté schismatique* pour prouver qu'en entrant dans l'Eglise orthodoxe je restais fidèle aux grands principes catholiques orthodoxes et que je ne quittais que le schisme papal. — Mon ouvrage est mis à l'index. — Curieuse coïncidence. — Une lettre approbative du patriarche de Constantinople m'arrive le jour même où j'apprends que Rome m'a censuré. — J'entre en lutte contre les ennemis de l'orthodoxie. — Question de l'autorité spirituelle de l'empereur de Russie. — Lettres à l'évêque de Nantes signées par M. J. Wassilieff. — La thèse de l'abbé Tilloy. — Il s'éclipse de la lutte. — Réfutation des pseudo-Russes Gagarin, A. Galitzine. — Ignobles pamphlets de Nicolas Galitzine. — Il s'esquive de Paris dans la crainte que je le fasse arrêter. — La flèche du Parthe ; elle ne m'atteint pas. — Le père Tondini, réfutation de ses ouvrages. — Il cherche à faire supprimer *l'Union chrétienne*. — Mes principes sur l'union des Eglises. — On oppose à mes principes des persécutions ridicules. — Ils sont vainqueurs.

 e continuais à poursuivre le système papal et j'en étais arrivé sur ce point à l'orthodoxie. Je n'avais lu cependant encore aucun ouvrage orthodoxe; mais j'avais lu avec la plus sérieuse attention les ouvrages des ultramontains et j'avais vérifié les textes des Pères et des conciles qu'ils citaient en faveur de

leur système. Je fus ainsi initié à toute la tradition sur la fameuse question de la papauté. J'avais acquis la certitude que tous les textes cités en faveur de la papauté étaient faux, tronqués, détournés de leur vrai sens; que l'on avait fabriqué avec eux une tradition fausse, absolument opposée à la vraie: *L'Observateur catholique* était devenu une véritable publication orthodoxe. J'y publiai, en particulier, un travail spécial sur la papauté pour établir que cette institution ne datait que du neuvième siècle, qu'elle n'avait aucune base divine; que le pape n'était le premier patriarche de l'Eglise que par décision des premiers conciles œcuméniques.

Lorsque je faisais imprimer ce travail, je reçus la visite d'un Russe, M. Serge Souchkoff. Pendant son séjour à Paris M. S. Souchkoff avait eu des relations avec quelques-uns de ses compatriotes qui avaient abandonné l'orthodoxie et qui cherchaient à l'attirer à eux. Pour répondre à leurs attaques contre l'Eglise orthodoxe, M. S. Souchkoff s'adressa à M. l'archiprêtre Joseph Wassilieff, alors supérieur de l'Eglise russe de Paris. Celui-ci était abonné à *l'Observateur catholique*. Il montra à M. S. Souchkoff le travail que j'avais publié contre la papauté en lui disant qu'il y trouverait les réponses à toutes les objections des pseudo-Russes. M. Souchkoff lut mon travail et en fut si satisfait qu'il voulut faire ma connaissance personnelle. Il vint me voir; c'était le premier Russe que je voyais. Je le reçus avec empressement, et il m'engagea à faire visite à M. l'archiprêtre J. Wassilieff, s'offrant pour être notre intermédiaire. J'acceptai et j'allai avec lui faire visite à M. l'archiprêtre. Aussitôt des relations plus suivies et plus intimes s'établirent. Naturellement, la conversation roula sur des questions théologiques.

Après quelques entretiens, M. J. Wassilieff me dit : « Si vous aviez fait vos études théologiques à l'académie ecclésiastique de Moscou, vous ne seriez pas plus orthodoxe que vous ne l'êtes ». Au fond, j'avais toujours été orthodoxe, excepté sur la prétendue autorité divine du pape que l'on m'avait donnée comme un dogme de foi et que j'avais acceptée comme on accepte les dogmes d'une Eglise à laquelle on appartient par sa naissance. Cette erreur m'avait nécessairement conduit à d'autres erreurs de fait qui en étaient la conséquence; mais, dès que les excentricités ultramontaines dont j'étais victime m'eurent conduit à l'examen approfondi de tout le système papal, ce système et les erreurs de fait qui en découlaient, tombèrent comme les murs de Jéricho au son des trompettes de Josué.

Sur toutes les autres questions, l'enseignement des grands théologiens occidentaux était orthodoxe, et j'étais orthodoxe avec eux. C'est ainsi que M. J. Wassilieff me trouva orthodoxe comme si j'avais étudié à l'académie ecclésiastique de Moscou.

Dans les entretiens que j'eus avec M. J. Wassilieff, je soulevai la question d'une Revue orthodoxe dans laquelle viendrait se fondre mon *Observateur catholique* qui verrait ainsi s'agrandir le cercle de son action. Dans la nouvelle revue on ne se bornerait pas à attaquer les erreurs occidentales, l'Eglise catholique orthodoxe d'Orient se ferait entendre et opposerait ses doctrines apostoliques aux erreurs de la papauté et de ses adhérents. Mon idée fut acceptée; c'est ainsi que fut fondée *l'Union chrétienne*, le premier journal orthodoxe qui parut en Occident. Je fis le numéro-programme qui eut un grand retentissement. Il intéressa principalement les anglicans et m'attira les colères des papistes.

L'Union chrétienne était fondée lorsque Mgr Leontius, évêque-vicaire de Mgr Isidor, métropolitain de Novogorod et Saint-Pétersbourg, arriva à Paris pour consacrer l'église russe orthodoxe que M. l'archiprêtre J. Wassilieff avait fait construire.

J'assistai à la cérémonie de la consécration et au dîner qui suivit. Je fus placé auprès de Monseigneur qui fut rempli de bienveillance pour moi. Le résumé de notre conversation fut que, sans appartenir à l'Eglise orthodoxe, j'étais cependant un écrivain orthodoxe, et que je n'appartenais plus à l'Eglise papiste qui me condamnait et que je condamnais moi-même. « Tout mon désir, dis-je à Monseigneur, c'est d'appartenir à l'Eglise orthodoxe de Russie, mais je ne sais pas le russe et je ne pourrai par conséquent me rendre utile ». Monseigneur voulut bien me répondre que, en résidant à Paris et en continuant à travailler pour l'orthodoxie je serais très utile à l'Eglise. Il fut donc convenu que je remettrais entre ses mains une demande au Saint-Synode, suppliant le vénérable Concile de vouloir bien m'accepter parmi les prêtres de l'Eglise orthodoxe de Russie. Mgr Leontius remit cette supplique au Saint-Synode, et quelque temps après je reçus l'ukase par lequel j'étais accepté et autorisé à exercer toutes les fonctions du ministère sacerdotal auprès des orthodoxes.

C'est ainsi que je suis entré dans la sainte et vénérable Eglise orthodoxe de Russie.

Mes adversaires, et spécialement M. Pallu, évêque de Blois, se flattaient que je deviendrais protestant, et ils s'en réjouissaient ; à leurs yeux, en entrant dans le protestantisme, j'aurais abjuré ma foi. Cependant, dans le protestantisme on rencontre de meilleurs chrétiens qu'eux.

Je n'avais aucune tendance pour le protestantisme. Ses principes fondamentaux n'avaient pas mon adhésion. Toutes mes études, en me conduisant à l'orthodoxie, me confirmaient dans les vrais principes *catholiques*, et je retrouvais ces principes dans toute leur pureté au sein de l'Eglise orthodoxe. Je m'étais toujours cru exclusivement catholique au sein du papisme. Mes études me démontrèrent que je m'étais trompé, et que la papauté au lieu d'être *catholique*, dans le vrai sens de ce mot, avait créé un schisme dans l'Eglise de Jésus-Christ. Je devais donc devenir orthodoxe pour être véritablement *catholique*.

Dans tous mes ouvrages, je n'ai jamais dévié de cette doctrine et, c'est au nom *du vrai principe catholique* que j'attaquai l'Eglise qui usurpe le titre de *catholique* et qui ne l'est pas.

Mes ennemis furent décontenancés en me voyant prendre cette voie. Ils crièrent que j'étais devenu *schismatique* en entrant dans une *Église schismatique*. Je leur répondis par un volume intitulé *la Papauté schismatique*. Cette publication mit mes ennemis en fureur. Je reçus une foule de lettres anonymes dans lesquelles on m'insultait de la manière la plus stupide. Au lieu de me répondre, on m'appelait *horrible schismatique* et l'on me disait que ma main avait dû trembler en écrivant seulement le titre de mon épouvantable volume.

Ma main n'avait pas tremblé du tout et j'étais bien convaincu, en mon âme et conscience, que *le plus horrible schismatique* était le pape.

On pouvait m'injurier; mais me réfuter, non.

Mon excellent ami Martin de Noirlieu comprit parfaitement mon entrée dans l'Eglise orthodoxe. En traversant la Bavière pour aller présenter ses hommages à son roi, le comte de Chambord, il rendit visite au plus grand théologien allemand et lui demanda son avis touchant *la Papauté schismatique*. Il répondit : « C'est-là un de ces ouvrages qu'il est impossible de réfuter ».

Un jour, M. Martin de Noirlieu se rendit à l'Eglise russe de Paris. Après l'avoir examinée dans tous ses détails, il se prosterna sur les degrés du sanctuaire devant la Porte Sainte et dit à demi voix : « Mon Dieu, je vous rends grâce de ce que vous m'avez fait voir votre Eglise telle qu'elle était dans les anciens jours », et le bon prêtre se retira après avoir donné de nouvelles marques de son respect et de sa vénération.

La curie romaine qui n'aurait pu me réfuter, eut assez de talent pour me censurer et me mettre sur le catalogue de l'Index. Au lieu d'entrer en polémique avec la Sacrée Congrégation, je la remerciai de l'honneur qu'elle avait bien voulu me faire.

Le jour où j'apprenais par les journaux la mise à l'index de mon ouvrage, je recevais une lettre très élogieuse de Sa Sainteté le patriarche œcuménique de Constantinople. Ce vénérable évêque est le premier patriarche de l'Eglise, depuis que l'évêque de Rome, par son schisme et ses hérésies, a perdu les droits que les premiers conciles œcuméniques lui avaient accordés.

Si j'avais eu besoin d'être consolé de la censure de l'Index, je l'aurais été surabondamment par les éloges du premier évêque de l'Eglise. Comme on voit, j'entrais dans l'Eglise orthodoxe sous d'heureux auspices.

Parmi les évêques orthodoxes russes qui me félicitèrent de mon entrée dans leur vénérable Eglise, je dois citer celle de S. Em. Mgr Isidor qui m'écrivait comme à *un frère*, et celle de S. Em. Mgr Philarète de Moscou. C'est sur l'initiative de ce saint et savant évêque que l'académie ecclésiastique de Moscou me proposa au Saint-Synode pour le titre de docteur à l'effet de me récompenser de mon ouvrage intitulé : *Papauté schismatique* et tous les autres écrits orthodoxes que j'avais publiés.

Je fus d'autant plus flatté de cet honneur que je ne l'avais pas sollicité, et qu'il m'était accordé sur l'initiative d'un savant évêque, vénéré dans toute l'Eglise de Russie. C'est avec respect que je vois sur le diplôme qui me fut adressé, la signature de l'illustre métropolitain, suivie de celles des docteurs Gorsky et Ternowsky, et des autres professeurs de la docte académie. Un tel diplôme m'a amplement dédommagé des attaques injurieuses de quelques écrivassiers papistes qui, malgré leur désir de me trouver en faute n'ont jamais pu relever, dans mes nombreux écrits une seule erreur véritable. Ils n'ont pu me reprocher qu'une chose : de n'avoir pas courbé la tête devant les honteuses doctrines ultramontaines. Je l'avoue, ils ont eu raison de me faire ce reproche, mais je m'en honore, et je suis heureux qu'avant même d'appartenir à la vénérable Eglise orthodoxe, j'ai pu découvrir si nettement la vérité sur une foule de questions que le papisme a dénaturées.

J'eus pour principaux collaborateurs orthodoxes à l'*Union chrétienne*, M. l'archiprêtre J. Wassilieff et M. S. Souchkoff. Le premier n'avait pas l'habitude d'écrire en français. Les articles qu'il me donnait étaient bons au fond, mais j'étais obligé de les refaire quant au style. Peu à peu M. J. Wassilieff écrivit mieux; mais le temps lui manquait; ses articles n'étaient souvent qu'à moitié faits lorsqu'il me les remettait et il me priait de les terminer. M. S. Souchkoff n'avait que des connaissances superficielles en théologie ; il me donnait des articles interminables ; j'en extrayais quelques idées principales avec lesquelles je faisais un autre article. L'*Union chrétienne* était donc véritablement mon œuvre. Au bout d'un an, M. J. Wassilieff écrivit mieux, et ses articles me donnaient moins de peine pour la correction.

A peine avais-je commencé la publication de la revue que je rencontrai sur mon passage la secte des pseudo-Russes qui avaient quitté l'orthodoxie pour le papisme. L'ex-prince Gagarine était à leur tête. On ne reconnaissait pas plus à ce jésuite qu'à un autre jésuite nommé Balabine beaucoup de capacité ; mais un troisième jésuite travaillait pour eux, c'était Martinoff. A côté des jésuites travaillait un pauvre écrivain qui s'était fait ouvrir les portes de quelques revues, grâce à son nom, le prince Augustin Galitzine. Je soutins la lutte sans beaucoup de peine. Mes *Lettres au père Gagarine* leur apprirent qu'il était imprudent de m'attaquer et ils jugèrent qu'il était temps pour eux d'abandonner la lutte, et de se renfermer dans leur système habituel de calomnies sournoises répandues chez les adeptes. Parmi ces adeptes était un prince Nicolas Galitzine qui se donnait en Russie comme orthodoxe; qui prenait en Occident le titre de *Grec-uni* et qui, au fond, n'était qu'un suppôt des jésuites. Ce personnage ne me connaissait pas; il ne me vit sans doute jamais. La secte russo-jésuitique en fit son porte-voix. On lui fit endosser de mauvais pamphlets dont le principal mérite était de me diffamer et de m'insulter. Ces pamphlets parurent en épreuves clandestines, sans nom d'imprimeur. M. Augustin Galitzine écrivait alors dans un journal d'Angers intitulé : *l'Union de l'Ouest*. Je me procurai quelques numéros de ce journal et j'acquis la preuve que le pamphlet était imprimé avec les mêmes caractères que le journal.

Quoique en lutte avec M. Augustin Galitzine, nos relations épistolaires étaient restées dans les termes de la politesse. Je lui écrivis donc qu'il connaissait probablement les pamphlets diffamatoires publiés par son parent et ami M. Nicolas Galitzine, d'autant plus qu'ils étaient imprimés avec les mêmes caractères que l'*Union de l'Ouest*, et qu'ils avaient été mis à la poste au chemin de fer de Versailles, qu'il habitait alors. Je le priai donc de me dire si réellement il avait eu part à cet ignoble écrit.

M. A. Galitzine s'esquiva, tout en disant solennellement qu'il prenait la responsabilité de ce qu'il publiait, ce qui n'était pas tout à fait vrai. Malgré le ton hautain de M. le prince, je savais positivement qu'il avait pris part avec d'autres aux pamphlets de M. Nicolas Galitzine. Ce monsieur ne venant en France que transitoirement, on pensa dans la secte qu'il lui serait toujours facile de s'enfuir à l'étranger si je le poursuivais devant les tribunaux français pour diffamation. Il pouvait donc, impunément, prendre la responsabilité des ordures de ses co-sectaires. Voilà pourquoi on les lui avait fait endosser.

Après la publication clandestine de ses pamphlets, M. Nicolas Galitzine s'éclipsa. Quand il crut pouvoir revenir en France sans être inquiété, il revint et se logea dans un petit hôtel situé rue Saint-Honoré, près le Temple protestant de l'Oratoire. J'en fus aussitôt averti. Je n'avais aucune envie de poursuivre mon diffamateur devant les tribunaux, et je ne vis dans son retour à Paris, qu'une occasion d'acquérir la preuve de la complicité de M. A. Galitzine dans les ignobles pamphlets publiés par son cousin. Je lui écrivis donc qu'ayant appris l'arrivée de son ami et parent Nicolas Galitzine, j'espérais qu'il me donnerait la preuve qu'il n'était pour rien dans ses ordures, en me faisant connaître son adresse qu'il connaissait sans doute, afin que je pusse le faire assigner en correctionnelle. Deux jours après l'envoi de ma lettre à Versailles où demeurait M. A. Galitzine, je me présentai au petit hôtel où M. Nicolas s'était caché. L'hôtelier me répondit : M. le prince a quitté l'hôtel sans demander son compte et en emportant seulement une partie de ses bagages. Où était-il allé ? On n'en savait rien.

Je le sus quelques jours après, lorsque je reçus un petit imprimé, criblé de fautes de français et de fautes d'orthographe, et dans lequel M. le prince avait mis à profit sa belle éducation pour m'adresser les injures les plus grossières. J'eus ainsi la preuve des bons rapports qui existaient entre les jolis princes Augustin et Nicolas Galitzine. Cela me suffisait.

M. Nicolas, en m'envoyant la flèche du Parthe, manqua son coup et ne me blessa pas. Les injures de tels personnages honorent. J'appris qu'il s'était fait expédier à Berlin le reste de son bagage, sans doute après avoir payé sa dette à l'hôtelier. Il eut une telle peur qu'il retourna en Russie pour échapper à mes poursuites. On voit par là que le bouc-émissaire de la secte jésuitico-pseudo-russe n'avait pas la conscience tranquille, et qu'il avait commis sciemment son ignoble délit. Il me reprochait d'avoir été non seulement le défenseur de Verger, l'assassin de M. Sibour, mais son complice. C'était infâme ; mais c'est dans les habitudes des jésuites.

Parmi les ennemis de l'Église orthodoxe que j'eus à combattre, je dois mentionner M. l'abbé Tilloy. Je le connaissais personnellement et je l'avais vu chez l'abbé Dauphin, doyen des chapelains de Sainte-Geneviève, dont l'abbé Tilloy faisait partie. Il n'était pas fort, l'abbé Tilloy. Il se crut de force, cependant, à traiter la question de l'Église catholique orthodoxe d'Orient dans ses rapports avec l'Église romaine papiste. Il le fit dans une thèse qu'il présenta à la Faculté de théologie, pour obtenir le titre de docteur. Il avait fait quelques visites à M. l'archiprêtre J. Wassilieff, sous prétexte d'en obtenir quelques éclaircissements sur certaines questions. Par reconnaissance, il lui offrit un exemplaire de sa thèse. M. J. Wassilieff m'en fit cadeau ; il me suffit d'y jeter un coup d'œil pour voir qu'elle était criblée de fautes vraiment impardonnables. J'en commençai aussitôt la réfutation. Mes observations étaient tellement incontestables, que l'auteur courut chez son libraire et retira du commerce les exemplaires qu'il avait déposés. Lorsque je me présentai chez le libraire pour en acheter un exemplaire, le brave homme répondit avec un sourire faux et tout à fait jésuitique, qu'il ne savait pas ce que je lui demandais. « Mais, lui répondis-je, j'ai un exemplaire de l'ouvrage que je vous demande, et votre nom est en toutes lettres sur la couverture et sur le titre ». Le libraire fit un second sourire aussi faux, aussi jésuitique que le premier, en me disant : « Je ne sais pas, monsieur, ce que vous voulez me dire ; je ne connais pas l'ouvrage que vous me demandez ». C'est tout ce que je pus en obtenir. J'en conclus que l'abbé

Tilloy, honteux des fautes que j'avais relevées dans sa thèse, s'était hâté de la retirer de la publicité. Je continuai mes critiques et je démontrai que le candidat qui se présentait pour le doctorat en théologie ne connaissait rien aux questions qu'il avait voulu traiter.

J'assistai à la séance où il devait être interrogé par les professeurs de la Faculté. Je n'y avais pas été invité; mais M. J. Wassilieff avait eu cet honneur. Nous étions seuls dans la salle. M. Maret, qui présidait, ne dit rien. M. Freppel prouva que le candidat avait cité des textes falsifiés de saint Ignace d'Antioche. M. l'abbé Bargès lui fit plusieurs objections auxquelles il ne put répondre. Le pauvre abbé Tilloy était fort embarrassé et balbutiait quelques mots qui n'avaient même pas le sens commun. La séance fut levée et je pensais qu'on n'oserait pas faire un docteur de ce pauvre ignorant. Mais la Faculté n'avait pas souvent l'occasion de fabriquer un docteur. Elle profita de l'occasion pour se donner ce plaisir, et l'abbé Tilloy fut déclaré docteur de la Faculté de Paris. Pauvre salle de la Sorbonne qui reçut cette déclaration! Si les vieux docteurs de cette illustre école l'entendirent, comme ils durent s'envelopper la tête de leur hermine! Je ne laissai debout aucune page de la thèse de l'abbé Tilloy, qui ne souffla mot et ne répondit pas plus à mes critiques qu'aux objections bénignes des professeurs.

Nous en avons conclu qu'on pouvait devenir facilement docteur dans les Facultés de théologie de l'Université de France. Si les docteurs sont si savants, que penser des autres? Du reste, les professeurs eux-mêmes étaient fort peu de chose. Plusieurs, et entre autres M. l'abbé Lavigerie, n'avaient aucun droit d'enseigner dans la Faculté. Ils n'avaient pas les grades nécessaires pour cela. On les avait bombardés professeurs, comme eux-mêmes bombardaient des docteurs. Ce qu'ils savaient le mieux, c'était l'art de poser en savants; mais dès qu'ils voulaient donner des preuves de leur science, ils ne donnaient que des preuves de leur ignorance.

Accordons une place honorable au père Tondini parmi les papistes refutés dans *l'Union chrétienne*. Le révérend père Tondini, barnabite, était élève de ce pauvre comte Schouwaloff, qui se fourvoya dans cette congrégation des Barnabites, où il fut si malheureux.

Tondini apprit un peu le slave et le russe à l'école du comte Schouwaloff, et fut pris d'un beau zèle pour la *conversion* des Russes au romanisme papiste. Il fonda une association de prières pour la *conversion* de la Russie, et il publia plusieurs opuscules pour prouver qu'en se faisant papistes, les Russes rentraient dans leurs traditions nationales. Il essaya d'établir sa thèse sur des textes des livres ecclésiastiques de l'Église catholique orthodoxe. A ses yeux, le grand point à établir est que saint Pierre a été établi chef de l'Église par le Christ lui-même, et que les évêques de Rome sont les successeurs de saint Pierre dans cette dignité. Pour prouver sa thèse, il recueillit tous les textes où il est question de saint Pierre, et en tira les conclusions les plus exagérées. Pour lui répondre, nous avons recueilli, dans les mêmes livres ecclésiastiques de l'Église orthodoxe, une foule de textes dans lesquels on donne à saint Paul et aux autres apôtres, même à un grand-nombre de saints d'ordre inférieur, tous les titres accordés à saint Pierre, et même des titres supérieurs. Il devenait évident que les titres collectionnés par Tondini, n'étaient pas exclusivement attribués à saint Pierre, et qu'on ne pouvait, par conséquent, en tirer les déductions Tondiniennes.

La polémique de *l'Union chrétienne* ne plaisait pas au bon père. Il songea que si notre Revue était supprimée, il pourrait avoir seul la parole et se donner raison. Depuis la guerre de 1870, je faisais imprimer *l'Union chrétienne* à

Bruxelles. Le cher père Tondini s'imagina qu'on pourrait intercepter notre Revue à la frontière, et qu'il en serait ainsi débarrassé. Si nous en croyons des personnes amies et dignes de foi, le bon père alla trouver Mme de Mac-Mahon, femme du président de la République d'alors, et la supplia de se prêter à la bonne œuvre à laquelle il s'intéressait si fort. Il faut croire que Mme de Mac-Mahon était plus forte en théologie que son mari. On donna donc des ordres pour que *l'Union chrétienne* fût arrêtée à la frontière belge. Je demandai à la préfecture de police pourquoi on avait pris cette mesure. On me répondit qu'on n'avait fait qu'exécuter les ordres du ministère de l'intérieur. Je m'adressai donc à ce ministère. Le directeur de la presse était alors M. Lavedan, *dit* comte Lavedan, comte de Grandlieu pour le *Figaro*, pour nous : Lavedan de Petitlieu.

On sait que, sous le Mac-Mahonnat, les catholiques *dits* libéraux étaient au pouvoir. La France était gouvernée par M. de Broglie et ses amis. C'était un beau règne. M. Lavedan, commis de M. de Broglie, étant directeur de la presse, dut me répondre. Pour se tirer d'affaire, il m'écrivit que la mesure dont je me plaignais avait été prise avant son entrée au ministère et qu'il ne faisait que l'exécuter. Il donnait son adhésion à la dite mesure. C'était le mieux que pouvait faire un catholique *dit* libéral. Je cherchai un moyen d'échapper à ce libéralisme. Le ballot contenant les numéros à destination de Paris avait été renvoyé de la frontière à Bruxelles. Je fis mettre les numéros sous bande. On les expédia par la poste et tous arrivèrent à leur destination. C'est ainsi que le père Tondini et M. le comte Lavedan de Petitlieu furent joués. Bientôt le règne des Broglie et Lavedan cessa et *l'Union chrétienne* parut en paix.

L'Union chrétienne ne s'effrayant pas facilement ; elle déclara la guerre à M. Jacquemet, évêque de Nantes. Dans un mandement adressé à ses diocésains, cet évêque avait fait du Tsar le chef de l'Eglise orthodoxe pour le spirituel. J'engageai M. l'archiprêtre J. Wassilieff à lui répondre. Il ne pouvait alors écrire en français. Je me chargeai de répondre à l'évêque de Nantes et M. J. Wassilieff consentit à signer mon travail. Sa signature, dans une pareille question, avait plus d'importance que la mienne. Ses lettres à l'évêque de Nantes, et celle à l'archevêque de Lyon sur la même question, eurent beaucoup de succès. M. Augustin Galitzine, en les attaquant, s'appliqua surtout à humilier M. J. Wassilieff, en faisant entendre qu'elles n'étaient pas de lui. Le style, selon M. A. Galitzine, sentait plutôt les bords de la Loire que ceux de la Néva. C'était vrai, mais il n'en était pas moins certain que l'évêque de Nantes et l'archevêque de Lyon étaient battus, et n'avaient pas un mot raisonnable à opposer à mes preuves.

La question du prétendu pouvoir spirituel du Tsar fut tellement approfondie dans les colonnes de *l'Union chrétienne*, que les hommes sérieux, et même les journaux fanatiques, reconnurent la vérité de ce que nous avions démontré. Il n'y a plus aujourd'hui que quelques fanatiques ignares qui osent dire encore, quand ils veulent attaquer l'Eglise orthodoxe, qu'elle reconnaît le Tsar pour pape. Mais cette assertion est reconnue tellement stupide qu'un homme tant soit peu sérieux n'oserait plus en assumer la responsabilité. Ce n'est plus bon que pour M. W. Solovieff qui cite à l'appui un texte faux, et qui le cite encore quand on lui en a démontré la fausseté.

Il faut abandonner ces gens à leur monomanie qui n'a rien de bien dangereux.

Il y a des fous très inoffensifs.

Dans toutes les polémiques que j'ai soutenues dans *l'Union chrétienne*, j'ai suivi ces principes :

L'union des Eglises doit avoir pour base l'unité de doctrine.

L'unité de doctrine ne s'entend que de la doctrine révélée, et non des opinions que l'on a droit de soutenir dès que la doctrine révélée n'est pas atteinte.

La liberté des opinions est aussi sacrée que la foi en la doctrine révélée.

La doctrine révélée est celle qui a été enseignée par le Christ et les apôtres, et qui a pour elle le témoignage constant des Eglises apostoliques.

Ce témoignage résulte des écrits apostoliques acceptés dès les premiers siècles par toutes les Eglises; des écrits des Pères de l'Eglise reconnus comme interprètes de la doctrine acceptée de leur temps; des décisions des conciles, surtout des conciles œcuméniques, échos de la foi de leur époque.

De ces principes découlaient ces déductions :

La vraie Eglise est celle qui a enseigné la doctrine apostolique traditionnelle sans y rien ajouter, sans en rien retrancher.

Toute Eglise qui a retranché quelque doctrine du symbole de la foi primitive, ou qui y a ajouté, est une fausse Eglise.

De là ces conséquences : que l'Eglise catholique orthodoxe d'Orient est la vraie Eglise; que les Eglises romaine et protestantes sont de fausses Eglises.

Nous n'avons pas dévié de nos principes.

Ils étaient ceux des anciennes Eglises occidentales. Leur *criterium* de foi était celui que l'Eglise orthodoxe maintient encore. Qu'on lise le célèbre traité *De Locis theologicis* du savant évêque Melchior Cano, et l'*Introduction à la théologie* de notre docte contemporain Macarius, ancien métropolitain de Moscou, et l'on croira que ces deux ouvrages ont été pour ainsi dire copiés l'un sur l'autre. Aujourd'hui l'Eglise romano-papiste a changé son *criterium* de foi et a fait de nouveaux dogmes. Nous avons dû le constater, discuter ces prétendus dogmes; établir qu'en agissant comme elle l'a fait, elle a suivi une mauvaise tradition, en contradiction avec les principes qu'elle admettait en apparence. De là une polémique qui m'a conduit à mon volume intitulé : *La papauté hérétique.* Je n'ai pas eu besoin d'avoir recours aux adversaires du romano-papisme pour prouver les innovations des papes; les érudits et les théologiens occidentaux m'ont fourni des preuves suffisantes. J'ai démontré que la papauté, qui avait créé le schisme entre l'Orient et l'Occident, avait dénaturé le christianisme et remplacé la doctrine apostolique traditionnelle par des doctrines nouvelles contraires aux vieux dogmes qui ont pour eux le témoignage constant de toutes les Eglises.

Pour échapper aux conséquences qui découlaient des innovations romaines, certains théologiens ont inventé une tradition occulte qui serait venue peu à peu au grand jour et aurait eu le pape pour organe infaillible. Ces théologiens ne pouvaient mieux démontrer que leur Eglise avait abandonné le vrai *criterium catholique.* Qu'est-ce qu'une tradition occulte? C'est celle qui n'existe pas. Lorsque l'Église romano-papiste conservait encore, du moins en apparence, le criterium catholique, elle ne voyait la tradition que dans le témoignage de toutes les Églises, témoignage rendu *universellement* et *perpétuellement* aux doctrines *crues et professées.* C'était l'idée qu'en donnaient les plus anciens Pères de l'Église, Tertullien dans son livre *Des Prescriptions,* saint Irénée dans son livre *Des Hérésies.* Ce grand évêque théologien démontrait que les hérésies étaient écrasées par le témoignage rendu à la doctrine révélée par toutes les Églises apostoliques. Il se faisait cette objection : comment connaître ce témoignage? Il établissait qu'il était facile de le connaître. Puis il ajoutait : On n'a pas besoin de faire de grandes recherches pour arriver à ce résultat. Nous avons près de nous l'Eglise de Rome. Rome est la capitale de l'empire et une foule de chrétiens s'y rendent continuellement. Arrivés à Rome, ils se trouvent en communication avec les chrétiens qui y résident et attestent par la foi qu'ils professent, la doctrine des Églises auxquelles ils appartiennent. C'est ainsi que la foi universelle est attestée par ceux qui viennent à Rome de toutes parts, et que le témoignage de l'Église de Rome est le résumé du témoignage universel.

Aujourd'hui, le témoignage de l'Église de Rome n'a plus la même valeur, puisqu'elle est tombée dans l'hérésie, qu'elle n'est plus un centre pour le monde entier, qu'elle a contre elle le témoignage de toutes les Églises apostoliques; mais les relations faciles qui existent entre les diverses parties du monde chrétien suffisent pour que l'on connaisse parfaitement la doctrine crue et professée dans toutes les Eglises apostoliques, et que l'on soit convaincu des hérésies que la papauté a mises à la place des anciennes doctrines révélées.

Je me suis attaché à mettre en lumière ces grandes doctrines dans *l'Union chrétienne*. Depuis trente ans je lutte pour elles et je poursuis les hérésies romanistes sous toutes leurs formes. Je puis dire que les trente volumes de cette publication forment le recueil le plus complet de toutes les questions qui ont été soulevées entre les Églises d'Orient et d'Occident, et que je n'y ai laissé sans réponse aucune objection soulevée contre l'orthodoxie.

L'Union chrétienne est le premier journal orthodoxe fondé en Occident. Je continuerai cette œuvre avec bonheur tant que Dieu me conservera la vie. Les adversaires de l'orthodoxie ont pu organiser contre elle la conjuration du silence; ce silence systématique ne sert qu'à dissimuler à leurs yeux leur défaite. Ils savent si bien qu'ils ne peuvent me répondre, qu'au lieu de me combattre ouvertement ils n'ont jamais eu recours qu'à des moyens aussi lâches que ridicules pour tuer mon œuvre.

J'en ai cité quelques-uns. En voici encore un qu'il sera bon de faire connaître.

Sous le règne du fameux Verhuel, dit Napoléon III, il y avait une loi d'après laquelle on ne pouvait parler politique dans un journal qui n'était pas timbré. Il est bien entendu qu'on pouvait trouver de la politique partout. Le but de la loi était, qu'à moins d'être *timbré*, on ne pouvait s'occuper des affaires du gouvernement; mais avec un peu de bonne volonté on pouvait trouver de la politique dans les articles d'histoire, de philosophie, d'économie sociale, etc., etc.

On n'aurait pu trouver, dans *l'Union chrétienne*, aucune phrase où je me sois occupé de la politique de M. Napoléon III ou de son gouvernement. On ne put donc pas songer à me poursuivre devant les tribunaux, pourtant bien soumis. Alors on songea aux employés du Timbre qui ne devaient pas être bien difficiles en cette matière.

Sous l'inspiration de mes bons amis, l'administration du Timbre me demanda d'abord cinquante francs pour avoir parlé politique dans un numéro non timbré. Je n'avais pas du tout envie de payer cette petite somme que je ne devais pas, mais M. J. Wassilieff, mon collaborateur, m'engagea à payer sans rien dire, afin d'éviter de plus fortes avanies. Je payai de bien mauvais cœur, dans la persuasion que, bientôt, le Timbre alléché me demanderait davantage. Je ne m'étais pas trompé. Le Timbre *alléché* me demanda une seconde fois trois cent cinquante francs. Cependant, le nombre des numéros non timbrés était le même qu'à la première invitation à payer. Alors je n'écoutai pas mes collaborateurs et j'allai trouver un jurisconsulte, M. Laferrière, qui me blâma d'avoir payé une première fois et me conseilla d'opposer le silence le plus absolu à toutes les réclamations qui me seraient faites : « Quand le papier timbré arrivera, me dit-il, et que vous serez assigné devant les tribunaux, on verra ce qu'il y aura à faire. » Le conseil était bon, je le suivis.

Je reçus une quantité considérable de petits papiers d'un monsieur probablement *timbré* et qui signait d'une manière illisible. Dans les premiers il me montra de grosses dents, soit dit au figuré, car je ne sais pas s'il en avait. Il me menaçait de toutes ses foudres si je ne me rendais pas à l'administration du timbre pour payer. Pas de réponse. Alors des petits papiers dans lesquels *on me priait* de solder l'amende à laquelle j'avais été condamné. Pas de réponse. Puis, des petits papiers où le monsieur me disait qu'il s'était présenté lui-même au bureau de *l'Union chrétienne* pour s'entretenir avec moi de mon affaire et qu'il ne m'avait pas rencontré. Pas de réponse. Puis un petit papier dans lequel on me disait que je serais déchargé de l'amende si j'en faisais la supplique au ministre des finances. Pas de réponse.

L'Union chrétienne était alors imprimée à Paris. J'avais prévenu mon imprimeur qu'il n'avait pas à s'occuper de cette affaire, et que s'il payait quelque chose, il en serait pour ses frais. Le monsieur à la signature illisible se présenta chez mon imprimeur et l'avertit que j'allais avoir un procès. L'imprimeur répondit : C'est justement ce que désire le directeur de *l'Union chrétienne*. Devant cette déclaration si catégorique, les foudres du monsieur à la signature illisible s'éteignirent tout à coup, et il proposa à mon imprimeur de signer une supplique à M. le ministre des finances pour être déchargé de l'amende dont j'avais été frappé. Le brave homme ne vit à cela aucun inconvénient. Tel fut le résultat absolument ridicule où aboutirent les adversaires de *l'Union chrétienne*.

Des intrigues aussi hypocrites que sottes, c'est tout ce qu'ils eurent à opposer à une revue qui les poursuivait au grand jour, qui dévoilait leurs erreurs et les mettait au défi de répondre.

Plus je m'appuyais sur le vrai *criterium catholique* pour dévoiler leurs hérésies, plus ils se sentaient faibles pour répondre à un orthodoxe franc, loyal, instruit. C'est un honneur pour notre humble revue, d'avoir tenu haut et ferme le drapeau de la vérité chrétienne, au milieu du camp ennemi, *sans paour et sans reprouche,* comme disaient les vieux chevaliers.

XIII

Mémoire à l'empereur Napoléon III pour le rétablissement de l'Eglise gallicane. — L'*Exposition de la doctrine de l'Eglise orthodoxe*. — Les politesses des gentilshommes de *l'Union* (ci-devant monarchique) à cette occasion. — Leur gentilhommerie courbe la tête et s'exécute. — Importance de mon petit ouvrage. — Sa Majesté l'impératrice Maria Alexandrowna en accepte la dédicace. — Il fait son chemin et beaucoup de bien. — S. M. Alexandre II encourage mes travaux. — Je reçois la croix de Sainte-Anne de seconde classe. — La chancellerie de la Légion d'honneur se transforme en Sacrée-Congrégation et me refuse le droit de porter les insignes de la décoration. — Ma correspondance avec le clérical Vinoy transformé en révérend père de la Congrégation. — Rapport de l'archevêché. — Les trois mensonges de Guibert. — Le clérical Vinoy meurt et est remplacé par l'honorable général Faidherbe. — Je sollicite une nouvelle enquête. — Elle m'est accordée. — On me reconnaît le droit de porter les insignes de ma décoration et la première enquête est annulée. — Je deviens par occasion rédacteur de *l'Univers* sans qu'il s'en doute. — M. Dupanloup mis en cause par le Dr Lefort ne répond rien. — Quelques notes sur cet évêque. — *L'Univers* répond peu de chose au Dr Lefort —. Il s'agissait de l'incendie de la Bibliothèque d'Alexandrie. — Le Dr Lefort en accuse un patriarche orthodoxe. — Je confonds le Dr Lefort dans les colonnes de *l'Univers*. — Singuliers procédés des journaux *Le Temps* et *le XIXe Siècle*. — *L'Univers*, grâce à moi, a le beau rôle. — Il me fait de jolis compliments qu'il ne m'aurait pas adressés s'il m'eut connu. — Continuation de mes travaux orthodoxes. — *L'histoire de l'Eglise*. — Caractère de ce grand ouvrage dans lequel je résume les études de toute ma vie. — Parallèle entre cet ouvrage et les prétendues histoires soit papistes soit protestantes. — Que Dieu me prête vie pour arriver à mon but!

ous les ouvrages que je publiais avaient attiré l'attention. Ils me faisaient beaucoup d'ennemis parmi les ultramontains, mais un grand nombre de prêtres instruits avaient conçu pour moi la plus haute estime. Plusieurs me faisaient visite, mais j'allais rarement les voir, dans la crainte de les compromettre et

d'attirer sur eux les foudres de l'archevêché. Ceux qui étaient dans une position à peu près indépendante se gênaient moins. Parmi eux était M. l'abbé Vilain, ancien principal dans un collège de Belgique. Il vint un jour me faire une commission qui m'étonna beaucoup. Des prêtres du clergé de la chapelle impériale l'avaient prié de me voir et de me prier de faire pour l'empereur Napoléon, un mémoire pour la restauration de l'Eglise gallicane. L'abbé Vilain connaissait mes opinions et mes sentiments à l'égard de ce triste Sire. Mais il me répondit : « Faites un petit sacrifice. En fait, il est empereur ; en fait, vous êtes son sujet, que vous le vouliez ou non. Laissez ces petits détails de côté et adressez-lui un mémoire qui pourra faire beaucoup de bien. Il en a assez de la curie romaine, et si vous lui indiquez le moyen de s'en débarrasser, il en sera enchanté. Plusieurs prêtres de la cour pensent que vous seul pouvez faire un pareil travail. Il faut que ce soit court, mais clair et substantiel. Je vous en prie, au nom de notre vieille amitié, faites ce que je vous demande ». J'hésitais, je croyais que mon travail n'aurait aucun résultat. A la fin, je cédai, mais à condition que mon travail serait anonyme. La condition fut acceptée. En quelques jours il fut fait et imprimé avec luxe. L'empereur le lut, l'approuva et promit d'en tenir compte.

A dater de ce moment, il devint gallican, et il fit voir, à l'époque du faux concile du Vatican, que mon mémoire ne lui avait pas été inutile. Il n'avait pas assez de caractère pour le mettre à exécution, mais il se montra fort opposé à l'infaillibilité papale. Darboy, au moment du pseudo-concile, était archevêque de Paris. Il connaissait si bien les dispositions de son Seigneur et Maître qu'il fut un des opposants les plus énergiques. S'il n'avait pas été aussi sûr de lui plaire en faisant de l'opposition, il aurait été ultramontain comme il l'avait été déjà plusieurs fois. Il alla même jusqu'à plaisanter le concile. Comme on avait écrit que *presque* tous les membres avaient proclamé le dogme de l'infaillibilité, il changea le mot *presque (fere)*, en *feræ*, qui signifie *bête*, et dit que *toutes les bêtes* avaient adhéré au nouveau dogme. L'abbé Maret, évêque *in partibus*, se prononça également contre le pseudo-concile et fit deux volumes qui furent imprimés aux frais de l'empereur.

Qui sait ce qui serait advenu, si le pauvre Sire ne se fût pas fourvoyé dans la triste guerre franco-allemande? Lorsqu'il fut tombé de son trône usurpé, l'opposition au pseudo-concile disparut, et monsignor Maret se soumit avec fracas et condamna son livre. Pauvre Maret! C'était cependant un homme estimable et qui connaissait la vérité. Mais il n'avait pas de caractère et il aimait mieux dissimuler ce qu'il pensait que d'avoir des difficultés.

Quant à Darboy, était-il encore gallican lorsqu'il fut fusillé à la Roquette? Les ultramontains le pensent, car sa mort n'a pas été un grand deuil pour eux ; leur *requiescat in pace* dissimulait mal le plaisir qu'ils ressentaient d'être débarrassés de lui.

J'attaquai avec vigueur le pseudo-concile et son prétendu dogme. Mais la polémique ne me faisait pas oublier un petit ouvrage auquel mes amis attachaient la plus haute importance. C'était l'*Exposition de la doctrine de l'Eglise orthodoxe*, à l'usage des personnes qui n'ont ni le temps ni la capacité d'approfondir les questions théologiques. On sait que la plupart des membres des diverses Eglises ne connaissent ni les doctrines de leur propre Eglise, ni celles des autres Eglises chrétiennes ; de là, une foule d'erreurs dont sont émaillées les conversations des gens du monde sur les questions religieuses.

Je conçus donc le projet de composer un petit ouvrage, peu compliqué, très clair, dans lequel j'exposerais les doctrines de l'Eglise orthodoxe, en mettant en regard les doctrines des Eglises romaine, anglicane et protestantes. L'ouvrage terminé, je demandai à M. le comte D. Tolstoï, alors procureur général du Saint-Synode, si Sa Majesté l'impératrice Maria-Alexandrowna, daignerait en accepter la dédicace. J'avais eu l'idée de faire cette demande pour recommander mon ouvrage auprès des dames orthodoxes qui, à mon avis, avaient besoin d'une connaissance plus exacte de la question religieuse lorsqu'elles venaient en Occident et avaient des relations avec la société papiste ou protestante. La pieuse impératrice accepta la dédicace et approuva la lettre par laquelle je lui dédiai mon petit livre. L'ouvrage fut bientôt traduit dans toutes les langues des Eglises orthodoxes, y compris l'arabe. Il se plaça bien partout, et j'estime que dans les diverses Eglises orthodoxes on en plaça plus de vingt mille exemplaires. Pour un ouvrage religieux et qui n'eût jamais recours à la réclame des journaux, c'est un succès tout à fait exceptionnel. Ce que je considère aussi comme un succès, c'est qu'aucun théologien des Eglises dont j'ai exposé les doctrines ne m'a reproché une seule erreur. Les protestants, en particulier M. de Rougemont, parlèrent de mon ouvrage avec sympathie. On le traduisit en anglais, et, ni en Angleterre, ni en Amérique, on ne souleva d'objections. Les papistes gardèrent le silence. Seule, *l'Union* (ci-devant monarchique) en parla, mais seulement pour m'injurier, pour faire plaisir aux Galitzine. M. Laurentie n'était plus directeur de ce journal, qui était tombé entre les mains de quelques gentillâtres ; ils n'avaient pas suivi les traditions du fils de paysan avec lequel j'avais eu quelques relations au début de ma carrière littéraire. Aucun d'eux n'avait vu un exemplaire de mon petit livre qu'ils transformèrent en un gros volume rempli d'inepties à peine intelligibles. S'ils n'avaient parlé que du livre, je n'aurais pas réclamé ; je n'aurais opposé qu'un silence dédaigneux à leur stupide appréciation, mais ils s'attaquaient à ma personne, me traitant grossièrement de schismatique et d'apostat.

Je fis une réponse et je la portai moi-même au bureau des gentilshommes journalistes. C'était une démarche polie. Quand je me présentai, un gros hobereau enluminé vint à ma rencontre et me dit avec grossièreté : « Qu'est-ce que vous voulez ? » Je répondis : « Je vous apporte, Monsieur, une réponse aux injures dont j'ai été l'objet dans votre journal, et je vous prie de l'insérer dans votre prochain numéro. — Qui êtes-vous ? — Je suis M. l'abbé Guettée. — Ah ! ah ! Eh bien ! nous insérerons votre lettre si cela nous convient et quand nous voudrons. — Je regrette de ne pas rencontrer ici M. Laurentie, votre maître à tous, et avec lequel j'ai eu des relations fort polies ; il m'aurait mieux écouté, ou plutôt il ne m'eût pas injurié. Vous savez, Monsieur, que la loi est faite pour votre journal comme pour tous les autres. Je me suis dérangé pour vous apporter ma lettre par respect pour M. Laurentie, votre directeur honoraire, et pour le comte de Chambord dont vous êtes l'organe. Mais si vous ne tenez pas compte de cette politesse, demain vous recevrez ma lettre par ministère d'huissier. — Je vous réponds que nous nous moquons de votre huissier, et que nous insérerons votre lettre si cela nous convient. — Nous verrons bien, Monsieur ». Après ces mots, je me retirai sans daigner saluer ce malotru. C'est en de pareilles mains sales qu'était tombé l'organe du comte de Chambord. Malgré les bravades du malotru, le journal inséra ma lettre dans le numéro du lendemain. On avait un peu plus peur de l'huissier qu'on le disait, et afin de ne pas me donner le droit de répondre une seconde fois, on inséra ma lettre purement et simplement, et sans commentaires.

Si les pseudo Russes Augustin et Nicolas Galitzine cherchaient à me salir, je recevais des vrais Russes de nombreux encouragements et témoignages de sympathie. Je ne puis les mentionner tous ; mais, il en est un que je dois faire connaître pour rendre hommage au grand et si sympathique empereur Alexandre II. Ce souverain si éclairé, si digne de respect, on peut dire, si digne de vénération, n'a pas trouvé grâce devant une secte immonde qui ne respecte rien, qui ne croit ni à la vertu ni au bien. La mort cruelle qu'infligèrent au grand empereur des sectaires qui font de l'assassinat un moyen politique, nous a frappé au cœur. Nous avions eu l'occasion de voir l'empereur Alexandre II lors de notre voyage en Russie en 1865. Le comte Tolstoï qui venait d'être nommé procureur-général du Saint-Synode me dit un jour : « L'Empereur sait que vous êtes à Saint-Pétersbourg et m'a demandé si vous n'aviez pas sollicité une audience. J'ai répondu : Le R. P. Wladimir est un homme modeste et qui n'oserait demander une audience à Votre Majesté. — Je veux le voir, répondit l'Empereur, faites lui remettre de ma part une croix, et dites-lui que je l'attends à Alexandrie. » C'est un petit châlet au milieu d'une forêt, l'Empereur aimait à l'habiter une partie de l'année. En arrivant à la gare de Peterhoff, je trouvai une voiture de la Cour qui me conduisit au châlet impérial.

L'aide-de-camp de service était averti. Quelques minutes étaient à peine écoulées que je fus introduit dans un modeste cabinet où se trouvait l'Empereur. J'avais passé toute ma vie au milieu des livres ; je n'étais pas au courant des usages du grand monde, et j'étais fortement impressionné en pensant que j'allais voir l'Empereur. Mon émotion ne dura pas longtemps. Alexandre II me reçut avec une si noble simplicité, me parla d'une manière si aimable que tout à coup je fus absolument maître de moi. L'excellent Empereur me fit asseoir et m'offrit une cigarette, selon un usage bien répandu parmi les Russes.

J'avouai que je n'avais jamais fumé la plus innocente cigarette, à plus forte raison le cigare ou la pipe. Heureux mortel, me dit l'Empereur en riant. Puis la conversation s'engagea sur la question religieuse, sur mon entrée dans l'Eglise orthodoxe. Je répondis à toutes ses questions. La conversation l'intéressait, car il en oublia une revue qu'il devait passer à Cronstad. L'audience durait depuis plus d'une demi heure, lorsqu'un général entra fort discrètement et dit quelques mots. L'Empereur se leva comme poussé par un ressort, et me dit : « Père Wladimir, l'histoire dira que vous avez fait oublier une revue à Alexandre II. C'est la première fois que cela arrive. » En un clin d'œil il était sur son cheval et filait comme un oiseau, suivi d'un brillant état-major.

Je restai à causer quelques instants avec l'aide-de-camp de service qui me demanda : « Eh bien, mon révérend père, comment trouvez-vous notre empereur? » Je répondis : C'est bien là un vrai empereur. Celui qu'on a en France, n'est qu'un empereur d'*occasion* ». M. le comte D. Tolstoï me dit que ce mot avait été rapporté à l'empereur qui en avait beaucoup ri. On me félicita, dans toute la société russe, d'avoir obtenu une si longue audience, et l'on me considéra comme étant bien en cour. Je n'avais pas tant de prétentions, et je savais bien que je n'étais bon que dans la société de mes bouquins. La sainte impératrice Maria-Alexandrowna était malade au moment ou je me rendis à Alexandrie. Elle avait chargé l'empereur de me dire qu'elle regrettait beaucoup que la maladie l'empêchât de me recevoir.

Dans la conversation que j'eus avec Sa Majesté Alexandre II, je fus convaincu qu'il s'intéressait vivement à mes ouvrages. Ce fut pour me donner une preuve de son intérêt qu'il me fit adresser, de la manière la plus gracieuse, le cordon de commandeur de l'ordre impérial et royal de Sainte-Anne. J'en fus d'autant plus flatté que je ne l'avais pas sollicité. Cette distinction dont j'étais honoré mit en fureur mes adversaires. Il ne sera pas inutile de donner les pièces officielles de cette affaire.

Afin de pouvoir porter, quand cela me conviendrait, les insignes de l'ordre qui m'était conféré, je déposai à la Caisse des dépôts et consignations la somme de cent francs, et à la préfecture de la Seine les pièces qu'on me demanda à l'appui de ma demande en autorisation.

Après deux mois, je reçus avis de me rendre à la préfecture de la Seine. Je m'y rendis, et l'on m'y annonça que le Conseil de la Légion d'honneur me refusait l'autorisation demandée. On me remit mes pièces.

Je recevais en même temps avis de la Grande Chancellerie de la Légion d'honneur que je pouvais retirer mes cent francs de la Caisse des dépôts et consignations.

Je demandai à l'employé de la préfecture chargé de me notifier le refus, sur quels motifs on s'appuyait pour me refuser l'autorisation que j'avais demandée. Il me répondit que je devais m'adresser, pour les connaître, à la Grande Chancellerie de la Légion d'honneur.

Le jour même j'écrivis la lettre suivante à M. le Grand Chancelier :

« Paris, 15 novembre 1873.

« MONSIEUR LE GRAND CHANCELIER,

« La préfecture de la Seine vient de me remettre les pièces déposées par moi à l'effet d'obtenir l'autorisation de porter les insignes de l'Ordre Impérial-Royal de Sainte-Anne de Russie. On m'a donné avis, à la préfecture, que cette autorisation m'était refusée par la Grande Chancellerie. J'ai demandé les motifs de cette décision ; on m'a répondu que c'était à vous que je devais m'adresser pour les connaître.

« C'est pourquoi, Monsieur le Grand Chancelier, j'ai l'honneur de vous écrire pour vous demander communication des motifs sur lesquels on s'est appuyé pour me refuser l'autorisation demandée.

« Comme je suis un citoyen honorable, jouissant de tous ses droits civils et politiques ; que je n'ai jamais rien eu à démêler ni avec la police ni avec les tribunaux, je dois penser que votre religion a été surprise ; sans cela vous n'auriez pas pris une décision qui porte atteinte à mon honneur, sans compter qu'elle est un affront pour Sa Majesté l'empereur de Russie qui me connaît depuis longtemps et qui m'a envoyé son Ordre de Sainte-Anne sans même que j'aie sollicité cet honneur.

« J'espère, Monsieur le Grand Chancelier, que vous voudrez bien prendre cette lettre en considération, et me mettre, par la communication que je vous demande, en mesure de vous éclairer sur les faux renseignements qu'on aurait pu vous donner.

« J'ai l'honneur d'être, Monsieur le Grand Chancelier, de Votre Excellence le très humble serviteur.

« WLADIMIR GUETTÉE,

« Docteur en théologie. »

Le lendemain, j'écrivis cette lettre à M. le préfet de la Seine :

« Paris, 16 novembre 1873.

« MONSIEUR LE PRÉFET,

« J'avais remis à la préfecture de la Seine les pièces à l'appui d'une demande en autorisation de porter les insignes de l'Ordre Impérial-Royal de Sainte-Anne de Russie. Hier on m'a remis ces pièces en me donnant avis que la Grande

Chancellerie de la Légion d'honneur me refusait l'autorisation demandée. Ce refus est une atteinte portée à mon honneur, et je dois en connaître les motifs. Vous avez été, Monsieur le préfet, l'intermédiaire par lequel ma demande a été transmise à la Grande Chancellerie de la Légion d'honneur. Je dois donc m'adresser à vous pour avoir connaissance officiellement des motifs du refus. Vous ne pouvez trouver étrange que je demande cette communication, car un citoyen honorable, jouissant de ses droits civils et politiques, et qui n'a jamais rien eu à démêler ni avec la police ni avec les tribunaux, doit trouver fort extraordinaire qu'on lui refuse une autorisation à laquelle il a droit.

« J'espère, Monsieur le préfet, que vous reconnaîtrez la légitimité de la demande que je vous adresse et que vous voudrez bien m'envoyer copie de la pièce qui a dû vous être adressée par la Grande Chancellerie avec mes pièces à l'appui de ma demande en autorisation.

« J'ai l'honneur d'être, Monsieur le préfet, votre très humble serviteur.

« W. Guettée,
« Docteur en théologie. »

Le Grand Chancelier, M. le général Vinoy, répondit ainsi à ma lettre du 15 :

« Paris, le 19 novembre 1873.

« Monsieur l'abbé,

« J'ai reçu la protestation que vous m'avez adressée en date du 15 de ce mois, contre le refus opposé à votre demande en autorisation d'accepter et de porter les insignes de l'Ordre de Sainte-Anne de Russie.

« La décision qui vous concerne a été prise en conseil de

la Légion d'honneur, après avis de Son Excellence le Ministre des cultes, et conformément à la législation sur les ordres étrangers.

« Recevez, Monsieur l'abbé, l'assurance de ma parfaite considération.

« *Le Grand Chancelier,*

« Vinoy. »

De son côté, M. le préfet de la Seine me fit répondre ainsi :

« Paris, le 21 novembre 1873.

« Monsieur,

« J'ai reçu la lettre, en date du 16 de ce mois, par laquelle vous me demandez de vous faire connaître officiellement les motifs qui ont déterminé le conseil de l'Ordre de la Légion d'honneur à vous refuser l'autorisation de porter les insignes de la décoration de Sainte-Anne de Russie.

« Je n'ai été, Monsieur, dans cette circonstance, qu'un intermédiaire entre vous et la Grande Chancellerie ; je ne puis donc que vous inviter à adresser votre requête à M. le Grand Chancelier, à qui il appartient de vous fournir, s'il y a lieu, les renseignements que vous demandez.

« Recevez, Monsieur, l'assurance de ma considération distinguée.

« *Le Préfet de la Seine,*

« Pour le Préfet et par autorisation :

« *Le Secrétaire général de la préfecture,*

« E. Tambour. »

Je répondis à M. le Grand Chancelier :

« Paris, 20 novembre 1873.

« Monsieur le Grand Chancelier,

« Par votre réponse en date d'hier, 19, vous me faites connaître que « la décision qui me concerne », au sujet des insignes de l'Ordre de Sainte-Anne de Russie, « a été prise en conseil de la Légion d'honneur ».

« C'est une raison de plus pour moi de tenir à ce que cette décision soit annulée, puisqu'elle a tant d'importance.

Vous ajoutez qu'« elle a été prise après *avis* de Son Excellence le Ministre des cultes ».

Il y a là une illégalité. M. Batbie, ministre des cultes, n'a pas plus à s'occuper de moi que moi de lui, car je n'appartiens à aucun des cultes reconnus par l'Etat. Il est vrai que j'ai exercé le ministère ecclésiastique dans l'Eglise romaine ; mais je n'appartiens plus ni à cette Eglise ni à son clergé depuis l'année 1857. Je les ai quittés alors volontairement, parce que la religion est pour moi chose très sérieuse et que ma conscience ne m'a pas permis de suivre le pape et les évêques français à travers leurs évolutions doctrinales. Je suis étonné qu'un ministre, professeur de droit, n'ait pas compris qu'il était incompétent en ce qui me concerne, dès que je n'appartiens pas à un clergé reconnu par l'Etat.

« Je ne suis et ne dois être pour l'Etat qu'un citoyen ; or, sous ce rapport, comme sous tous autres, personne ne peut se dire plus honorable que moi.

« Mais enfin puisque M. Batbie, ministre des cultes, a jugé à propos de donner son avis sur une question qui me concerne, je dois insister pour avoir communication de son rapport qui a été la base de la décision prise contre moi par le conseil de la Légion d'honneur. J'en connais le contenu ; mais cela ne suffit pas.

« Je mets d'autant plus d'insistance pour en obtenir une communication textuelle, que j'y suis *calomnié*. Il y a même dans cette pièce *deux calomnies*, sans compter le reste. J'ai le droit de me servir du mot *calomnie*, car il est consacré par un jugement du tribunal civil de la Seine, lequel a condamné comme *diffamateurs de mauvaise foi* plusieurs individus qui s'étaient servis, dans certains journaux, de quelques-unes des expressions employées par M. le ministre Batbie dans son rapport. Ce jugement a été confirmé par la Cour d'appel.

« Je veux croire que c'est par inadvertance que M. le ministre Batbie m'a calomnié, quoique je ne comprenne pas plus une inadvertance dans un ministre qu'une illégalité dans un professeur de droit. Mais, un fait certain, c'est que le conseil de la Légion d'honneur a été induit en erreur par *l'avis* illégal et calomnieux de M. le ministre des cultes, et que ce conseil doit tenir à honneur de revenir sur sa décision. L'illégalité est flagrante, elle fournit au conseil un motif suffisant pour revenir sur sa décision. Quant aux calomnies dont je suis l'objet dans le rapport de M. le ministre des cultes, j'enverrai ma défense au conseil de la Légion d'honneur dès que le rapport m'aura été communiqué.

« Je dois vous déclarer, Monsieur le Grand Chancelier, que je ne suis pas homme à laisser dormir une question, dès que mon honneur y est intéressé. Un général français ne peut blâmer cette juste susceptibilité ; et, en homme intelligent, vous comprenez qu'il n'y a pas seulement de l'honneur dans l'armée.

« Si je n'obtiens pas justice, j'en appellerai au tribunal de l'opinion publique. Je n'aime ni le bruit ni le scandale, mais je ne laisserai pas la parole à mes diffamateurs. La vérité et la justice les ont déjà flétris ; mais puisqu'ils relèvent la tête et qu'ils n'ont pas craint de tromper un ministre et par là le conseil de la Légion d'honneur, je saurai de nouveau les écraser.

« Ne croyez pas, Monsieur le Grand Chancelier, que je fasse ces démarches pour la satisfaction de mettre une rosette à ma boutonnière. Je suis bien au dessus de cette sotte vanité. Mais mon honneur est en cause, et c'est un devoir pour moi de le faire respecter.

« J'ai l'honneur d'être, de Votre Excellence, le très humble serviteur.

« W. GUETTÉE,

« Docteur en théologie, commandeur de l'Ordre impérial-royal de Sainte-Anne de Russie. »

Le même jour, j'adressai cette lettre à M. Batbie, ministre des cultes :

« Paris, 20 novembre 1873.

« MONSIEUR LE MINISTRE,

« Vous avez adressé au conseil de l'Ordre de la Légion d'honneur un rapport contre moi. Ce rapport a motivé le refus qui m'a été fait de porter les insignes de l'Ordre impérial-royal de Sainte-Anne de Russie.

« Le rapport que vous avez fait, Monsieur le Ministre, est *illégal*, car vous n'aviez pas à vous occuper de moi dès que je ne fais pas partie d'un clergé reconnu par l'Etat. Je ne dois être pour vous *qu'un citoyen*, et la question ecclésiastique n'est de votre compétence que lorsqu'il s'agit d'un culte reconnu par l'Etat. De plus, vous vous êtes fait l'écho de *calomnies* flétries par un jugement du tribunal civil de Paris, confirmé en appel.

« Je viens de développer ces considérations dans une lettre à M. le Grand Chancelier de la Légion d'honneur. Je lui demande communication textuelle de votre rapport, afin que je puisse y répondre sur tous les points.

« Vous avez été, Monsieur le Ministre, indignement trompé par mes adversaires. Vous aurez, je l'espère, assez d'honnêteté pour le reconnaître, lorsque j'aurai présenté mes preuves. Veuillez donc m'aider auprès de la Grande Chancellerie ou de la préfecture de la Seine pour que votre rapport me soit communiqué officiellement et que j'aie la possibilité de vous présenter une défense complète.

« Je ne vous dissimulerai pas, Monsieur le Ministre, que si je n'obtiens pas justice, je ferai appel à l'opinion publique. Je n'aime ni le bruit ni le scandale, mais je dois défendre mon honneur injustement attaqué.

« J'ai l'honneur d'être, Monsieur le Ministre, de Votre Excellence, le très humble serviteur.

« W. GUETTÉE,

« Docteur en théologie, commandeur de l'Ordre impérial-royal de Sainte-Anne de Russie. »

Je ne reçus pas de réponse de ce grand personnage qui s'appelle Batbie. C'était un clérical féroce, et il se croyait en sûreté de conscience parce que les calomnies dont il s'était fait l'écho, lui avaient été fournies par le cardinal Guibert, archevêque de Paris.

Son silence est significatif.

Le préfet de la Seine avait été plus poli ; mais sa lettre demandait une réponse. Je lui écrivis ainsi :

« Paris, 22 novembre 1873.

« MONSIEUR LE PRÉFET,

« J'ai reçu votre lettre datée d'hier, 21, et dans laquelle vous me dites que vous ne pouvez me communiquer officiellement les motifs qui ont déterminé le conseil de l'ordre de la Légion d'honneur à me refuser l'autorisation de porter les insignes de la décoration de Sainte-Anne de Russie.

« Votre raison c'est que, « dans cette circonstance, vous « n'avez été qu'un intermédiaire entre moi et la Grande « Chancellerie. »

« C'est précisément à titre d'intermédiaire que je me suis adressé à vous ; c'est à vous que les pièces à l'appui de ma demande ont dû être remises ; c'est à vous qu'elles ont été renvoyées avec le rapport sur lequel on s'est appuyé pour motiver le refus. J'ai donc dû m'adresser à vous pour avoir copie de ce rapport.

« Je ne vous dissimulerai pas que je me suis adressé en même temps à la Grande Chancellerie.

« On m'a répondu que la décision avait été prise en consei de la Légion d'honneur sur l'avis du ministre des cultes.

« J'ai répondu que l'avis de M. le ministre des cultes est illégal, puisque je n'appartiens pas au clergé reconnu par l'État ; que cet avis est *calomnieux*, puisqu'il contient des accusations que les tribunaux ont flétries comme autant de *diffamations* faites de *mauvaise foi*. C'est le jugement du tribunal civil qui le dit.

« J'ai donc insisté auprès de la Grande Chancellerie ; j'insiste en même temps auprès de vous, Monsieur le préfet, comme mon intermédiaire auprès de la Grande Chancellerie.

« J'ai écrit également à M. Batbie, ministre des cultes, pour l'avertir qu'il avait été indignement trompé par mes adversaires, et qu'il devait, pour son honneur, me communiquer son rapport, afin de me fournir l'occasion de l'éclairer.

« Je vous le dirai franchement, Monsieur le Préfet, je ne me contenterai pas d'un jugement dans lequel, sur l'avis *illégal* et *calomnieux* de M. Batbie, on a jugé, condamné et exécuté mon honneur, à huis-clos, comme dans un tribunal d'inquisition; je n'aime ni le bruit ni le scandale, mais si justice ne m'est pas rendue, je publierai un Mémoire dont j'ai déjà réuni les éléments. Je ne permettrai pas qu'on attente à mon honneur resté intact en France comme en Russie, malgré la haine dont me poursuivent de *pieux* adversaires, qui ont fourni à M. le ministre des cultes des *calomnies* qu'il a acceptées sans les contrôler.

« Vous pouvez, je crois, Monsieur le préfet, éviter ce scandale en vous entendant avec MM. le Grand Chancelier et le ministre des cultes pour me communiquer le rapport qui vous a été transmis.

« J'ai l'honneur d'être, M. le préfet, de Votre Excellence, le très humble serviteur.

« W. GUETTÉE,

« Docteur en théologie, commandeur de l'Ordre impérial-royal de Sainte-Anne de Russie. »

M. le préfet de la Seine garda le silence.

Le Grand Chancelier m'adressa cette réponse à ma lettre du 20.

« Paris, le 23 novembre 1873.

« MONSIEUR L'ABBÉ,

« J'ai reçu la nouvelle lettre que vous m'avez écrite le 20 de ce mois, au sujet du refus opposé, par le conseil de la Légion d'honneur, à votre demande en autorisation de porter les insignes de l'ordre de Sainte-Anne de Russie.

« L'autorisation d'accepter et de porter une décoration étrangère n'est pas un droit que chacun soit apte à revendiquer, c'est un acte purement gracieux que rien n'oblige le gouvernement à souscrire. Dans ces conditions, la Grande Chancellerie n'a pas à revenir sur l'avis émis par le Conseil de l'Ordre, et je ne puis que vous en témoigner mon regret.

« Recevez, Monsieur l'abbé, l'assurance de ma considération.

> « *Le Grand Chancelier*
>
> « VINOY. »

Je répondis :

> « Paris, 29 novembre 1873.

« MONSIEUR LE GRAND CHANCELIER,

« En réponse à ma lettre du 20, vous m'écrivez que « chacun n'est pas apte à revendiquer l'autorisation *d'accep-*« *ter* et de porter une décoration étrangère » ; que cette autorisation est « un acte purement gracieux que rien n'oblige le « gouvernement à *souscrire* ».

« Je vous prierai de remarquer que je n'ai point demandé l'autorisation *d'accepter* la décoration dont Sa Majesté l'empereur de toutes les Russies m'a honoré. Une acceptation est un *acte privé* qui n'est pas plus du ressort du gouvernement français que l'acte par lequel Sa Majesté l'empereur de toutes les Russies m'a honoré de son Ordre de Sainte-Anne.

« Quant à porter les insignes d'un ordre, c'est un acte public que le gouvernement peut autoriser ou refuser. Mais son autorisation est-elle un acte purement gracieux que rien n'oblige le gouvernement à *souscrire?* S'il en était ainsi, le gouvernement ne demanderait pas les pièces à l'appui de la demande en autorisation, ne prescrirait pas une double enquête, et surtout ne demanderait pas de l'argent pour l'accorder. L'autorisation susdite est donc *un acte administratif* que le gouvernement peut accorder ou refuser, selon la nature des motifs qui peuvent le déterminer.

« Quels sont les motifs qui ont décidé le gouvernement à me refuser l'autorisation que j'ai demandée? On ne veut pas me les faire connaître *officiellement*, on élude de répondre directement à ma demande. Pourquoi? Le gouvernement aurait-il de ces motifs que l'on n'ose pas avouer publiquement? Je regrette, pour le conseil de la Légion d'honneur, qu'il ait accepté, les yeux fermés, l'*avis* du gouvernement transmis par un ministre qui ne pouvait le transmettre *légalement*; je regrette, pour la Grande Chancellerie, qu'elle ait été l'intermédiaire d'une décision prise par suite de cet avis *illégal* et *calomnieux*. Mais puisque le conseil de la Légion d'honneur doit obéir à des règlements que l'on dirait calqués sur ceux de l'Inquisition, et qu'il ne peut pas plus revenir sur sa décision que s'il était infaillible, je me contenterai de faire cette déclaration : que je n'aurais point demandé l'autorisation de porter les insignes de l'Ordre de Sainte-Anne de Russie, si j'eusse considéré cette autorisation comme *une grâce* de la part du gouvernement. Je n'ai pas plus de grâce à demander au gouvernement actuel qu'à ceux qui l'ont précédé. Je n'ai jamais revendiqué que mes droits; je ne me suis jamais abaissé au métier de solliciteur. On aurait pu m'accorder, depuis longtemps, même un grade élevé dans la Légion d'honneur, et l'on aurait été moins embarrassé de faire connaître mes titres que ceux d'un grand nombre de chevaliers, et même d'officiers du grade le plus élevé; mais je n'ai jamais rien demandé, et je ne veux même pas que l'on croie que j'aie sollicité une faveur, en demandant l'autorisation de porter les insignes d'un ordre qui m'ont été gracieusement octroyés par Sa Majesté l'empereur de toutes les Russies. Libre au gouvernement actuel de la pauvre France de se montrer plus difficile que ce grand et magnanime souverain ; mais libre à moi de déclarer que je n'ai voulu lui demander ni grâces ni faveurs.

« La question étant posée comme elle l'a été par vous, Monsieur le Grand Chancelier, je suis si éloigné d'insister pour obtenir l'autorisation que j'ai demandée *comme un droit*, que je la refuserais si on voulait me l'accorder.

« Seulement je ne veux pas laisser, par mon silence, votre décision prescrire contre mon honneur. Je connais les motifs qui ont déterminé le gouvernement à me refuser l'autorisation que j'ai demandée. Le public les connaîtra également et jugera entre lui et moi.

« J'ai l'honneur d'être, Monsieur le Grand Chancelier,

« Votre très humble serviteur.
« W. GUETTÉE,

« Docteur en théologie, Commandeur de l'Ordre Impérial-Royal de Sainte Anne de Russie. »

Lorsque, à la préfecture de la Seine, on me communiqua la décision du conseil de la Légion d'honneur, je fus surpris, on le comprend. Je m'imaginais être un citoyen honorable, et cette décision m'apprenait qu'on n'avait pas de moi la même opinion au palais de la Légion d'honneur.

Je demandai sur quels motifs on s'appuyait pour me refuser l'autorisation que j'avais demandée. On me répondit que je devais, pour les connaître, m'adresser à la Grande Chancellerie.

Cependant on voulut bien me lire une phrase du rapport fait contre moi; elle était à peu près ainsi conçue : « L'attitude de M. Guettée, lors du procès Verger, lui mérita une admonestation sévère de M. le procureur impérial Waïsse, et, par suite, une sentence d'interdit de la part de l'autorité ecclésiastique ».

Tels sont les motifs à moi connus qui ont motivé la décision du conseil de la Légion d'honneur. S'il en a eu d'autres, on refuse de me les faire connaître; je ne puis donc les discuter. Quant à ceux qui précèdent, voici ce que j'ai à répondre.

Il n'est pas vrai que M. Waïsse, procureur impérial, m'ait

adressé une admonestation sévère par suite de mon attitude lors du procès Verger. Celui qui a donné ce renseignement à M. Batbie, et par lui au conseil de la Légion d'honneur, EN A MENTI. Ce menteur est M. le cardinal Guibert, archevêque de Paris.

Voici les faits tels qu'ils se sont passés :

Parmi les nombreux témoins à décharge réclamés par l'accusé Verger, assassin de M. Sibour, archevêque de Paris, je fus seul assigné, moi qui ne savais rien, et une pauvre fille qui n'en savait pas davantage.

J'étais seul avec cette pauvre fille dans la salle des témoins à décharge, et avec les gendarmes qui allaient et venaient. Jamais je n'avais assisté à aucune audience de cour d'assises, et je n'y ai jamais assisté depuis. J'avais été tellement impressionné par l'assignation qui m'avait été envoyée que j'en fus malade. Avant de paraître devant la cour, j'étais tremblant ; lorsque je fus appelé et interrogé, je pus à peine ouvrir la bouche pour répondre, en quelques mots, à la question qui me fut posée par le malheureux Verger.

Telle a été mon *attitude* à l'audience, et j'inflige le démenti le plus formel à ceux qui diraient le contraire.

On le dira cependant, et on a dit même plus ; M. Batbie et M. Guibert n'ont pas eu la primeur des calomnies répandues contre moi.

A peine le procès Verger était-il terminé, que l'on me faisait écrire, par ma propre sœur, religieuse à la Guadeloupe, qu'elle était désolée de ce que j'étais *compromis* dans l'affaire Verger.

Le Jésuite n'avait pas perdu de temps, comme on voit. Il s'était hâté d'aller jusqu'à la Guadeloupe pour me noircir. Il exploitait le titre de témoin *à décharge* que l'assignation m'avait donné ; on transformait ce titre en celui de *défenseur*.

Je sais que ma déposition, simple, exprimée modestement,

je dirai même avec embarras et timidité, ne fit pas l'affaire de certains adversaires haut placés. M. l'abbé Buquet, un honnête homme égaré dans la société des E. et des V., me remercia de la manière dont je m'étais exprimé au sujet de l'archevêque; il savait que j'avais de graves et justes motifs de le traiter sévèrement; mais j'aurais cru manquer à toutes les convenances si je n'avais pas été respectueux pour un homme assassiné, en présence d'une cour d'assises appelée à juger son assassin. Du reste, je ne me faisais pas violence en parlant convenablement de M. Sibour. Je l'avais aimé, et sa mort m'affligea profondément. Ce n'est pas moi qui aurais ri, comme l'ont fait d'autres prêtres, en allant lui jeter l'eau bénite sur son lit funèbre. Comme je parlais à M. Buquet de ce scandale qui m'avait attristé : « Je sais bien, mon cher ami, me répondit-il, que vous n'appartenez pas à cette catégorie de prêtres ».

Si l'injustice dont M. Sibour s'était rendu coupable à mon égard, ne fut pas réparée par son successeur, M. Buquet n'en fut pas responsable. Cet honnête prêtre devait échouer devant l'intrigue de quelques misérables fanatiques. S'il n'est plus là pour l'attester, je pourrais nommer tel et tel prêtre, dans le diocèse de Paris, qui savent parfaitement à quoi s'en tenir à ce sujet.

Mais le jésuite sait-il respecter la vérité ? Son métier n'est-il pas de tant mentir, de tant calomnier, qu'il en reste toujours quelque chose ?

Passons au second mensonge du Rapport Guibert, signé Batbie. Ai-je été interdit par l'autorité ecclésiastique ?

Non ; le dire est un mensonge; et la vérité est si claire, peut être si facilement connue, que le mensonge devient *une diffamation faite de mauvaise foi.*

En 1861, plusieurs journaux clérico-légitimistes s'étaient avisés de m'attribuer une brochure qui n'était pas de moi, et qui était intitulée : *Rome et les évêques de France*. Ils disaient beaucoup de mal de la brochure pour rabaisser l'auteur ; et ils insultaient l'auteur en prétendant qu'il était un *prêtre interdit*, afin de rabaisser la brochure. Parmi les journaux qui répandirent la fausse nouvelle et la diffamation, était *la France centrale*, de Blois, patronnée par le sieur Pallu. Or, Blois est le lieu de ma naissance ; je devais donc attacher plus d'importance à l'article de *la France centrale* qu'à tous autres. *La Correspondance française* avait communiqué la diffamation à plusieurs autres journaux.

Je déférai *la France centrale* et la *Correspondance française* au tribunal civil de la Seine, qui rendit, les 5 et 12 avril 1861, le jugement dont la teneur suit :

« Sur la demande formée par M. l'abbé Guettée contre M. Blazeix, gérant de *la France centrale*, et M. Privat, directeur de *la Correspondance française*, le Tribunal a rendu le jugement suivant :

« En ce qui touche *la France centrale* :

« Attendu que dans son numéro du 12 janvier 1861, le journal *la France centrale* a publié un article dans lequel il indiquait l'abbé Guettée comme l'auteur d'une brochure intitulée : *Rome et les évêques de France* et le qualifiait *prêtre interdit* ;

« Attendu qu'il résulte des documents produits au tribunal la preuve que cette énonciation est inexacte, et que l'abbé Guettée *n'a jamais été prêtre interdit* ;

« Attendu que la publication de ce renseignement erroné est de nature à porter atteinte à l'honneur et à la considération du demandeur ;

« Attendu que le gérant du journal ne saurait décliner la responsabilité de l'article qu'il a inséré en établissant que la nouvelle avait déjà été annoncée dans d'autres journaux ; qu'en effet il est de principe que le journal qui reproduit un article déjà paru se l'approprie en le publiant, et qu'il doit vérifier les renseignements qu'il donne à ses lecteurs;

« Attendu que le gérant de LA FRANCE CENTRALE *peut d'autant moins invoquer sa bonne foi*, que l'abbé Guettée avait longtemps exercé son ministère dans le diocèse de Blois; qu'il avait coopéré à la rédaction du journal, et que tous les documents de la cause démontrent que les rédacteurs n'ont pu se méprendre sur la position réelle de l'abbé Guettée :

« En ce qui touche Privat :

« Attendu que *la Correspondance française*, dont Privat est le directeur, a recueilli les renseignements donnés par *la France centrale*, et, au moyen de sa correspondance autographiée, les a transmis, notamment aux différents rédacteurs du journal *le Courrier de Lyon*, sans prendre soin d'en vérifier l'exactitude;

« Que ce fait porte également préjudice à l'abbé Guettée, puisqu'il a permis au *Courrier de Lyon* de donner une nouvelle publicité aux renseignements erronés déjà annoncés par *la France centrale*;

« Attendu que le tribunal a les éléments nécessaires pour apprécier le préjudice causé au demandeur et prescrire les mesures propres à les réparer;

« Attendu qu'il n'y a aucune solidarité entre les défendeurs, dont les deux faits sont indépendants l'un de l'autre;

« Attendu que l'exécution provisoire est demandée en dehors des termes de l'art. 135 du code de procédure civile;

« Attendu, en ce qui touche la demande en garantie de Privat contre Blazeix, que Privat ne pose pas de conclusions à l'audience et que d'ailleurs, par les motifs énoncés plus haut, cette demande devrait être repoussée;

« Par ces motifs,

« Condamne Blazeix, comme gérant de *la France centrale*, à titre de dommages-intérêts, à insérer le présent jugement *en tête des trois premiers numéros qui paraîtront de son journal* ;

« Autorise l'abbé Guettée à le faire insérer dans trois journaux de Paris et cinq journaux des départements, à son choix, et aux frais des défendeurs, qui supporteront par moitié le coût de ces insertions ;

« Sur le surplus des conclusions, met les parties hors de cause ;

« Condamne Blazeix et Privat, tous deux ès noms, aux dépens envers l'abbé Guettée ;

« Condamne Privat aux dépens de sa demande en garantie contre Blazeix. »

J'aurais pu déférer mes calomniateurs au tribunal correctionnel qui les aurait sans doute condamnés à l'amende ou à la prison. C'est à la demande de mon avocat que je les déférai seulement au tribunal civil ; il me disait que le procédé était plus honorable.

Il y avait parmi les pièces lues au tribunal, une lettre émanant de l'archevêché de Paris et qui, sur ma demande, m'avait été adressée pour la circonstance. Dans cette lettre, on déclare positivement et formellement que je ne suis pas *interdit*. Il parut si clair au tribunal que je n'avais pas encouru cette flétrissure, et les pièces *imprimées* qui lui étaient fournies en contenaient la preuve si évidente, qu'il n'hésita pas à juger que mes adversaires n'avaient pu me diffamer *sans mauvaise foi*.

Le jugement de la première chambre du tribunal civil de la Seine, publié par les journaux judiciaires, fut reproduit par un *très grand nombre* d'autres journaux. Il est donc *notoire* que je n'ai jamais encouru la plus légère condamnation de la part de l'autorité ecclésiastique.

Les pièces *imprimées* transmises au tribunal étaient mon acte d'appel contre Morlot et mon *Mémoire à consulter*. Il était bien démontré que l'affaire Verger n'avait même pas servi de prétexte à la mesure que l'on avait prise contre moi. Comment donc se faisait-il que *Son Eminence Monseigneur le cardinal Guibert, archevêque de Paris*, avait osé donner à M. Batbie ce renseignement : que j'avais été *interdit* par suite de mon attitude dans l'affaire Verger?

C'est là tout simplement une infamie. Mais Guibert ne s'était pas contenté d'une double diffamation mensongère. Dans son mémoire à M. Batbie il y en avait une troisième que je n'ai connue que plus tard.

Le général Vinoy étant mort, sans doute en odeur de sainteté, puisqu'il était clérical de la plus vilaine eau, l'honorable général Faidherbe fut nommé à la place de grand chancelier de la Légion d'honneur. Je lui adressai une lettre dans laquelle je le priais de reviser ma cause, enterrée par le *Révérend Père* Vinoy, et de faire une nouvelle enquête. J'avais ajouté à cette lettre les pièces à l'appui. Peu de temps après cet envoi, je reçus la visite d'un monsieur qui me dit être chargé de venir causer avec moi à propos de mon affaire. J'avais reçu une semblable visite lors de la première enquête ; mais celui qui était venu chez moi alors me parut un vrai cuistre ; il était très crasseux et avait un air patelin qui sentait son jésuite à plein nez. Il m'avait parlé de l'affaire Verger et de mon interdit. Je lui avais fourni tous les renseignements que l'on pouvait désirer, je n'avais rien à cacher. Le visiteur de la seconde enquête était propre et n'avait pas l'air jésuite. « Je viens, me dit-il, simplement pour la forme. L'affaire Verger et l'interdit sont choses jugées, d'après les renseignements exacts que vous avez donnés. Quant à la question de mœurs, nous savons que vous êtes trop honorable pour qu'on puisse la soulever. « Il y a donc une question de mœurs, dis-je à mon interlocuteur ? L'employé de la préfecture de la Seine, qui m'a donné connaissance du rapport fait contre moi, ne m'a parlé que du procès Verger et de l'interdit. — Il n'aura pas osé soulever la troisième question ; il savait que le rapport ne vous serait pas communiqué, et, du reste, l'accusation n'est appuyée sur aucune preuve ; c'est une simple insinuation. »

J'appris ainsi que *Son Eminence Monseigneur le cardinal Guibert, archevêque de Paris*, s'était rendu coupable à mon égard de trois mensonges diffamatoires. C'était beau pour un archevêque. Je dis à mon interlocuteur : « Je ne demande pas, Monsieur, que vous n'attachiez aucune importance à l'accusation portée contre moi. Il y a seize ans que j'ai quitté ma maisonnette des environs de Paris, pour venir me fixer dans le pavillon que j'habite, afin de me rapprocher de l'Eglise russe. Mon quartier est comme un village ; tout le monde se connaît. Vous pouvez aller chez tous mes voisins ; ils vous renseigneront sur tous les détails de ma vie. Allez aussi chez l'archevêque et demandez lui des preuves à l'appui de son troisième mensonge. — Je ne ferai pas cela, Monsieur, vous êtes un homme trop honorable pour qu'on attache la moindre importance à une imputation dénuée de preuves. Je me suis contenté d'aller chez le curé de la paroisse qui vous connaît et vous respecte. » Au bout de quelques jours, je reçus une lettre fort polie par laquelle j'étais invité à passer à la Grande Chancellerie de la Légion d'honneur. Je m'y rendis. Un homme fort distingué me reçut, et me dit que la première enquête était annulée ; il me remit le diplôme qui m'autorisait à porter les insignes de commandeur de l'Ordre de Sainte-Anne, et ajouta que j'étais dispensé de verser les cent francs que l'on exigeait dans les cas ordinaires.

C'est ainsi qu'un honnête homme comme le général Faidherbe avait pu transformer en très peu de temps une administration, assez pourrie, sous le régime du *Révérend Père* Vinoy, pour accepter comme des vérités les TROIS MENSONGES DIFFAMATOIRES *de Son Eminence*

Monseigneur le cardinal Guibert, archevêque de Paris.

Je ne connaissais pas cet homme avec lequel je n'eus jamais aucune relation ; mais il voulait se venger des critiques faites dans *l'Union chrétienne* sur quelques-uns de ses mandements. Il s'imaginait que ses calomnies resteraient cachées sous son beau costume d'écrevisse cuite ; il n'en a pas été ainsi ; son infamie éclate avec évidence.

Le directeur de *l'Union chrétienne* n'était cependant pas si *canaille* que voulait le faire croire M. le cardinal Guibert ; la preuve, c'est que je vins au secours de M. Dupanloup et du journal *l'Univers* qui paraissaient bien battus par le D^r Le Fort, un chirurgien très connu qui eut un jour la fantaisie de publier une brochure dans le but de prouver que la fameuse Bibliothèque d'Alexandrie n'avait pas été brûlée par Omar, mais par le patriarche Théophile.

M. Dupanloup, évêque d'Orléans, était pris à partie par M. le D^r Le Fort. Ce personnage, dont on a tant parlé, était fort peu de chose. Il était fils de *la Savoie et de sa mère*, comme dit l'abbé Barbier dans la Biographie du clergé contemporain. Mlle Dupanloup était servante chez le cardinal de Rohan-Chabot, archevêque de Besançon. Son Eminence avait un amour paternel pour le fils de sa servante et le gâtait au suprême degré. Le jeune Dupanloup fut placé au petit séminaire de Paris. Il allait passer ses vacances au palais archiépiscopal de Besançon. Il s'y plaisait tant et on l'y aimait tant, qu'il oubliait le jour de la rentrée.

L'abbé Frère, qui était alors supérieur du séminaire, écrivit à son élève qu'il n'aurait plus à revenir s'il n'était demandé ; mais Son Eminence apaisa l'abbé Frère et M. Dupanloup rentra au séminaire dont il fut depuis supérieur. Il y amena sa mère qui gouvernait sa maison.

M. Dupanloup s'illustra en publiant six volumes d'extraits textuels de Fénélon ; il prêcha dans plusieurs paroisses de

Paris, se faufila un peu partout et finit par devenir évêque. A part ses extraits de Fénélon, tout ce qui fut publié sous son nom était de fort médiocre qualité. Il appartenait à la secte *catholique-libérale* avec MM. de Montalembert, de Broglie, de Falloux, etc., etc., et ce fut lui qui donna la communion aux membres de la secte, dans la chapelle de la Roche en Brénil, appartenant à M. de Montalembert. Arrivé à ce degré de célébrité, il n'est pas étonnant que M. le D^r Le Fort l'ait choisi pour antagoniste lorsqu'il lui prit fantaisie de traiter une question historique qu'il ne connaissait pas, mais que M. Dupanloup connaissait peut-être encore moins.

M. Dupanloup ne jugea pas à propos de répondre à M. le D^r Le Fort. *L'Univers* essaya de répondre, mais sa réponse était si faible qu'elle n'aurait fait qu'augmenter la confiance que le célèbre chirurgien avait dans ses connaissances historiques. S'il ne s'était agi que d'une question romano-papiste, je ne me serais pas mêlé de la querelle, mais il s'agissait d'un patriarche orthodoxe d'Alexandrie, et je crus de mon devoir de prendre sa défense.

J'aurais pu répondre, dans *l'Union chrétienne*, à M. le D^r Le Fort; mais ma réponse n'aurait pas eu autant d'importance que dans un journal quotidien, organe reconnu des jésuites et des *grands catholiques*. Seulement, comment l'aborder? comment amener M. le D^r Le Fort à répondre?

C'était le point difficile. Pour la première fois de ma vie, je fus diplomate.

Il s'agissait de faire croire à M. le D^r Le Fort que je n'étais pas bien sûr de pouvoir lui répondre; à *l'Univers* que je lui répondrais très bien. J'adressai donc au pieux journal une lettre assez ingénue pour tromper M. le D^r Le Fort, et faire comprendre à *l'Univers* que son correspondant n'était pas aussi ingénu qu'il avait l'air de l'être.

Je réussis, ma lettre parut dans *l'Univers*. M. le D^r Le Fort le prit de haut, et me traita en ingénu qui avait besoin de son érudition. *Le Temps*, un journal savant et très sérieux comme chacun sait, accepta les lettres du D^r Le Fort. Le *XIXe Siècle* inséra ma lettre ingénue et la réponse du D^r Le Fort. Il me croyait si bien battu que je ne pourrais que balbutier pour répondre à mon antagoniste. Il se posa donc fièrement en journal honnête qui publierait toutes les pièces de la discussion.

Il oublia ses engagements dès ma première réponse au D^r Le Fort, et ne la publia pas. Il en fut de même pour les suivantes, il donnait les lettres de mon adversaire et non les miennes, c'était significatif. Seulement, dans une note signée A., on me reprochait de garder l'anonyme. Je répondis que le rédacteur du *XIXe Siècle* gardait aussi l'anonyme puisqu'il ne signait que d'une majuscule, à moins que ce rédacteur ne crut que ses lecteurs n'avaient besoin que d'ajouter un N et un E à sa majuscule pour trouver son vrai nom. Alors, About se fâcha tout rouge. Croire qu'il n'était qu'un âne !!! quelle outrecuidance. Il m'appela alors *Sous-Veuillot* et déclara que les lettres que je lui adresserais seraient jetées à la hotte du chiffonnier. Je répondis qu'elles seraient ainsi dans un endroit plus propre que le bureau de son journal. Je m'amusais des colères d'About. *L'Univers* reproduisait mes petites lettres et disait : on voit que *notre savant et spirituel correspondant* s'amuse. En effet, je m'amusais des colères d'About, sans oublier le principal, c'est-à-dire, mes réponses au D^r Le Fort. *L'Univers* avait le beau rôle. A ma prière, il avait publié les lettres du D^r Le Fort à côté des miennes. Le *Temps*, en journal de haute honnêteté, ne publia pas une seule ligne de mes réponses. Après avoir publié quelques lettres du D^r Le Fort, il déclara que la discussion était close. La dernière qu'il publia ne fut pas placée dans le corps du journal, mais au bas d'un supplément, à la fin de la dernière colonne et en très petits caractères, afin que personne ne l'aperçût. C'était bien avouer que le D^r Le Fort n'avait pas les honneurs de la polémique. Il faut avouer que *le Temps* se conduisit d'une singulière manière. Il insultait le D^r Le Fort en ne lui laissant que la place que nous avons indiquée pour la dernière lettre qu'il voulait insérer ; puis, il déclarait close une discussion où il n'avait pas cité une seule ligne des réponses adressées à son correspondant. Ces procédés sont ordinaires dans la petite presse sans science et sans principes, mais dans un journal qui a tant de prétentions à l'honnêteté, à la science, au sérieux !!!

Le *XIXe Siècle* ne publia plus rien dès que *le Temps* n'admit plus de lettres du D^r Le Fort.

Mais la question n'était pas épuisée. Je continuai dans *l'Univers* à publier des lettres au D^r Le Fort, qui ne répondit pas.

La discussion fut donc terminée à mon avantage, même de l'aveu tacite des journaux qui s'étaient si bruyamment déclarés en faveur de mon adversaire.

De toutes les pièces de la polémique je fis une brochure, et j'en envoyai un paquet fort convenable à *l'Univers* en le priant de distribuer les exemplaires à ses amis.

L'Univers saura à l'avenir que j'ai été un de ses rédacteurs, que mes articles ont eu son approbation, qu'il me trouva de la science et de l'esprit, et que ses adversaires furent bien battus, mais pas contents.

Admettons des circonstances atténuantes pour les compliments que me fit *l'Univers* ; il ne savait pas qu'un *hérétique* s'était faufilé dans sa pieuse phalange.

Cette petite excursion dans les colonnes de *l'Univers* ne m'empêcha pas de continuer mes travaux orthodoxes. La rédaction de *l'Union chrétienne* n'était pour moi qu'une distraction et mes études les plus sérieuses étaient concentrées dans l'*Histoire de l'Eglise* dont je viens de publier, ces jours-ci, le sixième volume. Toute ma vie a été consacrée aux études les plus approfondies sur les Pères de l'Église, les actes des conciles et les documents de l'histoire de l'Église. J'ai voulu concentrer dans un grand ouvrage le résultat des travaux de toute ma vie, ce grand ouvrage, je le publie sous le titre d'*Histoire de l'Église*.

Dans les Eglises occidentales, romaine et protestantes, on a publié beaucoup d'*Histoires de l'Eglise*. J'ai lu les plus importantes et j'ai vu que, dans tous ces ouvrages, on s'était principalement attaché à faire plier tous les documents dans un certain sens favorable à tel ou tel système ecclésiastique. J'ai rencontré, dans la plupart de ces ouvrages, de véritables monstruosités qui accusaient chez les auteurs, ou la plus grande mauvaise foi ou la plus crasse ignorance. Je me suis aperçu que la plupart de ces prétendus historiens se copiaient les uns les autres, et ne s'inquiétaient pas des documents authentiques dont ils n'avaient aucune connaissance.

Mon système historique a été tout autre. J'ai composé mon livre avec les documents. Je n'ai pas fait de théories au sujet de l'Église primitive dont tous se réclament ; j'ai traduit les documents de cette Église ; on les lit, en lisant mon ouvrage. Cela valait mieux que de faire de prétendue *philosophie de l'histoire* qui n'est fondée ni sur les documents ni sur les faits.

Pour les périodes apostoliques et des Conciles œcuméniques, j'ai cru qu'il fallait donner les textes des Pères et des Conciles, véritables interprètes des doctrines et témoins des faits. Les conclusions découlent d'elles-mêmes de ces vénérables documents qui sont si clairs, si positifs que toute discussion est inutile, et ne peut être abordée que par les écrivains qui veulent les subordonner à leurs théories.

Pour les époques suivantes, on n'a à sa disposition que des écrivains plus ou moins honnêtes et sérieux dont les témoignages doivent être sévèrememt contrôlés. Leurs écrits n'ont plus l'importance de ceux des Pères de l'Église primitive pour *constater la foi* et la *discipline apostoliques*, mais d'après leurs témoignages on peut établir tels ou tels faits qui ont, même au point de vue de la doctrine, la plus haute importance.

Nous écrirons l'*Histoire de l'Église* jusqu'à nos jours avec l'honnêteté et le soin que nous avons mis aux six premiers volumes, publiés aujourd'hui. Si Dieu nous accorde encore quelques années de vie, nous aurons démontré que l'Eglise orthodoxe actuelle a continué l'Eglise primitive ; qu'à l'époque où la papauté commença la guerre contre cette vénérable Église, elle n'a fait qu'opposer à ses innovations la doctrine et les lois de l'Eglise primitive, et qu'encore aujourd'hui, si elle se trouve séparée de l'Église occidentale, c'est qu'elle est restée fidèle à la foi et aux lois de l'Église primitive, qu'elle oppose aux innovations de la papauté.

Notre ouvrage sera donc la démonstration de cette vérité : que l'Église orthodoxe actuelle est l'héritière de l'Église primitive, qu'elle en est l'héritière fidèle, qu'elle n'a rien ajouté à ses doctrines, qu'elle n'en a rien retranché, qu'elle est, par conséquent, la véritable Église du Christ et des apôtres.

XIV

Résumé de mes souvenirs

l résulte de mes *Souvenirs* que, dès ma jeunesse, je pourrais dire, depuis mon enfance, j'ai été un travailleur infatigable ;

Que les études les plus arides, avaient de l'attrait pour moi ;

Que j'ai eu à combattre, dès mes débuts, quelques *cuistres*, qui trouvaient que je ne subissais pas assez leur direction dans mes études ;

Encouragé par un évêque respectable, Mgr Fabre des Essarts, de vénérée mémoire, je pus lutter contre ces *cuistres*, et arriver à une haute réputation dans le clergé français ;

A la mort de Mgr Fabre des Essarts, je quittai le diocèse de Blois, et les prêtres que mes travaux avaient rendus jaloux furent obligés d'attester que j'étais un prêtre distingué par mes mœurs aussi bien que par ma science ;

Mgr Fabre des Essarts fut remplacé sur le siège épiscopal de Blois par un sieur Pallu aussi distingué par son ignorance que par son fanatisme ultramontain. Les prêtres jaloux de Blois organisèrent contre moi une conjuration honteuse et digne d'eux; ils étaient gallicans sous Mgr Fabre des Essarts; ils devinrent tout à coup ultramontains exagérés sous le sieur Pallu, et condamnèrent, dans l'*Histoire de l'Église de France* ce que Mgr Fabre des Essarts avait approuvé. Leur mauvaise marchandise fut couverte par le pavillon d'une mitre épiscopale;

Le sieur Pallu se gonfla; prit à mon égard un grand air d'autorité scientifique et m'écrivit une lettre dont on fit plusieurs copies à l'adresse des chefs de la secte ultramontaine;

Cette secte s'organisait alors sous la haute protection de la (l'é ?) curie papale. De pauvres sires comme Thomas Gousset, archevêque de Reims, et Guéranger, dominaient l'Église de France; la plupart des évêques subissaient leur joug;

La secte me dénonça à Rome en s'appuyant sur la lettre ignare du sieur Pallu, et la Congrégation de l'Index mit sur la liste des livres prohibés un ouvrage qui m'avait mérité l'approbation de la plus grande partie des évêques de France.

C'est ainsi que, dans cette fameuse Eglise romaine, qui a tant de prétentions si mal justifiées, on a traité un prêtre que l'on considérait comme savant et honorable.

Malgré mes démarches pour connaître ce que l'on avait à reprocher à mon livre, je ne pus rien savoir que ce qui était contenu dans la lettre du sieur Pallu. Que me reprochait-on dans cette lettre? Des *opinions* qui avaient été toujours soutenues par cette grande Église de France, que les papes eux-mêmes étaient obligés de proclamer *la plus belle province du royaume de Jésus-Christ.*

Un archevêque de Paris, M. Sibour, prit quelque temps ma défense contre la coterie ultramontaine. Obsédé par le sieur Pallu et ses amis, il me trahit, et je restai sans appui contre un parti qui ne reculait devant aucune injustice, et qui m'était d'autant plus hostile qu'il ne pouvait répondre aux écrits dans lesquels je les poursuivais au nom de la vérité catholique.

Les persécutions dont je fus l'objet ne me découragèrent jamais Je luttai avec courage contre mes adversaires, et j'abordai cette fameuse question de la papauté que l'on me jetait à la face pour me déclarer hérétique, schismatique et révolté.

J'étudiai la papauté, non dans les livres de ses adversaires, mais dans ceux de ses défenseurs, les Bellarmin, les Zaccharia et tant d'autres. Comme ils prétendent que la papauté a pour fondement la tradition catholique, je contrôlai tous les textes des Pères et des conciles qu'ils ont cités. Je trouvai que tous les textes cités par eux étaient *faux, tronqués, détournés de leur vrai sens.* Je dus en conclure que la papauté n'était qu'une institution basée sur le mensonge.

Dès lors, j'avais fait le grand pas vers l'orthodoxie.

J'étais déjà presque orthodoxe en écrivant comme les anciens gallicans. Car, à part deux ou trois questions sur lesquelles elle avait subi l'influence papale, l'Eglise gallicane s'était énergiquement prononcée en faveur des grands principes qui font la base de l'orthodoxie. Une fois la question de la papauté résolue, j'étais complètement orthodoxe.

C'est ainsi que la sotte opposition qui me fut faite me conduisit à l'examen des questions que l'on soulevait contre moi, et que cet examen me conduisit à l'orthodoxie.

J'en étais là, lorsqu'un vénérable évêque de l'Eglise orthodoxe de Russie, Mgr Leontius, aujourd'hui archevêque de Varsovie et membre du Saint-Synode, me vit à Paris et voulut bien être mon intermédiaire auprès du Saint-Synode Dirigeant de l'Eglise orthodoxe russe. Que le vénérable Leontius daigne recevoir l'hommage de ma profonde reconnaissance pour le service qu'il m'a rendu, en me faisant ouvrir les portes de la sainte Eglise orthodoxe de Russie!

Dès que je fus membre de l'Eglise orthodoxe, je sentis comme un souffle de liberté. Cette Eglise romaine que je quittais n'avait été pour moi qu'une prison où l'on avait essayé de me charger de chaînes, où l'on avait eu recours aux plus hypocrites tortures pour tuer ma science et ma raison. Si encore on m'avait poursuivi au nom de la doctrine divine et des canons vénérables édictés par les apôtres et les grands conciles œcuméniques ! Mais l'Eglise romaine n'a plus ni doctrine, ni canons respectés. L'évêque s'attribue l'infaillibilité et la puissance absolue dans son diocèse, comme le pape dans toute l'Eglise. Ses prêtres sont des esclaves. L'évêque peut les briser, les déshonorer, selon son bon plaisir. Un mot de lui suffit pour briser la carrière la plus honorable et flétrir celui qui mériterait, mieux que lui, de porter la mitre.

L'Eglise orthodoxe s'est toujours tellement prononcée en faveur de la doctrine révélée et la discipline primitive, que les papistes lui reprochent sottement son immobilité. Mais, en même temps, elle est respectueuse de la raison de l'homme et de la liberté de son intelligence.

J'ai donc pu, en croyant et en professant la doctrine divine, en me soumettant aux lois vénérables de l'Eglise primitive, écrire en toute liberté, discuter les erreurs occidentales, sans recevoir la moindre admonestation de mes vénérables pères, les évêques orthodoxes.

Elle est belle, elle est vénérable et sainte cette grande Eglise orthodoxe de Russie ! Je ne veux pas terminer mes *Souvenirs* sans lui rendre l'hommage qui lui est dû. Immobile dans la doctrine révélée que l'on ne pourrait modifier sans donner un démenti à Dieu, elle respecte l'intelligence que Dieu a donnée à l'homme pour s'exercer dans tous les domaines qui appartiennent au monde. Comme Dieu, elle abandonne le monde aux discussions humaines et se contente d'être la gardienne immobile de l'héritage apostolique.

Dans son organisation extérieure, conforme aux anciennes lois disciplinaires, elle sait rendre à César ce qui appartient à César et à Dieu ce qui appartient à Dieu. Les souverains de Russie, ses fils et ses protecteurs, ne lui ont jamais demandé le plus petit sacrifice de la doctrine dont elle est l'héritière et la gardienne, et elle-même n'a jamais manqué aux devoirs qu'elle avait à remplir envers ceux qui sont appelés de Dieu pour gouverner l'Etat. Ce n'est pas aujourd'hui qu'elle aurait quelque chose à craindre du grand empereur Alexandre III, le modèle des orthodoxes et le modèle des souverains; et ce magnanime empereur n'a rien à craindre, de son côté, de la sainte Eglise qui met son honneur à lui rendre les hommages qui lui sont dus.

Grâce à cet accord qui découle des principes mêmes de l'orthodoxie, la Russie forme ce grand *Etat chrétien*, que l'on cherche vainement ailleurs, et qui n'existera jamais que dans les Etats orthodoxes.

Vénérables membres du Saint-Synode Dirigeant! respectables membres de l'épiscopat orthodoxe de Russie, permettez à un humble prêtre, romain par son origine, mais orthodoxe et Russe par conviction et par sentiment, de vous offrir ses respectueux hommages et de vous remercier de l'appui que vous avez donné à mes travaux pour la défense et la propagation de l'orthodoxie en Occident. Je les continuerai, sous votre haute protection, tant que Dieu voudra bien me donner la vie, et, à mon dernier soupir, je bénirai la grande Eglise qui m'a accepté parmi ses prêtres et le noble pays qui, par son grand souverain Alexandre II, m'a accepté parmi ses citoyens, et qui est gouverné aujourd'hui par son noble fils auquel j'ai fait avec bonheur serment de fidélité.

ERRATA

Des erreurs typographiques se sont glissées dans ce volume. Nous en indiquons quelques-unes que nos lecteurs rectifieront facilement :

P. 17. Dernière ligne, au lieu de *ædificatibus*, lisez : ædificantibus.
P. 18. Première ligne, au lieu de *aporteat*, lisez : *oporteat*.
P. 18. Douzième ligne, au lieu de autum, lisez : autem.
P. 44. Première ligne, au lieu de *l*'ouvrage, lisez : ouvrage.
P. 64. Huitième ligne, au lieu de Sulpice, lisez : Saint-Sulpice.
P. 64. Vingt-sixième ligne, au lieu de *Bloisois*, lisez : Blésois.
P. 70. Dix-septième ligne, au lieu de *Ils les avaient*, lisez : Il les avait.
P. 133. Deuxième ligne, au lieu de *ma*, lisez : une.
P. 195. Huitième ligne, au lieu de *laisser*, lisez : laissé.

TABLE DES MATIÈRES

PAGES

I. — Mon éducation ecclésiastique. — Chez M. l'abbé Léon Garapin. — Au petit séminaire. — Un supérieur éteignoir. — L'abbé Meunier. — Les professeurs. — Mes lectures. — Au grand séminaire. — La philosophie sous l'abbé Venot. — La théologie sous les abbés Laurent et Richaudeau. — Une petite lettre de M. Richaudeau et réponse. — L'abbé de Belot et l'abbé Duc, supérieurs du séminaire. — La congrégation jésuitique de l'abbé Duc. — Une émeute. — Les *noirs* et les *blancs*. — Intervention de l'évêque M. de Sauzin. — La paix rétablie. — Mauvais sentiments de l'abbé Duc à mon égard. — Mes relations avec le père Fantin, jésuite. — Je quitte le séminaire avec bonheur 7

II. — Débuts de la vie ecclésiastique. — Vicaire à Saint-Aignan-sur-Cher. — Un joli curé et son joli *régiment du ruban rouge*. — Pourquoi M. le curé fit grand éloge de moi pour me faire nommer curé. — Vicaire à Montrichard. — Un bon curé qui apprit à connaître Duc et Cⁱᵉ. — Curé à Fresnes. — Méthode pour apprendre le catéchisme à des crétins. — Mes écoles. — Joli rôle de M. l'inspecteur et de M. le préfet. — Mes premières relations avec M. Fabre des Essarts, vicaire général. — Mes premiers travaux littéraires. — M. Fabre des Essarts veut m'encourager et me nomme curé de Saint-Denis-sur-Loire. — Intrigues de Duc et Cⁱᵉ pour m'empêcher d'avoir cette place. — Mort de Mgr de Sauzin. — M. Fabre des Essarts lui succède. — Il s'intéresse à mes travaux. — Il veut voir le manuscrit de mon premier volume et le fait examiner par M. Guillois, le prêtre le plus savant du diocèse. — Rapport de M. Guillois. — M. Fabre des Essarts remet mon premier volume à son imprimeur. — Ecrivain ecclésiastique par autorité épiscopale. — Nuée de jaloux. — Les cinq propositions de l'abbé Morisset. — Intrigues pour empêcher l'approbation officielle de mon premier volume. — Mes relations avec M. de Belot. — Conférences ecclésiastiques. —

Je suis élu secrétaire à l'unanimité. — Succès de mes Rapports. — Projet de confier la direction du grand séminaire à M. Léon Garapin. — Il accepte à condition que je serai au séminaire pour le seconder. — Les oies de la cour épiscopale font un tel bruit que le pauvre évêque est obligé d'abandonner son projet. — Les jésuites remplacent Duc et Cie au séminaire. — Ma réputation comme écrivain en dehors du diocèse de Blois. — Souscriptions et lettres épiscopales. — Éloges de M. l'abbé Darboy; du père Prat, jésuite; des trappistes de Staouéli ; de M. Laurentie. — Révolution de 1848. — Les républicains de Blois m'offrent la rédaction de leur journal. — Mgr Fabre des Essarts m'engage à accepter. — Je viens me fixer à Blois. — Mgr des Essarts me fait préparer un logement à l'évêché. — Il tombe malade. — M. Léon Garapin me conseille de différer mon installation à l'évêché. — Mgr des Essarts atteint mortellement. — Je demande l'autorisation de quitter le diocèse. — Gracieuse autorisation qui m'est accordée. — Tout le monde content 29

III. — A Paris. — Mon professorat. — Ordures et bigoterie. — Une soirée à l'archevêché. — L'archevêque Sibour veut que j'accepte un ministère ecclésiastique. — L'hôpital Saint-Louis. — Invitation de Mgr le cardinal Gousset, archevêque de Reims. — Visite à Son Eminence. — Elle court après sa pantoufle. — L'abbé Gerbet. — M. Pallu-Duparc nommé évêque de Blois. — Je lui fais visite et lui envoie mon ouvrage. — Drôle de remerciement de Sa Grandeur. — Sa lettre à *l'Ami de la Religion*. — Ma réponse. — Lettre que M. Pallu m'adresse. — Ses critiques de l'*Histoire de l'Eglise de France*. — Double réponse. — Intrigues secrètes contre mon ouvrage à l'évêché de Blois. — M. Gousset et les amis de M. Pallu dans les diocèses d'Angoulême, de La Rochelle et de Poitiers. — Ils prennent au sérieux les observations de M. Pallu. — Ce qu'elles valent. — Elles sont l'écho des sottises de mes anciens ennemis de Blois. — Je veux bien en tenir compte par amour de la paix. — Je consens à faire des corrections. — Pendant mes démarches pacifiques, les amis de M. Pallu me dénoncent à Rome par l'entremise d'un certain Gauthier. — La Congrégation de l'Index condamne mon ouvrage. — Cette besogne est si malpropre que MM. Pallu, Gousset et Pie se défendent d'y avoir pris part 57

IV. — Comment j'apprends la mise à l'index de mon ouvrage. — Belle récompense pour mon dévouement pendant une épidémie cholérique. — J'annonce à Mgr Sibour le décret de l'Index. — Ses dispositions. — Il m'engage à m'entendre avec plusieurs théologiens pour combattre l'Index. — Ma correspondance avec le nonce et le préfet de la Congrégation de

PAGE

l'Index. — Petites comédies à l'archevêché. — Premières polémiques avec les journaux. — Je demande des examinateurs qui se récusent. — Lettres de M. Pie, de Poitiers; Gousset, de Reims; Pallu, de Blois. — L'archevêché contrôle et approuve mes lettres aux journaux. — L'abbé Migne et son journal. — Soumission ridicule des libraires Guyot. — L'archevêque est circonvenu par les ultramontains. — Singulières recommandations de M. Lequeux faites au nom de l'archevêque. — Je prévois, dès lors, que l'archevêque m'abandonnera après m'avoir encouragé. — Je demande qu'il fasse examiner mon livre; il refuse. — La prétendue soumission de M. Lequeux. — Il se fait défendre et se défend lui-même par un écrit anonyme intitulé : *Mémoire sur le droit coutumier*. — Ma conduite est plus franche 85

V. — Situation de M. l'archevêque de Paris vis-à-vis de Rome. — Mes amis et mes ennemis dans le diocèse de Blois et à Paris. — Publication de mon huitième volume. — Colère de mes ennemis. — Les trois indignes évêques de la Rochelle, Luçon et Angoulême demandent des mesures rigoureuses contre moi à l'archevêque de Paris. — Pallu, de Blois, agit de même. — La farce appelée concile de La Rochelle. — Trois Pierrots contre un Aigle. — Correspondance avec M. Donnet, archevêque de Bordeaux et avec Cousseau, d'Angoulême. — Rapport fait au pseudo-concile de La Rochelle. — Il est envoyé à l'archevêque de Paris à condition qu'on ne me le communiquerait pas. — Comment je pus en prendre copie. — Discussion du rapport. — Mon *supplément* aux décrets du concile de La Rochelle 131

VI. — Approbation de Mgr Fabre des Essarts. — Elle est en complète contradiction avec les assertions mensongères de M. Pallu. — Entretiens *confidentiels* de Mgr Fabre des Essarts et de Mgr Allou, évêque de Meaux, au sujet de ma personne et de mon ouvrage. — Approbation de Mgr le cardinal de la Tour d'Auvergne-Lauraguais, évêque d'Arras. — Quelques mots sur ce grand évêque. — Approbation de Mgr Robiou de la Tréhannais. — Mgr Cœur, évêque de Troyes. — Nos relations. — Magnifique lettre qu'il m'adresse. — Autres approbations. — Insolences de Dulac de *l'Univers* à propos des approbations que je n'ai pas publiées. — Comment *le Messager de l'Ouest* cherche à expliquer ces approbations. — Caractère de la polémique de Dulac. — Il est désavoué par la rédaction de *l'Univers* elle-même. — Ce que pensaient de mon ouvrage les hommes les plus savants. — Le R. P. Caillau. — L'abbé Delpit et l'abbé de Cassan Floyrac dans *la Gazette de France.* — Petites indiscrétions de l'abbé Delpit sur M. Gousset. — Gousset et Guéranger. — Honte pour

PAGE

l'Eglise de France. — L'abbé de Belot dans *la France centrale*. — Pallu admoneste ce journal-girouette. — M. l'abbé Morel me prie de lui permettre de faire la table générale de mon ouvrage. — Quel était ce vénérable prêtre. — L'abbé Lacarère, prêtre de la Mission. — Mes amis et mes ennemis.   185

VII. — M. Sibour à Rome pour la définition de l'Immaculée-Conception. — Précautions qu'il prend à mon égard avant son départ. — Belle déclaration ultramontaine rédigée par M. l'abbé Darboy. — Je ne l'accepte pas. — L'archevêque m'envoie son valet de chambre pour me demander ma correspondance avec l'archevêché. — On se moque de lui a Rome. — Il prend l'engagement de persécuter les Gallicans. — Son homonyme Sibour fait évêque de Tripoli. — Darboy, protonotaire apostolique. — Promesse du cardinalat faite à l'archevêque. — A son retour, il embouche la trompette ultramontaine. — Il persécute Lequeux, Prompsault et Laborde. — Moyens qu'il prend pour arriver à m'ôter ma place. — Ses intrigues échouent. — Il m'annonce que je dois me retirer. — Conditions que je mets à ma retraite. — Belle attestation que l'on me donne. — Je me retire. — Ma *première lettre à Mgr Sibour*. — Grand émoi à l'archevêché. — On m'enlève et on me rend immédiatement l'autorisation de dire la messe. — L'archevêque m'invite à l'aller voir. — Notre entrevue. — Vérités que je lui dis. — Il se fâche, puis il s'apaise et me promet de me donner une place digne de moi après un certain délai. — Il est assassiné par le prêtre Verger.   215

VIII. — Verger, ses antécédents. — Comment mon ami Parent du Châtelet fit sa connaissance. — Confidences de Verger. — Comment il est traité par l'archevêque. — Je vois Verger chez M. Parent du Châtelet. — M. du Châtelet et moi faisons placer Verger dans une cure du diocèse de Meaux. — Il vient me voir pour me demander des livres. — Il me fait une seconde visite pour me les rapporter. — Ses attaques contre le tribunal de Melun. — L'évêque de Meaux est obligé de lui ôter sa place. — Il revient à Paris. — M. du Châtelet lui adresse des reproches. — Il vient chez moi et me prie d'insérer un *factum* dans mon journal *l'Observateur catholique*. — Il se jette à mes genoux et me fait peur. — Il était fou. — Ni M. Parent du Châtelet ni moi nous n'entendons plus parler de lui. — Les journaux nous apprennent son crime. — M. Parent du Châtelet regrette de ne l'avoir pas pris chez lui, pensant qu'il aurait peut-être empêché le crime. — Procès de Verger. — Je suis cité comme témoin à décharge. — Infamie des gens de l'archevêché qui espéraient me compromettre. — Ma comparution. — Demandes et réponses. — Impossible d'en abuser. — Mes ennemis se rabattent sur mon titre de

témoin à décharge qu'ils confondent avec celui de défenseur.
— Cette sottise fait son chemin. — Verger est condamné à mort et exécuté. — Cette sentence est injuste. — On a guillotiné un fou. — On devait l'enfermer dans une maison d'aliénés 239

IX. — M. Lequeux. — *Jansénisme et jésuitisme* — Feu contre feu. — Messire Pallu et Messire Baillès convaincus d'ignorance crasse. — Fondation de *l'Observateur catholique*. — Attaques contre le nouveau dogme de l'Immaculée-Conception. — M. le cardinal Gousset et M. Malou, évêque de Bruges, réfutés. — Mgr Clausel de Montals, évêque de Chartres vient à Paris pour me féliciter. — Les Sulpiciens empêchent mon entrevue avec le vénérable évêque. — Pourquoi les Sulpiciens sont devenus ultramontains. — Suite de mes attaques contre l'ultramontanisme et l'Immaculée-Conception. — Publication des *Mémoires* et du *Journal* de l'abbé Lediеu sur Bossuet. — MM. Poujoulat et Dulac convaincus d'ignorance. — Publication de l'*Histoire des Jésuites*. — Pourquoi on n'a pas mis cet ouvrage à l'index. — Attaques contre les dévotions nouvelles. — Mgr Van Santen, archevêque d'Utrecht, se prononce en ma faveur. — Après sa mort, les représentants de la vieille Eglise de Hollande défendent la papauté contre moi. — Singulière situation de cette Eglise. — Je n'ai aucune peine à réduire au silence ses théologiens. — Cette Eglise, qui aurait pu avoir un si bel avenir, se meurt faute de science et de logique 249

X. — M. Morlot, successeur de M. Sibour sur le siège de Paris. — Ses antécédents. — Il ameute l'aristocratie légitimiste de Dijon contre M. Rey, premier évêque nommé par Louis-Philippe. — M. Morlot abandonna ses beaux principes politiques, mais resta fidèle au beau sexe. — Ses amours épiscopales à Orléans. — Il devient archevêque de Tours et cardinal. — Réunion épiscopale en 1848. — Il est nommé archevêque de Paris. — M. Buquet, premier vicaire-général, l'engage à réparer l'injustice de M. Sibour à mon égard. — Il engage *l'Ami de la Religion* à m'attaquer à propos de jansénisme. — Il engage également l'abbé Lavigerie à m'attaquer dans son cours de Sorbonne. — L'abbé Sisson, directeur de *l'Ami de la Religion*, avoue que son journal est battu. — Il me demande la paix au nom de l'archevêque. — Promesses de Morlot. — Comment il les tient. — L'abbé Lavigerie battu. — Il est obligé d'abandonner son cours sur le jansénisme. — Quelques détails sur ce cours. — L'archevêque veut venger *l'Ami de la Religion* et l'abbé Lavigerie. — Il entreprend de me faire chasser de Paris par la police. — La loi sur les *ouvriers sans ouvrage*. — Je me moque de ses intrigues. —

Tout ce que fit Morlot contre moi était dirigé par Darboy. — Morlot passait son temps avec les *Belles crinolines*. — Petite historiette. 255

XI. — La Sacrée-Congrégation de l'Institut de France. — M. de Salvandy reconnaît que j'ai mérité le prix Gobert. — Pourquoi l'Institut ne peut me l'accorder. — Singulière théorie historique de M. de Salvandy. — La Sacrée-Congrégation du Palais de Justice. — Le testament de mon ami Parent du Châtelet reconnu légal excepté en ce qui me concerne. — Pourquoi. — Juges et héritiers me doivent solidairement cinq mille francs et les intérêts. — Je n'ai aucun mérite en abandonnant le tout aux pauvres. — M. le procureur impérial essaie de me faire peur. — Darboy, archevêque de Paris, ne veut pas que je prenne le titre d'abbé. — Je me moque de l'archevêque et de son procureur. — Je n'ai jamais été *interdit*. — Que signifie ce mot. — Les journaux cléricaux me l'infligent à propos d'une brochure qui n'est pas de moi. — Je les poursuis. — Par extraordinaire le tribunal me rend justice grâce au premier président Bénoît-Champy, — L'archevêché lui-même déclare que je n'ai jamais été interdit 343

XII. — Comment je fis la connaissance de M. l'archiprêtre Joseph Wassilieff. — L'intermédiaire entre nous fut M. Serge Souchkoff. — Circonvenu par les jésuites, M. S. Souchkoff s'adresse à M. J. Wassilieff, qui lui communique *l'Observateur catholique*. — M. S. Souchkoff me fait visite et m'engage à voir M. J. Wassilieff. — Je fais visite à M. l'archiprêtre. — Notre conversation théologique. — Nos relations deviennent plus fréquentes. — Fondation de *l'Union chrétienne*. — Mgr Léontius vient à Paris consacrer la nouvelle église russe orthodoxe. — Mes rapports avec lui. — Je suis admis à titre de prêtre dans l'Eglise orthodoxe de Russie. — Je publie *la Papauté schismatique* pour prouver qu'en entrant dans l'Eglise orthodoxe je restais fidèle aux grands principes catholiques orthodoxes et que je ne quittais que le schisme papal. — Mon ouvrage est mis à l'index. — Curieuse coïncidence. — Une lettre approbative du patriarche de Constantinople m'arrive le jour même où j'apprends que Rome m'a censuré. — J'entre en lutte contre les ennemis de l'orthodoxie. — Question de l'autorité spirituelle de l'empereur de Russie. — Lettres à l'évêque de Nantes signées par M. J. Wassilieff. — La thèse de l'abbé Tilloy. — Il s'éclipse de la lutte. — Réfutation des pseudo-Russes Gagarin, A. Galitzine. — Ignobles pamphlets de Nicolas Galitzine. — Il s'esquive de Paris dans la crainte que je le fasse arrêter. — La flèche du Parthe ; elle ne m'atteint pas. — Le père Tondini, réfutation de ses ouvrages. — Il cherche à faire supprimer *l'Union chrétienne*. — Mes principes sur l'union des Eglises. — On oppose à mes principes des persécutions ridicules. — Ils sont vainqueurs 353

XIII. — Mémoire à l'empereur Napoléon III pour le rétablissement de l'Eglise gallicane. — L'*Exposition de la doctrine de l'Eglise orthodoxe*. — Les politesses des gentilshommes de *l'Union* (ci-devant monarchique) à cette occasion. — Leur gentilhommerie courbe la tête et s'exécute. — Importance de mon petit ouvrage. — Sa Majesté l'impératrice Maria-Alexandrowna en accepte la dédicace. — Il fait son chemin et beaucoup de bien. — S. M. Alexandre II encourage mes travaux. — Je reçois la croix de Sainte-Anne de seconde classe. — La chancellerie de la Légion d'honneur se transforme en Sacrée-Congrégation et me refuse le droit de porter les insignes de la décoration. — Ma correspondance avec le clérical Vinoy, transformé en révérend père de la Congrégation. — Rapport de l'archevêché. — Les trois mensonges de Guibert. — Le clérical Vinoy meurt et est remplacé par l'honorable général Faidherbe. — Je sollicite une nouvelle enquête. — Elle m'est accordée. — On me reconnaît le droit de porter les insignes de ma décoration et la première enquête est annulée. — Je deviens par occasion rédacteur de *l'Univers* sans qu'il s'en doute. — M. Dupanloup, mis en cause par le Dr Lefort, ne répond rien. — Quelques notes sur cet évêque. — *L'Univers* répond peu de chose au Dr Lefort — Il s'agissait de l'incendie de la Bibliothèque d'Alexandrie. — Le Dr Lefort en accuse un patriarche orthodoxe. — Je confonds le Dr Lefort dans les colonnes de *l'Univers*. — Singuliers procédés des journaux *Le Temps* et *le XIXe Siècle*. — *L'Univers*, grâce à moi, a le beau rôle. — Il me fait de jolis compliments qu'il ne m'aurait pas adressés s'il m'eut connu. — Continuation de mes travaux orthodoxes. — *L'Histoire de l'Eglise*. — Caractère de ce grand ouvrage dans lequel je résume les études de toute ma vie. — Parallèle entre cet ouvrage et les prétendues histoires soit papistes soit protestantes. — Que Dieu me prête vie pour arriver à mon but ! 373

XIV. — Résumé de mes Souvenirs. 407

Bruxelles. — Imp. V° Monnom, rue de l'Industrie, 26.

www.ingramcontent.com/pod-product-compliance
Lightning Source LLC
Chambersburg PA
CBHW050906230426
43666CB00010B/2051